Barbara Just-Dahlmann
Helmut Just

Die Gehilfen

Barbara Just-Dahlmann
Helmut Just

Die Gehilfen

NS-Verbrechen und die Justiz nach 1945

athenäum

CIP-Titelaufnahme der Deutschen Bibliothek

Just-Dahlmann, Barbara:
Die Gehilfen: NS-Verbrechen u. d. Justiz nach 1945/Barbara Just-Dahlmann; Helmut Just. –
Frankfurt am Main: Athenäum, 1988
ISBN 3-610-08473-1
NE: Just, Helmut:

Lektorat: Annalisa Viviani
Satz: Computersatz Bonn GmbH, Bonn
Druck und Bindung: Moritz Schauenburg GmbH & Co. KG, Graphischer Großbetrieb, Lahr
Printed in West Germany
ISBN 3-610-08473-1

Schweigend spricht der Stein
vom Martyrium der sechs Millionen,
deren Leib verwandelt in Rauch
durch die Luft zog.

Schweigen – Schweigen – Schweigen.

Ihr Nachgeborenen,
gedenket der Männer, Frauen, Kinder,
die in einer Zeit der Gewalt
Märtyrer wurden.

Neigt euer Haupt in Demut.

Nelly Sachs

Inhalt

Und danach …

Vorwort

Ein langes Berufsleben als Juristen – als Staatsanwältin und Richter – liegt hinter uns. Es war ein intensives und erfülltes Leben, voll von Begegnungen mit Menschen und ihren Schicksalen.

Der seit kurzem begonnene Lebensabschnitt des Ruhestands ist uns noch neu. Ein wenig müde von der Fülle vergangener Jahre atmeten wir erst einmal auf und beschlossen, uns von nun ab nur noch zu erholen und zu unternehmen, was uns Freude macht: reisen, lesen, theologische Vorlesungen hören, für Freunde Zeit haben ... Aber eine eindrucksvoll-bewegende Begegnung mit Elie Wiesel, dem Friedensnobelpreisträger 1986, fegte unsere egoistisch-sonnigen Alterspläne in zwei Tagen davon. Wir erkannten, daß »Zeugen der Zeitgeschichte« in unserem Jahrhundert nicht das Recht haben, sich in ein freundliches Privatleben zurückzuziehen, ehe sie nicht »Zeugnis abgelegt« haben von erlebtem Zeitgeschehen existentieller Tragweite. Und einen solchen Komplex gibt es in unserem Leben: eine Abordnung an die Zentrale Stelle der Landesjustizverwaltungen zur Verfolgung nationalsozialistischer Gewaltverbrechen in Ludwigsburg, dort die erschütternde Konfrontation mit dem Geschehen des Holocaust und anschließend das nunmehr bewußte Erleben der Reaktionen auf das große Morden unseres Jahrhunderts in der Bevölkerung und in den Institutionen der Bundesrepublik – insbesondere der Strafjustiz.

Wir sind jetzt Mitte sechzig. Der neue Lebensabschnitt kann sich jeden Tag als der letzte erweisen. Dann ist es zu spät, um »Zeugnis zu geben«. Da wir aber in den sechziger Jahren aufgrund eigener Aktivitäten und Initiativen eine große Anzahl von Dokumenten zu dem genannten Komplex sammeln konnten, sei ein Teil davon hier bekanntgegeben. Ein kleiner Ausschnitt intensiven Erlebens soll eine Ahnung davon vermitteln, wie schwer wir Deutschen – u. a. auch wir Juristen – uns taten (und übrigens immer noch tun) im Umgang mit dem dunkelsten Kapitel unserer Geschichte.

Motiv, dieses Buch zu schreiben, ist das Sachanliegen. Man möge nicht den Wunsch der Selbstdarstellung vermuten, nur weil unser Name häufig vorkommt. Dieser Umstand ist unvermeidlich, wenn man aus eigenem Erleben berichtet. Kapitel I und II dieser Dokumentation habe ich zusammengestellt, weil ich als damalige Staatsanwältin Mittelpunkt des »Geschehens« war. Kapitel III - V hat mein Mann übernommen, weil wir von diesem Zeitpunkt an alle Aktivitäten gemeinsam unternahmen und er von uns beiden der geeignetere Dokumentator ist. Aber: alles ist gemeinsam.

Mannheim, im Herbst 1987 *Barbara Just-Dahlmann*

Einleitung

Unser Jahrhundert wird in die Geschichte eingehen als das Jahrhundert des größten Völkermordes aller Zeiten – als das dunkelste Kapitel deutscher Geschichte.

Sechs Millionen Juden wurden umgebracht und mit ihnen Gruppen von Zigeunern, Homosexuellen, politischen Gegnern, polnischen Nationalisten und Angehörigen der Intelligenz, russischen Kommissaren ... Eine Zahl von mehr als zwölf Millionen Ermordeter ergibt sich aus der »Bilanz der Opfer« in Reinhard Henkys' Buch »Die nationalsozialistischen Gewaltverbrechen«.

Eine Staatsregierung – die deutsche – hatte beschlossen, ein ganzes Volk, das jüdische, auszurotten, und sie bediente sich aller Mittel der modernen Technik des 20. Jahrhunderts, um ihren Plan möglichst reibungslos, unaufwendig, »rationell« und total auszuführen. Sechs Millionen Juden wurden ermordet, erstickt, erschossen, erschlagen, gehenkt und zuvor Jahre hindurch gequält und gepeinigt, durch härteste Arbeit unter brutalen Umständen zu Tode gebracht, zu medizinischen Versuchen unmenschlichster Art mißbraucht, entwürdigt, in einem Lager bei Danzig sogar zu Seife verkocht. Unvorstellbare Ungeheuerlichkeiten spielten sich ab, für deren Bewertung die Worte »infernalisch«, »apokalyptisch« nicht ausreichen, für deren Gesamtbeschreibung bis heute angemessene Worte einfach fehlen.

Nach Kriegsende 1945 verurteilten die alliierten Besatzungsmächte in den sogenannten Nürnberger Prozessen führende Männer des nationalsozialistischen Regimes aus Politik, Wirtschaft, Medizin, Justiz und andere mehr. Außerdem lief vor verschiedenen alliierten Gerichten auch eine Anzahl von Strafprozessen gegen höherrangige Personen, die mit dem Völkermord in Zusammenhang standen. Strafen wurden verhängt und teilweise nach unangemessen kurzer Zeit im Gnadenweg wieder erlassen. Auf alle Fälle entstand in der deutschen Bevölkerung und auch bei den deutschen Juristen der Eindruck, der Täterkreis dieses Komplexes sei erfaßt und abgeurteilt worden. Dieser Schein aber trog.

Durch einen wirklichen Zufall wurde der frühere Polizeidirektor von Memel und Angehöriger der SS Fischer-Schweder im Mai

1956 verhaftet, der unter falschem Namen gelebt hatte, dann aber erkannt und in ein Ermittlungsverfahren einbezogen wurde. Es stellte sich heraus, daß er als Polizeidirektor von Memel für Massenerschießungen litauischer Juden verantwortlich war, weitere Mittäter wurden ermittelt, der sogenannte Ulmer Einsatzkommandoprozeß wurde durchgeführt. Inzwischen war die Zuständigkeit der Strafverfolgung auf die deutschen Gerichte übergegangen.

Noch bei Beginn des »Ulmer Einsatzkommandoprozesses« glaubte man in der deutschen Justiz, daß mit diesem umfangreichen Verfahren nunmehr endgültig der Komplex des Grauens erledigt werden würde. Auch dieser Schein trog.

Im Verlauf des Prozesses wurden immer mehr, immer neue Ungeheuerlichkeiten bekannt. Eine Lawine von Strafprozessen riesigen Ausmaßes und grauenhaften Inhalts zeichnete sich ab und ließ bei den wenigen Kennern der Materie die bange Frage aufkommen, wie wohl die deutsche Justiz mit dieser ungeahnten Aufgabe fertig werden würde.

Im Oktober 1958 wurde die Gründung der »Zentralen Stelle der Landesjustizverwaltungen zur Aufklärung nationalsozialistischer Verbrechen« beschlossen. Sie nahm am 1. Dezember 1958 ihre – bis heute andauernde – Tätigkeit auf.

Da sowohl der Gesamtkomplex der Verbrechen nach Art und Umfang bisher nur bruchstückhaft bekannt war, die dokumentarischen Unterlagen zu einem erheblichen Teil in den während des Krieges von Deutschland besetzten Ländern, vor allem in der Sowjetunion und Polen, aber auch in England und in den USA lagerten und der – zum Teil unter fremden Namen lebende – Täterkreis noch unbekannt war, bestand die Arbeit der »Zentralen Stelle« in den ersten Jahren vor allem im Zusammentragen von Dokumenten und Zeugenaussagen. Soweit im Rahmen dieser Tätigkeit Namen von Tätern bekannt wurden, leitete die »Zentrale Stelle« Verfahren ein und veranlaßte die Unterbrechung der Verjährung der Strafverfolgung durch Vorlage der eingeleiteten Verfahren an den Bundesgerichtshof (BGH). Da die Taten im Ausland begangen worden waren und der Wohnsitz der weitgehend noch nicht entdeckten Täter unbekannt war, bestimmte der BGH die Zuständigkeit einzelner Staatsanwaltschaften (und damit Gerichte), die die Ermittlungen der Zentralen Stelle fortzusetzen hatten. Durch diese »richterliche Handlung« wurde jeweils die Verjährung unterbrochen.

Wir selbst wußten damals von alledem so gut wie nichts, und zu den »Kennern der Materie« gehörten wir schon ganz und gar nicht. Mein Mann und ich lebten unseren juristischen Berufsalltag als Richter und als Staatsanwältin. Was der Unterschied zwischen einem Täter und einem Gehilfen war, hatten wir während des Studiums unmißverständlich gelernt, und unsere Kollegen Strafrichter praktizierten es alltäglich (und praktizieren es noch heute) bei Dieben, Einbrechern, Betrügern und Mördern.

Wir lebten unseren juristischen Berufsalltag, bis wir eines Tages mit einem Wissen konfrontiert wurden, das mit der Wucht eines unerwarteten »Paukenschlags« unseren unbeschwerten Alltag zerriß und unser Leben in den folgenden Jahren von Grund auf änderte:

Ich, die Staatsanwältin, wurde, weil ich die polnische Sprache beherrschte, Ende April 1960 ganz plötzlich telefonisch an die »Zentrale Stelle« in Ludwigsburg abgeordnet. Am 8. Mai 1960 stand die Verjährung von Totschlag (fünfzehn Jahre seit 1945) bevor, und gerade jetzt hatte die polnische Regierung waggonweise Aktenmaterial zu den NS-Verbrechen übersandt. Zahllose Berichte überlebender Augenzeugen in polnischer Sprache mußten in wenigen Tagen ausgewertet werden. Für eine vorherige Übersetzung reichte die Zeit nicht mehr, denn nur noch bis zum 8. Mai konnte der Bundesgerichtshof wirksam die laufende Verjährung unterbrechen. Dafür aber brauchte er Fakten für einen hinreichenden Tatverdacht und Namen von Tätern ...

Es ist ein Unterschied wie Himmel und Hölle, ob man von diesem monströsesten Schlachthaus der Weltgeschichte durch nackte Zahlen und juristisch-nüchtern angedeutete Fakten hört oder ob einem durch die Schilderung von Zeugen Einzelerleben nach Einzelerleben vor Augen geführt und das in seinen Dimensionen unfaßbare Grauen bewußt wird.

Nach den fast krankmachenden Tagen in Ludwigsburg im Mai 1960 half ich freiwillig weitere fünf Jahre lang neben meinem Beruf der »Zentralen Stelle« bei der Übersetzung polnisch-jüdischer Zeugenaussagen mit. Ab Mai 1960 lasen mein Mann und ich alle Berichte über »Ludwigsburg« und die laufenden Strafverfahren mit anderen Augen. Wir wurden hellhörig: Die Strafen: zehn Jah-

re, acht Jahre, fünf Jahre für zigfache Mörder oder Totschläger! So viel verhängten unsere Richterkollegen doch für Raub, für Einbrecher in mehrfachem Rückfall, für Großbetrüger ...? Und warum verurteilte man die Leiter von Exekutionen und andere führende Funktionäre nur als »Gehilfen«? Waren denn nur Hitler, Himmler und Heydrich noch als »Täter« verantwortlich? Alle anderen nur »Gehilfen«? Das hatten wir aber in unserem Studium nicht gelernt, das widersprach der gesamten Strafrechtspraxis unseres Berufsalltags! Ehrlinger, Leiter des Einsatzkommandos 1 b der Einsatzgruppe A in Weiß-Ruthenien auch nur »Gehilfe«? Das konnte doch nicht wahr sein! Was ging denn in unserer Rechtsprechung plötzlich vor? Damit mußten sich doch sofort unsere juristischen Fachzeitschriften, unsere Strafrechtslehrer an den Universitäten auseinandersetzen! Warum taten sie es nicht?
Wir wurden außerordentlich aktiv. Rückblickend fragen wir uns, wo wir eigentlich die Kräfte hernahmen: Ein Vortrag über die Fakten und unser Entsetzen vor Juristen in der Evangelischen Akademie Loccum brachte mir Vorwürfe aus meinem Justizministerium ein und machte mich zum Gegenstand von drei Debatten im Landtag von Baden-Württemberg. Siebzig weitere Vorträge in der Bundesrepublik folgten; daneben – nunmehr immer gemeinsam mit meinem Mann – ein »Hilferuf« an den Rat der Evangelischen Kirche, ein Appell an die Strafrechtslehrer der Bundesrepublik, ein Aufruf an die juristischen Fachzeitschriften und an den Deutschen Juristentag.

Aktenordner nach Aktenordner füllte sich mit den hier anschließenden Korrespondenzen. Dokumente, die sich in dieser Zeit (1960-1966) und danach bei uns ansammelten, bilden – in einer repräsentativen Auswahl – den Hauptteil dieses Buches. Sie zeigen einen Ausschnitt aus dem großen Komplex der Verfolgung der NS-Verbrecher durch die deutsche Justiz. Es gelang uns nicht, an der »Gehilfenrechtsprechung« etwas zu ändern. Teilweise beschämende Debatten, die von den Befürwortern der Verjährung geführt wurden, beschäftigten den Bundestag. »Auschwitz« sei eine Lüge, es habe gar keine Judenvernichtung gegeben, verbreiten Schreiberlinge ungestraft, und die wenigen überlebenden jüdischen Mitbürger hierzulande bauen zur Zeit ihre Gemeindehäuser mit kugelsicherem Glas und führen ihre Veranstaltungen unter Polizeischutz durch. Heute und hier, 1987.

Die Abordnung nach Ludwigsburg

Die Zentrale Stelle der Landesjustizverwaltungen zur Aufklärung von nationalsozialistischen Verbrechen

Wir schrieben das Jahr 1960. Das »Wirtschaftswunder« war in vollem Gang. Mit diesem Wort wurde das Phänomen beschrieben, daß es uns in der deutschen Geschichte ganz allgemein noch nie so gut gegangen war wie damals – und das nach dem zu Recht verlorenen Zweiten Weltkrieg. An die Zeit des Nationalsozialismus, die Zeit des sog. Tausendjährigen Reichs, wollte man lieber nicht mehr zurückdenken. Diesen »Komplex« glaubte man – damals wie heute – abgeschlossen zu haben.

Dies schien auch für die bundesdeutsche Justiz im Blick auf die NS-Mordverbrechen zu gelten. Nach dem Nürnberger Prozeß gegen die Hauptkriegsverbrecher vor dem Internationalen Militärgerichtshof und den Nachfolgeprozessen vor Alliierten Militärgerichten bis Ende der 40er Jahre und einigen wenigen NS-Verbrecherverfahren vor deutschen Gerichten meinte man auch weitgehend in der Justiz: Nun ist alles gelaufen.

Es kam jedoch ganz anders. Durch einen fast eigenwilligen Zufall wurde der frühere SS-Oberführer Fischer-Schweder im Mai 1956 verhaftet. Unter dem Namen Bernhard Fischer hatte er das Ulmer Flüchtlingslager Wilhelmsburg geleitet. Er war dann entlassen worden. Als ehemaliger Polizeidirektor von Memel wollte er nun wieder in den Staatsdienst, ein Verlangen, das die Presse aufmerksam machte. Ein Zeitungsleser erinnerte sich daran, daß Fischer-Schweder an Massenerschießungen litauischer Juden nach der Kriegserklärung Deutschlands an die UdSSR beteiligt gewesen war. Er zeigte ihn an, Ermittlungen wurden aufgenommen.

Nach einer systematischen Fahndung nach Mitgliedern des »Einsatzkommandos Stapo und SD Tilsit« begann im Sommer 1958 vor dem Ulmer Schwurgericht der Prozeß gegen zehn Angeklagte dieses Einsatzkommandos. Es handelte sich um den ersten »Einsatzkommandoprozeß« nach dem Nürnberger Verfahren gegen Ohlendorf und andere.

Dieser Prozeß erregte großes Aufsehen, und man hielt ihn damals für »einmalig«. Statt aber, wie ursprünglich gedacht, mit diesem Prozeß die nationalsozialistischen Gewaltverbrecherverfahren abschließen zu können, begann man zu ahnen, daß man sich nur mit der »Spitze des Eisbergs« befaßt hatte. Auf einer Konferenz in Bad Harzburg im Oktober 1958 wurde beschlossen, eine gemeinsame Einrichtung für die Grundlagenforschung und die Vorermittlungen des Gesamtgeschehens zu schaffen. Am 1. Dezember 1958 begann in Ludwigsburg die »Zentrale Stelle der Landesjustizverwaltungen zur Aufklärung nationalsozialistischer Verbrechen« ihre Tätigkeit. Ihr Leiter wurde der Vertreter der Anklage im Ulmer Einsatzkommandoprozeß, Oberstaatsanwalt Schüle.

Die örtliche und sachliche Zuständigkeit der »Zentralen Stelle« erstreckte sich zunächst auf die Aufklärung nationalsozialistischer Tötungsverbrechen, für die im Bundesgebiet ein Gerichtsstand des Tatorts nicht gegeben war und die zwar während der Zeit des Zweiten Weltkrieges, jedoch außerhalb der eigentlichen Kriegshandlungen an Zivilpersonen begangen worden waren.

Diese Zuständigkeit wurde 1964 und 1965 auf alle NS-Verbrechen erweitert. Ausgenommen wurde lediglich neben den Vorgängen, die das Reichssicherheitshauptamt (RSHA) betrafen, die Untersuchung der Tätigkeit des Volksgerichtshofes. Hierfür war die Zuständigkeit der Berliner Justiz gegeben.

Der Blick in den Abgrund

Ende April 1960 bekam ich an meiner Arbeitsstätte, der Staatsanwaltschaft Mannheim, einen Anruf aus unserem Justizministerium in Stuttgart, wonach ich mich sofort nach Ludwigsburg zur »Zentralen Stelle« begeben sollte, um dort Akten in polnischer Sprache, die NS-Verbrechen betrafen, auszuwerten. Man wußte, daß ich fließend polnisch sprach. Da wir uns mitten in einem Umzug innerhalb Mannheims befanden, einigten wir uns darauf, daß ich am 2. Mai mit der Arbeit beginnen sollte. Als Ende der Tätigkeit war der 5. Mai vorgesehen. Die Abordnung wurde um einen Tag verlängert. Ich wurde übrigens nicht als Dolmetscherin abgeordnet, wie dies der Justizminister im Jahre 1962 dann abschwächend in einer Parlamentsdebatte erklärte, sondern als Staatsanwältin, die die polnische Sprache beherrschte. Das, was zu geschehen hatte, war keine Übersetzung von Akten oder Aktenteilen, sondern eine sehr konzentrierte kurzfristige juristische Auswertung.

Am 8. Mai 1960 verjährte das Verbrechen des Totschlags und angeblich auch das Verbrechen der Beihilfe zum Mord. Erst in der zweiten Aprilhälfte 1960 war aber noch zahlreiches Material aus Polen angekommen. Dieses mußte aus dem Polnischen heraus – ohne die Möglichkeit vorheriger Übersetzung – wegen der Kürze der Zeit in für Ermittlungsverfahren geeignete Inhaltsbeschreibungen verwandelt und dann dem Bundesgerichtshof (BGH) zur Unterbrechung der Verjährung vorgelegt werden.

Das, was ich damals in diesen fünf Tagen aus den in Ludwigsburg vorhandenen Dokumenten an Schrecklichem erfuhr, wurde zum Anlaß für jahrzehntelange Beschäftigung mit diesem Geschehen und hat mein und meines Mannes Leben total verändert.

Zur Dokumentation seien im folgenden zwei Zeugenaussagen angeführt:

1. Aussage der Zeugin Ester Rubinstein über die Räumung des Lagers Poniatow:

»... Ende Oktober 1943 fand ein Gemeinschaftsappell statt. Wir bekamen den Befehl, Gräber auszuheben. Unter Peitschenschlägen der SS-Männer arbeiteten wir vom Morgen bis in die Nacht, um die Arbeit schnell zu beenden. Es war dies zehn Tage vor der Exekution . . .

Man deutete diese Arbeit auf verschiedene Weise. Wir beruhigten uns mit dem Gedanken, daß wir ja in Werkstätten arbeiteten und von ihnen gebraucht würden. Die Deutschen sagten uns, daß es sich um Fliegergräben handle, und um uns irrezuführen, befahlen sie, die Gräben im Zick-Zack zu graben. Und wir wiegten uns in der Hoffnung, daß man uns am Leben lassen werde.

Am Donnerstag, den 4. November, um 4.30 Uhr kam G. in die Baracke und begann, alle hinauszutreiben. Alle – ob aus Werkstätten oder Unterkünften – wurden auf den Platz getrieben. Es verbreitete sich Unruhe, die Leute riefen sich gegenseitig Worte zu. Wir standen alle auf dem Platz und wußten nicht, was kommen würde. Einer sah den anderen an. Wir warteten auf die Leute aus der Siedlung. Man sprach davon, es käme eine Selektion. Jeder bemühte sich, »gut auszusehen«. Die Frauen kniffen sich in die Backen, um gut auszusehen. Unterdessen kamen die Leute aus der Siedlung unter Bewachung von SS-Leuten und Ukrainern, vereinten sich mit uns und fragten sich ebenfalls, was wohl kommen werde. So einen Appell hatte es noch nicht gegeben. Es sammelten sich ungefähr 40 000 Menschen, d. h. das ganze Lager. [Spätere Erkenntnisse sprechen von 8 000 bis 10 000 Personen.] In diesem Augenblick gaben G. und H. den Befehl, alles in die Baracke zu treiben. Sie begannen uns zu treiben und mit Peitschen zu schlagen . . . Die Menschen begannen sich zu quetschen, Mütter verloren ihre Kinder. In der Baracke war es schon voll, es hätte keine Nadel mehr zu Boden fallen können. Auf den Pritschen und vor der Baracke war alles voll von Menschen, aber auch diese wurden noch nach innen gedrückt. In diesem furchtbaren Gedränge kamen viele an Ort und Stelle um. Dann wurden wir zu je fünfzig hinausgeführt. Immer noch dachten wir, es gäbe eine Selektion. Jeder wollte möglichst der letzte sein. So lange ich nur konnte, sprang ich mit meinem Mann und meinem Bruder von Pritsche zu Pritsche. Aber es kam der Augenblick, wo ich völlig allein war. Ich verlor völlig die Orientierung und drängte mich zur Tür. Ich ging zusammen mit anderen Frauen hinaus. Um uns herum war es voll von Militär mit Waffen in den Händen. Auf der Straße war ein furchtbares Gewirr. Etwas weiter sah ich einen Haufen Schuhe und hörte, wie sie riefen: ›Schuhe ausziehen!‹ Von da ab lief ich barfuß weiter. Ich wurde ganz irre. In der Ferne sah ich nackte Frauen, ich dachte, es sei eine Selektion. Ich kam näher und hörte schreien, wir sollten uns ausziehen ... sie befahlen, Gold, Brillanten und Geld abzugeben. Ich suchte ständig nach Rettung. Ich sah einige Männer, die Kleider sortierten, und ich lief schnell nach links statt nach rechts. Es gelang mir, mich unter die Männer zu mischen, die die Kleider sortierten. Vor meinen Augen tanzten die nackten Frauen, und ich sah, wie man sie antrieb. Mütter nahmen Abschied von ihren Kindern, alle wußten inzwischen, daß es in den Tod geht und daß es keinen Ausweg mehr gibt. Alle gingen gefaßt, nicht ein einziger weinte. Die Menschen gingen mit Musik, denn die Deutschen hatten zu diesem ›Feiertag‹ Radiolautsprecher angebracht. Die Lage war furchtbar. Es schien, als ob das Ende der Welt angebrochen sei. Unterdessen begannen die SS-Männer auch die Gruppe, bei der ich stand, zu schlagen und auseinanderzutreiben, damit wir uns auszogen. Ich war völlig wahnsinnig, warf den Mantel von mir und sprang vor den Augen der Soldaten durch ein Fenster in die Baracke, wo die Kleidungsstücke hineingeworfen wurden ...

Schlagend und an den Haaren ziehend holte man mich zurück ... Ich wußte kaum noch, was mit mir geschah. Ich weiß nur noch, daß man uns an die Gräben trieb, und ich sah, daß an den Gräben SS-Männer mit Maschinenpistolen standen und die nackten Frauen in den Kopf schossen.

Die Gräben waren schon voll von Leichen. Ich wollte nicht zusehen, wie man mich erschießt, daher hielt ich mir die Hände vor das Gesicht und warf mich mit dem Schrei: ›Schma Israel‹ in die Tiefe. In diesem Augenblick verspürte ich einen Schmerz und wurde ohnmächtig.

Ich weiß nicht, wie lange ich bewußtlos war, ich weiß nur, daß mir kalt wurde, und ich wühlte mich in die Leichen ein. Ich hörte Stöhnen der noch lebenden Menschen. Ein paarmal wollte ich schreien, aber ich konnte es nicht, es war, als ob mir jemand die Kehle zuschnüre. Plötzlich spürte ich, wie jemand meinen Kopf hochhob. Ich lag an der Oberfläche, und ein Deutscher prüfte, ob ich tot sei. Da mein Kopf vom Blut anderer Leichen überströmt war, dachte er, ich sei tot und ging weiter. Ich hörte, wie sie herumgingen und totschlugen. Ich hörte das Ächzen von Frauen, und eine rief um Hilfe. Man zog sie unter anderen Leichen hervor und schlug sie tot. Später kamen noch mehr. Sie liefen auf uns herum und deckten uns mit Tannen zu. Ich hörte das Orchester und verschiedene Schreie; unter Ächzen und Schmerzen schlief ich ein! Plötzlich kam ich wieder zu mir, und als ich mit Mühe den Kopf hob, wußte ich zuerst nicht, wo ich mich befinde. Ich sah ein großes Flammenmeer. In diesem Moment erinnerte ich mich der Erzählungen meines Bruders, daß die Deutschen Menschen lebendig verbrennen. Da ich nicht lebendig verbrennen wollte, nahm ich alle meine Kräfte zusammen, um aufzustehen, aber es ging nicht. Ich begann, auf dem Bauch über die Leichen hinwegzukriechen und entkam so über das Feld in den Wald. Im Walde traf ich eine zweite nackte Frau wie mich. Wir sahen uns schweigend an und krochen weiter.

Wir fielen ins Wasser. Wir krochen wieder heraus und kamen schließlich zur ersten Hütte. Aber man gab uns keine Hilfe. Der Bauer, als er die nackten Frauen sah, schrie: ›O Jesus, Maria, die Geister kommen, uns umzubringen!‹ Wir flohen in die nächste Hütte. Dort wiederholte sich dasselbe.

Wir waren sehr verzweifelt, denn wir mußten irgendwelche Lumpen haben, um unseren nackten Körper zuzudecken. So wanderten wir bis zum Morgen.

So beschlossen wir, aus einer Hütte etwas zu stehlen. Gegen Morgen gingen wir in ein Haus und zogen dort aus einem Koffer Kleidungsstücke und bedeckten uns. Im Walde fanden wir einen Blätterhaufen, wir gruben uns in diese Blätter ein, deckten uns mit ihnen zu und lagen so den ganzen Tag ... unsere Situation war trostlos. Wir hatten schon drei Tage nichts gegessen. Am nächsten Morgen wollten wir aufgeben. Wir gingen in eine Hütte und bekamen etwas Brot mit der Aufforderung, schnell zu verschwinden, da bereits das ganze Dorf wisse, daß zwei nackte Jüdinnen herumlaufen. Darauf flohen wir schnell wieder in unser Versteck, den Blätterhaufen, und lebten so noch acht weitere Tage im Walde ... dann fand uns dort eine alte Frau, nahm uns mit in ihre Hütte und gab uns heißes Wasser, so daß wir endlich das angetrocknete Blut aus unseren Gesichtern waschen konnten. Sie gab uns Sachen, und wir waren glücklich, daß Gott uns so einen Engel geschickt hatte ...« (1)

2. Aus den Selbstaufzeichnungen des ersten Lagerkommandanten von Auschwitz, Rudolf Höß:

»... Die ›Endlösung der Judenfrage‹ im KL Auschwitz.

Im Sommer 1941, den genauen Zeitpunkt vermag ich z. Zt. nicht anzugeben, wurde ich plötzlich zum Reichsführer SS nach Berlin befohlen, und zwar direkt durch seine Adjutantur. Entgegen seiner sonstigen Gepflogenheit eröffnete er mir ohne Beisein eines Adjutanten dem Sinne nach folgendes:

Der Führer hat die Endlösung der Judenfrage befohlen, wir – die SS – haben diesen Befehl durchzuführen. Die bestehenden Vernichtungsstellen im Osten sind nicht in der Lage, die beabsichtigten großen Aktionen durchzuführen. Ich habe daher Auschwitz dafür bestimmt, einmal wegen der günstigen verkehrstechnischen Lage, und zweitens läßt sich das dafür dort zu bestimmende Gebiet leicht absperren und tarnen. Ich hatte erst einen höheren SS-Führer für diese Aufgabe ausgesucht; um aber Kompetenzschwierigkeiten von vornherein zu begegnen, unterbleibt das, und Sie haben nun diese Aufgabe durchzuführen. Es ist eine harte und schwere Arbeit, die den Einsatz der ganzen Person erfordert, ohne Rücksicht auf etwa entstehende Schwierigkeiten. Nähere Einzelheiten erfahren Sie durch Sturmbannführer Eichmann vom RSHA, der in nächster Zeit zu Ihnen kommt. Die beteiligten Dienststellen werden von mir zu gegebener Zeit benachrichtigt. Sie haben über diesen Befehl strengstes Stillschweigen, selbst ihren Vorgesetzten gegenüber, zu bewahren. Nach der Unterredung mit Eichmann schicken Sie mir sofort die Pläne der beabsichtigten Anlage zu. – Die Juden sind die ewigen Feinde des Deutschen Volkes und müssen ausgerottet werden. Alle für uns erreichbaren Juden sind jetzt während des Krieges ohne Ausnahme zu vernichten. Gelingt es uns jetzt nicht, die biologischen Grundlagen des Judentums zu zerstören, so werden einst die Juden das Deutsche Volk vernichten ...

... Zu welcher Zeit nun die Judenvernichtung begann, vermag ich nicht mehr anzugeben. Wahrscheinlich noch im September 1941, vielleicht aber auch erst im Januar 1942. Es handelte sich zuerst um Juden aus Ost-Oberschlesien. Diese Juden wurden durch die Stapo-Leitstelle Kattowitz verhaftet und in Transporten mit der Bahn auf einem Abstellgleis auf die Westseite der Bahnstrecke Auschwitz – Dziedzice gebracht und dort ausgeladen. Soviel ich mich noch erinnere, waren diese Transporte nie stärker als 1 000 Menschen.

An der Bahnrampe wurden die Juden von einer Bereitschaft des Lagers von der Stapo übernommen und in zwei Abteilungen durch den Schutzhaftlagerführer nach dem Bunker, wie die Vernichtungsanlage bezeichnet wurde, gebracht. Das Gepäck blieb an der Rampe und wurde dann nach der Sortierstelle ... gebracht. Die Juden mußten sich bei dem Bunker ausziehen, es wurde ihnen gesagt, daß sie zur Entlausung in die auch so bezeichneten Räume gehen müßten. Alle Räume, es handelte sich um fünf, wurden gleichzeitig gefüllt, die gasdicht gemachten Türen zugeschraubt und der Inhalt der Gasbüchsen durch besondere Luken in die Räume geschüttet.

Nach Verlauf einer halben Stunde wurden die Türen wieder geöffnet, in jedem Raum waren drei Türen, die Toten herausgezogen und auf kleinen Feldbahnwagen auf einem Feldbahngleis nach den Gruben gefahren. Die Kleidungsstücke wurden mit Lastwagen nach der Sortierstelle gebracht. Die ganze Arbeit, Behilflichsein beim Ausziehen, Füllen des Bunkers, Räumung des Bunkers, Beseitigung der Leichen sowie das Ausschachten und Zuschütten der Massengräber wurde durch ein besonderes Kommando von Juden durchgeführt, die gesondert untergebracht waren und laut Anordnung Eichmanns nach jeder größeren Aktion ebenfalls vernichtet werden sollten. Während der ersten Transporte schon brachte Eichmann einen Befehl des RFSS, wonach den Leichen die Goldzähne auszuziehen und bei den Frauen die Haare abzuschneiden seien. Diese Arbeit wurde ebenfalls von dem Sonderkommando durchgeführt. Die Aufsicht bei der Vernichtung hatte zu der Zeit jeweils der Schutzhaftlagerführer bzw. der Rapportführer. Kranke Personen, die man nicht in die Gasräume bringen konnte, wurden durch Genickschuß mit dem Kleinkalibergewehr getötet. Ein SS-Arzt mußte ebenfalls zugegen sein. Das Einwerfen des Gases erfolgte durch die ausgebildeten Desinfektoren ... Während es sich im Frühjahr 1942 noch um kleinere Aktionen handelte, verdichteten sich die Transporte während des Sommers, und wir waren gezwungen, noch eine weitere Vernichtungsanlage zu schaffen. Es wurde das Bauerngehöft westlich der späteren Krematorien III und IV ausgewählt und hergerichtet. Zur Entkleidung waren beim Bunker I zwei und beim Bunker II drei Baracken entstanden. Der Bunker II war größer, er faßte ca.1 200 Personen. Noch im Sommer 1942 wurden die Leichen in die Massengräber gebracht. Erst gegen Ende des Sommers fingen wir an mit der Verbrennung; zuerst auf einem Holzstoß mit ca. 2 000 Leichen, nachher in den Gruben mit den wieder freigelegten Leichen aus der früheren Zeit. Die Leichen wurden zuerst mit Ölrückständen, später mit Methanol übergossen. In den Gruben wurde fortgesetzt verbrannt, also Tag und Nacht. Ende November 1942 waren sämtliche Massengräber geräumt. ...« (2)

Ich habe bewußt am Beginn dieses Berichtes die Darstellung der Massenverbrechen an den Juden durch einen *Opfer*zeugen und durch einen maßgebenden *Täter*zeugen gebracht. Die Aussagen der Opferzeugin belegen in grauenhafter Weise, wie aussichtslos die Lage der Juden war. Die Aufzeichnungen des Täterzeugen bestätigen die Aussagen zahlreicher Opferzeugen und schließen jeden Zweifel an der Glaubwürdigkeit aus.

Hunderte und Tausende von Aussagen ähnlicher Art füllten die Schreibtische der Ludwigsburger Kollegen, deren Entsetzen von Tag zu Tag wuchs.

Ich aber bekam in und nach diesen fünf Tagen der Abordnung nach Ludwigsburg nachträglich Einblick in diese Hölle, ohne sie selbst als Opfer erlebt zu haben. Ein solcher Einblick aber geht nicht ohne totales Ergriffenwerden an einem vorüber.

Ich entschloß mich zur freiwilligen Übersetzertätigkeit für die »Zentrale Stelle«, bot meine Sprachkenntnisse und meine nebenberufliche Freizeit an, und das Angebot wurde angenommen.

Übersetzertätigkeit für Ludwigsburg

Meine Übersetzertätigkeit erstreckte sich von diesem Zeitpunkt an auf 5 ½ Jahre bis Ende Dezember 1966. Abend für Abend, Sonntag für Sonntag ... 5 ½ Jahre. Auch danach gab es noch gelegentlich Aufträge. Die wesentliche Arbeit für mich aber war getan. Ich hatte zahllose Aufträge erledigt, davon 62 von der »Zentralen Stelle« in Ludwigsburg, die übrigen von anderen Staatsanwaltschaften wie vor allem Freiburg, Mannheim und Göttingen. Bei den Aufträgen von Ludwigsburg handelte es sich neben Übersetzungen einzelner Zeugenaussagen in der Regel um die Übersetzung von ganzen Teilkomplexen der Mordmaschinerie, manchmal von langen Buchausschnitten und um Auswertungen von Gesamtberichten.

Das alles hört sich so leicht und sachlich an. Was dabei aber zutage kam, war so grauenhaft, daß es meinen Mann und mich damals fast in den Abgrund trieb.

Die Aufträge der »Zentralen Stelle« betrafen in der Regel nicht nur jeweils eine bis drei Zeugenaussagen, sondern jeder Auftrag umfaßte oft zahllose Zeugenaussagen zu ganzen Komplexen. Ich sprach meine Übersetzungen auf Tonband. Es mußten in der Regel jeweils drei bis fünf und mehr Tonbandspulen damaliger Art – somit mit Vorder- und Rückseite – übersetzt besprochen werden. Zur Verdeutlichung, wie ein einziger Auftrag aussehen konnte, seien zwei Übersetzungsaufträge wiedergegeben:

»Zentrale Stelle der Landesjustizverwaltungen — Ludwigsburg, den 14. 12. 1961

Sehr geehrte Frau Dr. Just-Dahlmann!

Als Anlage übersende ich die Broschüre ›Radogoszcz‹, die der Zentralen Stelle von der Wiener Library LTD. in London für kurze Zeit leihweise überlassen wurde.

Ich erlaube mir, Sie zu bitten, aus der Broschüre die in der nachstehenden Aufstellung näher bezeichneten Stellen in die deutsche Sprache zu übersetzen.

In der Aufstellung ist neben der Seitenzahl jeweils der Anfang und das Ende der zu übersetzenden Stelle angegeben. Ich würde Sie bitten, bei der Übersetzung die benannten Stellen des Buches jeweils mit anzugeben.

S. 11: Najłagodniejsza .... bis S. 12: śmierci.
S. 13: Radogoszcz nie mieści ....bis S. 17: Pelzhausen
S. 18: Początkowo .... bis S. 18 liczby 57 miu osób.
S. 20: Stan liczebny .... bis S. 21 Niemców
S. 23: Zbieganie .... bis S. 24: podłogi
S. 24: »Beczka« ....bis S. 24: do beczki
S. 25: Wynalazca .... bis S. 26: dozorców
S. 27: Niezależnie .... bis S. 28: psychicznymi
S. 30: Stan chorych ....bis S. 33: radogoskiego
S. 37: Jest sprawa ....bis S. 38: bije
S. 40: Obok Pelzhausen . bis S. 40: Pelzhausen und Anm. 14
S. 42: Nieliczni ....bis S. 48: już niema
S. 51: Anmerkung 3.
S. 57: (Abs. 3) Pelzhausen wykrętnie . .bis S. 57: Albrechtowi
S. 58: W czwartym dniu .... bis S. 58: pytań.
S. 66: (Aus dem Plädoer der Anklage)
A czy przypominacie .... bis S. 66: Szrajerem.
S. 67: (Aus dem Plädoer der Anklage)
A egzekucja w Zgierzu .... bis S. 67: straceń
S. 74: (Vernehmungsprotokoll v. 29. 4. 1947)
Mieszkałem ....bis S. 75: 18. 1. 1945
S. 80: (Zeugenaussage Franciszek Gasiorowski)
W czasie mojego pobytu .... bis S. 81: dziennych
S. 82: Z Radogoszcza szły .... bis S. 82: mieszkań
S. 83: (Zeugenaussage Roman Janiak)
Ja byłem świadkiem ....bis S. 83: kieszonka
S. 84: (Zeugenaussage Jósef Jankowski)
Gdy ktoś z więźniów .... bis S. 84: jak ognia
S. 87: (Zeugenaussage Stefan Kubs)
Jakoś 18 ....bis S. 88: wykończenie
S. 89: (Zeugenaussage Kazimierz Michalski)
Zaraz po .... bis S. 89: z rewolweru
S. 89: (Zeugenaussage Leona Senifa)
Jakoś .... bis S. 90: umarł.

S. 91: (Zeugenaussage Mieczysław Sudry)
Widziałem .... bis S. 91: nie wiem
S. 96: (Zeugenaussage Władysława Zacharowicz)
W Radogoszczu niezależnie .... bis S. 96: kieszeni
S. 97: (Zeugenaussage Andrzej-Lutrosiński)
Joziowi .... bis S. 97: osób
S. 100: (Zeugenaussage Lucjan Grzelazki)
W Radogoszczu .... bis S. 100: pieniędzy
S. 105: (Zeugenaussage Franciszek Brzowski)
Zauważyłem .... bis S. 100: wydostać
S. 107: (Zeugenaussage Adam Urszulak)
W Radogoszczu .... bis S. 109: elektrycznymi
S. 110: (Zeugenaussage Jósef Zieliński)
W Radogoszczu .... bis S. 111: skacza
S. 112: (Zeugenaussage Bolesław Poplawski)
Po jakimś czasie .... bis S. 114: z dachu
S. 116: (Zeugenaussage Rafael Zarnecki)
(Zeile 5): Po chwili .... bis S. 117: ogrodniczych
S. 133: Bildunterschrift
S. 138: Abbild. 11 Bildunterschrift
S. 139: Abbild. 12 Bildunterschrift

Da die Broschüre alsbald an die Wiener Library zurückgegeben werden soll, wäre ich Ihnen für eine baldige Erledigung ganz besonders dankbar.

i. A. (Dr. Rückerl)
Staatsanwalt

Dr. Rückerl war später, von 1966 bis 1984, der Leiter der »Zentralen Stelle«. In den Jahren gemeinsamer Zusammenarbeit wurde er unser Freund.

Der letzte von uns zu dem Komplex NS-Verbrechen aufgehobene Übersetzungsauftrag kam von der Staatsanwaltschaft Freiburg i. Br. vom 23. 12. 1966. Er lautete:

Frau
Erste Staatsanwältin
Dr. Just-Dahlmann
Staatsanwaltschaft
Mannheim

Betr.: Strafsache gegen Walter Thormeyer wegen mehrfachen Mordes
Anl.: 1 Heft polnischer Zeugenaussagen
3 Bänder

Sehr geehrte Frau Kollegin!

Aus den Handakten i. o. S. habe ich entnommen, daß meine Kollegen, die vor mir dieses Verfahren geführt haben, sich jeweils hilfesuchend an Sie gewandt haben, wenn es sich um die Übersetzung polnischer Schriftstücke handelte. Darf auch ich mich mit der Bitte um Übersetzung der beiliegenden Protokolle an Sie wenden? Ich wäre Ihnen sehr zu Dank verpflichtet, wenn Sie mir die Übersetzungen Anfang Januar 1967 übersenden könnten, da möglicherweise sich aus diesen Unterlagen Hinweise auf weitere Zeugen ergeben können und das Verfahren bereits am 6. 12. 1966 begonnen hat.

Mit vorzüglicher Hochachtung

(Dr. Eyrich)
Erster Staatsanwalt

Heute ist Dr. Eyrich Justizminister in Baden-Württemberg.

Das alles klingt im Rückblick sehr »technisch«. Das war es aber ganz und gar nicht. Ich berichte es nur zur Erklärung dafür, wie ich so viele Einzelheiten aus dem entsetzlichen Komplex der NS-Verbrechen erfahren habe und mich daher für kompetent halte, über meine Erfahrungen zu schreiben.

Diese Einzelheiten allerdings trieben meinen Mann und mich damals um – und tun es heute nach wie vor.

Eine Schilderung hat sich meinem Gedächtnis tief eingeprägt; es ist ein Beispiel für viele, die ich nicht vergessen kann:

Es handelt sich um ein Ehepaar, das in späteren Jahren noch

einen Sohn bekommen hatte. Der Altersunterschied war groß, die Eltern hätten die Großeltern sein können. Der Junge war zart, blaß und kränklich und trug eine starke Brille. Diese drei Personen hatten sich mit anderen Juden unter dem Küchenfußboden eines Hauses versteckt, man hatte dort ein Loch gegraben und die Fußbodenbretter wieder darauf gelegt. Während der ersten Razzia der SS begann in diesem Loch ein Baby zu schreien. In der Todesangst gab man ihm ein Schlafmittel. Die Dosis war zu stark, und das Baby starb. Dann verrieten Ukrainer das von ihnen entdeckte Versteck an die SS, die Gruppe wurde jedoch gewarnt und konnte zwei Stunden vor dem Eintreffen der SS in der Nacht flüchten.

Die Menschen flohen einzeln in alle Himmelsrichtungen. Das Ehepaar mit dem kleinen Kind hatte auch nur das eine Ziel, das Städtchen zu verlassen. Man lief in die Nacht hinaus in Richtung der nächsten Dörfer und Gehöfte. Nach einiger Zeit konnte der kleine Junge – er war neun Jahre alt – nicht mehr laufen. Die Eltern klopften mehrfach vergeblich bei Bauern an. Sie wurden aber beschimpft, weggejagt und mußten weiterlaufen. Schließlich stießen sie auf eine Bäuerin, die ihnen Milch und Brot gab. Die Eltern baten sie, das Kind bei sich zu behalten und es zu verstekken, da sie keinen Weg der Rettung mehr sahen.

Die Bäuerin weigerte sich zunächst, das Kind aufzunehmen. Die Eltern weinten und bettelten weiter, und schließlich fragte sie nach Geld. Die Eltern holten hierauf all das heraus, was sie heimlich in das Futter ihrer Jacken eingenäht hatten, und gaben es der Bäuerin, die es in ihrer Kommode einschloß. Dann brachten sie das Kind auf den Boden über dem Stall. Die Bäuerin sagte, daß es hier im Stroh gut versteckt sein werde, und sie wolle es versorgen.

Die Eltern liefen noch in der gleichen Nacht weiter, so weit sie ihre Füße bis zur Dämmerung trugen. Als der Morgen anbrach, verließen sie die Straße und liefen auf ein großes Feld hinaus. Dort versteckten sie sich in einer Ackerfurche. Sie trauten sich nicht aufzustehen, und so entdeckte sie am zweiten Abend der Bauer, dem das Feld gehörte. Er war (ausnahmsweise übrigens) ein anständiger Mensch und brachte ihnen bei Dunkelheit alte Decken, eine Plane zum Zudecken als Schutz gegen den Regen sowie von seiner Frau gebackenes Brot. Jeden Abend kam er vorbei. Das alte Ehepaar verbrachte so – den Tag über in der Furche liegend – mehrere Wochen. Als dann die SS-Einheit aus dem »Städtel« abgezogen war (was sie durch den Bauern erfuhren), wagten sie sich aus dem Versteck. Sie eilten zu der Bäuerin, bei der sie ihren kleinen Sohn gelassen hatten. Er war nicht mehr da. Es sei zu gefährlich gewesen, sagte die Bäuerin. Da habe sie ihn weggeschickt ...

Das Kind ist nie wieder gesehen worden.

Eine andere Übersetzung betraf Teile des schrecklichen »Babi Jar«: Im Raum Kiew befand sich von der Einsatzgruppe C das Einsatzkommando 4 a unter Führung von SS-Standartenführer (Oberst) Paul Blobel. In einer Besprechung zwischen dem Einsatzgruppenführer Dr. Dr. Rasch, dem Einsatzkommandoführer 4 a Blobel, dem höheren SS- und Polizeiführer Rußland-Süd und Ukraine Jeckeln und dem Stadtkommandanten von Kiew, General Eberhard wurde festgelegt, daß ein Aufruf erfolgen solle, wonach sich die Juden von Kiew zur Umsiedlung einzufinden hätten. Diesem Aufruf wurde in unerwartet großem Umfang Folge geleistet. Gemäß Ereignismeldungen (EM Nr. 101 vom 2. 10. 1941 u. Nr. 106 vom 7. 10. 1941 der SS) wurden hiernach am 29. und 30. September 1941 insgesamt 33 771 Juden in der nahegelegenen Schlucht von Babi Jar erschossen. Die Felswände dieser Schlucht wurden sodann gesprengt und die Opfer unter den Felsbrocken begraben. Die Opfer hatten bis kurz vor ihrer Erschießung geglaubt, daß sie tatsächlich umgesiedelt werden würden.[3]

Zu dieser größten und fürchterlichsten Erschießungsaktion in der Sowjetunion gibt es übrigens ein ergreifendes Gedicht von Jewtuschenko, das mit den Worten beginnt: »Es steht ein Denkmal in Babi Jar«. In der Knesset – dem israelischen Parlament – in Jerusalem jedoch hängt ein Bild mit der Darstellung des Infernos von Babi Jar. Der Maler war einer der wenigen Entkommenen, und das Bild hängt unter den Tagungsräumen vor dem Eingang zur Synagoge. Aber in Babi Jar steht kein Denkmal. Babi Jar liegt übrigens unweit von Tschernobyl, und auch Tschernobyl war ein blühendes jüdisches Städtel ...

Angesichts der Kriegslage befahl der Reichsführer der SS Himmler im Jahre 1942, auch die toten Zeugen – die ermordeten – aus der Welt zu schaffen. Der Auftrag hierzu wurde dem Sonderkommando 1 005 unter der Führung von Blobel erteilt, und dieser ordnete hierfür die Bildung von sog. Enterdungskommandos an. Solche Kommandos setzten sich aus einigen SS-Leuten, einer Gruppe von zumeist jüdischen Häftlingen und aus Wachmannschaften zusammen, die von Polizeiformationen gestellt wurden. Eine solche »Enterdungsaktion« wurde u. a. auch – unter fürchterlichen Umständen – in Babi Jar vorgenommen. Die Felsbrocken mußten gehoben werden, dann wurden die Leichen zu Scheiterhaufen geschichtet, verbrannt, und die verbleibenden Knochenreste wurden in Kugelmühlen zu Staub zermahlen und der Staub verstreut. Auf dem letzten Scheiterhaufen wurde das jüdische Arbeitskommando verbrannt. Es kam jedoch vor, daß Ausbrüche aus diesen »Enterdungskommandos« versucht wurden und manchmal auch gelangen, so daß es auch hierzu Zeugen und Erlebnisberichte gibt.[4]

Derartige Übersetzungen haben wir zuweilen damals kaum noch ertragen, wir sind hemmungslos weinend durch unsere Wohnung gelaufen, und anteilnehmende Freunde weinten mit uns.

Warum immer die Juden?

Das, was mein Mann und ich auf diese Weise durch die »Zentrale Stelle« in den Einzelheiten erfuhren, hat unser beider Leben von Grund auf verändert. Vor uns tat sich eine bisher unbekannte, ungeheuerliche Dimension auf, die jenseits alles eigentlich Vorstellbaren lag. Natürlich hatten wir von den Nürnberger Kriegsverbrecherprozessen erfahren – aber eben doch nicht diese Einzelheiten, die es letztlich immer sind, die dann wirklich »unter die Haut gehen«. Wie weit diese Einzelheiten damals, sofern sie in den Prozessen überhaupt bekannt wurden, in der Presse veröffentlicht wurden, wissen wir heute nicht mehr. Auch waren wir seinerzeit (1946 - 1950) mit dem Studium und abgekürzter Referendarszeit erheblich belastet, weshalb uns wohl vieles leider entgangen sein mag. Wir hatten zwar Eugen Kogons Buch »Der SS-Staat« im Jahre 1947 gelesen, in dem wirklich unheimliche Einzelheiten neben dem Gesamtüberblick über das System des SS-Staates enthalten sind, aber ein einziges Buch dieser Art vermochte wohl nicht die Dimension aufzureißen, die den grauenvollen Ereignissen gerecht geworden wäre. Zu diesem Komplex gab es damals darüber hinaus zu wenig verfügbares Material.

Ludwigsburg aber öffnete uns schockartig Augen, Ohren und Herzen. Der »gesellschaftliche Verkehr« wurde uns mit einem Schlag unerheblich, gleichgültig, ja zuwider. Uns trieb innerlich damals nur noch ein Thema um:

Wir Deutschen wissen ja nicht, was für gemeine Massenverbrechen zwischen 1939 und 1945 begangen wurden, dachten wir damals. Und da wir und einige wenige nun zuverlässiges Material kannten, das darüber Auskunft gab, fühlten wir uns moralisch dazu verpflichtet, darüber zu berichten, damit es möglichst viele Menschen erfuhren. Wir ahnten noch nicht, daß die meisten all dies gar nicht hören wollten!

Und wir fragten uns weiter: Warum wurden die Juden so bestialisch ermordet – nur weil sie Juden waren?

Damals fiel uns die »Judentumskunde« von Hans Jochen Gamm in die Hände.[5] Wir lasen sie 1963 im Urlaub an der Côte d'Azur und erfuhren, daß Juden schon immer verfolgt wurden.

Wir stießen auf den Römerbrief des Apostels Paulus Kap. 9 - 11 im Neuen Testament. Zum ersten Mal erfaßten wir die kirchengeschichtliche und wirkungsgeschichtliche Bedeutung dieses Briefes für unsere abendländisch-christliche Beziehung zum Judentum:

»Wenn jedoch einige der Zweige ausgebrochen worden sind, du aber, der du von einem wilden Ölbaum stammst, unter ihnen eingepfropft worden bist und an der saftreichen Wurzel des Ölbaumes mit Anteil bekommen hast, so rühme dich nicht wider die Zweige; rühmst du dich aber wider sie, (so wisse): *Nicht du trägst die Wurzel, sondern die Wurzel trägt dich*«. (Röm. 11, V. 17-18)

Wir hatten zwar früher auch schon die Bibel gelesen und in der Evangelischen Studentengemeinde intensive Bibelarbeit kennengelernt, aber ohne diese Kenntnis von »Ludwigsburg«, ohne dieses neue Bewußtsein. In der Kirche hatten wir von der Bedeutung des Judentums als der das Christentum tragenden Wurzel nie etwas gehört. So begannen wir jetzt, neu nachzudenken, auf das Alte Testament, die hebräische Bibel, zurückzugehen. Erstaunliches stellten wir fest, wenn wir diese Texte nun einmal aus jüdischer Sicht lasen, z. B. Jesaja 53, Verse 1–9:

»Er (das ist der Knecht des Herrn) hatte weder Gestalt noch Schönheit, daß wir nach ihm geschaut, kein Ansehen, daß er uns gefallen hätte. Verachtet war er und verlassen von Menschen, ein Mann der Schmerzen und vertraut mit Krankheit, wie einer, vor dem man sein Antlitz verhüllt; so verachtet, daß er uns nichts galt ... Er ward mißhandelt und beugte sich und tat seinen Mund nicht auf wie ein Lamm, das zur Schlachtbank geführt wird, und wie ein Schaf, das vor seinen Scherern verstummt. Aus Drangsal und Gericht ward er hinweggenommen, doch sein Geschick – wen kümmert es?«

Wir erfuhren, daß die jüdische Religion den bei Jesaja geschilderten leidenden »Gottesknecht« schon immer mit dem gesamten leidenden jüdischen Volk gleichsetzt.

Statt diese Verse, wie bis dahin bei uns in der Kirche üblich, nur vom Neuen Testament her zu lesen und folgerichtig dann auch nur auf Jesus (den christlichen Messias) zu übertragen, bemerkten wir nun, daß sie genauso auf die Juden zutreffen, gerade angesichts dessen, was in der Shoah, im Holocaust, geschehen war. Wen die zitierten Verse nicht an die leidenden Zeugen in meinen Übersetzungen für die »Zentrale Stelle« erinnerten, mußte blind und taub sein. Dieses Nachdenken, und vor allem dann mein Vortrag in der Evangelischen Akademie Loccum am 29. November 1961 führten uns schließlich 1963 zu der Arbeitsgemeinschaft »Juden und Christen« beim Deutschen Evangelischen Kirchentag.

Appell an die Öffentlichkeit

Vorträge über die NS-Verbrechen

Betroffen, bewegt und engagiert fing ich an, über das zu referieren, was ich erfahren hatte und laufend weiterhin erfuhr: von Sommer 1960 bis Ende 1965 hielt ich 74 Vorträge. Es waren Vorträge in Schulen, vor Kirchengemeinden, vor Studenten, in Parteien, vor Gewerkschaften, in Universitäten, in Evangelischen Akademien sowie in der Evangelischen Akademikerschaft in verschiedenen Landesverbänden, vor Richtern und Staatsanwälten und Polizeibeamten. Nur zwei Vorträge seien nachfolgend beispielhaft wiedergegeben: die Mitschrift des ersten Vortrags vor der Evangelischen Akademie in Loccum am 29. November 1961 – ein Vortrag, der mir im nachhinein bis Mitte 1962 ungewöhnliche Schwierigkeiten bereitete – und der Vortrag im Evangelischen Gemeindehaus Korntal vom 23. Februar 1963.

Die Vorbereitungen zu dem Vortrag in der Evangelischen Akademie Loccum (dem ersten großen Vortrag zu diesem Thema) waren ungewöhnlich gründlich gewesen. Ich durfte auf keinen Fall irgend etwas Falsches sagen, weil sonst das Ziel, die Öffentlichkeit und die Justiz aufzurütteln, gefährdet gewesen wäre. Außerdem durften die laufenden Ermittlungen nicht im geringsten tangiert werden. Es war also ein Seiltanz »zwischen Scylla und Charybdis«. Auch war zu bedenken, daß der Vortrag vor hohen Juristen und Politikern im Rahmen einer viertägigen Tagung zu dem Thema »Politische Prozesse heute« gehalten werden sollte. Was wir bis zu unserer Ankunft in Loccum nicht wußten, war, daß auch die Presse zahlreich anwesend sein würde. Außerdem sollte ich anstelle des einleitenden Vortrags des Bundestagsabgeordneten, Generalbundesanwalt i. R. Dr. Max Güde, der an diesem Abend wegen einer Bundestagssitzung verhindert war, entgegen dem eigentlichen Programm meinen Vortrag als einleitendes Referat halten. Außer den Referenten waren 96 Teilnehmer anwesend, und ich sprach damals – nichtsahnend – noch frei und ohne Manuskript. Zum Glück schrieb Tagungsleiter Pfarrer Bolewski mit.

Der Vortrag in Loccum

»Ehe ich mit meinen Ausführungen beginne, möchte ich viererlei vorausschicken: Bei den ersten drei Punkten handelt es sich um Dinge, in denen ich dem Leiter dieser Tagung, Herrn Dr. Bolewski, scheinbar ungehorsam sein muß, um das zu sagen, was er von mir erwartet:

1. Das Thema der Tagung lautet: ›Politische Prozesse heute‹. Nun ergab ein Gespräch mit Dr. Bolewski, daß er unter dem mir gestellten Thema über die Arbeit der ›Zentralen Stelle‹ in Ludwigsburg berichtet wissen möchte. Daher muß ich gleich zu Beginn folgendes richtigstellen: Wir Juristen verstehen unter »politischen« Prozessen die Verfahren wegen der Straftaten, die in den §§ 80 ff. unseres Strafgesetzbuches geregelt sind, d. h. Verfahren, in denen sich der Täter gegen die bestehende staatliche Ordnung vergeht und *deswegen* bestraft wird. Die ›Zentrale Stelle‹ hingegen befaßt sich mit Verbrechen, die während der Zeit des Nationalsozialismus *an der Zivilbevölkerung* begangen worden sind, und die ›Zentrale Stelle‹ verwahrt sich daher mit Recht dagegen, daß man ihre Verfahren ›politisch‹ nennt.

Ich werde also nicht über ›politische‹ Prozesse sprechen, sondern über Verfahren, die sich mit Mord und Totschlag im Sinne der §§ 211, 212 des Strafgesetzbuches befassen.

2. Mein Thema lautet: ›Materialsammlung und Ermittlung ...‹

Die ›Zentrale Stelle‹ übt *staatsanwaltschaftliche* Funktionen aus. Sie werden aber von mir nicht erwarten, daß ich Ihnen erzähle, wie ein Ermittlungsverfahren bei einer Staatsanwaltschaft theoretisch abläuft, d. h. ich werde Ihnen also kein Kolleg über die Strafprozeßordnung halten. Ich werde Ihnen vielmehr berichten, was die Arbeit der ›Zentralen Stelle‹, deren Ermittlungen sich in den Formen der Ermittlungstätigkeit einer normalen Staatsanwaltschaft abspielen, dennoch von der Tätigkeit jeder anderen Staatsanwaltschaft unterscheidet.

3. Der Leiter dieser Tagung hat mir im Gespräch gesagt, der allgemeine Inhalt der Materie, mit der sich die ›Zentrale Stelle‹ zu befassen hat, könne in diesem Hörerkreis als bekannt vorausgesetzt werden. Ich darf hierzu sagen, daß ich dies nicht glaube, da

ich – ohne Übertreibung – noch keinem Menschen begegnet bin, der über das allgemeine Wissen von der Existenz der Gaskammern, Gaswagen, Tötungen, statistischen Zahlen ... wirklich etwas von den Dingen weiß, und zum anderen bestimmt der Inhalt dieser Materie wesentlich auch die anderen Punkte, in denen sich die Tätigkeit der ›Zentralen Stelle‹ von anderen Staatsanwaltschaften unterscheidet.

4. Zum vierten möchte ich Sie bitten, von mir keinen ›Vortrag‹ zu erwarten. Meine Kenntnis von den Dingen ist trotz intensiver Beschäftigung damit bruchstückhaft. Außerdem sind die Dinge, um die es hier geht, so grauenhaft, daß meines Erachtens ein Menschenleben nicht ausreicht, um sie so zu verarbeiten, daß man – wie sonst bei einem Thema, das man beherrscht – sich ›daneben‹ stellen und ›darüber‹ berichten kann. Ich stehe mitten darin und teile Ihnen etwas von meiner eigenen Erschütterung mit.

Und nun zum Eigentlichen. Was unterscheidet also die Arbeit der ›Zentralen Stelle‹ von der Arbeit aller anderen Staatsanwaltschaften, wobei vorweg bemerkt sei, daß sich die Ermittlungen streng rechtsstaatlich vollziehen und daß lediglich die orthodoxen Wege hier und da verlassen werden mußten.

1. Das Ermittlungspersonal

Die ›Zentrale Stelle‹ ist eine Einrichtung der Länderjustizverwaltungen. Sie wurde gegründet, weil die Art der Materie es notwendig machte, die Ermittlungen in einer Hand zusammenzufassen. Jedes Land der Bundesrepublik außer Bremen hat einen Juristen nach Ludwigsburg abgeordnet. (Erlauben Sie mir trotz des an sich so ernsten Themas einen kleinen Scherz: Von Bremen sagt man, es sei so klein, daß es überhaupt nur einen Staatsanwalt habe ...). Leiter der ›Zentralen Stelle‹ ist Oberstaatsanwalt Schüle.

2. Inhalt der Materie

Hierzu darf ich vorweg sagen, daß nach meiner Kenntnis die ›Zentrale Stelle‹ nicht ›die Kleinen‹ verfolgt, sondern Personen, die mit eigener Befehlsgewalt ausgestattet waren und den ›kleinen Mann‹ in die Situation brachten, aus der er aus subjektiven Gründen dann keinen Ausweg mehr für sich sah.

An dieser Stelle muß ich Ihnen erklären, wie ich, die ich der ›Zentralen Stelle‹ nicht angehöre, überhaupt dazu komme, über diese Dinge zu sprechen. Ich war vor ungefähr anderthalb Jahren für einige Tage nach Ludwigsburg abgeordnet, um dort bei der Sichtung polnischen Materials – ich spreche polnisch – mitzuhelfen, das erst kurz vor Ablauf der Verjährung geliefert worden war.

Und nun zur Art der Verfahren selbst einige Beispiele: Wenn man sie in der zahlreich vorhandenen Literatur gesammelt liest, wirken sie wie ›Statistik‹. Das eigentliche Grauen aber spürt man nur, wenn man sich mit dem Einzelfall beschäftigt. Lassen Sie mich durch beispielhafte Aufzählung das grausige Geschehen einmal beim Namen nennen:

Erschießen von 160 Kindern ...

Exhumierungsprotokoll über 3 000 *erschlagene* Personen ...

1 Waggon Graudenzer Gymnasiasten wird zur Vernichtung angefahren ...

Menschen werden zu ...zigtausend in Vergasungsautos zu Tode gebracht ...

Leichen und Baumstämme werden zu »natürlichen« Scheiterhaufen gestapelt ...

Vergasung in Gaskammern (Treblinka) ...

Kleinkinder werden auf Müllgrube erschossen ...

Ein SS-Mann schlägt Kind mit Kopf an einen Pfosten ...

Ein Lagerleiter hat seinen Schäferhund dressiert, damit er den Gefangenen die Geschlechtsteile abbeißt und die Gefangenen so verbluten ...

3. Reaktionen

Unter der Wucht der Erinnerung brechen Zeugen zusammen. Auch für die Schreibkräfte ist diese Art der Tätigkeit eine starke Belastung, und es ist ein Wunder, daß nicht häufiger Kündigungen vorkommen – man könnte es verstehen. Auch die Staatsanwälte selbst erhalten keine Erleichterung durch Gewöhnung. Immer wieder überkommt sie das Entsetzen.

4. Art des Beweismaterials

Manche Staatsanwaltschaft wäre dankbar, wenn sie im Einzelfall derartig eindeutiges Beweismaterial hätte:

die Personalakten des ehemaligen SD

die Ereignismeldungen des Chefs der Sicherheitspolizei und des SD

die Meldungen aus den besetzten Ostgebieten

die Rechtsprechung der SS- und Polizeigerichte

die Zeugen sind nicht etwa nur zufällige Überlebende des Grauens (diese erst in zweiter Linie), sondern die Angehörigen ganzer Wehrmachtsteile, die zufällig an den Erschießungsorten stationiert waren ...

5. Die sog. Hilfsorgane der Staatsanwaltschaft

Die ›Zentrale Stelle‹ arbeitet mit Sonderkommissionen zusammen, die an den Landeskriminalämtern gebildet worden sind. Die Bildung dieser Sonderkommissionen hatte zwei Gründe. Erstens machte die Materie selbst es notwendig, daß man sich ein Spezialwissen aneignete. Zweitens merkte die ›Zentrale Stelle‹, daß sie ihre Ermittlungsakten nicht einfach an jede beliebige Polizeidienststelle in der Bundesrepublik Deutschland schicken konnte, weil sie nicht wußte, ob die Akten dort nicht in die Hände eines Beamten geraten, der zu dem von ihr gesuchten Täterkreis gehört.

Daß diese Vorsichtsmaßnahme berechtigt war, bestätigte sich u. a. dadurch, daß noch bis in das Jahr 1960 hinein Polizeibeamte höherer Dienstgrade verhaftet werden mußten. Aus dem gleichen Grund sah die ›Zentrale Stelle‹ auch davon ab, Ausschreibungen im Fahndungsbuch vorzunehmen.

6. Durchführung der Verfahren

Wenn ich jetzt einiges zur Reaktion einiger Sachbearbeiter in der Justiz sage, so meine ich hiermit nicht – wie man es heute gern und leicht verallgemeinert – *die* Justiz. Die ›Zentrale Stelle‹ hat in der ganzen Bundesrepublik gute Mitarbeiter, die korrekt und gründlich ermitteln und die Verfahren schnell und ordnungsgemäß zu Ende führen. Es kommen aber auch seltsame Reaktionen vor, die nicht so vereinzelt sind, daß man nicht darüber sprechen sollte. So wird z. B. normalerweise ein Mörder, dessen Schuld durch gutes Material dargelegt ist, unter keinen Umständen – auch nicht gegen Kaution – aus der Untersuchungshaft entlassen. Folgende Beispiele mögen Ihnen zeigen, wo meine Bedenken liegen:

Ein Mann, der des Mordes an 12 000 Personen dringend verdächtig ist, wird gegen eine Kaution von 12 000,-- DM aus der Untersuchungshaft entlassen ...

Ein Landgericht hebt den Haftbefehl eines Amtsgerichts gegen einen des zigfachen Mordes dringend verdächtigen Täter auf, weil der örtlich unzuständige Amtsrichter den Haftbefehl erlassen hat.

Der Mann, der seinerzeit den technischen Einsatz der Vergasungsautos geleitet hat, war bis vor einem Jahr polizeilicher Abteilungsleiter in einem bundesdeutschen Regierungspräsidium, obgleich eine ihn eindeutig überführende Urkunde seit dem Nürnberger Prozeß bekannt war und in der Nürnberger Dokumentensammlung veröffentlicht ist.

Ein Mann (ich nenne ihn ›Fritz Schröder‹), dessen Vor- und Zuname, Geburtsdatum und -ort, SS-Dienstgrad und Einsatzort bekannt ist, wird wegen der ihm nachzuweisenden Verbrechen nicht verfolgt, weil er sagt, er ›sei es nicht‹.

Wenn man die Presse aufmerksam verfolgt, dann wundert man sich hier und da über die unverhältnismäßig niedrigen Strafen bei festgestelltem Mord oder Beihilfe dazu. Ein Beispiel für andere:

Ein Kinderarzt (früher Gutsbesitzer) tötet – *ohne* Befehl – mit seiner zivilen Reiter-SS 200 zusammengetriebene Juden. Strafe: sechs Jahre.

Die Ludwigsburger Staatsanwälte haben eine Gleichung aufgestellt, die nicht wörtlich und nicht mathematisch zu nehmen ist und die sie in Zeiten der Resignation gebrauchen: »Ein Toter gleich zehn Minuten Gefängnis.«

Wenn man sich nun fragt, wieso solche Reaktionen möglich sind, so muß ich Ihnen sagen, daß ich keine Antwort darauf weiß. Bestimmt sind die so reagierenden Juristen keine »verkappten Nazis«, ich bin auch sicher, daß sie nicht böswillig sind. Vielleicht ist es die Dimension des aus diesen Verfahren sprechenden Grauens, das wahrhaft apokalyptische Ausmaße hat und das den Rahmen ›normaler‹ Mordprozesse im bisherigen Verständnis unseres § 211 einfach sprengt.

Und nun lassen Sie mich noch ein Schlußwort sagen: Wir kommen ja auf einer Evangelischen Akademie nicht zusammen, um uns lediglich Fachvorträge anzuhören, die wir im Hörsaal einer Universität oder in einer Stadthalle genausogut hören könnten. Von den Menschen, die sich gerade hier zusammenfinden, darf vorausgesetzt werden, daß sie über das Fachliche hinaus danach fragen, was Gott ihnen mit dem sagen will, worüber sie in den Vorträgen erfahren. Haben Sie keine Angst, daß ich nun frömmeln will. Aber mich bewegt folgendes:

Es erschrickt mich besonders, daß es sich bei den Tätern von damals im großen und ganzen (von Ausnahmen abgesehen) um Menschen handelt, die nicht geborene Sadisten oder Verbrecher waren, um Menschen, die vermutlich, wenn sie nicht in diese Situation mit ihrer Machtfülle für den einzelnen gekommen wären, ohne jede kriminelle Handlung als brave und angesehene Bürger bis zu ihrem Lebensende gelebt hätten.

Es erschrickt mich, daß wir Deutsche heute, wenn wir von diesen Dingen hören, zwar weiter sagen: »*Unser* Goethe, *unser* Schiller, *unser* Beethoven ...«, aber uns weigern, gleichzeitig zu sagen: »*Unsere* SS, *unsere* Untaten ...«, sondern lieber gleich mit dem Finger von uns weisen und sagen: ›aber die anderen‹.

Was wollte Gott den Juden, den Polen, den Opfern sagen mit dem Grauen, das er über sie brachte? Ich habe den Eindruck, wir bekommen heute in der christlichen Predigt ein Bild von Gott vermittelt, das weder mit der Bibel noch mit der Wirklichkeit übereinstimmt.

Was wollte Gott uns als Volk, das solches angerichtet hat,

sagen? Ich glaube, daß nur im Erkennen der grauenhaften Dinge, in der Beschäftigung damit und im sich Bekennen zu diesen Dingen die einzige Chance eines echten Neuanfangs liegt.

Was können wir tun, damit wir aufgerüttelt werden und diese Chance nicht vorübergehen lassen?«

29. November 1961 *(Mitschrift der Akademie)*

Der Vortrag in Korntal

(Inzwischen war ich nicht mehr »naiv« und hatte ein Manuskript)

»Wie Sie aus dem Thema *Laßt doch die Dinge ruhen!? – Zur juristischen Aktualität nationalsozialistischer Gewaltverbrechen* entnommen haben, will ich Ihnen heute über dreierlei berichten. Einmal über die NS-Gewaltverbrechen, soweit sie heute juristisch relevant sind, d. h. soweit sie sich in Form von Prozessen vor unseren Augen heute in der Bundesrepublik abspielen. Zum zweiten will ich über die besondere Aktualität dieser Vorgänge berichten und zum dritten über den so häufig gehörten Einwand: Laßt diese Dinge doch endlich ruhen, muß man denn nach so langer Zeit immer wieder in den Dingen wühlen und immer wieder von neuem alte Wunden aufreißen?

Ehe ich zu dem eigentlichen Thema komme, muß ich dreierlei vorausschicken:

Zum ersten muß ich Sie von vornherein darauf aufmerksam machen, daß die Dinge, die ich zu berichten habe, zum Teil grauenhaft sind.

Zum zweiten möchte ich Sie bitten, einen wesentlichen Unterschied zwischen dem Vortrag von heute abend und Vorträgen, die Sie sonst hören, darin zu sehen, daß normalerweise bei einem Vortrag der Vortragende die Materie, über die er zu berichten hat, mehr oder minder beherrscht, d. h. daß er sich gewissermaßen ›daneben‹ stellen und darüber berichten kann. Sie werden aus dem, was ich Ihnen zu erzählen habe, merken, daß ein Menschenleben nicht ausreicht, diese Materie in irgendeiner Weise zu beherrschen wie ein sonstiges Thema, so daß man sich nicht gewissermaßen ›daneben‹ stellen kann, um ›darüber‹ zu berichten. Der Vortragende selbst steht immer wieder mitten in diesem Geschehen und ist immer wieder von neuem erschüttert.

Und zum dritten möchte ich Sie darauf hinweisen, daß Sie bei allem, was ich Ihnen erzähle, bedenken, daß es sich nicht um vergangene Geschichte handelt, wie es scheinen mag, sondern um Dinge von äußerster Aktualität, weil diese Dinge nun in Form von Prozessen sich zur Zeit in der Bundesrepublik vor unseren Augen abspielen.

Seit Schaffung der ›Zentralen Stelle‹ in Ludwigsburg haben wir achtundfünfzig Verfahren erlebt, von denen einige sich besonders herausgehoben haben; und es kommen etwa 590 Verfahren dieser Art in nächster Zeit auf uns zu. Wenn also jede Zeitung auch nur ganz wenig darüber berichten sollte, in wenigen Zeilen, dann bringt es einfach die Fülle, die Zahl dieser Prozesse mit sich, daß eine Schwemme von Zeitungsberichten kommen wird. Man kann nun entweder die Zeitung zumachen und sagen, die Dinge hängen mir zum Hals heraus, ich will nichts mehr davon wissen und sie nicht mehr lesen, man kann aber auch darin eine echte Chance sehen, sich den Dingen einmal im Leben ehrlich zu stellen, sich mit ihnen zu konfrontieren und sie wenigstens zur Kenntnis zu nehmen. Es ist ein Faktum, daß wir nach 1945 das, was geschehen ist, in der ganzen Fülle des Grauenhaften nicht zur Kenntnis genommen haben. Das mag daran liegen, daß der einzelne gute Gründe hat, die er vorbringen kann. Der Zusammenbruch 1945 war total, bis 1948 wußten wir nicht, wo wir unser Essen herholen sollten, und nach 1948 hatte man kein Geld. Die Entnazifizierung ging über die Bühne, nicht immer sehr glücklich verlaufend, das wissen wir alle. Die Alliierten saßen in Nürnberg und anderswo zu Gericht über sogenannte Kriegsverbrecher. Man war weitgehend der Auffassung, daß damit die Dinge abgetan sind, um die es sich handelt. Die Familien waren zerstreut. Viele Familien wußten nicht, wo ihre Angehörigen steckten, ob sie tot oder nur vermißt waren, ob sie noch einmal wiederkommen würden. Man war in Deutschland derart mit sich selbst beschäftigt, man hatte auch gar nicht Zugang zu all dem Material, das diese Dinge betrifft, so daß wir uns 1945 und in den Jahren danach damit nicht auseinandergesetzt haben. Diese Gründe, die der einzelne für sich mit Recht anführen mag, treffen heute nun nicht mehr alle zu. Und nun kommen also diese Prozeßberichte auf uns zu, und die Frage ist: Wollen wir die echte Chance, die damit verbunden ist, daß man einmal zur Kenntnis nimmt, was eigentlich wirklich los war, und zwar auf eine einwandfreie Weise, nämlich auf die Art, daß bundesdeutsche Gerichte die Wahrheit ans Tageslicht fördern in monatelangen Prozessen? Wollen wir dies zur Kenntnis nehmen oder nicht?

Noch etwas vorweg: Alle Gespräche über dieses Thema, das lehrt die Erfahrung, sind in besonderer Weise geeignet, Mißverständnisse hervorzurufen. Darum ist es vorweg sehr wichtig, daß wir uns ganz klar darüber sind, worüber wir heute abend reden. Zu dem Zweck will ich noch einmal definieren, worum es in den Prozessen, über die ich Ihnen heute berichte, geht. Ich berichte Ihnen nur über die Prozesse, die bei der ›Zentralen Stelle‹ in Ludwigsburg ihren Ausgang nehmen, und ich will es einmal negativ formulieren, über all das, was dort nicht verfolgt wird. Es wird dort niemand seiner Weltanschauung wegen verfolgt.

Es geht also heute abend nicht um die Klärung der Frage, ob möglicherweise in gehobenen Ämtern der Bundesrepublik Personen sitzen, die ihrer Vergangenheit wegen dort nicht sitzen sollten. Darum geht es in diesen Prozessen nicht. Es wird, und das ist ganz wichtig festzuhalten, dort niemand verfolgt, der eine Tat begangen hat, die irgendwie im Zusammenhang mit dem Kriegsgeschehen steht. Also, der Fall Leibbrand, von dem sie alle gehört haben werden, würde heute abend nicht hierher gehören. Es wird in diesen Verfahren, die ich meine, niemand verfolgt, der etwas getan hat, was mit dem eigentlichen Kriegsgeschehen in Zusammenhang steht. Es geht in den Prozessen auch nicht um die Frage der Partisanenbekämpfung, soweit nicht der nationalsozialistische Sprachgebrauch es mit sich gebracht hat, daß man später gewisse Personengruppen als Partisanen bezeichnete, die nach dem Völkerrecht gar keine sind. Aber um die eigentliche Partisanenbekämpfung geht es in diesen Verfahren nicht. Der Fall Vacarik, der vielleicht dem einen oder anderen unter Ihnen bekannt ist, würde nicht hierher gehören. Es geht auch nicht um die Verfolgung persönlicher Racheakte, die im Zusammenhang mit dem Kriegsgeschehen vorgekommen sind, es geht auch nicht um die bundesdeutschen Juristen, denen man heute teilweise vorwirft, daß sie Todesurteile zu Unrecht gefällt haben, und die zum Teil schon aus dem Dienst ausgeschieden sind oder das möglicherweise noch tun sollten. Um all diese Punkte geht es nicht.

Und jetzt will ich es positiv formulieren. Es handelt sich in diesen Verfahren allein um die vom Reichssicherheitshauptamt zentral gesteuerten Massenmorde an der Zivilbevölkerung der von den Deutschen besetzten Gebiete, in erster Linie an den Juden, aber auch an den Angehörigen aller anderen Völker, besonders der Intelligenz von Polen, von Russen, von Norwegern, Dänen, Holländern, Belgiern, Franzosen, Italienern, Jugoslawen, Tschechen und nicht zuletzt auch an deutschen politisch andersdenkenden Gegnern.

Da ist noch etwas Wichtiges festzuhalten. In diesen Prozessen werden nicht die sogenannten Kleinen verfolgt, also nicht der ›kleine‹ Mann, nicht der ›kleine‹ SS-Mann, nicht der ›kleine‹ Polizist, der abgeordnet war im Rahmen seiner Kompanie und nun geschossen hat. Die sogenannten Kleinen werden nur dann verfolgt, wenn sie sich persönlich besondere Grausamkeiten haben zuschulden kommen lassen. Im übrigen werden nur die sogenannten Hohen, d. h. die ›Großen‹, die mit echter Befehlsgewalt ausgestatteten Personen verfolgt, die durch ihre Befehle den ›kleinen‹ Mann dann in Situationen brachten, aus denen er glaubte, aus subjektiven Gründen nicht mehr herauszukönnen ...

Ehe ich Ihnen ein paar Beispiele aufzähle für das, was den Inhalt dieser Prozesse bildet, vorweg etwas über die Art des Beweismaterials. Es ist ja auch bei jeder Staatsanwaltschaft so, daß, wenn ein Täter leugnet, es oft sehr schwierig ist, ihm eine Tat nachzuweisen, weil einfach die Beweismittel nicht in Ordnung sind, d. h., weil keine Urkunden vorliegen oder weil die Zeugen selbst Leute sind, die eine lange Strafliste aufzuweisen haben, also keine sogenannten Kronzeugen sind, von denen man gerne Gebrauch macht. Hier ist es nicht so. Es liegt eine Fülle von Beweismaterial vor. Nur ein paar Beispiele: Es gibt Akten des Reichssicherheitshauptamtes, es gibt Personalakten der Personen, die KZ-Lagerwachen gestellt haben und nicht in den Einsatzgruppen tätig waren. Sämtliche Urteile aller SS- und Polizeigerichte sind vollständig erhalten ... Es gibt Einsatzberichte der sogenannten Einsatzgruppen, die im Rücken der Front die unliebsame Zivilbevölkerung umgebracht haben, wo in täglichen Meldungen die Zahl der Toten, der Ermordeten gemeldet worden ist und die heute im Wortlaut noch vorliegen, wo man heute genau feststellen kann, wer wo wieviele Menschen umgebracht hat.

Um ein Beispiel für die Art der Zeugen zu nennen, das für viele steht: In einem nordeuropäischen Hafen war eine ganze Marinedivision stationiert. Die Angehörigen der Wehrmacht und der Marine hatten an sich die Erlaubnis, bei sog. Exekutionen zuzusehen. Nun häuften sich dort die Erschießungen der Zivilbevölkerung derart stark, daß die Angehörigen dieser Marinedivision Versetzungsgesuche einreichten und an ihre vorgesetzten Dienststellen Meldung machten, daß das, was sich dort abspiele, unerträglich sei. Und als nichts geschah, haben sie einen von ihren Leuten entsandt, der einen Schmalfilm gedreht hat. Der Schmalfilm ist vorhanden und zeigt, wie kleine Kinder lebendig in die Massengräber geworfen wurden. Der Mann, der ihn gedreht hat, ist auch noch da und kann dazu berichten, daß es hieß: ›Laßt nur, die krepieren ja ohnehin.‹ Nun, dieser Marinedivision ist während des Kriegs nichts passiert. Sie leben nun in der Bundesrepublik verteilt in Form von Ärzten, Rechtsanwälten, Stadträten oder Angestellten. Der ehemalige Marinepfarrer ist Theologieprofessor in Kiel, und wenn man sie nun vernimmt von Freiburg bis Hamburg, dann sagen alle in diesen Dingen das gleiche aus. Es ist also keinesfalls so, daß man etwa angewiesen wäre auf die Aussage von entkommenen Opfern oder auf die Aussage von Angehörigen dieser Kommandos, wo man sagen könnte, die einen sind nach der einen und die anderen nach der anderen Seite belastet. Aber dies nur vorweg, um gewisse Vorurteile auszuräumen, die in diesen Dingen stecken.

Jetzt lassen Sie mich einige Beispiele erzählen für das, was den Inhalt dieser Prozesse bildet ... Diese Prozesse fördern einen Tatbestand ans Tageslicht, der wirklich so grauenhaft ist, daß der normale Strafjurist sonst nie in seinem Leben mit derartigen Dingen beschäftigt wird.

Zum Beispiel läuft jetzt in Bonn seit Monaten der sogenannte Gaswagen-Prozeß. Sie werden wissen, daß es Konzentrationslager gegeben hat, in denen die Menschen vergast und die Leichen verbrannt worden sind. Nicht allen ist bekannt, daß es auch Vergasungsautos gegeben hat. Das kommt jetzt in Bonn zutage bei dem Prozeß. Sie waren eigens konstruiert, um Menschen zu töten, und unter anderem in Chelmno, zu deutsch Kulmhof, eingesetzt. Um diesen Kulmhofkomplex geht es jetzt bei dem Bonner Prozeß. Diese Wagen waren eingerichtet wie Zirkuswagen, faßten 80 bis 120 Menschen, und wenn nun die Opfer herbeigebracht wurden – in Chelmno handelte es sich meistens um Juden aus dem Ghetto Lodz –, dann wurden Männer, Frauen, Kinder, Kranke, Alte in ein Schloß und in die evangelische und katholische Kirche verteilt. Damit die Panik unterbleibt, wurde ihnen gesagt, daß sie keine Angst zu haben brauchten, nach Deutschland zur Arbeit kommen und jetzt nur gewaschen und entlaust würden. Um die Sache glaubhaft zu machen, mußten sie sich nackt ausziehen, bekamen ein Handtuch und ein Stück Seife in die Hand gedrückt und wurden dann in diese Autos verladen. Wenn das Auto voll war, wurde hinten die Tür geschlossen, der Fahrer fuhr an, gab Gas und drehte gleichzeitig an einem Hebel, dann strömten die Auspuffgase, vermischt mit einem Zyklon-B-Gasgemisch hinten in das Auto. Die Zeugen sagen heute, man hätte dann dumpfe Schreie und Bummern an den Wänden gehört. Und wenn die Fahrer in dem Waldstück an ihr Ziel gekommen waren, waren die Menschen in den Autos alle tot. Sie wurden dann dort herausgeholt, anfangs in Massengräbern untergebracht und später in zwei Verbrennungsöfen verbrannt, von denen jeder zweihundert Leichen in der Stunde fraß ...

An einer anderen Stelle, wo es diese Vergasungsautos nicht gab, hatte man sich eine andere Tötungsart ausgedacht: Man operierte mit den sogenannten natürlichen Scheiterhaufen. Dort handelte es sich weitgehend um das Umbringen von Intelligenz. Sie wurden lastwagenweise angefahren, nach Berufen sortiert: ein Waggon Rechtsanwälte, ein Waggon Ärzte, ein Waggon Pfarrer, ein Waggon Graudenzer Gymnasiasten, und so weiter. Sie mußten Baumstämme schlagen und mit den Baumstämmen vor sich antreten. Die Baumstämme waren in Brusthöhe geschlagen. Dann mußten dreißig, vierzig antreten mit dem Baumstamm vor sich und wurden von hinten mit dem Maschinengewehr abgeschossen, so daß jeweils die Leiche auf den Baumstamm fiel. Dann mußten die nächsten mit ihren Baumstämmen jeweils vor einer Leiche antreten, ihren Baumstamm auf die Leiche legen und wurden abgeschossen, so daß sich schließlich Leiche/Baumstamm, Leiche/Baumstamm schichtete, sogenannte natürliche Scheiterhaufen, die mit Benzin übergossen und dann verbrannt wurden. Aus den dabei gefertigten Fotografien, die zum Teil heute noch existieren, kann man sehen, daß die Menschen teilweise lebendig verbrannt worden sind, weil sie beim Erschießen nicht tot waren.

Ihnen allen ist bekannt, daß es Konzentrationslager gab, wo Massenvernichtungsvergasungen stattfanden. Die fünf großen Vernichtungslager waren – außer Auschwitz – Treblinka, Majdanek, Belsec, Sobibor und das zuvor erwähnte Chelmno. Überall wurden die Menschen durch Gas umgebracht und anschließend verbrannt. Über Treblinka und Belsec gibt es den sogenannten Gerstein-Bericht (ich habe übrigens unten in meinem Auto eine Reihe von abgedruckten Gerstein-Berichten, die ich gerne später noch vorlegen kann). Gerstein war ein Mann, der hier in Ihren Kreisen gewohnt hat und vielen von Ihnen bekannt ist. Ich glaube, er war in der CSV früher. Freunde von uns, die auch hier sitzen, kennen ihn von früher. Er berichtet von einer Besichtigung, die er in Belsec und Treblinka durchgeführt hat. Dort brachte man die Menschen in luftdicht abgeschlossenen Räumen um, wobei man sich russischer Panzer bediente und Auspuffgase vermischt mit einem Zyklon-B-Gasgemisch in diese Kammern hineinströmen ließ. Wenn der Panzer nicht funktionierte, dauerte manchmal der Todeskampf bis zu anderthalb Stunden, und vor dieser qualvollen Zeit schnitt man den Frauen die Haare, um sie für U-Boot-Dichtungen und andere Zwecke zu verwenden.

Dann gab es die sogenannten Einsatzgruppen, die ich vorhin schon erwähnte, die hinter den Armeen herzogen und die Menschen durch Erschießen in ungeheuren Blutbädern umbrachten.

Und dann gab es ein sogenanntes Verbrennungskommando, das jetzt in dem Koblenzer Prozeß mit erörtert wird. Dieses Verfahren läuft u. a. gegen den Mann, der es verstanden hat, immerhin nach 1945 wieder Leiter eines Landeskriminalamtes zu werden, Heuser. Der Prozeß läuft seit Monaten in Koblenz, und dort haben verschiedene Angehörige dieses ›Verbrennungskommandos Blobel‹ – nach seinem Führer Blobel benannt – hierüber Angaben gemacht. Nach der Entdeckung von Katyn, wo die Russen eine große Anzahl polnischer Offiziere erschossen und verscharrt hatten, hatte man, um zu verhindern, daß im Fall einer Kriegsniederlage Leichen in Massengräbern gefunden würden, eigens dieses ›Verbrennungskommando Blobel‹ eingesetzt, das alle Massengräber wieder aufsuchte und unter Zuhilfenahme von Juden und Polen, die später selbst dann erschossen und verbrannt wurden, alle Leichen wieder ausgrub und verbrannte. Und ich muß sagen, es mutet mittelalterlich an, wenn man von den Zeugen heute bestätigt bekommt – auch von den Angehörigen des Kommandos, die es übrigens gar nicht leugnen –, daß dabei Knochenmühlen mitgeführt wurden, wobei die Knochen, die nicht verbrannten, zermahlen wurden und die Asche in die Winde verstreut wurde.

Sie haben wahrscheinlich in letzter Zeit gelesen, daß der russiche Dichter Jewtuschenko in der Bundesrepublik herumgereist ist. Er wird ›der Dichter des Babi Jar‹ genannt. Babi Jar war eine Schlucht, in deren Nähe Blobel ein Tötungskommando hatte, bevor er das Verbrennungskommando leitete. In diese Schlucht sind über 33 700 Leichen von getöteten Menschen hineingeworfen worden. Die Schlucht wurde als natürliches Grab benutzt, später mit Waggons von Kalk überschüttet und durch Sprengung der Felsen ringsum geschlossen. Blobel hat als Leiter dieses Verbrennungskommandos später die Babi Jar-Schlucht mit den 33 700 Leichen in monatelanger Arbeit wieder ›enterdet‹, verbrannt, vernichtet und in der Knochenmühle zermahlen, d. h. er ließ dies alles von noch lebenden Juden ausführen, um sie am Schluß ebenfalls zu verbrennen.

Diese großen Komplexe kann man nur andeuten. Sie sind eigentlich nicht sehr geeignet, bei dem Einzelnen großes Erschrekken hervorzurufen, weil derartig große Zahlen beinahe kaum glaubhaft sind und fast mehr Statistik bleiben, als daß sie berühren. Erschütternd in diesen Prozessen sind jeweils die Einzeldarstellungen der einzelnen Zeugen über das, was sie in ihrem kleinen Bereich persönlich erlebt haben. Hier ein paar Beispiele aus Tausenden von Beispielen, die man in diesen Prozeßberichten laufend hört:

In der Sammlung der Nürnberger Dokumente, die jedem von Ihnen zugänglich ist, weil sie auf jeder Behörde und in jeder Bücherei zu finden ist, gibt es eine Urkunde PS 1104, in der berichtet wird, wie die Juden in dem kleinen Ort Slusk in Polen vernichtet worden sind. Der deutsche Gebietskommissar von Slusk, ein Mann namens Karle, hat einen Brief an Gauleiter Kube geschrieben. Beide waren sicher keine Menschen von besonders verfeinerter Gemütsart, denn sonst hätten sie diese Stellung nicht innegehabt. Trotzdem beklagt sich Karle bitter, wie doch das Polizeibataillon 11 ganz grausam gehaust hätte unter der Bevölkerung. Er beschreibt, wie die Leichen sich in Bergen gehäuft hätten und wie kleine Kinder umgebracht worden seien. Und Gauleiter Kube hat diesen Brief weitergegeben, der im Rahmen der Urkunden in den Nürnberger Dokumenten auch abgedruckt ist. Karle hat noch gelebt nach 1945 und seine Angaben dann auch richterlich bestätigt. Kube schließt dieses Schreiben mit den Worten: ›Daß sich die Erschossenen noch nach Stunden aus den Massengräbern wieder herausgearbeitet haben, weil sie nämlich zum Teil lebendig begraben worden sind, ist eine so unerhörte Schweinerei‹ schreibt er wörtlich, ›daß dies dem Führer und dem Reichsmarschall gemeldet werden muß.‹ Das war also der Ausweg, den er in dieser Situation für richtig hielt. Nun, der Leiter dieses Polizeibataillons 11, der diese Dinge zu verantworten hat, ist vor drei Wochen in Kassel deswegen abgeurteilt worden.

In einem anderen Verfahren in Gießen gegen Pillich, Hoffmann und Kirschner, das im März vorigen Jahres zu Ende gegangen ist, handelt es sich um besonders grausame Erschießungen. Es ist ebenfalls ein paradigmatischer Fall. Pillich hatte sich freiwillig gemeldet, um mitschießen zu dürfen. Er hatte mit den sogenannten Exekutionen nichts zu tun, gehörte einem Pionierbataillon an, hatte einen Tag Urlaub und wollte diesen Urlaub ›nützlich‹ verwenden. Und man erlaubte ihm also mitzugehen. Es kamen besonders grausame Szenen vor. So haben sich z. B. in der Todesangst Kinder so an den Beinen des Vaters festgeklammert, daß man sie nicht abreißen konnte. Da hat das Kommando überlegt, ob man erst den Vater oder erst die Kinder erschießen sollte. Zuerst wurden die Kinder am Bein des Vaters abgeschossen, dann wurde der Vater erschossen. In einem anderen Fall wurde einem ungefähr 12jährigen Jungen der halbe Kopf weggeschossen und die andere Kopfhälfte sah nun das Exekutionskommando an, was Pillich so gut gefiel, daß er diese makabren Szenen fotografierte und sich noch tagelang danach im Kasino dieser Fotografien rühmte. Außerdem hat er die alten Polizeibeamten, die Familienväter, denen bei diesem Anblick schlecht wurde, die hinter Büschen standen und sich übergeben mußten, immer wieder hineingetrieben und gesagt: ›Wenn ihr jetzt nicht mitmacht, das seid ihr dem Führer schuldig, kann es euch passieren, daß ihr selbst erschossen werdet.‹ Und er hat es also fertiggebracht, daß die alten Männer nun immer wieder zu diesem blutigen Handwerk zurückgetrieben wurden.

In einem anderen Fall hat ein Zeuge berichtet, daß man zehn

Kinder nackt auf einen Tisch stellte und durch sie hindurchschoß, weil es dem Schützen gefiel, einmal auszuprobieren, wie weit seine Kugel traf.

In einem weiteren Fall wurde ein Kind getötet, indem es an einem Arm gehalten und ihm mit dem Fuß so lange auf den Hals getreten wurde, bis es tot war. Im Koblenz-Prozeß war die Rede davon, daß Säuglinge bei den Erschießungen in die Luft geworfen und in dem Blutrausch in der Luft abgeschossen wurden wie Tontauben.

Oder man führe sich die Räumung eines Ghettos vor Augen, die nur eine Ranke dessen ist, was an eigentlichen Grausamkeiten und an Tötung sich abgespielt hat. Die Ghettos wurden in der Regel so geräumt, daß die Menschen, die weggebracht werden sollten, sich auf dem Marktplatz oder an einem anderen großen Platz versammeln mußten. Dort mußten sich Männer, Frauen und Kinder, Alte und Kranke hinsetzen und den Kopf auf die Knie legen, damit Ordnung herrschte. Es hieß, wer den Kopf hochhebt, wird erschossen – und das geschah auch. Und da meistens nicht genügend Züge vorhanden waren, um die Tausende von Menschen sofort auf einmal in die Todeslager abzutransportieren, mußten die Menschen in der Stellung oftmals bis zu 48 Stunden sitzen ...

Oder in einem anderen Fall wurde ein Krankenhaus geräumt, indem die Kinder aus der Kinderabteilung vom dritten Stock aus dem Fenster auf unten wartende Lastwagen hinuntergeworfen wurden, während das übrige Personal und die Kranken in den Betten erschossen wurden.

In einem anderen Beispiel, das von dem politischen Oberstaatsanwalt von Hamburg, Dr. Koch, stammt ..., wurde ein Krankenhaus zugemauert, d. h. mit Brettern vernagelt, und dann mit dem gesamten Personal, mit Schwestern und Kranken angezündet. Wer sich zu retten versuchte, wurde von außen erschossen.

Auch die Räumung der Waisenhäuser hat sich in einer derart grausamen Weise abgespielt, daß ich es Ihnen und mir ersparen möchte, diese Dinge zu schildern. Vielleicht haben einige von Ihnen das Theaterstück ›Dr. Korczak und die Kinder‹ gesehen oder zumindest davon gehört. Diesen Dr. Korczak hat es wirklich gegeben mit diesem Namen und mit den Erlebnissen, die dort geschildert werden.

Wenn Sie sich über die medizinischen Versuche informieren wollen, die an Menschen zwangsweise durchgeführt worden sind, empfiehlt sich die Lektüre von Mitscherlichs ›Medizin ohne Menschlichkeit‹. Mitscherlich hat in diesem Büchlein das, was gerichtsmäßig festgestellt wurde, niedergelegt. Man hat ihnen z. B. Typhusbazillen eingeimpft, man hat Unterwasser- und Erfrierungsversuche gemacht. Die Berichte der Ärzte liegen heute noch im Original vor. Dr. Rascher, der eine führende Rolle spielte, berichtet also, daß ein Mann z. B. in einem Konzentrationslager nackt draußen angebunden und bei 30 Grad Kälte jede Stunde mit eiskaltem Wasser übergossen wurde. Es heißt in dem Bericht, der Mann habe nach kurzer Zeit derartig geschrien, daß ›die Lagerdisziplin in Gefahr gewesen sei‹, darum habe man ihm eine Narkose geben müssen.

Ich selbst habe in Mannheim in meinem Amt ein ähnliches Erlebnis gehabt. Eine Zigeunerin zeigte mir ihren Oberschenkel, der aufgeschnitten, dann mit Schmutz und Holz gefüllt und wieder zugenäht worden war, um Versuche septischer Art zu machen.

Hierhin gehört auch das Beispiel von Prof. Clauberg, über den Sie vielleicht gelesen haben und den viele ältere Mediziner unter Ihnen kennen, der früher ein geachteter Frauenarzt war und der, Gott sei Dank muß man sagen, sich in der Untersuchungshaft umgebracht hat. Er hat Sterilisationsversuche an sechs- bis zwölfjährigen Mädchen vorgenommen, indem er ihnen ohne Narkose Säure in die Gebärmutter spritzte, um dem Führer das Geld zu sparen. Oder Prof. Hirth in Straßburg, bei dem Freunde von uns – Mediziner – als Studenten noch Vorlesungen gehört haben, der sich eine Schädelsammlung zugelegt hat, weil er an Schädeln interessiert war. Am lebendigen Objekt hat er sich die Schädel im Konzentrationslager Natzweiler ausgesucht – und anschließend wurden sie ihm geliefert. Bei der Besetzung sind sie bei ihm gefunden worden, weil er keine Zeit mehr gehabt hat, sie vor seiner Flucht zu vernichten.

Noch ein vorletztes Beispiel, ich will Sie da nicht länger quälen. Ich glaube, wir wissen dann, worüber wir heute abend reden. Ein Beispiel, das auch von Oberstaatsanwalt Koch stammt, der sich seit vielen Jahren nur mit diesen Dingen befaßt. In einem Konzentrationslager wurden Juden ›zum Spaß‹ in eine Zementmaschine gesteckt, die dann laufengelassen wurde, und wenn die gequälten Opfer herauswollten und schrien, wurden sie mit Gewehrkolben zurückgestoßen. Abends rühmte man sich dann im Kasino der neuen Mischung, das sei ›die neue Mischung Jude und Zement‹.

Und nun ein letztes Beispiel, das Fernsehreporter Besser, einer der beiden Reporter, die den Eichmann-Prozeß für Deutschland reportiert haben, mir erzählt hat ... Seine Information stammt von einer Augenzeugin. Wenn die Züge in den Konzentrationslagern, in den Vernichtungslagern, ankamen, fanden die sogenannten Selektionen statt, d. h. ein Arzt war damit beschäftigt, die Arbeitskräftigen auszusortieren und die anderen in die Gaskammern zu verschicken. Am Schluß war ein etwa dreijähriges Kind auf dem Platz übriggeblieben, das bitterlich weinte, worauf der leitende SS-Mann zu ihm hinging, sich neben dem Kind hinhockte, ihm gut zusprach und über den Kopf strich, das Kind faßte Zutrauen, hörte auf zu weinen und gab dem SS-Mann die Hand. Er führte es zur Gaskammer, machte die Gaskammer auf, schob es hinein, schloß die Kammer, wartete die vorgeschriebene Zeit ab, machte die Tür wieder auf, holte das Kind heraus und warf es an den Beinen auf den Haufen zu den anderen wie ein geschlachtetes Huhn. Dr. Besser schloß diesen Bericht seinerzeit mit den Worten: ›Das waren die gleichen Menschen, die daheim im Urlaub ihren Kindern Gute-Nacht-Geschichten erzählten‹. Er fragte sich, wie ist das möglich?

Lassen Sie mich hier mit den Beispielen schließen. Es macht mir wahrlich keine Freude, sie aufzuzählen. Aber wenn man sich über die Dinge unterhalten will und nur unklare Vorstellungen hat, worüber man redet, kommen manchmal Argumente zustande, deren man sich selbst schämen muß und wo man den Eindruck hat, daß der Gesprächspartner eigentlich nicht weiß, worüber er redet, weil er sonst so nicht reden könnte.

Und nun erinnere ich noch einmal daran, daß es nicht vergangene Geschichte ist, sondern diese Dinge sind nun von höchster Aktualität, da sie täglich in den Prozessen ans Tageslicht gefördert werden und in ca. 590 Verfahren auf uns zukommen.

Ich sagte Ihnen schon, daß ein Verfahren über die Vernichtung der Juden in Ślusk, die ich vorhin geschildert habe, wo die Menschen lebendig begraben worden waren, vor drei Wochen zu Ende gegangen ist. Das Verfahren ist meines Wissens noch gar nicht rechtskräftig. Der Mann, der diese grausamen Szenen fotografiert und sich freiwillig gemeldet hatte, dort mitschießen zu dürfen, und der die Polizisten wieder in das Blutbad getrieben hat, hat in diesem Verfahren eine Rolle gespielt, das am 26. März 1962 in Gießen zu Ende gegangen ist. Es ist Revision eingelegt. Das Verfahren liegt noch beim Bundesgerichtshof.

Dann zu der Frage der Gaswagen. Es gibt ebenfalls in den Nürnberger Dokumenten eine Urkunde PS 501, für jeden nachlesbar. Dort wird an den Obersturmbannführer Rauff geschrieben. Das ist der Mann, von dem vielleicht einige von Ihnen aus der Zeitung wissen, daß er z. Z. in Chile festgenommen worden ist und man darüber berät, ob er ausgeliefert werden soll. Er hatte den technischen Einsatz dieser Autos zu überwachen. In der Urkunde beklagt sich der Schreiber, daß es sich herumgesprochen habe, daß es sich um Todeswagen handle. Die Bevölkerung werde unruhig. Es wird vorgeschlagen, diese Wagen zu tarnen und weißrote Gardinchen anzubringen, damit sie wie Bauernhäuser oder wie Wochenendhäuser aussehen. Es wird vor allen Dingen dort erwähnt, daß die Fahrer aus falschem Mitleid Gas geben, wodurch die Leute in den Wagen eines Todes sterben, der soviel Verunreinigung mit sich bringe durch Kot, Urin und Blut. Das gefiel dem Schreiber nicht, und die Fahrer sollten angewiesen werden, aus falschem Mitleid nicht mehr soviel Gas zu geben. Der Mann, der diese Urkunde abgezeichnet hat, war bis vor zwei Jahren polizeilicher Abteilungsleiter in einem bundesdeutschen Regierungspräsidium. Meines Wissens hat er sein Verfahren bisher noch gar nicht gehabt. Prof. Hirth, den ich bereits erwähnte, ist, wenn ich recht orientiert bin, bisher verschollen, und wir wissen nicht, wo er steckt. Der Auschwitz-Prozeß mit seinem Riesenumfang kommt vermutlich in diesem Jahr auf uns zu. Wie ich schon erwähnte, der Prozeß gegen Heuser läuft in Koblenz. Verfolgen Sie die Dinge ein wenig in den Zeitungen. Sie werden sehen, was es dort zu lesen gibt.

Der Gaswagen-Prozeß in Bonn und der Prozeß gegen Fellenz, von dem vielleicht einige von Ihnen gehört haben werden, ist auch vor ungefähr drei Wochen in Flensburg zu Ende gegangen. Fellenz war der Adjutant des SS- und Polizeiführers von Krakau, der für viele Aussiedlungsaktionen dort in der Gegend verantwortlich ist.

Jetzt möchte ich kurz noch einmal sagen, was ich an den geschilderten Vorgängen erschütternd finde. Natürlich sind sie insgesamt erschütternd, aber ich will einige Punkte herausgreifen, über die sich vielleicht nachzudenken lohnt. Das ist einmal die Tatsache, daß es sich bei diesen Dingen nicht nur um Literatur handelt und Bücher, bei denen der einzelne Leser sagen kann: ›Wer garantiert mir denn, daß das, was in ihnen steht, wirklich stimmt?‹ Es handelt sich auch nicht darum, daß uns Filme gezeigt werden, die diese Geschehnisse beinhalten, wo ebenfalls der skeptische Zuschauer sagen könnte: ›Wer garantiert mir denn, daß sie nicht nachträglich gestellt sind?‹ und wo der bösartige Zuschauer sagen könnte und auch schon gesagt hat: ›Das glaube ich nie, das sind nicht Bilder aus dem Ghetto Warschau, sondern das sind die Bombenhagelnächte auf Dresden.‹ So ist es nun nicht mehr. Es ist nicht mehr Literatur, es ist nicht mehr Film, sondern es ist juristisch einwandfrei hier in Westdeutschland nachgeprüftes Material, an dessen Echtheit – leider, muß ich als Deutsche sagen – nicht der geringste Zweifel besteht und wo jeder von Ihnen weitgehend die Möglichkeit hat, es selbst nachzuprüfen, nämlich mit Hilfe des Instituts für Zeitgeschichte in München, das bereitwilligst, wenn man ein Interesse nachweist, Unterlagen über die jeweiligen Stadtbibliotheken zum Studium versendet. Ich habe selbst als Privatperson dorthin geschrieben und vielfältige Unterlagen über die Stadtbibliothek in Mannheim bekommen und selbst nachprüfen können. Es sage also keiner mehr heutzutage, die Dinge glaube er nicht, der sich nicht wenigstens vorher die geringe Mühe gemacht hat, diese Informationsmöglichkeiten und Quellen auszuschöpfen.

Das zweite, was ich erschütternd finde, ist die Tatsache, daß man bei diesen Prozessen feststellt, daß es sich bei den Menschen, die derartiges getan haben – bis auf wenige Ausnahmen, das Euthanasiepersonal findet man später im Rahmen der Aktion Reinhard aufgeteilt auf die Vernichtungslager Belsec, Treblinka und Sobibor wieder –, um sogenannte ganz normale Menschen handelt..., Menschen aus allen Berufsschichten, Menschen schlichtester Herkunft, Angestellte, Lehrer, Pfarrersöhne, sehr viele Akademiker, Ärzte. Die Akademiker, vorneweg Juristen mit dem Doppeldoktor, haben die Einsatzgruppen geleitet; Ärzte, in Zahlen von Hunderten, haben an den Gucklöchern den Erstikkungstod mitangesehen, wochen-, monatelang, zu keinem anderen Zweck, als um danach Bücher über den Erstickungstod zu schreiben usw., Menschen, die, wenn diese Situation der Machtfülle nicht an sie herangetreten wäre, ihr Leben vermutlich beschlossen hätten, ohne jemals im Leben kriminell zu werden. Das ist eine Frage, die uns sehr beschäftigen sollte, wie es möglich ist, daß Menschen, die einem ganz nahe gestanden haben, plötzlich und zwar nicht nur, weil sie abkommandiert wurden, sondern – zum Beispiel wie der bereits erwähnte Pillich – sich melden konnten, an einem Urlaubstag freiwillig an derartigen Dingen mitzuwirken oder sich derartige Grausamkeiten auszudenken. Im Heuser-Prozeß hat Heuser inzwischen selbst schon gestanden, daß in seiner Gegenwart Menschen auf Scheiterhaufen lebendig verbrannt worden sind. Dinge, die weder Hitler noch Himmler noch irgend jemand je befohlen hat, sondern die den Gehirnen der einzelnen, die diese Dinge taten, entsprungen sind. Wie ist das möglich?!

Und zum dritten finde ich es erschütternd, daß wir angesichts dieser Tatsachen, von denen ich Ihnen mit den Beispielen nur eine ganz kleine Ahnung geben konnte, uns trotzdem sträuben, zu diesen Dingen zu stehen. Wenn man sich unterhält, dann heißt es immer wieder, wir haben doch auch große Leistungen erbracht, wir sind das Volk der Dichter und Denker, unser Goethe, unser Schiller, unser Beethoven. Wobei ich dann immer frage, was haben Sie und ich wohl mit Beethoven zu tun? Nichts anderes, als daß wir dem gleichen Volk angehören. Wenn wir aber aus dieser Tatsache uns das Recht nehmen, von ›unseren‹ Großen zu sprechen, dann müssen wir gleichzeitig auch sagen: unsere SS, unsere Verbrechen, die da geschehen sind, sonst sind wir ja irgendwo schizophren, wenn wir nicht das zu tun bereit sind, und wir sind es nicht, so lehrt die Erfahrung. Das sind Fragen, die auch für mich offen sind, wie es möglich ist, daß wir uns auf diese Weise nun zu diesen Dingen stellen. Und alle diese Fragen rollen nun in Form von Prozessen vor uns ab, und wir haben uns zu fragen, was nützt uns das, wenn die Täter nun vor Gericht gestellt werden? Man ist nur zu leicht bereit, auf Sündenböcke, die man sich sucht, die Dinge abzuwälzen und zu meinen, dadurch würden sie erledigt. Ich meine, daß die Justiz auch nur das ihre tun kann, d. h. sie muß die Täter, soweit man ihrer habhaft wird und soweit sie sich echten Mord haben zuschulden kommen lassen, ordnungsgemäß aburteilen, sie muß Mord Mord nennen und muß gerechte Strafen aussprechen. Ob sie es tut, gilt nun weiterhin zu prüfen und zu beobachten. Aber die Justiz kann nur das ihre tun, und wir alle müssen das unsere tun, denn damit, daß die Justiz nun diese Prozesse abrollen läßt, haben wir uns mit den Dingen, die jeden von uns angehen, noch nicht auseinandergesetzt. Und es erhebt sich also die Frage, was wir in einer solchen Situation und angesichts solcher Tatsachen tun müssen.

Heute abend werden wir, wie ich gehört habe, keine Diskussion haben, vielleicht ist es auch gut nach einem solchen Vortrag, der sich erst etwas setzen sollte. Ich will Ihnen aber berichten, welche Erfahrungen ich aus Diskussionen nach anderen Vorträgen gesammelt habe. Es kommen im großen und ganzen immer fünf Einwände.

Der erste Einwand ist der, jeder Krieg bringe Grausamkeiten mit sich. Wenn man ihn verliert, wird man zur Rechenschaft gezogen, und wenn man ihn gewinnt, dann kräht kein Hahn danach. Dieser Einwand trifft deswegen nicht zu, weil ich Ihnen ja am Anfang schon gesagt habe, daß die Dinge, um die es hier geht, mit dem eigentlichen Kriegsgeschehen nichts zu tun haben, daß sie bewußt im Rücken der Front sich abgespielt haben, bewußt versteckt vor den kämpfenden Frontsoldaten und daß jedem echten Soldaten sich das Herz im Leibe umdrehen müßte, wenn er hört, daß Frauen und Kinder umgebracht worden sind. Was nicht ausschließt, daß die höchste Wehrmachtsführung von diesen Dingen gewußt hat.

Der zweite Einwand ist der, daß es heißt, schon immer in der Geschichte habe es grausame Massenvernichtungen gegeben. Natürlich hat es grausame Massenvernichtungen immer schon gegeben. Aber erstens ist die Tatsache, daß es in der Geschichte schon Massenvernichtungen gegeben hat, noch lange kein Grund, daß im 20. Jahrhundert ein Kulturvolk, wie wir es zu sein behaupten, das nun einfach nachmacht; und zum zweiten sagen einem ernstzunehmende Historiker, daß es die Dinge, die hier passiert sind, noch nie in der Geschichte gegeben hat. Und das aus folgendem Grund: Alle Massenvernichtungen grausamster Art in der Geschichte sind irgendwie aus ›menschlichen‹, wenn auch aus negativ menschlichen Regungen erfolgt, also aus Zorn, aus Haß, aus Blutrausch. Menschliche Emotionen haben eine Rolle gespielt, während hier gewissermaßen ein Elektrogehirn an der Spitze gestanden hat mit angestellten Statistikern, die anhand von Listen ausgerechnet haben, wie man rationell möglichst viele Menschen in möglichst kurzer Zeit wie und wo umbringen kann – mit anderen Worten: Der ganze Apparat der modernen Technik des 20. Jahrhunderts ist verwendet worden, um jahrelang Menschen zu töten. Das ist uns Deutschen als sogenanntem Kulturvolk vorbehalten geblieben – und dazu müssen wir uns stellen. Das hat es noch nicht gegeben – ein Massenmorden aufgrund kalter Vorberechnung.

Der dritte Einwand ist der, daß man das eigene Nest beschmutze, wenn man über diese Dinge redet. Ich glaube, wer von den Dingen etwas weiß oder etwas ahnt, sieht doch, daß der Schmutz im eigenen Nest ist und daß man bemüht ist, ihn wieder hinauszutragen, indem man sich den Gegebenheiten stellt. Wenn daheim das eigene Kind etwas anstellt und sich danach zu dem Fehler bekennt, dann freuen sich die Eltern, daß das Kind wenigstens eingesehen hat, Unrecht getan zu haben. Oder wenn in einer Strafverhandlung der Angeklagte echte Reue zeigt und zu seinen Fehlern steht, dann wird ihm das positiv angerechnet, er bekommt eventuell mildernde Umstände. Nach unserem deutschen Sprachgebrauch ist es anscheinend doch so, daß das Stehen zu eigenen Fehlern etwas Positives ist. Nur wenn das deutsche Volk zu diesen Fehlern seiner jüngsten Vergangenheit stehen soll, dann beschmutzt man das eigene Nest. Das ist derart unerklärbar, daß wirklich fast nur Psychologen oder Theologen einem sagen können, wie eine solche Haltung möglich ist.

Der vierte Einwand ist der: ›Laßt doch die Dinge ruh'n‹, was unserem Thema heute den Namen gegeben hat, laßt sie uns doch endlich vergessen, nach so langer Zeit soll man doch in so unerfreulichen Dingen nicht immer wieder neu herumrühren. Darauf kann man auf dreifache Weise antworten:

Man kann entweder ganz menschlich reagieren, was an sich das Minimum ist, was man von seinem Gesprächspartner erwarten kann. Wenn man sich mit diesen Dingen ernstlich befaßt, d. h. eine Zeitlang liest und hört, was wirklich passiert ist, dann kommt doch – meine ich – jeder einigermaßen normal veranlagte Mensch an den Punkt, wo er sich überlegt, es könnte die eigene Frau, der eigene Ehemann, das eigene Kind, die eigene Mutter gewesen sein, die nun dort nackt vor einem Feuergrab tanzen mußten, bis sie mit einem Stiefeltritt hineinbefördert wurden. Und wenn man an diesen Punkt kommt, dann kann man wirklich kaum noch sagen: Laßt uns doch diese Dinge vergessen! Denn ein Menschenleben reicht nicht aus, um sie zu vergessen. Tausende von entkommenen Opfern leben noch. Wie sollen denn sie diese Dinge vergessen? Und wir, in deren Namen die Dinge passiert sind, verlangen, daß wir sie vergessen?!

Aber nicht nur ›als Mensch‹ kann man reagieren, man sollte sich auch – wir sind ja hier in einem christlichen Haus versammelt – als Christ befragen, ob man eigentlich die Erlaubnis hat, einfach zu fordern, diese Dinge zu vergessen. Als Christ bin ich überzeugt, daß sie uns verfolgen werden bis ans Jüngste Gericht. Weil es nämlich so ist, daß außer einigen tapferen Einzelpersönlichkeiten und außer einigen tapferen Einzelgruppen wir Christen auch alle miteinander genauso versagt haben. Und das aus Gründen, die auch schon mit in unserer Geschichte liegen. Wenn wir etwas zurückgehen und uns mit der Vorgeschichte des Nationalsozialismus befassen, dann merken wir eines Tages, daß er nicht reiner Zufall war, sondern daß die Vergangenheit (es gibt gute Bücher, die ich Ihnen empfehlen kann und die sich mit dem vorigen Jahrhundert befassen) schon Wurzeln zeigt, die sehr erschreckend sind. Und wenn wir als Christen den Dingen einmal nachgehen, dann landen wir in sehr frühen Zeiten nicht weit hinter dem Apostel Paulus. Ich will Ihnen nur ein, zwei ›Kostproben‹ für das geben, was wir Christen uns überlegen sollten.

›... Die Synagoge, nenne einer sie Hurenhaus, Lasterstätte, Teufelsasyl, Satansburg, Seelenverderb, jenen unheilsgähnenden Abgrund, oder was immer, so wird er noch weniger sagen, als sie verdient hat.‹ Der Kirchenvater und Bischof Chrysostomos hat das gesagt.

Jetzt noch eine andere Stelle, um die Parität der Konfessionen herzustellen. Und hören Sie das jetzt bitte mal mit den Ohren derer, die inzwischen wissen, was passiert ist und was wir insbesondere mit den Juden getan haben: ›Daß man ihre Synagogen oder Schulen mit Feuer anstecke und was nicht brenne, mit Erde überhäufe oder beschütte, daß kein Mensch einen Stein oder Schlacke davon sehe ewiglich. Und solches soll man tun unserem Herrn und der Christenheit zu Ehren. Daß man ihre Häuser desgleichen zerbreche und zerstöre, daß man ihnen nehme ihre Betbücher und Talmudisten, daß man den Juden das Geleit auf Straßen ganz und gar aufhebe, sie sollen daheim bleiben, daß man ihnen nehme alle Barschaft, Silber und Gold. Alles, was sie haben, haben sie ja uns geraubt. Daß man den jungen, starken Juden und Jüdinnen in die Hand gebe Flegel, Axt und Spaten und lasse sie ihr Brot verdienen im Schweiße ihrer Nasen. Man müßte ihnen das faule Schelmenbein aus dem Rücken treiben.‹ Das hat Martin Luther gesagt.

Das sind Schandflecken in unserer Kirchengeschichte (ich bin selbst ein Christ und darf es deswegen sagen), die wir nicht vergessen sollten und die man fortsetzen könnte über den Hofprediger Stöcker bis in jüngste Zeiten, bis zu Personen, die noch leben. Und wenn wir das wissen, dann können wir doch kaum sagen: ›Laßt uns doch diese Dinge endlich vergessen, laßt sie ruhn.‹ Im Gegenteil, es ist allerhöchste Zeit, daß wir Christen uns besinnen, warum die Kirche jahrhundertelang vergessen konnte, daß es die Kapitel 9–11 im Brief des Paulus an die Römer gibt, z. B.: Da stehen nämlich ganz andere Dinge, als wir in diesen beiden Beispielen zu hören bekommen haben. Wir haben allen Grund, uns mit den Fragen wirklich sehr ernsthaft zum ersten Mal zu befassen.

Nun aber zum dritten: Wer weder als Mensch noch als Christ Lust hat zu reagieren, weil eine solche Reaktion für ihn vielleicht zu gefühlsbetont erscheint, der lasse sich von mir als Juristin etwas ganz Nüchternes sagen. Mord verjährt in Deutschland erst in zwanzig Jahren, und seit 1945 sind erst 17 Jahre vergangen. Und wenn ein Massenmörder, wie z. B. Pommerenke in Freiburg, von dem Sie vielleicht gehört haben, oder irgendein Kinderschänder, der ein Kind auf böse Weise geschändet oder umgebracht hat, nicht gleich gefaßt wird, sondern erst nach achtzehn oder neunzehn Jahren, und die Illustrierten das in der richtigen Aufmachung bringen, dann freut sich erfahrungsgemäß das ganze deutsche Volk, daß dieser Mensch vor Ablauf der Verjährung noch seiner gerechten Strafe zugeführt wird. Nur in diesen Verfahren, denen ein Tatbestand zugrunde liegt, der an Grausamkeit alles übersteigt, was in einem sonstigen Mordverfahren passieren kann, da wollen wir nach siebzehn Jahren bereits alles vergessen! ...

Der fünfte Einwand – übrigens der häufigste – ist der, daß der erste Diskussionsredner aufsteht und sagt: ›Aber die anderen ...‹ Und dann kommen sie, die Russen und die Tschechen und die vergewaltigten deutschen Frauen 1945 und die Polen und was alles passiert ist. Und der Finger weist immer weiter von sich weg. Natürlich haben auch die ›anderen‹ Verbrechen begangen. Ich selbst bin in Polen großgeworden als Deutsche, ich habe dort den Krieg, den Kriegsausbruch erlebt, habe meine volksdeutschen Freunde an den Bäumen hängen sehen, und wenn man das ostpreußische Tagebuch von Lehndorf liest, bleibt ja nun wirklich nichts an Deutlichkeit zu wünschen übrig, was die Russen 1945 getan haben. Aber überlegen wir uns einmal, daß das, was 1945 passiert ist, erst geschah, nachdem wir fünf Jahre lang das getan haben, wovon ich versucht habe, in einigen Beispielen Ihnen heute eine kleine Ahnung zu vermitteln ...Wenn wir über unsere Vergangenheit reden wollen, dann ist es nicht angenehm für den Diskussionsleiter, wenn man sofort bei den ›anderen‹ ist. Wenn ich einen Vortrag über einen Kegelverein halte, dann fällt niemandem ein, aufzustehen und zu sagen, aber die Kaninchenzüchter machen dies und das. Nur wenn wir über unsere jüngste Vergangenheit reden, dann kommt der erste und sagt: ›Aber die anderen.‹ Das ist Disziplinlosigkeit in der Diskussion. Und zum dritten: Wenn zum Beispiel der Mannheimer Bankräuber oder irgendein Mörder, der vor Gericht steht, meinetwegen hier bei Ihnen in Stuttgart, zum Vorsitzenden sagt: ›Jawohl, ich habe gemordet, aber Pommerenke in Freiburg hat auch Menschen umgebracht‹, dann wird der Vorsitzende mit Staunen und mit Recht sagen: ›Was interessiert mich das? An Ihrer Schuld ändert sich doch dadurch nichts, daß ein anderer auch etwas getan hat.‹ ... An dem, was wir zu verantworten haben, ändert sich nicht das geringste dadurch, daß andere etwas getan haben. Und vielleicht könnten wir dadurch, daß wir anständig zu unseren Fehlern stehen, den anderen ein Vorbild geben darin, daß vielleicht auch sie anfangen, darüber nachzudenken, ob sie nicht auch Fehler zu begradigen haben.

Nun erhebt sich also die Frage – und da will ich mich langsam dem Schluß nähern –, die wir vorhin schon aufgeworfen haben. Wenn also die Justiz das ihre tun muß, wir aber dadurch nicht dessen enthoben sind, daß wir das unsrige auch tun müssen, was ist nun das unsrige? Ich habe keine Patentlösung, und jeder von

Ihnen muß mit nachdenken helfen und für sich die Frage klären. Ich meine nur, ein Gesichtspunkt ist sicher der, daß wir es, wenn wir uns mit unserer Geschichte auch in vorigen Jahrhunderten, mit den Wurzeln des Antisemitismus, mit all dem befassen, was an einem verflixten Zopf an Tradition schlechter Art (es gibt eine gute Tradition, aber auch eine solche schlechter Art) in uns schlummert, es dann angesichts dieser Dinge höchste Zeit ist, aufzuwachen und zu überprüfen, ob die Klischees, in denen wir zu denken gewohnt sind, einem Nachdenken wirklich noch ernsthaft standhalten. Ich meine also, daß es dringend notwendig ist umzudenken, und zu diesem Umdenken gehört, daß wir einmal über die Dinge nachdenken, und zu dem Nachdenken gehört das Primitivste, was man von einem denkenden Menschen verlangen kann, daß er diese Dinge überhaupt zur Kenntnis nimmt. Und mein einziges Anliegen, eigentlich auch das meines Vortrags ist das, daß diese Dinge zur Kenntnis genommen werden, da man es so einfach hat im Augenblick, wo die Frühstückszeitung einem morgens die Prozeßberichte auf den Tisch bringt. Diese Chance werden wir in drei, vier Jahren, wenn die Prozesse vorbei sind, nie wieder haben. Ich bin überzeugt, daß bei jedem anständigen Menschen – so will ich es einmal nennen –, wenn er die Dinge wirklich zur Kenntnis nimmt, das Nachdenken und das Umdenken zwangsläufig einsetzt. Das Grauen, das von den Deutschen angerichtet worden ist, hatte apokalyptische Ausmaße. Ich glaube daher, daß eine Konfrontation mit diesen Dingen aber auch eine ganz besondere Chance eines Umdenkens in sich birgt. Und ich meine, daß es wichtig ist, sich mit diesen Dingen zu befassen, damit wir aus ihnen lernen, damit, wenn je wieder die Frage echter Menschlichkeit, in welcher Form auch immer, noch einmal an uns gestellt werden sollte, wir nicht noch einmal so grauenhaft versagen.«

23. Februar 1963

Öffentliche Reaktionen

Die Reaktion auf den Vortrag in Loccum war unter den Teilnehmern einmalig. Die *Süddeutsche Zeitung* schrieb hierzu in der Nr. 297 im Dezember 1961:

»Mit einem Paukenschlag begann diesmal die Tagung der Evangelischen Akademie Loccum. ›Politische Prozesse heute‹ hieß das Thema; wer tiefschürfende akademische Auseinandersetzungen über das politische Strafrecht erwartete, wurde zwar nicht enttäuscht, sah sich aber weitaus stärker einer Materie konfrontiert, die vorübergehend jedem Teilnehmer das Blut in den Adern gefrieren ließ.

Der Paukenschlag kam von einer Frau, Dr. Barbara Just-Dahlmann, Jugend-Staatsanwältin in Mannheim und vorübergehend an die Zentrale Stelle der Länderjustizverwaltungen zur Ermittlung von Nazi-Verbrechen nach Ludwigsburg abgestellt. Die Staatsanwältin gewährte einen tiefen Einblick in die Arbeit der ›Zentralstelle‹ und gleichzeitig in die Erfahrungen, die die zehn Staatsanwälte, welche die NS-Verbrechen ›prozeßreif‹ machen, bisher gesammelt haben. Beides, Material und Erfahrungen, erschütterten trotz allem, was bisher aus NS-Verbrecher-Prozessen bekannt wurde, dermaßen, daß zum ersten Mal seit Jahren in Loccum ein Referat *nicht* mit Beifall bedacht wurde ...«

Die Gespräche mit den Tagungsteilnehmern und den Journalisten waren ungewöhnlich bewegend. Aber was dann kam, war für uns völlig unerwartet. Im Jahre 1958 war die bereits erwähnte »Zentrale Stelle der Landesjustizverwaltungen zur Aufklärung nationalsozialistischer Verbrechen« mit Sitz in Ludwigsburg errichtet worden.

Von daher gesehen konnten und mußten wir davon ausgehen, daß zumindest bei unseren Politikern ein wirklicher Wille zur Verfolgung der nationalsozialistischen Gewaltverbrechen vorhanden war. In diesem Glauben jedenfalls hielt ich den Vortrag in Loccum, der – die Politiker unterstützend, wie ich meinte – die Öffentlichkeit und die Justiz aufrütteln sollte. Die Reaktionen jedoch waren ganz unerwartet und sehr unterschiedlicher Art. In der Presse wurde weiterhin überwiegend positiv berichtet, wobei es zu einzelnen Überzeichnungen kam, die so nicht gesagt worden waren. Der *Mannheimer Morgen*, der in Loccum nicht vertreten war, berichtete am 1. 12. 1961 – als wir selbst noch in Loccum waren – wie folgt:

»Nazi-Verbrechen:
Zu milde Rechtsprechung rügt Dr. Just-Dahlmann

Scharfe Kritik an der Rechtsprechung der deutschen Gerichte über Verbrechen aus der nationalsozialistischen Zeit übte die Mannheimer Jugend-Staatsanwältin Dr. Barbara Just-Dahlmann auf einer Tagung der Evangelischen Akademie Loccum. Sie meinte, die Massenmörder hätten für jeden von ihnen getöteten Menschen mit einer Strafe von etwa 10 Minuten Gefängnis zu rechnen. Zahlreiche Gerichte behandelten Nazi-Verbrechen oberflächlich und interessenlos. Das sei, erklärte die Staatsanwältin, die seit Mai 1960 in der Zentralstelle zur Verfolgung von nationalsozialistischen Verbrechen in Ludwigsburg mitarbeitet, nur selten eine Bösartigkeit der Gerichte. Vielmehr könnten viele Richter sich das Entsetzliche dieses »apokalyptischen Grauens« nicht vorstellen.

Die Staatsanwältin berichtete den rund 90 Tagungsteilnehmern – Juristen, Pastoren, sowie Medizinern und ehemaligen aktiven Soldaten – von den grauenvollen Verbrechen, die von Durchschnittsbürgern begangen wurden, die unter normalen Umständen nie straffällig geworden wären. Zahlreiche ehemalige Massenmörder lebten heute unerkannt als brave Bürger. Besonders stark sei die Polizei in gehobeneren Positionen mit ehemaligen Mördern und Totschlägern durchsetzt. Der Vortrag der Staatsanwältin war der Auftakt zu einer unter dem Thema ›Politische Prozesse heute‹ stehenden Tagung.« *dpa*

Diese dpa-Meldung war, wie uns mehrere in Loccum anwesende Journalisten bestätigten, insoweit unzutreffend, als dort berichtet wurde, »besonders stark sei die Polizei in gehobeneren Positionen mit ehemaligen Mördern und Totschlägern durchsetzt«. Dieser Satz war nicht gefallen. Der verantwortliche Redakteur dieser Meldung hat uns später mit Schreiben vom 16. 12. 1961 dies ausdrücklich bestätigt und hinzugefügt, damals zu erschüttert gewesen zu sein, um wenige Minuten danach bereits die Kühle und den Abstand besitzen zu können, mit denen zumindest Meldungen für eine Nachrichtenagentur zu schreiben wären.

Aber diese Meldung war nun in der Welt. Bestimmte Polizeiinstitutionen und Polizeiorganisationen regten sich sogleich erheblich auf und verlangten ein Einschreiten. Auch der für mich dienstlich zuständige Generalstaatsanwalt verlangte einen Bericht. Außerdem zitierte man mich in das Justizministerium in Stuttgart, wo am 13. 12. 1961 eine stundenlange Anhörung und Verhandlung mit mir stattfand. Dabei wurden mir erhebliche Vorhaltungen wegen dieses Vortrags gemacht. Ministerialdirektor Müller, der praktisch die Stellung eines damals im Justizministerium noch nicht vorhandenen Staatssekretärs innehatte, erklärte im Verlauf der Anhörung u. a.: »Hätten Sie doch lieber Gutsel gebacken, anstatt einen solchen Vortrag zu halten!«

In der Landtagssitzung vom 14. 12. 1961 in Stuttgart gab dann Justizminister Dr. Wolfgang Haußmann eine Erklärung über die Tätigkeit der Baden-Württembergischen Strafverfolgungsbehörden gegen NS-Verbrechen ab. Er tat dies im Zusammenhang mit Presseberichten über die Tagung der Evangelischen Akademie in Loccum und erklärte dabei zu unserem Befremden u. a., daß zur Zeit geprüft werde, »ob aus ihren Äußerungen dienstrechtliche Folgerungen zu ziehen sind«. Als mein Mann dies am späten Nachmittag in den Nachrichten im Radio hörte, »platzte ihm innerlich der Kragen«. Durfte man denn in der Bundesrepublik Deutschland über das, was zur Zeit des Nationalsozialismus an Verbrechen geschehen war, und an dessen Folgen wir immer noch leiden oder teilhaben, nicht mehr offen reden? Das wollten wir auch im Hinblick auf die Zukunft jetzt denn doch genau wissen. Mein Mann rief am Abend dieses Tages Rechtsanwalt Schueler an, damals Journalist beim *Deutschen Allgemeinen Sonntagsblatt* (jetzt bei der *Zeit*), der an der Tagung in Loccum teilgenommen hatte und informierte ihn über den Sachverhalt, wobei er ihm sagte, daß wir nicht gewillt seien, uns ein disziplinarrechtliches Verfahren gegen mich – ausgerechnet im Zusammenhang mit meinem Vortrag in Loccum – gefallen zu lassen. Er sagte Hilfe zu.

Diese Hilfe kam in vielfältiger Gestalt: Zunächst meldeten sich Journalisten und hohe Juristen, die an der Loccumer Tagung teilgenommen hatten und boten mir ihre Unterstützung an. Vor allem bekundeten sie übereinstimmend, daß der in der *dpa*-Meldung enthaltene Satz: »Die Polizei ist besonders stark in gehobeneren Positionen mit ehemaligen Mördern und Totschlägern durchsetzt«, nicht gefallen sei.

Sodann schrieb uns der uns bis dahin unbekannte Leiter der zuständigen Abteilung der Staatsanwaltschaft bei dem Landgericht Hamburg, Oberstaatsanwalt Dr. Gerhard Koch. Er war seit Jahren in besonderem Maße mit der Aufklärung von NS-Verbrechen befaßt, und er bot uns tatkräftige Unterstützung an. Diese Unterstützung schlug sich dann in einer Eingabe vom 27. 2. 1962 an den Petitionsausschuß des Landtags von Baden-Württemberg nieder und hatte folgenden Wortlaut:

»Dr. Gerhard Koch	Lauenburg/Elbe, 27. 2. 1962
Oberstaatsanwalt	Berliner Str. 29

An den
Petitionsausschuß
des Landtages von
Baden-Württemberg
Stuttgart

Meine sehr geehrten Damen und Herren!

Der Herr Justizminister von Baden-Württemberg hat am 14. 12. 1961 eine Erklärung in der Sache ›Staatsanwältin Dr. Just-Dahlmann‹ abgegeben (abgedruckt in ›Verhandlungen des Landtages von Baden-Württemberg‹, 3. Wahlperiode, 49. Sitzung, S. 3045–3046).

Diese Erklärung befaßt sich mit einem Vortrag der Staatsanwältin Dr. Just-Dahlmann, den diese auf einer Tagung der Ev. Akademie in Loccum am 29. 11. 1961 gehalten hat.

Ich habe der Tagung in Loccum nicht beigewohnt und den Vortrag daher nicht gehört. Ich habe mir aber das offizielle Protokoll der Ev. Akademie über jene Tagung beschafft und mich hieraus sowie aus Presseberichten über den Inhalt des Vortrags unterrichtet.

Die Erklärung des Herrn Justizministers nimmt speziell zu denjenigen Abschnitten Stellung, die sich mit einigen bedenklichen Erscheinungen auf dem Gebiete der Aufklärung und Ahndung nationalsozialistischer Gewaltverbrechen befassen. Sie muß in der Öffentlichkeit den Eindruck erweckt haben, die Staatsanwältin Dr. Just-Dahlmann habe die Dinge leichtfertig übertrieben, zumal es im 2. Absatz der Erklärung ausdrücklich heißt:

›Ob aus ihren Äußerungen dienstrechtliche Folgerungen zu ziehen sind, wird z. Zt. noch geprüft.‹

Dieser Eindruck ist ganz sicher falsch. Ich bin der Leiter der politischen Abteilung der Staatsanwaltschaft Hamburg und schon seit geraumer Zeit mit der Bearbeitung von NS-Verbrechen befaßt. Die Erscheinungen, von denen Frau Dr. Just-Dahlmann gesprochen hat und mit denen sich deshalb auch die Erklärung des Herrn Justizministers beschäftigt, sind mir gut bekannt und erfüllen mich schon seit langem mit Sorge und Skepsis.

Frau Dr. Just-Dahlmann hat in ihrem Vortrag u. a. zur Sprache gebracht, daß sich in der Polizei, besonders in den gehobeneren Positionen, Beamte finden, die selber an NS-Verbrechen beteiligt gewesen oder doch mindestens teilnahmeverdächtig sind, und sie hat hierfür auch einige Beispiele angeführt (ohne dabei irgend jemanden durch Namensnennung bloßzustellen).

Ich könnte hierzu aus meiner eigenen Praxis eine ganze Reihe weiterer Beispiele anführen, die zweifelsfrei ergeben, daß die Polizei in einem zahlenmäßig nicht näher bestimmbaren, aber jedenfalls durchaus ernstzunehmenden Maße von solchen Beamten durchsetzt ist. Dies wird auch jetzt noch immer wieder aufs neue durch einschlägige Entdeckungen bestätigt, die sich aus der Arbeit meiner Abteilung ergeben. Es folgt aber auch aus zahlreichen entsprechenden Feststellungen, die von anderen Staatsanwaltschaften immer wieder auf diesem Gebiet getroffen werden und die meiner Abteilung aus dem arbeitsmäßigen Kontakt und dem Erfahrungsaustausch mit jenen anderen Staatsanwaltschaften, einschließlich der ›Zentralen Stelle‹ in Ludwigsburg, sowie aus der Heranziehung ihrer Akten zur Auswertung für unsere eigenen Ermittlungen laufend bekannt werden.

Hierbei ist folgendes zu bedenken: Was in dieser Hinsicht in streng juristischem Sinne als *erwiesen* gelten kann, ist angesichts der enormen Beweisschwierigkeiten und der Beweisregel ›in dubio pro reo‹ naturgemäß *nur ein Bruchteil dessen, was wirklich der Fall ist.* Vielen Polizeibeamten ist z. B. nur nachzuweisen, daß sie zu einer in einschlägige Verbrechen verwickelten Dienststelle gehört haben, ohne daß sich im einzelnen feststellen läßt, ob und wieweit sie *persönlich* an den betreffenden Untaten beteiligt gewesen sind. Hierzu ein Beispiel statt vieler, das mir gerade erst in diesen Tagen aus den Akten einer anderen Staatsanwaltschaft bekannt geworden ist:

Der Leiter der Kriminalpolizei eines Bundeslandes ist, wie sich herausgestellt hat, der Adjutant des berüchtigten Führers einer der 4 Einsatzgruppen gewesen, denen im Osten die Ausrottung der Juden, Zigeuner, politischen Kommissare usw. oblag. Das begründet den dringenden Verdacht, daß er an den Mordtaten dieser Einsatzgruppen beteiligt gewesen ist, und sei es auch nur durch Weitergabe von Befehlen oder von Instruktionen oder dergleichen. Deshalb ist gegen ihn ein Ermittlungsverfahren eingeleitet worden. Der sichere, konkrete Nachweis seiner Beteiligung ist jedoch nicht zu erbringen gewesen, so daß das Verfahren mangels Beweises hat eingestellt werden müssen.

Ich brauche nicht näher auszuführen, daß und warum auch solche Polizeibeamte nach wie vor eine ernste Gefahr für die Aufklärung von NS-Verbrechen bilden.

Daß sich die solcherart aus der NS-Zeit belasteten oder verdächtigen Beamten besonders auch in den gehobeneren Rängen der Polizei finden, trifft nach meinen eigenen Beobachtungen ebenfalls zu. Dieser Umstand kann nicht wundernehmen, sondern dürfte als die natürliche Folge ihres höheren Lebens-und Dienstalters zu erklären sein.

Wie es zu diesem Zustand gekommen ist und ob irgend jemanden ein Verschulden daran trifft, kann auf sich beruhen; wahrscheinlich ist es, so wie die Dinge nach dem Kriege lagen, praktisch unvermeidbar gewesen. Frau Dr. Just-Dahlmann hat sich daher auch mit Recht jedes Vorwurfes enthalten und lediglich die Sachlage als solche und ihre Folgen geschildert.

Dies aber war notwendig. Es dürfte auf der Hand liegen, daß in einer Demokratie solche alarmierenden, an den Lebensnerv des Rechtsstaates rührenden Tatsachen dem Volke nicht wie einem unmündigen Kinde verschwiegen werden dürfen, wenn nicht die Demokratie zur Farce werden soll.

Wenn es gewünscht wird, bin ich bereit, zu den vorstehenden Punkten mit detaillierten Auskünften nebst Quellenangaben zu dienen, die ich ggf. auf dem offiziellen Wege über den Herrn Generalstaatsanwalt in Hamburg anzufordern bitte. Niemand aber dürfte hierüber einen umfassenderen Überblick geben können als die Dezernenten der ›Zentralen Stelle‹ in Ludwigsburg und ihr Leiter, Herr Oberstaatsanwalt Schüle (auch hierfür stütze ich mich auf eine konkrete Unterlage).

Frau Dr. Just-Dahlmann hat schließlich noch von einigen befremdlichen Reaktionen der Justiz auf die NS-Verbrechen gesprochen. Hierbei hat sie sich ausdrücklich gegen eine Verallgemeinerung ihrer Ausführungen verwahrt. Ferner hat sie sich auch zu diesem Punkte jedes Vorwurfes enthalten. Sie hat vielmehr lediglich die Fälle als solche vorgetragen und anschließend sogar noch ausdrücklich erklärt, sie sei sicher, daß hier weder verkappter Nazismus noch Böswilligkeit im Spiele seien.

Auch die von ihr zu diesem Punkte vorgetragenen Beispiele liegen auf derselben Linie wie meine eigenen Beobachtungen. Solche auffallenden Entscheidungen begegnen einem auf dem Gebiete der NS-Verbrechen immer wieder. Jeder aufmerksame Zeitungsleser kann sie den Presseberichten über einschlägige Gerichtsverhandlungen entnehmen. Ich erlaube mir, hierzu u. a. auf das Urteil des Schwurgerichts Arnsberg vom 12. 6. 1958 gegen Wetzling u. a. und auf das Urteil des Schwurgerichts München vom 21. 7. 1961 gegen Dr. Bradfisch u. a. als weitere Beispiele hinzuweisen:

In der Sache Wetzling u. a. handelte es sich um die planmäßige Tötung von 151 arglosen ›Fremdarbeitern‹ (darunter 56 Frauen und 1 Kind), die nichts verbrochen hatten. Das Schwurgericht Arnsberg verurteilte zwei der Angeklagten zu Gefängnisstrafen von 5 Jahren und weniger, also zu Strafen, wie sie schon für eine Reihe schwerer Diebstähle (bei Annahme mildernder Umstände) üblich sind, und stellte das Verfahren gegen den dritten Angeklagten aufgrund des Amnestiegesetzes von 1954 ein. (Dieses Urteil ist später vom Bundesgerichtshof aufgehoben worden).

In der Sache Dr. Bradfisch u. a. handelte es sich um folgendes:

Der Hauptangeklagte Dr. Bradfisch hatte im Rahmen der systematischen Judenvernichtung als Führer eines der berüchtigten Einsatzkommandos *15 000* Juden, darunter viele Frauen und Kinder, umbringen lassen. Dabei hatte er nach den Feststellungen des Gerichtes sogar *eigenhändig* mitgetötet, was er bei seiner Stellung und seinem Range (Regierungsrat und SS-Sturmbannführer) ebensowenig nötig gehabt hätte, wie der Direktor einer Stadtreinigung das eigenhändige Fegen der Straße. Das Gericht verurteilte ihn zu 10 Jahren Zuchthaus. Einige Zeit später fällte das Schwurgericht München (sicher in anderer Besetzung) das folgende Urteil in der Sache Bergmaier u. a., worüber der Presse folgendes zu entnehmen war:

Bergmaier hatte in der NS-Zeit jahrelang, und zwar bis 1945, im KZ gesessen (offenbar als Krimineller), wo er Schweres zu erleiden hatte. Nach 1945 brachte er zwei ehemalige prominente Nazis (darunter 1 SS-Sturmbannführer) um, wobei offenbar der Groll mitspielte, den er von seiner KZ-Haft her gegen die Nationalsozialisten hegte. Das Gericht stellte im Einklang mit den Sachverständigengutachten fest, daß er diese Taten im Zustand erheblich verminderter Zurechnungsfähigkeit (§ 51 Abs. II StGB) begangen habe. Trotzdem verurteilte es ihn zu 12 Jahren Zuchthaus. Man vergleiche dies mit dem Fall Dr. Bradfisch: Dort *15 000* Juden, volle Zurechnungsfähigkeit des Täters, 10 Jahre Zuchthaus. Hier 2 prominente alte Nazis, *erheblich verminderte* Zurechnungsfähigkeit des Täters, 12 Jahre Zuchthaus.

Wie schon gesagt, lassen sich solche erstaunlichen Reaktionen der mit den NS-Verbrechen konfrontierten Justiz immer wieder feststellen. Ich will mich hier eines Urteils über diese Erscheinungen enthalten. Aber wie auch immer man sie letztlich zu beurteilen vermag, soviel dürfte jedenfalls sicher sein, daß sie jeden Betrachter, der noch einen Sinn für Proportionen hat, aufs höchste verwirren und beunruhigen müssen und daß es daher dringend nötig gewesen ist, sie endlich einmal öffentlich zur Diskussion zu stellen.

Die Erklärung des Herrn Justizministers bezieht sich zu den vorstehend behandelten Punkten des Vortrages der Staatsanwältin Dr. Just-Dahlmann ausdrücklich nur auf das Land Baden-Württemberg (Sitzungsprotokoll S. 3045 rechte Spalte, 3. Absatz, bis S. 3046, linke Spalte, 8. Absatz). Frau Dr. Just-Dahlmann hat jedoch ganz allgemein von den einschlägigen Erscheinungen *in der*

Bundesrepublik schlechthin gesprochen, ohne sich speziell mit Baden-Württemberg zu befassen oder sich gar hierauf zu beschränken.

Die Erklärung des Herrn Ministers hebt hervor, daß in Baden-Württemberg lediglich in drei Fällen Polizeibeamte der Teilnahme an NS-Verbrechen überführt worden und daß insoweit die straf- und dienstrechtlichen Konsequenzen gezogen worden seien. Das schließt aber die Gefahr, die von den nicht entdeckten bzw. unbeweisbar gebliebenen Fällen nach wie vor ausgeht, nicht aus. Daß mit diesen drei Fällen bereits alle einschlägigen Gefahrenquellen in der deutschen Polizei oder auch nur der größte Teil davon erfaßt sein sollten, muß m. E. angesichts der schon oben wiedergegebenen allgemeinen Erfahrungen und Überlegungen als ausgeschlossen angesehen werden.

Ähnliches gilt für die weiteren Zahlenangaben der Erklärung (600 Personen verurteilt, 90 davon zu hohen, z. T. lebenslänglichen Zuchthausstrafen). Einmal beziehen sich auch diese Zahlen nur auf Baden-Württemberg. Ferner könnten sie nur dann ein Bild von dem Sachstand geben, wenn man zugleich die Zahl der bisher unbekannt gebliebenen und der zwar erkannten, aber mangels ausreichender Aufklärbarkeit ungesühnt gebliebenen Fälle (also der mangels Beweises eingestellten oder mit Freispruch beendeten Verfahren) wüßte. Aber selbst in den durch Verurteilung gesühnten Fällen bleibt wegen der Beweisschwierigkeiten in Verbindung mit dem Satz ›in dubio pro reo‹ stets ein mehr oder weniger beträchtlicher unaufgeklärter Rest übrig. Weder das Ausmaß der Taten noch der Kreis der daran Beteiligten ist jemals *vollen Umfangs* feststellbar. *Millionen* von Morden sind begangen worden, und nur ein kleiner Bruchteil davon hat bisher aufgeklärt und gesühnt werden können. Es dürfte auf der Hand liegen, daß gerade auf dem praktisch unabsehbaren Gebiet des bisher unaufgeklärt Gebliebenen sich jene Erscheinungen in der Polizei und der Justiz auswirken müssen, von denen Frau Dr. Just-Dahlmann in Loccum gesprochen hat.

Nach alledem erweisen sich ihre Ausführungen als eine durchaus sachgemäße und stichhaltige Darstellung von Erscheinungen unseres Rechtslebens, die für die Allgemeinheit von so elementarer Bedeutung sind, daß ihre öffentliche Erörterung dringend geboten ist. Frau Dr. Just-Dahlmann verdient daher nicht Zurechtweisung, sondern Anerkennung.

Die Erklärung des Herrn Ministers, besonders der letzte Satz des 2. Absatzes, dürfte aber in der breiteren Öffentlichkeit den Eindruck erweckt haben, daß Frau Dr. Just-Dahlmann die Dinge leichtfertig übertrieben habe und daß deshalb disziplinarische Maßnahmen gegen sie in Erwägung gezogen würden. Es läßt sich denken, wie bedrückend und peinlich dies für die Staatsanwältin sein muß, der es als Frau gewiß nicht leicht gefallen sein wird, die Dinge mutig beim Namen zu nennen, und die das auch sicher nur aus tiefster Sorge und dem Gefühl ihrer Mitverantwortung für den Bestand von Recht und Menschlichkeit getan hat.

Darüber hinaus darf m. E. nicht übersehen werden, daß diese Behandlung des Falles Dr. Just-Dahlmann kaum dazu angetan sein dürfte, die Staatsanwälte, die mit der schwierigen und *undankbaren* Aufgabe der Verfolgung nationalsozialistischer Verbrechen betraut sind, zu ermutigen, sondern eher dazu, ihnen den lähmenden Eindruck zu vermitteln, daß jene bedenklichen, den Erfolg ihrer Arbeit berührenden Erscheinungen nicht ernst genug genommen werden.

Meine sehr geehrten Damen und Herren, ich erlaube mir deshalb die Bitte an Sie, darauf hinwirken zu wollen, daß der Petitionsausschuß (oder der etwa sonst dafür zuständige Ausschuß des Landtages)

1. feststellen möge, was Frau Dr. Just-Dahlmann in Loccum zu den in Frage stehenden Punkten gesagt hat,
2. nachprüfen möge, ob ihre Äußerungen zutreffend sind und bejahendenfalls
3. in einer *öffentlichen* Erklärung geeigneten Inhalts zum Ausdruck bringen möge, daß die Ausführungen der Staatsanwältin Dr. Just-Dahlmann zutreffend seien und daß sie gut daran getan habe, die darin behandelten, für unseren Rechtsstaat lebenswichtigen Dinge öffentlich zur Sprache zu bringen.

Frau Dr. Just-Dahlmann hat m. E. ein Recht darauf, in aller Öffentlichkeit rehabilitiert zu werden.

Hochachtungsvoll

(Dr. Gerhard Koch)«

Der in dieser Eingabe enthaltenen Bitte schlossen sich siebzehn Juristen aus Hamburg und dem norddeutschen Raum an.

Inzwischen hatte sich auch die Evangelische Akademikerschaft in Deutschland zu meinen Gunsten eingeschaltet, deren Generalsekretär Pfarrer Horst Bannach einen längeren Briefwechsel mit Justizminister Dr. Haußmann führte. Auch mehrere Politiker der Parteien – u. a. Dr. Gustav Heinemann (Bonn), Willibald Kimmel (Mannheim), Dr. Walter Krause (Mannheim) und vor allem Dr. Veit (Karlsruhe) sowie als Mitteilnehmer der Loccumer Veranstaltung Generalstaatsanwalt Dr. Bauer (Frankfurt) und Oberlandesgerichtspräsident i. R. Dr. Freiherr von Hodenberg (Hannover) verwandten sich kräftig für mich. Besonders gerührt und betroffen waren wir von einem Schreiben des uns bis dahin unbekannten Rechtsanwalts Henry Ormond (Frankfurt) vom 19. 12. 1961, der mir u. a. schrieb:

»... Wenn man Ihnen wirklich ein Disziplinarverfahren anhängen will, dann möchte ich Ihnen als alter Kollege (bis 1933 war ich Staatsanwalt und Amtsgerichtsrat in Mannheim) den Rücken stärken und Ihnen empfehlen, nicht zu Kreuze zu kriechen.

Wenn Sie keinen anderen Anwalt in Stuttgart nehmen wollen ..., dann bin ich gern bereit, Ihre Verteidigung zu übernehmen. Gebühren brauchen Sie keine zu bezahlen. Es geht hier um die Sache. Ich wollte Ihnen das nur sagen ...«

Ormond war Jude und als solcher 1933 aus der Justiz »geflogen«. Wir haben uns mit ihm angefreundet. Er berichtete uns u. a. von dem schrecklichen Auftritt der SA im März 1933 im Amtsgericht Mannheim, den er am eigenen Leib dort miterlebt hatte. Als alle Kollegen schwiegen ...

Die wirkungsvollste Hilfe aber erhielten wir von der SPD-Fraktion unseres Stuttgarter Landtags. Nach einem langen Gespräch in seiner Karlsruher Wohnung nahm sich der Abgeordnete Dr. Veit meines Sachanliegens mit vollem eigenen Engagement an.

Am 15. März 1962 gab Justizminister Dr. Wolfgang Haußmann vor dem Landtag nachfolgende, sogenannte »abschließende« Erklärung zu meinem Vortrag in Loccum ab[6]:

»Herr Präsident! Meine Damen und Herren!
Am 14. Dezember 1961 habe ich mich veranlaßt gesehen, dem Hohen Hause eine Erklärung abzugeben, die sich mit Presseveröffentlichungen befaßte, wonach die Staatsanwältin Dr. Just-Dahlmann in Mannheim in einem Vortrag im November 1961 in Loccum erklärt habe, die Polizei, besonders in gehobenen Positionen, sei mit Mördern und Totschlägern durchsetzt. Die Staatsanwältin hatte zwar sofort nach dem Vortrag erklärt, daß die Presseberichte in ihrer verallgemeinernden Form und auf die heutigen Verhältnisse bezogen ihre Äußerungen in Loccum nicht zutreffend wiedergeben. Gleichwohl mußte geprüft werden, ob die Beamtin, die bisher nicht bei der Verfolgung von nationalsozialistischen Gewaltverbrechen staatsanwaltschaftlich, sondern ausschließlich als Dolmetscherin tätig geworden ist, in ihrem Vortrag Einzelheiten aus laufenden Strafverfahren vorzeitig bekanntgegeben habe und ob die Darstellung in einem Teil der Presse die Ausführungen der Beamtin richtig wiedergab.

Diese Prüfung war um so mehr geboten, als die Beamten der ›Zentralen Stelle‹ zur Aufklärung nationalsozialistischer Gewaltverbrechen in Ludwigsburg nach den von den Justizministern der Länder gegebenen Richtlinien aus der Notwendigkeit heraus, die Aufklärungsarbeit der ›Zentralen Stelle‹ und der Strafverfolgungsbehörden nicht zu stören, grundsätzlich keine Einzelheiten aus nicht abgeschlossenen Strafverfahren bekanntgeben können. Zwar hat sich trotz der Bemühungen des Justizministeriums der Wortlaut der gesamten Loccumer Erklärungen von Frau Dr. Just-Dahlmann nicht mehr feststellen lassen. Durch ein am 9. März 1962 bei mir eingegangenes Schreiben des Generalsekretärs der evangelischen Akademikerschaft Deutschland, den ich Anfang Februar dieses Jahres um nähere Auskunft gebeten hatte, wurde nunmehr aber klargestellt, daß im Gegensatz zur Darstellung in der Presse die Staatsanwältin Dr. Just-Dahlmann in Loccum in ihrem Vortrag keine Erklärungen abgegeben hat, die dienstlich zu beanstanden wären. Außerdem haben sich keine Anhaltspunkte dafür ergeben, die Vorwürfe gegen die Staatsanwältin wegen vorzeitiger oder unzulässiger Bekanntgabe amtlicher Unterlagen rechtfertigen könnten. Die Berechtigung der Staatsanwältin zu diesem Vortrag und ihres politischen Anliegens war zu keinem Zeitpunkt in Frage gestellt worden.

Im übrigen kann ich mich auf meine Erklärung vor dem Hohen Hause vom 14. Dezember vorigen Jahres beziehen. Es besteht kein Anlaß, diese Erklärung zu korrigieren. Damals habe ich erklärt, daß die Gerichte und Staatsanwaltschaften im Lande Baden-Württemberg, für das zu sprechen ich allein berufen bin, sich ihrer Verantwortung voll bewußt waren und ihrer Verpflichtung zur Ahndung der Verbrechen der nationalsozialistischen Zeit nachgekommen sind. Dies gilt in gleichem Maße auch für die Tätigkeit der Polizei unseres Landes, wie es der Herr Innenminister Dr. Filbinger in seiner Pressemitteilung vom 9. März 1962 mit Recht hervorgehoben hat.

Soweit gelegentlich die Auffassung vertreten wird, die nationalsozialistischen Gewaltverbrechen hätten nur zu einem kleinen Bruchteil bisher aufgeklärt werden können, muß ich heute folgendes betonen. Der Kreis der verantwortlichen Spezialisten des Vernichtungsapparates des Nationalsozialismus wird in der Öffentlichkeit oft weit überschätzt. Die Zahl der heute noch verfolgten Verantwortlichen dürfte 1 000 Personen nur wenig überschreiten. Über 80 % davon sind heute, nicht zuletzt dank der Tätigkeit der Zentralen Stelle zur Aufklärung nationalsozialistischer Gewaltverbrechen in Ludwigsburg, namentlich bekannt und werden in laufenden Verfahren verfolgt. Von den restlichen 20 % ist es einem großen Teil gelungen, unter falschem Namen unterzutauchen oder rechtzeitig ins Ausland zu entkommen. Im Eichmann-Prozeß sind keine Verbrechen bekannt geworden, die von der Zentralen Stelle oder den deutschen Strafverfolgungsbehörden nicht bereits vorher erfaßt und ermittelt worden waren. Nicht in einem einzigen Fall mußte aufgrund dieses Prozesses ein Verfahren neu eingeleitet werden. Die Tragweite dieser Feststellung kann nicht hoch genug bewertet werden. Dies dürfte meine Ausführungen ebenso bestätigen wie die Veröffentlichungen des Bundesjustizministeriums vom vergangenen Jahr über die Verfolgung nationalsozialistischer Strafverfahren durch Staatsanwaltschaften und Gerichte im Gebiet der Bundesrepublik Deutschland seit 1945. In dieser Schrift ist auch nachgewiesen, daß die Zahl der bereits rechtskräftig abgeurteilten Täter über 10 000 Personen beträgt, von denen über 5 300 vor deutschen Gerichten angeklagt waren.

Noch ein letztes möchte ich in diesem Zusammenhang sagen:

Die amtlich mit der Verfolgung von NS-Gewaltverbrechen befaßten Staatsanwälte und Polizeibeamten haben sich bisher streng an die Richtlinien der Justizminister gehalten und es als oberste Verpflichtung angesehen, ihrer Aufklärungsarbeit nachzugehen, ohne dem an sich verständlichen Wunsch und Bedürfnis von Presse und Rundfunk nachzugeben, die Öffentlichkeit auch über Einzelheiten anhängiger Verfahren zu informieren. Die Mitarbeiter der ›Zentralen Stelle‹ waren ausschließlich von dem Gedanken geleitet, alles zu vermeiden, was die Aufklärung der Untaten des NS-Regimes erschweren könnte. Hierfür bedarf es eines Wortes des Dankes an alle mit der Verfolgung von NS-Gewaltverbrechen befaßten Staatsanwälte und Polizeibeamte für ihre stille, aber deshalb wohl erfolgreichere Arbeit. Im übrigen ist dieses Wort des Dankes um so berechtigter, als der Leiter der Zentralen Stelle in Ludwigsburg in vielen Besprechungen den Ministerpräsidenten, Innenministern und Justizministern der Bundesländer laufend berichtet und seine Erfahrungen übermittelt hat. Auf diese Weise konnte dafür gesorgt werden, daß vorhandene Mißstände rasch und wirksam beseitigt worden sind. Die Staatsanwälte der Zentralen Stelle und die Justizminister der Länder haben eine öffentliche Diskussion dieser Frage, wenn einmal der Zeitpunkt hierfür gekommen ist, nicht zu scheuen. Was heute bereits über die Arbeit der Zentralen Stelle und der für sie tätigen Polizeibeamten gesagt werden kann, ist von mir dem Ständigen Ausschuß in seiner Sitzung vom 2. dieses Monats ausführlich vorgetragen worden. Ich darf insoweit auf den ausführlichen Bericht des Herrn Abg. Helmstädter zu Beilage Nr. 1859 Bezug nehmen. Wenn in dieser Sitzung des Ständigen Ausschusses die Sprecher aller Fraktionen des Landtags uneingeschränkt die Arbeit der Zentralen Stelle und des Justizministeriums anerkannt haben, so macht dies deutlich, daß es weder des Vortrags der Staatsanwältin Dr. Just-Dahlmann noch der im heutigen Einlauf des Landtags befindlichen Eingabe bedurft hätte, um die Justizminister der Bundesländer und das die Dienstaufsicht über die Zentrale Stelle ausübende Justizministerium Baden-Württemberg auf ihre verantwortungsvollen, schon längst erkannten und in Angriff genommenen Aufgaben in diesem Bereich hinzuweisen.«

Anschließend folgte noch eine kurze Debatte, die interessant genug war, um sie hier – der Sache wegen – wiederzugeben:

Abg. Renner (SPD)
Herr Präsident! Meine sehr verehrten Damen und Herren!

Die Erklärung des Herrn Justizministers dürfen wir doch wohl so auffassen, daß ein Anlaß zu einem disziplinarischen Einschreiten gegen die Frau Staatsanwältin Dr. Just-Dahlmann nicht besteht.

(Justizminister Dr. Wolfgang Haußmann: Jawohl!)

Das ist nicht ganz klar zum Ausdruck gekommen, aber ich freue mich, daß ich das in Auslegung der Ausführungen des Herrn Justizministers hier feststellen kann.

Trotzdem ist in den Ausführungen des Herrn Justizministers, die wir im übrigen begrüßen, doch noch zum Schluß ein kleiner Tadel gegen Frau Dr. Just-Dahlmann ausgesprochen worden, nämlich, ›es hätte ihrer Erklärung nicht bedurft‹. Meine sehr verehrten Damen, meine Herren, es liegt dem Hohen Hause eine Eingabe des Oberstaatsanwalts Dr. Koch vor. Nach dem Vorschlag des Herrn Präsidenten wird diese Eingabe dem Ständigen Ausschuß überwiesen. In diesem Ausschuß wird eingehend besprochen werden müssen, ob tatsächlich ein Tadel – auch wenn es kein Disziplinarverfahren ist – gegen Frau Dr. Just-Dahlmann ausgesprochen werden sollte oder ob man nicht vielmehr Achtung vor dem Mut der Dame haben muß, dieses Problem angeschnitten zu haben. Ich will das nicht entscheiden. Ich will hier bloß feststellen, daß nach der Beratung dieser Eingabe des Herrn Oberstaatsanwalts Dr. Koch das Hohe Haus sich mit der Sache wohl noch einmal befassen muß.

Präsident: Das Wort hat der Herr Justizminister.
Justizminister Dr. Wolfgang Haußmann
Herr Präsident! Meine verehrten Damen und Herren!

Die Ausführungen des Herrn Kollegen Renner geben mir Veranlassung, schon jetzt sofort kurz zu erwidern. Es ist in keinem Stadium ein Tadel von irgendeiner amtlichen Stelle oder von mir ausgesprochen worden. Tatsache ist, daß die ursprünglichen Presseveröffentlichungen über den Vortrag von Frau Dr. Just-Dahlmann – die nachher, wie sich herausgestellt hat, nicht haltbar gewesen sind – eine große Beunruhigung hervorgerufen haben und daß verständlicherweise die Polizei nicht nur in unserem Lande, sondern auch der anderen Länder durch die Andeutungen, wie sie aufgrund dieser Bemerkungen in dem Pressebericht zu erblicken waren, sich in ihrem Ansehen und in ihrer Vertrauenswürdigkeit sehr stark berührt gefunden hat. Es ist doch ganz klar folgendes, Herr Kollege Renner, hier zu unterscheiden: Ich kann vor dem Baden-Württembergischen Landtag und in richtiger Deutung der Aufgabe, die ich treuhänderisch für die deutschen Länder auf diesem Gebiet zu verwalten habe, mich nicht dazu herbeilassen, mich mit den Verhältnissen in anderen deutschen Ländern, in ihrer Justiz oder in ihrer Polizei auseinanderzusetzen.

(Abg. Renner: Frau Dr. Just-Dahlmann hat die Polizei unseres Landes und die Justizbehörden unseres Landes gar nicht angegriffen!)

Das mag sein, aber die Behörden unseres Landes, die Polizeibehörden unseres Landes – das würde Ihnen der Herr Innenminister, wenn er anwesend wäre, bestätigen ...

(Zurufe von der SPD: Er ist es! Innenminister Dr. Filbinger betritt den Plenarsaal. – Große Heiterkeit.)

Der Herr Innenminister wird bestätigen, daß er und die Vertreter der Polizei im Innenministerium wie auch die sonstigen Vertreter der Polizei durch die damaligen Presseveröffentlichungen ganz allgemein sich sehr stark – nicht aus schlechtem Gewissen, sondern aus der Gefahr von Mißdeutungen – berührt gefunden haben. Nachdem Frau Dr. Just-Dahlmann, wenn auch nur sehr kurze Zeit, als Dolmetscherin in der ›Zentralen Stelle‹ tätig gewesen ist, und nachdem sie in Mannheim als Staatsanwältin tätig ist und damit der Dienstaufsicht des Justizministeriums Baden-Württemberg untersteht, war es unvermeidlich, daß ich in meiner Eigenschaft als Justizminister des Landes Baden-Württemberg wie auch als der Justizminister, der die Dienstaufsicht über die ›Zentrale Stelle‹ führt, in der Frage angesprochen worden bin. Ich habe mich in meiner damaligen Erklärung und in meiner heutigen Erklärung selbstverständlich pflichtgemäß darum bemüht, mich innerhalb der mir gesteckten Grenzen – auf der einen Seite Respektierung der freien Meinungsäußerung und, wenn Sie wollen, des Mutes in politischer Hinsicht, auf der anderen Seite Rücksicht auf die Polizei und die schwebenden Verfahren – so zu bewegen und auszulassen, wie es, glaube ich, gar nicht anders geschehen konnte. Es ist nie ein Tadel gegenüber Frau Dr. Just-Dahlmann erfolgt. Ich habe damals nur einen Satz aufgrund der Presseäußerungen erklären müssen. Herr Kollege Renner: Wir müssen prüfen, was an den Dingen ist, ob dienstrechtlich etwas zu geschehen hat. Und ich habe heute, glaube ich, in meiner vorangegangenen Erklärung deutlich gemacht, daß diese Nachprüfung geschehen ist, daß es leider nicht früher geschehen konnte und daß für uns die Angelegenheit erledigt ist. Man soll nicht auf der einen Seite nur für den Mut und alles, was damit zusammenhängt, Verständnis verlangen, sondern man möge doch bitte auch für die Aufgabe, die sowohl der Justizminister als der Innenminister hat, nämlich vor die Polizei zu treten, Verständnis haben.

(Abg. Renner: Habe ich volles Verständnis! Habe ich auch praktiziert!)

Es ist eben nicht klar gewesen, *welche* Polizei gemeint gewesen ist, und ich war nicht berechtigt und nicht verpflichtet, für die Polizei oder für die Justizverwaltungen anderer Länder damals oder heute zu sprechen. Ich glaube, die Dinge sind nun von dieser Stelle aus und für die Regierung hinlänglich geklärt.

Präsident: Zur Geschäftsordnung erhält das Wort der Herr Kollege Renner.

Abg. Renner Herr Präsident! Meine Damen und Herren!

Ich erlaube mir die Anregung, daß wir die Diskussion nicht fortsetzen. Die Eingabe des Herrn Dr. Koch wird noch im Ständigen Ausschuß besprochen, und wir müssen noch einmal eine Debatte haben. Sollen wir die Debatte doppelt führen? Ich weiß ganz genau, daß die Regierung das Recht hat, jederzeit das Wort zu nehmen, aber sie muß es dann unter Umständen nach der Beratung im Ständigen Ausschuß noch einmal tun, und daß wir eine Debatte zweimal in diesem Hohen Hause führen ...

Meine Anregung geht dahin, daß wir die Debatte jetzt nicht fortsetzen, sondern sie fortsetzen nach der Debatte im Ständigen Ausschuß. Ich kann Ihnen schon jetzt versichern, ich werde Ihnen im Ständigen Ausschuß einen Fall vortragen, der sich erst in allerjüngster Zeit in unserem Lande in Verbindung mit einem Land in Norddeutschland ergeben hat.«

Im Ständigen Ausschuß wurde sodann die Eingabe von Oberstaatsanwalt Dr. Koch behandelt.

Nach einer weiteren Besprechung mit dem Justizministerium schrieb ich am 28. 6. 1962 an den Justizminister, daß ich die Angelegenheit – soweit sie meine Person betreffe – durch die abschließende Erklärung des Ministers vor dem Landtag am 15. 03. 1962 als abgeschlossen betrachte. Falls die Angelegenheit nochmals im Landtag verhandelt werden sollte, möge man meine Person heraushalten, damit das eigentliche Anliegen meines Vortrags nicht in den Hintergrund trete. Am 20. Juli 1962 fand dann die Landtagsdebatte zu dem Antrag des Ständigen Ausschusses für die Eingabe des Oberstaatsanwalts Dr. Koch statt. An dieser Debatte nahm mein Mann als Zuhörer teil. Ein wenig makaber wirkte es, daß als Zeitpunkt für diese Debatte der 20. Juli gewählt worden war. Das Protokoll über diese Debatte ist lang. Es ist aber interessant und typisch für die damalige Situation und wird darum mit einigen Kürzungen hier wiedergegeben:[7]

»Es liegt ein schriftlicher Bericht des Herrn Abg. Stößinger vor.

Als weiterer Antrag liegt ein Antrag der Abg. Krause und Gen. auf Beilage 2309 vor:

Das Wort zur Begründung hat Herr Abg. Renner (SPD).

Abg. Renner
Herr Präsident! Meine sehr verehrten Damen! Meine Herren!

Die Behandlung des Antrags des Oberstaatsanwalts Koch und der 17 Juristen, die seinen Antrag mit unterschrieben haben, hat im Ständigen Ausschuß die Wogen hochgehen lassen. Der Grund dafür war meines Erachtens der, daß die Regierung, insbesondere das Justizministerium, diesen Antrag mißverstanden hat, vor allem auch die Ausführungen, die von seiten meiner Fraktion dazu gemacht worden sind. Es ist nicht streng unterschieden worden zwischen dem Antrag, soweit er sich auf die Person der Frau Staatsanwältin Dr. Just-Dahlmann bezog, und dem Problem der Verfolgung nationalsozialistischen Unrechts ganz allgemein. Es war nicht zu verkennen, daß das Justizministerium in dem ganzen Vorgang einen Angriff auf sich gesehen hat und der Meinung war, die Tätigkeit der ›Zentralen Stelle‹ der Justizverwaltungen sei nicht gebührend berücksichtigt oder falsch beurteilt worden. Ferner hatte es die Auffassung, es könnte der Eindruck entstehen, die Regierungen hätten von sich aus nicht genügend getan, um diese Aufgabe zu erfüllen, sondern es hätte dazu eines Anstoßes der Frau Dr. Just-Dahlmann bedurft. Es ist deshalb von dem Herrn Justizminister ausdrücklich in seiner Erklärung vor dem Landtag gesagt worden, eines Anstoßes durch den Vortrag der Frau Dr. Just-Dahlmann hätte es nicht bedurft, um das Ministerium an seine Pflicht zu erinnern. Ich zitiere nicht wörtlich, sondern dem Sinne nach. Dabei ist verkannt worden, daß es der Frau Dr. Just-Dahlmann völlig fern lag, diese Behauptung aufzustellen. Sie hat nie die Absicht gehabt, irgendwie die Regierung an die Erfüllung dieser Aufgabe zu mahnen. Auch wir von der Sozialdemokratischen Fraktion haben eine solche Auffassung nie gehabt und haben sie auch nie geäußert. Gerade von uns ist die Tätigkeit der Zentralen Stelle in Ludwigsburg immer anerkannt worden. Wir haben das Verdienst des Herrn Justizministers an der Einrichtung dieser Stelle immer gewürdigt, und ich ergreife die Gelegenheit, um hier noch einmal zu erklären: Es ist ein bleibendes Verdienst des Herrn Justizministers, daß er auf die Anregung des früheren Generalstaatsanwalts diese Stelle eingerichtet hat, daß er sie gegen den Widerstand – ich will nicht sagen ›Widerstand‹, sondern – beinahe hätte ich gesagt ›Trägheit‹, das wäre aber auch nicht richtig – gegen die Unbeweglichkeit der anderen Justizverwaltungen mit Energie durchgesetzt und dieser Stelle Arbeitsfähigkeit verliehen hat. Das ist ganz selbstverständlich.

Darum hat es sich in dieser ganzen Sache nicht gehandelt. Es hat sich darum gehandelt, daß über den Vortrag der Frau Dr. Just-Dahlmann vor der Akademie in Loccum ein fahrlässiger, falscher Bericht in die Presse gelangt ist und daß über diesen Bericht die nach dem Bericht betroffenen Polizeibeamten sich entrüstet gezeigt haben – von ihrem Standpunkt aus mit Recht – und daß sie sich gegen eine solche angebliche Erklärung, die Polizei sei mit Mördern und Totschlägern besetzt, ganz mit Recht gewandt haben.

...Das Justizministerium hat sich von dieser Erregung nun anstecken lassen ... Statt daß man Frau Dr. Just-Dahlmann in gelassener Form zunächst schriftlich aufgefordert hätte, sich zu äußern, hat man sie einbestellt und hat sie *vernommen*. Durch vier Herren! Und nun ist bei dieser Vernehmung – ich gehe im einzelnen nicht darauf ein, ich nenne auch keinen Namen – ihr jedenfalls bedeutet worden – ich will meine Worte ganz vorsichtig fassen –, es wäre vielleicht doch besser, sie würde sich mit Haushaltsarbeiten beschäftigt haben, als solche Vorträge zu halten.

Der Tatbestand läßt sich nicht mehr genau feststellen. Jedenfalls war die Reaktion des Ministeriums so, daß die Öffentlichkeit den Eindruck gewinnen mußte, das Ministerium beanstande diesen Vortrag und halte es für notwendig, dienstrechtliche Untersuchungen gegen Frau Dr. Just-Dahlmann einzuleiten. Dabei macht das Ministerium jetzt den sehr schönen und für Juristen auch genauen Unterschied zwischen ›dienstrechtlich‹ und ›dienst*straf*rechtlich‹.

Meine sehr verehrten Damen und Herren! Ich möchte Sie wirklich nicht fragen, wer von Ihnen, der nicht Jurist ist, auf den ersten Anhieb die Unterscheidung zwischen dienstrechtlich und dienststrafrechtlich so glatt parat hat. Aber auch wenn Sie es alle parat haben sollten, dann werden Sie mir vielleicht doch recht geben, wenn ich sage, in der Öffentlichkeit draußen mußte der Eindruck entstehen: aha, ›die‹ hat sich vielleicht strafbar gemacht oder hat vielleicht ihre Amtspflichten verletzt. Nun hat sie das nicht getan. Die Verhandlungen im Ständigen Ausschuß haben ergeben, das ist festgestellt, und davon geht auch das Justizministerium und auch der Bericht, der uns vorliegt, aus, daß Frau Dr. Just-Dahlmann solche Äußerungen, die zu einem Einschreiten Anlaß gegeben hätten, nicht getan hat ...

...Wenn ich in der Erregung den Eindruck in der Öffentlichkeit hervorgerufen habe, ohne es zu wollen, daß das Vorgehen der Frau Dr. Just-Dahlmann zu Beanstandungen Anlaß geben konnte oder hätte Anlaß geben können, wenn ich diesen Eindruck hervorgerufen habe, auch ohne daß ich es wollte – und das Ministerium oder richtiger der Herr Justizminister hat das sicher nicht gewollt –, dann erachte ich es für ein Gebot der Ritterlichkeit, daß man auch in der Öffentlichkeit klar erklärt: ›Dem war nicht so.‹ Der Herr Justizminister hat das in seiner zweiten Erklärung vor dem Landtag auch getan, aber nicht in der Form, die meines Erachtens die gleiche Wirkung nach außen hat wie die ursprüngliche Erklärung, in der gesagt worden ist, es müsse geprüft werden, ob dienstrechtliche Maßnahmen zu ergreifen seien. Aus diesem Grunde halten wir es für notwendig, daß auch das Hohe Haus vor der Öffentlichkeit erklärt: es war richtig, daß Frau Dr. Just-Dahlmann diesen Vortrag gehalten hat. Es ist nun eingewendet worden, ja das könne man doch nicht, man lobe hier eine Beamtin, man müsse dann ja auch andere Beamten loben. Meine sehr verehrten Damen und Herren! Das ist kein guter Einwand, denn die anderen Beamten sind ja in der Öffentlichkeit nicht in der Weise in Verdacht gekommen.

(Abg. Kimmel: Aber es könnte sein!)

Wenn es sein könnte, Herr Abg. Kimmel, daß ein anderer Beamter in Verdacht käme, müßte man den genauso in der Öffentlichkeit rehabilitieren, wie jetzt auch in diesem Fall. Mir ist aber kein Fall bekannt, mir ist nur der Fall Just-Dahlmann bekannt. Und deswegen unser Antrag. Sie haben ihn vor sich liegen. Ich will ihn im Wortlaut nicht noch einmal verlesen. Ich will aber noch einmal eines sagen: Die ursprüngliche Fassung meines Antrags im Ständigen Ausschuß ist von dem Herrn Justizminister so aufgefaßt worden, als ob darin ein Tadel gegen die Regierung und gegen die ›Zentrale Stelle‹ in Ludwigsburg enthalten sei. Nichts lag mir ferner. Daß er diese Auffassung hatte, ergab sich ja auch daraus, daß der Oberstaatsanwalt Schüle, der Leiter dieser Zentralstelle, im Ausschuß hier Ausführungen gemacht hat auf Wunsch des Herrn Justizministers. Diese Ausführungen – das muß ich noch einmal betonen – haben bei uns, in meiner Fraktion, offene Türen eingerannt. Wir wissen das Verdienst dieser Stelle zu schätzen – das sage ich noch einmal –, aber es ist etwas anderes, ob eine Behörde – die Ministerien und die Zentralstelle – die Vorgänge kennen, die bei der Verfolgung nationalsozialistischer Untaten aufgetreten sind oder ob das auch der Öffentlichkeit, der breiteren Öffentlichkeit zur Kenntnis gebracht wird. Und dabei stehe ich auf dem Standpunkt, es ist nicht Sache des Justizministeriums und der Zentralstelle – das ist meine Überzeugung, und wenn ich an ihrer Stelle stünde, würde ich es nicht anders handhaben –, es ist nicht deren Aufgabe, in der Öffentlichkeit darauf hinzuweisen und in breiten Ausführungen darauf einzugehen. Deswegen liegt in der Formulierung, wie sie jetzt von uns vorgenommen worden ist, aber auch nicht der mindeste Vorwurf gegen die Regierung, sondern es handelt sich hier rein darum, daß in der Öffentlichkeit der entstandene Eindruck verwischt wird, ausgelöscht wird, daß die Ausführungen der Frau Dr. Just-Dahlmann vielleicht doch zu Beanstandungen Anlaß gegeben hätten, und deshalb haben wir so formuliert – ich darf nun die Ziffer I doch verlesen:

›Es ist zu begrüßen, daß die Staatsanwältin Frau Dr. Just-Dahlmann in einem Vortrag am 29. November 1961 auf einer Tagung der Evangelischen Akademie in Loccum auf Erscheinungen bei der Verfolgung nationalsozialistischer Gewaltverbrechen hingewiesen hat, die zwar den damit befaßten Strafverfolgungsbehörden und den Justizministerien, nicht aber einer breiteren Öffentlichkeit bekannt sind.‹

...Nun zu Ziffer II unseres Antrags: Wir haben in der Sitzung des Ständigen Ausschusses nicht nur den Bericht über den Vortrag der Frau Dr. Just-Dahlmann gehört, sondern auch zusätzliche Ausführungen des Herrn Oberstaatsanwalts Schüle erhalten, und wir glauben, daß es geradezu ein Rückhalt für die Regierung ist und für den Herrn Justizminister – denn das wird er mir ja nicht bestreiten, daß er bei der Einrichtung der ›Zentralen Stelle‹ und bei der Förderung einer raschen und ergiebigen Arbeit dieser Stelle in anderen Landesjustizverwaltungen doch da und dort auf Widerstand gestoßen ist, und vielleicht ist es deshalb geradezu für ihn ein Rückhalt –, wenn dieser zweite Teil unseres Antrags angenommen wird.

...Wir sind der Meinung, die Regierung zu bitten, darauf hinzuwirken, daß diese ›Zentrale Stelle‹ in Ludwigsburg ausreichend besetzt wird. Mit dieser Besetzung – das ist uns bekannt – hatte unser Justizministerium Schwierigkeiten. Das wird der Herr Justizminister uns selber sagen. Es ist anfangs lange nicht so gegangen, wie er selber es wünschte, und er hatte Mühe, die geeigneten Hilfskräfte aus anderen Ländern zu erhalten. Deswegen scheint diese erste Forderung oder dieser erste Vorschlag im Absatz 2 unseres Antrags durchaus gerechtfertigt.

Und nun der zweite Punkt, der lautet: Die Regierung soll darauf hinwirken, daß

›die Länderjustizminister ihre Staatsanwaltschaften hinweisen, bei der Verfolgung nationalsozialistischer Gewaltverbrecher auf eine der Schwere ihrer Verbrechen entsprechende Bestrafung hinzuwirken und bei Urteilen, die von der Rechtsprechung des Bundesgerichtshofs abweichen, Revision einzulegen.‹

Meine sehr verehrten Damen, meine Herren! Ich will im einzelnen Urteile, die, milde gesagt, großes Erstaunen hervorrufen mußten, nicht mehr aufführen. Wenn es nachher bestritten werden sollte, daß solche Urteile vorliegen – und zwar in einer Zahl, die nicht erfreulich ist –, dann sind wir in der Lage, Ihnen solche Urteile zu nennen. Es sind welche in den Beratungen des Ständigen Ausschusses aufgeführt worden, und es wurden dort die Tatbestände genau dargestellt. Sie waren geeignet, das Wort, das im Umlauf ist ›Für einen Toten zehn Minuten Gefängnis‹ – oder Zuchthaus zu untermauern. Es kann nur eine Hilfe für die Strafverfolgungsbehörde und für die ›Zentrale Stelle‹ in Ludwigsburg sein, wenn diesem Antrag stattgegeben wird.

Es ist eingewendet worden, unser Landtag habe ja gar keine Möglichkeit, und auch der Herr Justizminister habe keine Möglichkeit, auf die Rechtsprechung in anderen Ländern einzuwirken. Das ist in dieser Form nicht richtig.

...Es ist ein durchaus zulässiges, auch nach der Strafprozeßordnung zulässiges Verfahren, daß ein Justizminister über die Staatsanwaltschaften Einfluß zu nehmen versucht auf die Strafrechtspflege in der Form, daß er sagt, es sollen solche Anträge gestellt werden, oder aber, wenn Urteile gefällt werden, die das Empfinden der Bevölkerung – aller, die gerecht denken – verletzen, daß dagegen Rechtsmittel eingelegt werden. Es ist also nicht das mindeste aus verfassungsrechtlichen oder strafprozessualen Gründen dagegen einzuwenden, wenn der Justizminister dieses Landes als der federführende Minister für die ›Zentrale Stelle‹ gerade bei der Verfolgung und der Aufklärung nationalsozialistischer Verbrechen in kollegialer Weise auf seine Kollegen, die anderen Justizminister einwirkt und sie darauf hinweist, wenn das eine oder andere Urteil oder das eine oder andere Verfahren zu Beanstandungen Anlaß geben sollte. Wir bitten daher das Hohe Haus, unseren Anträgen stattzugeben. Diese Anträge bringen eine Rechtfertigung des Vortrags der Frau Dr. Just-Dahlmann. Sie löschen den etwaigen falschen Eindruck in der Öffentlichkeit aus. Sie enthalten keinen Angriff auf unsere Justizverwaltung und unsere Regierung, und sie sind geeignet, diesen Fall, der die Wellen hat so hoch gehen lassen, in befriedigender Weise zu Ende zu bringen.
(Lebhafter Beifall bei der Opposition)

Stellvertr. Präsident Dr. Brandenburg: Das Wort hat der Herr Abg. Wurz.

(Abg. Stößinger: Als Berichterstatter!)

Zunächst hat das Wort der Abg. Wurz!

Abg. Wurz (CDU)
Herr Präsident! Meine Damen und Herren!

Der Ständige Ausschuß dieses Hohen Hauses hat sich in zwei Sitzungen sehr eingehend mit allen Umständen und Einzelheiten befaßt, die sich insbesondere durch die Eingabe des Herrn Oberstaatsanwalts Dr. Koch usw. ergeben haben. Ich habe auch heute mit besonderer Aufmerksamkeit den Ausführungen des Herrn Kollegen Renner zugehört, und ich habe sehr sorgfältig dabei bedacht, ob es sich wirklich rechtfertigen läßt, aus dem, was wir heute wissen, die Anträge abzuleiten, die die SPD-Fraktion hier heute zu dem Antrag des Ständigen Ausschusses eingebracht hat.

Wir sind uns, meine Damen und Herren, über eines einig: Die Presseberichterstattung über das Referat der Frau Dr. Just-Dahlmann in Loccum war falsch. Ich glaube, das kann man uneingeschränkt sagen. Das haben wir im Ständigen Ausschuß feststellen können, und das ist sicher auch die Auffassung der Landesregierung bzw. des Herrn Justizministers. Andererseits ist es nicht verwunderlich – das haben Sie ja angedeutet, Herr Kollege Renner –, daß, wenn Presseberichte vorliegen, mögen sie auch falsch sein, was sich oft erst später ergibt, sich daraus eine gewisse Reaktion entwickelt, daß sich insbesondere der Dienstvorgesetzte verpflichtet sehen muß, den Dingen nachzugehen, und daß natürlich auch die Öffentlichkeit davon Notiz nimmt, daß Anhörungen durchgeführt werden und dergleichen mehr.

In der Öffentlichkeit ist aber nur eines für den Eindruck, der entstanden sein kann, von Belang. Das ist das, was der Herr Justizminister in zweimaligen öffentlichen Erklärungen von sich aus hier diesem Hohen Hause gegenüber gesagt hat. Was im Justizministerium vor sich gegangen ist oder sein mag, berührt den Eindruck in der Öffentlichkeit nicht; denn es ist meines Wissens nicht an die Öffentlichkeit gelangt. Im übrigen haben Sie, Herr Kollege Renner, ja selbst heute darauf abgehoben, daß sie diesen möglichen Vorgängen kein Gewicht beilegen, beziehungsweise sie nicht als von Belang betrachten.

(Abg. Renner: Das stimmt nicht ganz!)

– Nun ja, Sie haben immer aufgebaut in Ihrer Argumentation, am Schluß haben Sie es wieder fast – möchte ich sagen – auf Null reduziert. Der Herr Justizminister hat zwei Erklärungen abgegeben. Es verstand sich von selbst, daß er bei der ersten einen Vorbehalt machen mußte, indem er sagte, es bedürfe noch einer Überprüfung in dienstrechtlicher Hinsicht. Dieser Vorbehalt war sachgemäß und mußte so lange gemacht werden, als die Angelegenheit vom Justizministerium nicht zu Ende gebracht war. Bei der zweiten Erklärung im März dieses Jahres konnte der

Vorbehalt uneingeschränkt fallengelassen werden, und es ergab sich nun ganz eindeutig, daß das Justizministerium Frau Dr. Just-Dahlmann nicht den geringsten Vorwurf mehr mache. Im Gegenteil: Die Reaktion in der Öffentlichkeit beweist und bewies und – in Presse, Funk, in den Erklärungen namhafter Persönlichkeiten der Evangelischen Kirche –, daß man in dieser zweiten Erklärung des Herrn Justizministers eine Rehabilitation der Frau Dr. Just-Dahlmann erblickt hat.

... Meine Damen und Herren, die Entschließung, die wir heute beraten, die uns die SPD-Fraktion zusätzlich unterbreitet hat, ist meines Erachtens in keiner Weise vonnöten. Ich habe eben schon dargetan, daß die Dinge schon längst in die Reihe gebracht sind und daß das die gesamte Öffentlichkeit erkannt hat. Wir brauchen gar nicht darauf abzuheben, ob Frau Dr. Just-Dahlmann nun wünscht oder nicht, daß sie noch einmal von seiten des Landtags erwähnt werde. Was Mitglieder des Ständigen Ausschusses bei den Beratungen zu ihren Gunsten gesagt haben, ist eindeutig. Ich stehe auch nicht an, hier im Plenum zu bestätigen, daß man ihr hohes Lob und Anerkennung gezollt hat. Aber ich glaube, wir gingen über unsere Befugnisse oder über das, was uns obliegt, hinaus, wenn wir das Verhalten einer Frau in diesem Falle oder eines Mannes in einem anderen Falle zensieren wollten – das müßten wir dann vielleicht auch künftig in anderen Fällen tun –: der hat recht, oder der hat nicht recht gehabt. Das ist nicht unsere Aufgabe, das können wir sagen – und das haben wir getan – im Ständigen Ausschuß und hier; aber das kann nicht Gegenstand einer Beschlußfassung sein.

(Zurufe von der CDU: Sehr richtig!)

Wir haben also – um zusammenzufassen – im Ständigen Ausschuß diese Dinge erschöpfend behandelt. Der sehr übersichtliche Bericht des Herrn Berichterstatters zeigt dies, und er ergibt anschließend, daß in keiner Weise eine Veranlassung besteht, der Erklärung, die der Ständige Ausschuß Ihnen als Antrag unterbreitet, noch etwas hinzuzufügen.

Auch was Sie unter II Ihres Zusatzantrages erwähnen, ist im Ständigen Ausschuß mitberaten worden. Es haben sich dabei keine Anhaltspunkte dafür ergeben, daß hier etwas im argen läge, daß hier zusätzlich etwas geschehen müßte.

Ich habe auch gar keinen Zweifel, daß der Herr Justizminister im Rahmen des Möglichen auf seine Kollegen in den anderen Ländern hinwirken wird, so zu verfahren, wie er selbst seit langem verfährt, nämlich die Staatsanwaltschaften anzuweisen, in Fällen, in denen von der Rechtsprechung des Bundesgerichtshofs abgewichen wird, Revision einzulegen.

Ich stelle also damit fest: Es ist von allen diesen Dingen nichts übriggeblieben, was es rechtfertigen würde, dem Ausschlußantrag noch etwas hinzuzufügen. Ich empfehle die unveränderte Annahme dieses Antrags.

(Lebhafter Beifall bei den Regierungsparteien!)

Stellvertr. Präsident Dr. Brandenburg: Das Wort hat zunächst Herr Abg. Stößinger als Berichterstatter, dann Herr Abg. Dr. Gönnenwein.

Abg. Stößinger (CDU), Berichterstatter
Herr Präsident! Meine sehr verehrten Kolleginnen und Kollegen!

Gestern traf ich Herrn Kollegen Renner in den sogenannten Wandelgängen dieses Hohen Hauses. Er trat auf mich zu und fragte: Herr Kollege Stößinger, wer hat Ihnen bei der Abfassung dieses Berichtes geholfen? ... Das ist indirekt eine Formulierung gewesen, die mich davon überzeugt hat, daß Sie mit dieser Frage meinten, ich hätte den Bericht nicht selbst verfaßt, sondern ich hätte da tatkräftige Unterstützung von juristisch-sachverständiger Seite bekommen. Ich will es einmal so ausdrükken.

Meine sehr verehrten Kolleginnen und Kollegen! Ich glaube, ich habe mich bei der Abfassung dieses Berichtes streng an das gehalten, was meine Aufgabe war: zu berichten über die Eingabe des Oberstaatsanwaltes Dr. Koch und andere, Hamburg, zu dem Vortrag der Staatsanwältin Dr. Just-Dahlmann auf einer Tagung der Evangelischen Akademie in Loccum. Sie haben selbst den Ausführungen des Herrn Kollegen Wurz entnehmen können, daß wir in zwei langen Sitzungen hierüber beraten und debattiert haben; der stenographische Bericht macht über 50 Protokollseiten aus.

... Ich habe mich ganz streng an die Eingabe des Oberstaatsanwalts Dr. Koch gehalten, der in seinem Schreiben drei Fragen präzisierte. Diese Fragen lauten: erstens festzustellen, was Frau Dr. Just-Dahlmann in Loccum zur Frage der Besetzung der Polizei mit nationalsozialistischen Gewaltverbrechern gesagt hat, und zweitens nachzuprüfen, ob ihre Äußerungen in ihrem Vortrag sachlich zutreffend sind und bejahendenfalls, drittens, in einer öffentlichen Erklärung geeigneten Inhalts zum Ausdruck zu bringen, daß die Ausführungen der Staatsanwältin Dr. Just-Dahlmann zutreffend seien und daß sie gut daran getan habe, die darin behandelten, für unseren Rechtsstaat lebenswichtigen Dinge öffentlich zur Sprache zu bringen.

Ich habe meinen Bericht dann auch danach gegliedert, und nun frage ich Sie, Herr Kollege Renner: Wo ist da Platz für eine Bemerkung über Interna, die von Ihrer Fraktion bezüglich einer mißtrauischen Haltung gegenüber dem Justizministerium betreffend (die) Erhellung des Tatsachenbestandes über das, was Frau Dr. Just-Dahlmann gesagt hat. Das liegt in diesem Thema nicht drin. Ich stehe heute noch dafür – ich würde gerne einen begründeten Tadel annehmen –, daß Ihr Tadel an der Sache vorbeigegangen ist und nur notwendig war, um das aufzubauen, was Sie für die Begründung Ihrer Resolution uns hier unbedingt nahebringen wollten, daß Frau Dr. Just-Dahlmann noch eine zusätzliche Rehabilitierung braucht. Dazu brauchten Sie diesen ganzen Indizienapparat, den Sie sehr geschickt vorgebracht haben, der aber bei uns nicht ganz angekommen ist.

(Beifall bei den Regierungsparteien)

Stellvertr. Präsident Dr. Brandenburg: Herr Kollege Stößinger, Sie haben das Recht, sich als Berichterstatter zu verteidigen. Aber der zweite Teil Ihrer Rede war eine Stellungnahme als Abgeordneter. Wir wollen das festhalten.

Jetzt hat Herr Abg. Dr. Gönnenwein das Wort.

Abg. Gönnenwein (FDP/DVP)

Herr Präsident! Meine Damen und Herren!

Auch ich muß, wie vorher der Berichterstatter, von der Eingabe ausgehen, die Gegenstand unserer Beratung ist: die Eingabe des Herrn Oberstaatsanwalts Dr. Koch und der anderen 17 Hamburger Juristen.

Was hat diese Eingabe vom Landtag begehrt und gewünscht? Sie wollte eine Feststellung, was Frau Dr. Just-Dahlmann in Loccum wirklich gesagt habe bezüglich der Polizei und ihrer Durchsetzung mit Mördern und Totschlägern, wie es in der Presse aufsehenerregend hieß. Herr Dr. Koch und seine 17 anderen Juristen wollten eine Nachprüfung haben, ob diese Äußerungen sachlich zutreffend seien, und dann kommt der dritte Punkt: sie wollten haben, daß in einer öffentlichen Erklärung zum Ausdruck gebracht werde, daß die Ausführungen der Staatsanwältin Dr. Just-Dahlmann zutreffend seien und daß sie gut daran getan habe, die darin behandelten, für unseren Rechtsstaat lebenswichtigen Dinge öffentlich zur Sprache zu bringen. Das ist das Begehren gewesen. Und diese Eingabe des Herrn Oberstaatsanwalts Dr. Koch und der anderen 17 Juristen steht auch heute noch allein zur Debatte.

... Nun muß aber auf den allerersten Eindruck, auf den Primäreffekt – möchte ich sagen – zurückgegangen werden, der von gewissen ungenauen Pressemeldungen ausging. Der erste Eindruck war doch der, als ob nicht nur in unserem eigenen Land Baden-Württemberg, sondern auch anderwärts die Polizei faktisch in erster Linie aus Mördern und Totschlägern bestehe. Dagegen hat sich die Polizei unseres Landes und die der anderen Länder mit Recht gewehrt. Der Herr Innenminister, der heute leider nicht dasein kann, hat im Ständigen Ausschuß – ich bin davon überzeugt, er würde es heute wieder betonen – erklärt, wie erschrocken auch er gewesen sei und wie sehr er die Pflicht gefühlt habe, sich vor seine Polizei zu stellen; denn davon kann doch keine Rede sein – es mag noch so viel Bedauerliches vorgekommen sein bei den Stellenbesetzungen –, daß unsere Polizei sehr stark mit Mördern und Totschlägern durchsetzt sei. Das ist mindestens eine Übertreibung des Tatbestandes. Es sind im übrigen – was ich gerne zugebe – namentlich von Herrn Dr. Veit und von Herrn Renner im Ständigen Ausschuß einige Dinge bezüglich der Stellenbesetzung in der Kriminalpolizei bekanntgegeben worden, die mir auch unbekannt waren und die mich mit tiefstem Entsetzen erfüllt haben. Aber das allgemeine Urteil, die Polizei bestehe vorwiegend aus Mördern und Totschlägern, wäre nicht gerechtfertigt gewesen. Es ist aber auch festgestellt worden, daß das Frau Dr. Just-Dahlmann nie behauptet hatte, sondern daß sie tatsächlich den Finger auf offene Wunden unseres Rechtsstaates gelegt hat.

Nun das Verhalten des Justizministers: Daß der Justizminister etwas tun mußte nach derartigen Pressenachrichten, die doch jedermann alarmiert haben, ist sonnenklar. Was soll ein Minister anderes tun, als einer Beamtin in dieser Lage Gelegenheit zu einer Aussprache zu geben. Mehr ist auch nicht geschehen. Ich betone von vornherein, es kommt nicht auf die Begriffe dienstrechtlich und dienststrafrechtlich an, sondern es kommt darauf an, ob von dem etwas erfolgt ist, was man gemeinhin Maßregelung nennt.

Frau Dr. Just-Dahlmann hatte Gelegenheit, vor dem Justizministerium zu sagen, was sie in Loccum ausgesprochen hatte. Das Justizministerium andererseits hatte selbstverständlich als die vorgesetzte Behörde auch die Möglichkeit, an sie noch ganz bestimmte Fragen zu richten.

... Ich möchte namens meiner Fraktion deutlich erklären: Wir sind auch der Meinung, daß es eine mutige Haltung dieser Beamtin war, diese Dinge so offen zur Sprache zu bringen. Es ist bedauerlich, daß in der heutigen Zeit schon wieder Mut dazu gehört, den Finger in solche Wunden zu legen, und das hat diese Beamtin getan.

(Abg. Renner: Das kann der Landtag durch einen Beschluß unterstreichen!)

Ich habe dies auch im Ständigen Ausschuß ausgedrückt, und es ist auch von anderer Seite ausgedrückt worden. Daran fehlt es nicht, daß wir Frau Dr. Just-Dahlmann nicht nur nicht tadeln, sondern daß wir ihre Aussagen voll und ganz anerkennen, daß wir es begrüßen, daß im Interesse des Rechtsstaates so etwas überhaupt gesprochen wurde, denn es gibt ja leider in unserem Volke heute schon wieder Leute, die vom kurzen Gedächtnis der Zeitgenossen leben und denken, alle diese Greueltaten würden eines schönen Tages vergessen. Deshalb allein ist es nach meiner Ansicht ein Verdienst, daß so etwas in Loccum geredet wurde.

Nun geht es um die Ziffer I des Antrags auf Beilage 2309. Hier wird beantragt, was Herr Dr. Koch und die 17 Juristen praktisch wollten:

... Wir können auch aus Gründen, die im Gewaltentrennungsprinzip beruhen, diesem Antrag nicht folgen, einer Beamtin ein Lob oder einen Tadel auszusprechen. Wir können uns als Parlament nur an die Adresse des Ministers, dem diese Beamtin, die zu loben oder zu tadeln ist, untersteht, wenden. Also könnte die Ziffer I etwa in die Form gefaßt werden: Der Herr Justizminister hat recht gehandelt, indem er gegen die Staatsanwältin Dr. Just-Dahlmann nicht vorging, indem er an ihrem Verhalten in Loccum nichts Tadelnswertes fand. Aber etwas Derartiges auszusprechen, ist völlig unnötig, denn das ist ja von vornherein klargestellt gewesen. Der Herr Justizminister hat lediglich im Dezember gesagt, es werde von ihm – das war aber die Zeit, als noch große Erregung herrschte – geprüft werden, ob man gegen diese Beamtin irgend etwas unternehmen müsse. Im März hat er dann abschließend erklärt, es sei festgestellt worden, daß nichts zu unternehmen war. Das ist vom Landtag hingenommen worden ohne Kritik, weshalb es auch völlig unnötig wäre, etwa in einer Entschließung das Verhalten des Herrn Justizministers irgendwie einer Wertung positiver Art zu unterziehen.

Wir können uns leider – Herr Kollege Wurz hat noch andere Gründe angeführt, ich möchte das nicht wiederholen – der Annahme der Ziffer I nicht anschließen.

Bezüglich der Ziffer II ist im Ständigen Ausschuß das Entscheidende bereits gesagt worden. Es ist im Ständigen Ausschuß auch von Herrn Oberstaatsanwalt Schüle auf eine gewisse Personalnot, auf gewisse Schwierigkeiten hingewiesen worden. Der Herr Justizminister hat sehr deutlich erklärt, daß er diesen Sachen nachgehen werde. Jedermann, der die rechtlichen Verhältnisse dieser ›Zentralen Stelle‹ in Ludwigsburg kennt, weiß, daß es nicht so einfach geht. Aber es ist die Zusage erfolgt, daß hier für eine ausreichende Besetzung der ›Zentralen Stelle‹ von unserem Justizministerium aus gesorgt werde.

Dann kommt die, wie Herr Renner mit Recht ausführte, rein rechtlich etwas heikle Sache, die Länderjustizminister und ihre Staatsanwaltschaften anzuweisen, bei der Verfolgung nationalsozialistischer Gewaltverbrecher entsprechend vorzugehen. Hier gebe ich positiv wieder völlig zu: Auch wir sind im Ständigen Ausschuß sehr für die Ansicht gewesen, daß es mit der Einrichtung und der Tätigkeit dieser ›Zentralen Stelle‹ allein nicht getan ist. Es ist sehr wichtig, daß diese ›Zentrale Stelle‹ da ist, die Ermittlungen anstellt und möglicherweise Verfahren in Gang bringt. Aber wir wissen, daß in dem Augenblick, in welchem die Akten Ludwigsburg verlassen haben, alles den Strafverfolgungsbehörden und den Gerichten möglicherweise anderer Länder überlassen ist. Und daß wir darauf keinen Einfluß haben und daß wir da bezüglich einiger Länder –

das sage ich ganz offen – ein gewisses verhaltenes Mißtrauen haben dürfen in der Frage, was nun aus diesen Anzeigen wird. Aber mehr, als der Herr Justizminister bereits versprochen hat, kann er nicht tun.

Er kann sich an seine Kollegen der anderen Länder wenden und sie öitten, sie möchten ihre Staatsanwaltschaften in dem empfohlenen Sinne der Ziffer II b des Antrags anweisen und auch darauf einwirken, daß bei gewissen Urteilen, die von der Rechtsprechung des Bundesgerichtshofs abweichen, Revision eingelegt wird. Das hat der Herr Justizminister bereits zugesagt, weshalb nach meiner Ansicht keinerlei Möglichkeit, jedenfalls keine Notwendigkeit vorhanden ist, dies noch einmal in einer Entschließung festzulegen, in einer Entschließung, die, nebenbei gesagt, mit der Erledigung der Eingabe Koch und der anderen 17 Juristen nur sehr mittelbar etwas zu tun hat. Der Gedankengang ist klar, aber das ist nicht die Aufgabe, jedenfalls nicht die Aufgabe des Ständigen Ausschusses gewesen, sich mit den Fragen der ›Zentralen Stelle‹ in Ludwigsburg zu befassen und mit der Frage, was nun im Strafprozeß geschieht, wenn die Akten aus der ›Zentralen Stelle‹ herauskommen und an die anderen Strafverfolgungsbehörden gehen.

Aus diesem Grunde müssen wir uns auch dafür einsetzen, daß der Antrag des Ständigen Ausschusses angenommen wird, denn alles, was die Eingabe des Herrn Dr. Koch und der 17 anderen Juristen wollte, ist erfüllt worden. Es ist ziemlich genau festgestellt worden, daß sie nichts sagte, was zu Beanstandungen Anlaß gab. Es ist aber weiter über den Antrag Dr. Koch hinaus vom Herrn Justizminister versprochen worden, daß er mit den anderen Landesjustizministern in Verbindung tritt. Es ist versprochen worden, daß er für eine Verstärkung der Zentralen Stelle eintritt. Damit ist die Eingabe Koch wirklich durch die Erklärung der Regierung erledigt.

(Beifall bei den Regierungsparteien)

Stellvertr. Präsident Dr. Brandenburg: Das Wort hat Herr Abg. Renner.

Abg. Renner (SPD)

Herr Präsident! Meine sehr verehrten Damen! Meine Herren!

Herr Kollege Stößinger, ... Sie haben sich darüber beschwert, ich hätte Ihren Bericht beanstandet. Ich habe gesagt, daß über das eigentliche Anliegen der SPD oder einiger Mitglieder der SPD der Bericht kaum etwas enthalte, er gehe darüber sehr elegant hinweg. In dem Bericht auf Seite 8 heißt es nämlich:

›Der Herr Justizminister untersuchte u. a. die Frage, ob, wie das von verschiedenen Sprechern der SPD angedeutet wurde, der Staatsanwältin von seiten des Justizministeriums in irgendwelcher Weise Unrecht geschehen sei. Davon könne keine Rede sein.‹

Ich meine, das ist sehr vorsichtig ausgedrückt. Ich habe mich im Ständigen Ausschuß sehr viel massiver ausgedrückt. Ich habe u. a. gesagt, Frau Dr. Just-Dahlmann sei bekniet worden, ich habe Ausführungen über die Art der Vernehmung gemacht und habe daraus die Folgerung abgeleitet, deswegen muß im Landtag etwas erfolgen. Das kommt im Bericht nicht zum Ausdruck, so ausgezeichnet und taktisch geschickt der Bericht sonst ist, dabei bleibe ich, Herr Kollege Stößinger.

Nun, meine Damen und Herren, ich respektiere den Wunsch der Frau Dr. Just-Dahlmann, daß Einzelheiten darüber nicht mehr gesagt werden. Ich bin aber überzeugt, wenn ich Ihnen den Wortlaut meiner Äußerung angeben dürfte, daß Sie vielleicht dann mehr Verständnis für mich hätten und für unseren Antrag, als es aus den Worten des Herrn Kollegen Wurz herausgeklungen hat.

... Und nun muß ich noch etwas sagen, Herr Kollege Dr. Gönnenwein. Wenn der Herr Justizminister in seiner zweiten Erklärung die Ausführungen gemacht hätte, die Sie gemacht haben, wenn er also gesagt hätte, er stünde nicht an, zu erklären, daß Frau Dr. Just-Dahlmann Anerkennung für ihren Mut verdiene, dafür daß sie das gesagt habe, und es sei an sich bedauerlich, daß schon wieder Mut dazu gehöre, heute das zu sagen, dann wäre der Fall bereinigt gewesen, dann wären wir damit zufrieden gewesen und hätten gesagt, das ist eine klare, gute und ausgezeichnete, den Justizminister ehrende Äußerung und Beurteilung des Verhaltens der Frau Dr. Just-Dahlmann. Das hat aber der Herr Justizminister nicht gesagt, sondern er hat seine Ausführungen geschlossen oder beinahe am Schluß der Ausführungen hat er geglaubt, noch einmal sagen zu müssen, daß es dieser Ausführungen nicht bedurft hätte ... Das war keine richtige Ehrenerklärung für Frau Dr. Just-Dahlmann. Und deswegen unser Antrag. Ich muß sagen, ich bedauere es, wenn man öffentlich das gleiche erklärt wie wir und nachher behauptet: ›Wenn ich auch dieser Auffassung bin und das hier öffentlich sage, deswegen bedarf es doch keines Beschlusses.‹ Eines solchen Beschlusses bedarf es, weil die Sache nicht etwa von Frau Dr. Just-Dahlmann an uns herangetragen worden ist, sondern weil in der Öffentlichkeit ein falscher Eindruck dadurch entstanden ist, daß der Herr Justizminister die Sache vor das Parlament brachte, ohne aus den Reihen des Parlaments dazu veranlaßt worden zu sein. Es hätte auch andere Wege gegeben als diesen Weg, sich an das Parlament zu wenden und den Namen der Frau Dr. Just-Dahlmann in aller Öffentlichkeit auszusprechen in einer Form, daß – und dabei bleibe ich – in der Öffentlichkeit der Eindruck entstehen konnte, da war etwas nicht ganz in Ordnung an dem, was die Frau gesagt hat. Und wenn das vor dem Landtag geschehen ist, kann der Landtag sich dazu äußern auch in der Form eines Beschlusses. (...)

Stellvertr. Präsident Dr. Brandenburg: Das Wort hat Herr Abg. Krause.

Abg. Krause (SPD)
Herr Präsident! Meine Damen und Herren!

Herr Kollege Renner hat schon gesagt, und ich möchte das noch einmal unterstreichen, daß wir nicht den Herrn Justizminister oder die ›Zentrale Stelle‹ kritisieren wollen. Es geht hier um zwei Dinge. Zunächst geht es um die Vorgänge, die auf die Presseberichte gefolgt sind, und da geht es meines Erachtens in erster Linie um die Akzente, die gesetzt worden sind. Aus dem Thema, das sich die Tagung der Evangelischen Akademie in Loccum gesetzt hatte, nämlich über die nationalsozialistischen Gewaltverbrechen und ihre Verfolgung zu sprechen, aus diesem Thema ist im Verlauf der Auseinandersetzungen das Thema Dr. Just-Dahlmann geworden. Und das ist auch in dieser Debatte immer wieder im Vordergrund, daß keine Maßregelung ausgesprochen wurde und daß die Sache so erscheint, als wenn es nur die dienstrechtliche Seite zu erörtern gelte. Das muß das Parlament bereinigen. Hier sind die Akzente verschoben worden. Das ist das Anliegen des ersten Teils unseres Antrags, daß wir auch im Parlament dazu beitragen, die Akzente wieder dahin zu setzen, wo sie hingehören. Die ganze Sache ist nämlich kein Fall der Staatsanwältin Dr. Just-Dahlmann, sondern hier geht es um die Verfolgung der nationalsozialistischen Gewaltverbrechen. Das muß einmal gesagt werden.

(Abg. Hofstetter: Gerade am heutigen Tag!)

– Ja, ich glaube, gerade am heutigen Tag, am Jahrestag der Widerstandskämpfer des 20. Juli, da haben wir erst recht Anlaß, der Opfer zu gedenken, die den nationalsozialistischen Gewaltverbrechern erlegen sind. Und zu diesem ersten Teil muß ich sagen, daß einige Passagen der beiden Erklärungen des Herrn Justizministers am 14. Dezember 1961 und am 15. März 1962 – ich will sie jetzt nicht wieder zitieren – die dienstrechtliche Seite allzu sehr in den Vordergrund geschoben haben. Gewiß, der Herr Justizminister war verpflichtet, die Frage zu untersuchen, ob hier ungerechtfertigte Vorwürfe erhoben worden sind oder ob hier etwa dienstliche Geheimnisse benutzt worden waren. Das war seine Pflicht. Aber das ist allzu sehr in den Vordergrund geraten. Es hätte den Erklärungen besser angestanden, wenn sie einleitend auf die Sache eingegangen wären, und dann die dienstrechtliche Seite behandelt hätten. Das gilt auch für die Presseverlautbarung des Innenministeriums. Ich habe das im Ständigen Ausschuß schon kritisiert; auch da ist eine Passage drin, die die Akzente in der Sache verschiebt. Deswegen meinen wir, es ist eine Korrektur notwendig, und deshalb der erste Teil unseres Antrags. Sicher kann man es nicht zum Prinzip machen, daß wir Beamte, Richter oder öffentliche Bedienstete belobigen oder kritisieren, aber hier liegt doch ein ganz außerordentlicher Tatbestand vor, und das, was in Loccum Gegenstand der Tagung war, das ist ja doch für uns alle eine außerordentlich ernste Sache. Wenn da schon einmal ein Beamter, ein Richter oder in diesem Fall eine Frau den Mut hat, ganz offen über die Dinge zu sprechen, das muß ich sagen, auch auf wunde Stellen hinzuweisen, dann muß sich das Parlament dahinterstellen, dann können wir nicht nur die dienstrechtliche Seite sehen und nur diese korrekt erledigen. Deswegen waren wir der Meinung, muß mit einer positiven Erklärung des Landtages auch eine Korrektur erfolgen in der Akzentsetzung bei der ganzen Behandlung dieses Vorgangs.

... Zum zweiten möchte ich etwas zur Sache sagen, meine Damen und Herren. Bei der Besprechung sind uns doch einige Dinge bekannt geworden, die auch den Abgeordneten nicht in ihrem vollen Ausmaße bekannt waren. Es sind auch einige Tatbestände bekannt geworden, die doch gravierend sind und die uns nicht erlauben, über die Dinge einfach zur Tagesordnung überzugehen. In dem Protokoll, das wir von der Tagung der Evangelischen Akademie in Loccum erhalten haben und dessen sachlicher Inhalt in keinem Punkt bestritten worden ist, sind einige Beispiele genannt, von denen ich bezweifeln möchte, daß sie wirklich in der Öffentlichkeit allgemein bekannt sind. Daß ein Mann, der des Mordes an 12 000 Personen dringend verdächtig ist, gegen eine Kaution von 12 000,– DM aus der Untersuchungshaft entlassen wurde, daß ein Landgericht einen Haftbefehl aufhebt gegen einen des vielfachen Mordes dringend verdächtigen Täter, weil der örtlich unzuständige Amtsrichter den Haftbefehl erlassen hat; daß ein Mann, der seinerzeit den technischen Einsatz der Vergasungsautos geleitet hat, bis vor einem Jahr polizeilicher Abteilungsleiter in einem bundesdeutschen Regierungspräsidium war, daß ein Mann, dessen Vor- und Zuname, Geburtsdatum und -ort, SS-Dienstgrad und Einsatzort bekannt war, nicht verfolgt wird, weil er sagt, er sei es nicht.

Zum letzteren Fall ist uns eine befriedigende Auskunft gegeben worden bezüglich der Maßnahmen, die hier gegen die Einstellungsverfügung getroffen worden sind.

Aber sind diese Dinge wirklich in der Öffentlichkeit bekannt? ... Die Zahl der Polizeibeamten, gegen die gegenwärtig Ermittlungen laufen, die uns genannt worden ist, ist erschütternd gewesen. Ich bezweifle, ob die Abgeordneten im Bilde darüber waren, daß es sich um so viele handelt.

Und die Urteile, die Herr Kollege Dr. Veit im Ständigen Ausschuß zitiert hat, wo hundert- und tausendfacher Mord mit Urteilen abgefunden wurde von dreieinhalb bis zu zehn Jahren Zuchthaus, diese Urteile, die sind doch in ihrem Ausmaß der Schwere der Straftaten keineswegs angemessen. Das ist ein Tatbestand, den wir auch in dieser parlamentarischen Behandlung aussprechen müssen. Daran können wir nicht vorbeigehen. Das Parlament muß dazu gerade am 20. Juli seine Meinung sagen.

Meine Damen und Herren! Die Besetzungsschwierigkeiten bei der ›Zentralen Stelle‹ – ich will sie jetzt nicht vergrößern. Wir unterstellen dem Justizministerium, daß es bemüht war, sie mit allen Kräften zu beheben, aber wir möchten dringend darum bitten, daß hier nichts unversucht bleibt, um diese Schwierigkeiten so schnell wie möglich aus dem Weg zu räumen, und wir meinen, es ist auch Sache des Landtages, dem Herrn Justizminister einen Auftrag zu erteilen. Der Herr Justizminister kann zwar in seinem Lande, hier Baden-Württemberg, erklären: Ich werde die Staatsanwaltschaften anweisen, dann, wenn Verurteilungen vorliegen, die der Rechtsprechung des Bundesgerichtshofs widersprechen, nämlich wegen Mord zu verurteilen und nicht nur wegen Beihilfe zum Mord, dann werde ich die Staatsanwaltschaften anweisen, Revision einzulegen. Aber der Herr Justizminister kann doch nicht von sich aus an seine Kollegen in den anderen Ländern herantreten. Wenn der Landtag das beschließt, dann hat der Herr Justizminister den Auftrag, sich mit den Regierungen und seinen Kollegen in den anderen Ländern in Verbindung zu setzen, um zu erreichen, daß diese Praxis in allen Bundesländern geübt wird. Ich glaube, das darf nicht an Zuständigkeiten scheitern. Überall wird man sagen, wir sind nicht zuständig. Die ›Zentrale Stelle‹ liegt nun einmal in unserem Lande, und hier muß der Landtag von Baden-Württemberg stellvertretend handeln auch für die Parlamente der anderen Länder und seine Meinung offen bekunden. Deshalb haben wir die beiden Sachforderungen im zweiten Teil unseres Antrags gestellt.

... Die Öffentlichkeit hat keine volle Übersicht über das, was jetzt alles im Gange ist. Es handelt sich um Hunderte von Personen, gegen die z. Zt. Verfahren laufen, und es handelt sich um eine Vielzahl von Verfahren, die jetzt erst anlaufen, und bei denen wir beizeiten sagen müssen, daß wir diese Urteile nicht billigen können, daß wir es nicht so weit kommen lassen können, wie es jetzt schon in einer 10-Pfennig-Zeitung zu lesen ist, wo etwa Bilder gezeigt werden, in denen auf den Vera-Brühne-Prozeß Bezug genommen wird, wo wegen des Mordes an zwei Personen lebenslängliche Zuchthausstrafe verhängt worden ist, und daß dann die Unterschrift steht unter einem SS-Mann daneben: Polen hätt'ste erschießen müssen, dann wärste billiger weggekommen! Das dürfen wir nicht zulassen, daß solche Schlußfolgerungen in der Presse gezogen werden können.

Meine Damen und Herren! Das Ausmaß der noch ungesühnten nationalsozialistischen Gewaltverbrechen ist weit größer, als die Öffentlichkeit bis heute begriffen hat, und in dieser Sache muß das Parlament ein deutliches Wort sagen. Es ist schlimm genug – ich sage das ohne Vorwurf gegen irgend jemand in diesem Hause, auch nicht gegen die Regierung, den Herrn Justizminister oder die ›Zentrale Stelle‹ –, daß die Verfolgung der unvorstellbaren Untaten erst so spät in Gang kommen konnte.

Wir wissen, daß nun in Kürze auch der Mord verjähren wird und daß dann, wenn das geschehen ist, gar keine Möglichkeit mehr besteht, diese Untaten ihrer gerechten Strafe zuzuführen. Wir müssen vor uns selbst und vor der Weltöffentlichkeit dafür sorgen, daß wir nicht etwas versäumen und daß wir alle Mittel des Rechtsstaats ausschöpfen, um der Gerechtigkeit ihren Lauf zu lassen. Mit dieser öffentlichen Auseinandersetzung, die heute hier in diesem Parlament stattfindet, muß zumindest erreicht werden, daß die schwere und verantwortungsvolle Arbeit der Zentralen Stelle auch zur Auswirkung kommt in der weiteren Behandlung der Verfahren und daß alle rechtsstaatlichen Mittel aufgeboten werden, um die nationalsozialistischen Gewaltverbrechen der Schwere ihrer Verbrechen entsprechend abzuurteilen. Das sind wir uns und der Weltöffentlichkeit gegenüber schuldig.

(Bravo-Rufe und Beifall bei der SPD).

...

Justizminister Dr. Wolfgang Haußmann:
Herr Präsident! Meine Damen und Herren!

Gestatten Sie mir am Schluß dieser Debatte, zusammenfassend kurz noch den Standpunkt des Justizministeriums und der Landesregierung in dieser Angelegenheit zum Ausdruck zu bringen.

... Bei der Behandlung des gesamten Komplexes müssen doch zwei Dinge auseinandergehalten werden: einmal die Auseinandersetzungen, die sich an den Vortrag der Staatsanwältin Dr. Just-Dahlmann angeschlossen haben, und zum anderen die Frage, ob die Zentrale Stelle der Landesjustizverwaltungen in Ludwigsburg ihre Aufgabe richtig erfüllt, was mit den aufgeklärten Straftaten geschehen ist, und schließlich, wie die nationalsozialistischen Gewaltverbrechen durch die Gerichte geahndet werden. Das ist doch das Anliegen, das wir alle haben müssen, und ich glaube feststellen zu dürfen, daß letzten Endes die ganze Diskussion heute in diesem Hause eine weitgehende Übereinstimmung in der Beurteilung dieser furchtbaren Dinge gefunden hat.

... Ich möchte daran erinnern, daß ich Frau Dr. Just-Dahlmann in keinem Stadium, auch damals nicht, als die falschen Meldungen durch die Presse gingen, getadelt habe, ich habe vielmehr ausdrücklich betont, daß ihr wegen ihrer Ausführungen in Loccum kein Vorwurf zu machen sei. Darüber hinaus habe ich die Berechtigung ihres politischen Anliegens in ihrem Vortrag ausdrücklich anerkannt. Ich glaube, weiter kann man wirklich nicht gehen.

(Abg. Renner: Eine Frage!)

Bitte Herr Kollege Renner!

(Abg. Renner: Man kann weitergehen. Teilen Sie die Auffassung des Herrn Kollegen Dr. Gönnenwein, daß Frau Dr. Just-Dahlmann für ihr mutiges Auftreten in Loccum Lob und Anerkennung verdient?)

Herr Kollege Renner, ich teile sie für meine Person. Das schließt aber nicht die Verpflichtung in sich, das nun als verantwortlicher Minister zu erklären, denn wo führte das dann in der Zukunft hin, wenn wir in Fällen, wie sie auch immer geartet sein mögen, zu derartigen Wertungen eines Ministers gegenüber einem Beamten – nach der negativen oder positiven Seite – übergehen wollten.

... In der sachlichen Beurteilung und Anerkennung des Vortrags kann ich deshalb keinen Unterschied, Herr Kollege Renner, zu dem feststellen, was Sie hier ausgeführt haben. Vielleicht erkennen Sie in dieser Feststellung meine Einstellung zu dem Anliegen und zu dem Vortrag der Frau Dr. Just-Dahlmann. Ihre Ausführungen betreffen daher ein Gebiet, das im Grunde nicht hierher gehört.

Wie auch der schriftliche Bericht des Herrn Abg. Stößinger ergibt, sind meine Erklärungen vor dem Hohen Hause in der Öffentlichkeit richtig verstanden worden, und mit Recht hat daher auch die Mehrheit des Ständigen Ausschusses die Eingabe des Oberstaatsanwalts Dr. Koch u. a. als durch die Erklärung der Regierung für erledigt angesehen.

Eine völlig andere Frage ist, ob die ›Zentrale Stelle‹ in Ludwigsburg ausreichend besetzt ist und ob seitens der Strafverfolgungsbehörden alles getan wird, um die nationalsozialistischen Gewaltverbrechen einer der Schwere ihrer Verbrechen entsprechenden Bestrafung zuzuführen. Das Justizministerium hat über die Arbeit der ›Zentralen Stelle‹ in der Vergangenheit eingehend berichtet, vor allem vor dem Ständigen Ausschuß oder bei den Haushaltsberatungen.

... Wir konnten und wir können uns in einer ganzen Reihe von Fällen, ohne den Verlauf und das Ergebnis der Ermittlungen zu gefährden oder mindestens zu erschweren, nicht sehr frühzeitig äußern. Das wäre ein absolut ungewöhnliches und auch nach rechtsstaatlichen Grundsätzen unübliches Verfahren. Das ist das eine.

Das andere ist das, worauf hier mit Recht vorhin hingewiesen worden ist, daß die Öffentlichkeit bei der Schaffung der ›Zentralen Stelle‹ im Herbst und Winter 1958 zunächst keineswegs einheitlich positiv reagiert hatte, man war vielmehr in Sorge darüber, was sich aus der ›Zentralen Stelle‹ entwickeln könnte. Die ›Zentrale Stelle‹ mußte und muß deshalb in aller Stille und Gründlichkeit und mit großem Ernst und Hingabe ihre Aufgabe erfüllen und darf unter gar keinen Umständen dem Eindruck ausgesetzt werden, als ob sie diese furchtbar schweren Sachverhalte bewußt oder unbewußt zum Gegenstand von sensationellen oder gar noch von verfrühten Meldungen und öffentlichen Verlautbarungen machen dürfte und könnte.

... Auch was die personelle Besetzung betrifft, hat bisher der Leiter der ›Zentralen Stelle‹ keine Anträge gestellt, die nicht durch das Justizministerium mit aller Beschleunigung erfüllt worden wären. Auch hinsichtlich der z. Zt. unbesetzten drei Stellen wird in Kürze eine Lösung gefunden werden. Ich bin daher – wie gesagt – bereit, über alle die Fragen zu sprechen, die von den Sprechern der Fraktionen genannt worden sind. Dies kann allerdings nur in meiner Zuständigkeit als Landesjustizminister geschehen und nicht hinsichtlich von Fällen, die andere Landesjustizverwaltungen und andere Länder betreffen. Ich darf aber bemerken, daß ich die Anregung des Herrn Kollegen Renner, die er heute wiederholt gemacht und die auch der Herr Abg. Dr. Gönnenwein aufgegriffen hat – nämlich mit meinen Kollegen Fühlung zu nehmen und hinsichtlich der Einlegung von Rechtsmitteln im Hinblick auf die Schwere der zugrundeliegenden Taten das Notwendige zu tun und auf eine Aufklärung hinzuwirken –, auch ohne ausdrückliche Beschlußfassung durch das Hohe Haus aufgreifen werde, um damit einem Wunsch des Hohen Hauses Rechnung zu tragen.

Die Verfolgung nationalsozialistischer Gewaltverbrechen ist für die Bereinigung des Verhältnisses unseres heutigen Rechtsstaats zu seiner nationalsozialistischen Vergangenheit von einer so ungeheuren Bedeutung, daß auf diesem Gebiet – und damit bin ich mit den Sprechern aller Fraktionen einig – nichts versäumt werden darf. Mein besonderer Dank gilt daher allen Mitgliedern des Ständigen Ausschusses und des Hohen Hauses, die sich dieser so schwierigen, heiklen und ernsten Frage in so eindringlicher Weise angenommen haben. Das Hohe Haus kann versichert sein, daß gerade diese Aussprache für die Arbeit des Justizministeriums – und wenn es auf mich ankommt, auch der übrigen Justizverwaltungen und der Zentralen Stelle – nicht zuletzt am Tage des 20. Juli einen weiteren neuen Ansporn bieten wird.

(Lebhafter Beifall bei den Regierungsparteien und ganz vereinzelt bei der SPD)

Stellvertr. Präsident Dr. Brandenburg: Meine Damen und Herren! Wortmeldungen liegen nicht mehr vor. Die Aussprache ist geschlossen. Wir kommen zur Abstimmung.

Der Antrag auf Beilage 2309 ist durch Herrn Renner etwas geändert worden. In Abschnitt II muß es heißen:

›Die Landesregierung zu ersuchen, darauf hinzuwirken, daß
a) die Zentrale Stelle der Landesjustizverwaltungen zur Aufklärung nationalsozialistischer Verbrechen in Ludwigsburg ...‹

Nach der Geschäftsordnung ist über den Antrag auf Beilage 2309 vor dem Ausschußantrag abzustimmen. Ich bitte die Mitglieder des Hohen Hauses, die dem Antrag auf Beilage 2309 ihre Zustimmung geben wollen, sich von den Sitzen zu erheben. Ich bitte um die Gegenprobe! – Wer ist gegen den Antrag? – Das letztere ist die Mehrheit; der Antrag ist abgelehnt.

Darf ich dann, meine Damen und Herren, ohne förmliche Abstimmung feststellen, daß der Ausschußantrag genehmigt ist.

(Zuruf des Abg. Renner und Abg. Ulrich: Wir haben sofort gegen Ihre Feststellung protestiert!)

Einen Moment, Herr Abg. Ulrich, keine Aufregung. An sich war die Abstimmung abgeschlossen. Ich habe ohne förmliche Abstimmung das Ergebnis festgestellt. Dagegen ist kein Protest eingelegt worden.

(Abg. Renner: Ich habe sofort erklärt: Wir sind dagegen!)

Wer für den Antrag des Ausschusses ist, den bitte ich, sich zu erheben. – Wer ist dagegen? – Das erstere war die Mehrheit; der Antrag ist angenommen.«

Die Landtagsdebatte vom 20. Juli 1962 hatte mir zwar Herzrhythmusstörungen verursacht, aber der Vortrag von Loccum hatte doch eine tiefgehende Diskussion der »Sache« in Gang gebracht, und das war gut. Und nicht von ungefähr war Justizminister Dr. Haußmann der erste Gratulant, als ich 1970 die Theodor-Heuss-Medaille für »Zivilcourage und vorbildliches demokratisches Verhalten« erhielt ...

Besonders positiv hervorheben möchten wir, wie sehr uns in dieser so ernsten Angelegenheit die Presse unterstützt hat. Sie hatte ganz richtig verstanden, daß unser Anliegen die Frage der Ahndung der NS-Verbrechen war. Unser Justizminister hatte sich zwar bei einem großen Teil der dreimaligen Debatten von diesem unseren Anliegen entfernt, indem er dreierlei verteidigte, das ich in Loccum nie angegriffen hatte: die Arbeit der Zentralen Stelle, die Besetzung der Polizei speziell in Baden-Württemberg und die Arbeit der Justiz speziell in unserem Lande. Aber im Ausschuß hatte es offenbar eine sehr detaillierte Sachdiskussion gegeben, und am 20. Juli kam ja dann der Landtag – insbesondere durch den Beitrag des Abg. Krause – endlich auch ›zur Sache‹: dem Lauf der NS-Prozesse *nach Verlassen der Zentralen Stelle*. 1962 hätte man darauf noch Einfluß nehmen können ... Dieses Politikum war ja auch mit jener dritten Debatte im Landtag von Baden-Württemberg am 20. 7. 1962 nicht abgeschlossen. Im Gegenteil, dieser Problemkreis sollte erst noch in zunehmendem Maße die deutsche Öffentlichkeit beschäftigen – und tut dies heute noch.

Ein besonderer Dank gebührt unseren beiden damals unmittelbaren örtlichen Dienstvorgesetzten, Oberstaatsanwalt von Mühlenfels und Landgerichtspräsident Dr. Anschütz, die in der schwierigen Zeit Ende 1961 bis Ende 1963 schützend ihre Hände über uns hielten und uns kräftig ermutigten. Das war – wie wir neu lernten – ganz und gar nicht selbstverständlich.

Dr. Anschütz hat damals – was wir erst später von ihm erfuhren, als er uns seinen gesamten Briefwechsel zur beliebigen Verwendung schenkte – u. a. einen Brief in »meiner Sache« an den badischen Generalstaatsanwalt geschrieben. Dieser Brief ist insofern interessant, als er zeigt, wie naiv ich z. Zt. meiner Abordnung nach Ludwigsburg und z. Zt. meines Vortrags in Loccum war, als ich als selbstverständlich annahm, alle Funktionsträger unserer jungen Demokratie seien der gleichen Ansicht wie ich und würden genauso reden, wenn sie einen Vortrag zum gleichen Thema zu halten hätten.

Dieser interessante Brief vom 8. 12. 1962 von Dr. Anschütz, der damals übrigens auch Präsident des Staatsgerichtshofs von Baden-Württemberg war, lautete:

»Herrn Generalstaatsanwalt
Albert Woll
Karlsruhe/Baden
Kriemhildenstr. 12

Lieber Herr Woll!

Sie werden sich wundern, einen Brief von mir zu bekommen. Aber Ihr Besuch neulich in Mannheim, über den ich mich sehr gefreut habe, hat mich noch nachträglich mehr beschäftigt, als Sie vielleicht vermuten. Ich möchte nämlich noch einmal den Versuch machen, Sie davon zu überzeugen, daß Ihre Einstellung zu der Staatsanwältin Just-Dahlmann unrichtig und ungerecht ist, und ich würde es zutiefst bedauern, wenn diese Ihre Einstellung der Kollegin Just in ihrem beruflichen Fortkommen einmal hinderlich sein könnte.

Wir sollten doch allen Menschen dankbar sein, die wie Frau Just die entsetzlichen Vorgänge, Verbrechen und Versäumnisse aus der Zeit der Hitler-Diktatur nicht auf sich beruhen lassen. Denn man darf diese Dinge nicht ruhen lassen. Dem Ansinnen, unter die Untaten aus dieser Zeit einen Schlußstrich zu ziehen, kann nicht entschieden genug widersprochen werden. Ein Volk, das etwas auf sich hält und das den Anspruch erheben will, daß man etwas von ihm hält, sollte unter keinen Umständen so feige sein, Schandflecke wie diese aus Zweckmäßigkeitserwägungen oder vermeintlichen politischen Gründen in aller Stille totzuschweigen. Die Menschen, die meinen, man solle endlich Schluß machen, stellen sich – aus welchen Gründen es auch immer sein mag – mit Mördern und Halunken auf eine Stufe. Heute regt man sich auf, wenn ein Schwachsinniger ein vierjähriges Mädchen tötet, ganze Städte erheben sich wutentbrannt gegen die Staatsgewalt, die einen solchen Menschen frei herumlaufen läßt, man will den Täter am liebsten lynchen. Solche Reaktionen sind verständlich, sie werden aber unglaubwürdig, wenn die gleichen Menschen von den Opfern des Nationalsozialismus in Deutschland und im Ausland, die auf die bestialischste Art ihr Leben lassen mußten, am liebsten nicht mehr sprechen und ihre Mörder begnadigen wollen. Nein, man darf diese Dinge nicht ruhen lassen, sie schreien auch zu sehr zum Himmel. Nicht die *Verfolgung* dieser über alle menschlichen Vorstellungen hinausgehenden Schandtaten schadet unserem Ansehen im Ausland. Ihre *Nicht*-Verfolgung schädigt uns aufs schwerste. Allzu lange hat unsere Justiz versagt, weil sie, statt das Problem der Selbstreinigung zu erkennen und mit Mut anzupacken, geglaubt hat, die Dinge würden durch Schweigen in Vergessenheit geraten. Ein furchtbarer Irrtum, wenn es nur ein Irrtum war!

Zur Untermauerung meiner Ansicht lege ich Ihnen zwei Zeitungsausschnitte bei, die sich gleichfalls mit diesen Fragen auseinandersetzen, ihre Ansicht aber besser formulieren als mir das gegeben ist. Ich lege Ihnen auch noch einen Ausschnitt bei über einen Vortrag, den Frau Just in Hamburg gehalten hat. Ich unterschreibe jedes ihrer Worte! Seien wir dankbar und glücklich darüber, daß jemand aus der so schwer angeschlagenen Justiz aus innerster und lauterster Überzeugung den Mut findet – so weit sind wir ja schon wieder, daß man eine solche Haltung ›mutig‹ nennen muß – zu reden und nicht zu schweigen. Wenn Sie diese Zeilen nur ein wenig nachdenklich gestimmt haben, so will ich schon froh sein, lieber Herr Woll. So bescheiden bin ich geworden ...«

Aktionen und Reaktionen

Appell an die Evangelische Kirche

Die im Landtag programmierten Versicherungen zum ordnungsgemäßen Verlauf der NS-Mordprozesse waren mehr oder minder »gut und schön« und sicher wichtig und ehrlich gemeint. Aber – in der Rechtsprechung änderte sich nichts. Im Gegenteil: es spielte sich ein, Angeklagte immer häufiger als »Gehilfen« statt als »Täter« zu bestrafen, die Strafen lagen häufig – gemessen an der allgemeinen Praxis – unverständlich niedrig, Zeugen aus dem Bereich der Opfer wurden – wie den Zeitungsberichten zu entnehmen war – oft mit (nach so langer Zeit) sinnlosen Fragen und durch oft empörende Anträge der Verteidiger gequält.

Diese – entgegen unserer sonstigen Strafrechtspraxis – einreißende »Gehilfenrechtsprechung« (Ausnahmen bestätigen die Regel) mit im allgemeinen mäßigen Strafen erschien uns immer unerträglicher. Das konnte man doch so nicht schweigend »laufen lassen«. Ständig darum besorgt, nicht den Anschein von »Querulanten« zu erwecken, wandten wir uns bewußt nicht an öffentliche Publikationsmittel, sondern an die, »die es angeht«:

Zunächst besprachen wir mit Professor D. Martin Fischer, Berlin, auf einer gemeinsamen Veranstaltung der Evangelischen Akademikerschaft in Deutschland Ende März 1962 die uns bedrükkenden Probleme. Wir lieferten ihm allgemein zugängliche Materialien, die ihm aber unbekannt waren. Wir baten ihn, sich doch an Präses D. Scharf, den Ratsvorsitzenden der Evangelischen Kirche in Deutschland (EKD) zu wenden, um den Rat der EKD zu einem Wort – eine Art Bußruf – zu bewegen. Dies tat er auch. Scharf sprach zu diesem Problem dann erstmals in Frankfurt auf einer Veranstaltung der Evangelischen Akademie und des evangelischen Arbeitskreises für Wirtschaftspolitik und Sozialgestaltung Ende April 1962. Der hierzu in der *Frankfurter Allgemeinen Zeitung* vom 28. 4. 1962 wiedergegebene Bericht lautete:

»Als schwierigste gesellschaftspolitische Aufgabe der Evangelischen Kirche während der kommenden Monate und Jahre in der Bundesrepublik bezeichnete in Frankfurt der Ratsvorsitzende der Evangelischen Kirche in Deutschland (EKD), D. Scharf, die Bereinigung der Kriegsverbrechen. Es gelte, die weiterhin unterlassene Selbstbesinnung von 1945 nachzuholen. Die deutsche Öffentlichkeit dürfe die vielen hundert Prozesse, die als Ergebnis der Ludwigsburger Ermittlungen zu erwarten seien, ›nicht mit abgewandtem Gesicht und unbeteiligtem Herzen vorübergehen lassen‹. Hier liege eine deutliche Gefahr für die westdeutsche Gesellschaft. Die Kirche müsse deshalb die Regierung auffordern, das Gespräch über diese Frage in der Öffentlichkeit zu suchen und der Bevölkerung eine Mitverantwortung für diese Selbstbesinnung zuzumuten. Weite Kreise der deutschen Öffentlichkeit, und auch ein großer Teil der Jugend, nähmen das Wiederaufrollen der über 15 Jahre zurückliegenden ungeheuerlichen Morde mit Gleichgültigkeit und Unlust hin. Hier dürfe die Kirche nicht schweigen und müsse die Regierung wieder und wieder ermutigen, sich nicht den Tabus der öffentlichen Meinung zu unterwerfen ...«

Ferner hatten wir einen sehr umfangreichen Briefwechsel zu diesem Themenkreis mit Professor D. H. Schlingensiepen in Wuppertal/Barmen, der in zahlreichen, intensiven und unendlich langen Schreiben glaubte, uns – schon zu diesem Zeitpunkt – an »Gnade« und »Vergebung« erinnern zu müssen. Wir hingegen fanden, daß erst einmal »Recht« zu sprechen sei. Es war eine anstrengende Korrespondenz ...

Außerdem wandte sich im Dezember 1962 der uns bis dahin unbekannte Professor Dr. Dietrich Goldschmidt aus Berlin an uns, der u. a. Mitglied in der »Kammer für öffentliche Verantwortung« beim Rat der EKD war und ist. Er bat uns um Unterstützung bei der Frage, ob ein Wort zu der kommenden Prozeßwelle der NS-Verbrechen erarbeitet werden solle. Er lud uns auch zu einer Tagung der Arbeitsgemeinschaft »Juden und Christen« beim Deutschen Evangelischen Kirchentag in Arnoldsheim Anfang Januar 1963 ein mit der Bitte um ein Referat zu den NS-Verbrechen. Dieses Referat, das dem vom 23. Februar 1963 in Korntal ähnlich war, wurde gehalten, und die Arbeitsgemeinschaft »Juden und Christen« war erschüttert. Auf Vorschlag des Vorstandsmitglieds Rabbiner Dr. Robert Raphael Geis wurden wir bei diesem Anlaß in diese Arbeitsgemeinschaft aufgenommen, obwohl wir beide im Gegensatz zu den meisten Mitgliedern keine

Theologen, sondern nur »Laien« waren. Wir selbst waren von dieser Tagung ungewöhnlich bewegt. Die unmittelbare Folge des Referats und unser beider Berichte war, daß sich Professor Dr. Goldschmidt in einem sehr ausführlichen Brief vom 7. Januar 1963 an den Vorsitzenden der Kammer für öffentliche Verantwortung beim Rat der EKD, Professor Dr. Raiser, Jurist in Tübingen, wandte, um ihn für eine entsprechende Aufarbeitung des gesamten Komplexes der NS-Verbrechen zu gewinnen. Wir beide wurden daraufhin zu einer Sitzung der Kammer für öffentliche Verantwortung des Rats der EKD am 16. Februar 1963 nach Frankfurt eingeladen, wo wir wieder referierten und berichteten. Bei dieser Sitzung waren anwesend: Professor Dr. Reiser als Vorsitzender, Frau Minister Schwarzhaupt, Professor Goldschmidt, Bischof Kunst, Kirchenpräsident Stempel, Oberkirchenrat Wilkens, M. d. B. Metzger (Hessen, SPD), M. d. B. Frau Funke (FDP), Kirchentagspräsident Dr. v. Thadden-Trieglaff, M. d. B. Martin (CDU) und Herr Danielsmeyer. –

Auch Politiker wandten sich an uns. Der Rat der EKD verfaßte schließlich ein Wort, das auf der Mitte März 1963 in Bethel tagenden Synode der EKD von Alt-Landesbischof Haug verlesen wurde:

Wort des Rates der Evangelischen Kirche in Deutschland zu den NS-Verbrecherprozessen

»Seit Monaten erleben wir in der Bundesrepublik und in West-Berlin in verstärktem Maße Gerichtsverfahren, in denen Verbrechen der nationalsozialistischen Zeit abgeurteilt werden, ein Vorgang, der bis jetzt das Ausland mehr als unser eigenes Volk zu erregen scheint. In diesen Prozessen – der größte unter ihnen wird der Auschwitz-Prozeß sein – werden Verbrechen, die von Gliedern unseres Volkes an Millionen von Juden und anderen Volksgruppen, an Männern, Frauen und Kindern verübt wurden, in ihrem ungeheuren Ausmaß und ihrer ganzen Brutalität noch einmal vor uns aufstehen. Unabweisbar werden wir dadurch zu der Auseinandersetzung mit der NS-Vergangenheit unseres Volkes, die wir bisher versäumt oder zu leicht genommen haben, herausgefordert.

Auf die naheliegenden Fragen, warum es so spät – nahezu zwanzig Jahre nach der totalen Kapitulation und nach der Verübung jener Verbrechen – zu ihrer Verfolgung und Aburteilung durch unsere deutschen Gerichte komme, und wie unsere Justiz diese ungeheure Aufgabe lösen wolle, hat der Rat der Evangelischen Kirche in Deutschland von zuständiger Stelle die Auskunft erhalten, die ehemaligen Besatzungsmächte hätten auch nach dem Abschluß der Nürnberger Prozesse das von ihnen beschlagnahmte Aktenmaterial unter Verschluß gehalten. Den deutschen Strafverfolgungsbehörden sei erst 1958, wenigstens von Seiten der drei westlichen ehemaligen Besatzungsmächte, in größerem Umfang Zugang zu den Geheimarchiven gewährt worden. Noch im gleichen Jahre habe die »Zentrale Stelle der Landesjustizverwaltungen zur Verfolgung nationalsozialistischer Gewaltverbrechen in Ludwigsburg« mit der systematischen Vorbereitung der Verfahren begonnen. Es sei dabei nicht an eine neue allgemeine »Entnazifizierung« gedacht; es handle sich um Strafverfahren vor ordentlichen Gerichten, in denen nur gegen Personen verhandelt werden soll, die eine eigene Verantwortung hatten oder besonders grausam handelten. Im ganzen sei nach den bisherigen Ermittlungen mit etwa 1000 Angeklagten zu rechnen, die sich in ungefähr 500 Verfahren vor den zuständigen ordentlichen Gerichten in den Ländern der Bundesrepublik und Westberlin zu verantworten haben.

I

Wir sehen damit in erster Linie unsere Gerichte vor eine unerhört große und schwere Aufgabe gestellt. Sie werden in Abgründe von Unrecht und Unmenschlichkeit zu blicken haben, die ein normales Vorstellungs- und Fassungsvermögen weit übersteigen. Die Schuld, die hier zu ahnden ist, greift in ihren hintergründigen Zusammenhängen weit hinaus über das, was mit den üblichen Normen und Strafen menschlichen Rechts umfaßt und geahndet werden kann. Unsere Gerichte werden große Mühe haben, nach so langer Zeit die Tatbestände noch genau zu erheben und das Maß der Verantwortlichkeit der Angeklagten richtig zu bestimmen. In jedem einzelnen Fall werden sie mit zu bedenken haben, welch mächtigen Einfluß der damalige Terror von Partei und

Staat, eine raffinierte Propaganda und suggestive Befehle auf jahrelang planmäßig eingeschläferte oder ungeschulte und irregeleitete Gewissen wie auch die Versuchlichkeit unkontrollierter Machtstellungen ausgeübt haben. Unabdingbar aber muß an der persönlichen Verantwortlichkeit jeder zurechnungsfähigen Person, an der erhöhten Verantwortlichkeit jedes mit Befehlsgewalt über andere ausgestatteten Menschen festgehalten werden. In den Grenzen, in denen menschliche Rechtsprechung möglich ist, muß in jeder Gemeinschaft um ihrer selbst willen das Unrecht als verwerflich gekennzeichnet und bestraft werden.

An einen Akt der Begnadigung kann der Staat erst denken, wenn zuvor dem Recht Genüge getan ist. ›Gerechtigkeit erhöht ein Volk, aber die Sünde ist der Völker Verderben.‹ (Sprüche 14, 35)

Es ist nicht die Aufgabe der Gerichte, mit diesen Verfahren so etwas wie die Reinigung unseres ganzen Volkes zu vollziehen; sie können nur einzelne Verbrecher zur Verantwortung ziehen und aburteilen. Aber es ist ihr hohes Amt, die in der Vergangenheit zerstörte Gebundenheit an das Recht in unserem Volke wiederherzustellen und damit einen wesentlichen Beitrag zur inneren Wiedergenesung unseres Volkes zu leisten.

Wir wollen nicht verschweigen, daß uns im Rückblick auf einige Urteile bereits zum Abschluß gekommener Verfahren der letzten Zeit in der Seelsorge in den Strafanstalten, aber auch in unseren Gemeinden die Frage begegnet, ob nicht ein Mißverhältnis zwischen einigen Urteilen über Verbrechen aus der NS-Zeit und Urteilen über Verbrechen aus unseren Tagen besteht. Dabei übersehen wir nicht, wie schwer die Aufgabe der Richter und Geschworenen in diesen NS-Verbrecherprozessen wegen der noch immer fortdauernden Verwirrung der Gewissen in weiten Kreisen unseres Volkes ist. Wenn ein mehrfacher Kindesmörder nach siebzehn Jahren gefaßt wird, begegnet dem Gericht, das den Mörder aburteilt, die selbstverständliche Zustimmung des Volkes. Bei den anstehenden NS-Verbrecherprozessen aber müssen unsere Gerichte mit viel Unverständnis und tiefgehenden inneren Widerständen in einem Teil unseres Volkes rechnen. Eben darum wollen wir unsere Gerichte in ihrer schweren Verantwortung nicht allein lassen; sie müssen tun, was ihres Amtes ist. ›Denn Recht muß doch Recht bleiben.‹ (Psalm 94, 15)

II

Im Zusammenhang mit diesen Verfahren sehen wir auch auf die Kirche, auf unsere Pfarrer und Gemeinden neue seelsorgerische Aufgaben zukommen. Die Kirche wird den von der gerichtlichen Verfolgung Betroffenen in jedem Fall seelsorgerischen Beistand anzubieten haben, ob sie nun noch in Angst vor der Aufdeckung ihrer bisher verborgenen Schuld leben oder sich in der Untersuchungshaft und im Prozeß selbst vor die von ihnen einst begangenen, ihnen inzwischen vielleicht selbst unbegreiflich gewordenen Untaten stellen lassen und nun zu ihnen stehen müssen. Die Kirche wird den Betroffenen mit Gottes Wort und ihren Gebeten nahe sein. Sie soll die vor Gericht Geladenen in die letzte und entscheidende Verantwortung rufen, in die Verantwortung vor Gott, der alle unsere Wege gesehen hat und sieht. Sie soll die Angeklagten vor den allezeit gültigen Maßstab der Gebote Gottes stellen und einem jeden so zur Erkenntnis und zum Bekenntnis seiner Sünde vor Gott und Menschen helfen. Sie darf dem Bußfertigen um Jesu Christi willen die Vergebung aller seiner Sünden zusprechen, Gottes vorbehaltlose, ganze Gnade verkündigen und damit den Weg für einen neuen Anfang und eine neue Zukunft freimachen, wie auch das Urteil des menschlichen Gerichts ausfallen mag.

Eine Handreichung zu diesem Dienst will der Rat der Evangelischen Kirche in Deutschland den Gefängnisseelsorgern wie den Gemeindepfarrern zugehen lassen. Wir bitten Pfarrer und Gemeinden, solchen Christusdienst an den von den Verfahren Betroffenen und ihren Angehörigen mit ganzer Treue zu tun. Die Betroffenen selbst aber bitten wir durch sie herzlich, die Zeit der Heimsuchung zu nützen und sich dem Wort von Gottes Gericht und Gnade in Gottesfurcht und Vertrauen zu öffnen.

III

Schließlich aber wenden wir uns an alle Glieder unserer Gemeinden und an unser ganzes Volk. Denn wir sind in Kirche und Volk von diesen Verfahren allesamt mitbetroffen und durch sie noch einmal vor die Aufgabe der Bereinigung unserer Vergangenheit gestellt.

Wir verkennen nicht, daß die Jugend heute dieser Vergangenheit gegenüber in einer anderen Lage ist, manches anders sehen muß und darf als die Generation, welche die nationalsozialistische Zeit bewußt und mitverantwortlich erlebt hat. Aber wir bitten alle jungen Menschen, sich bewußt zu machen, daß es in dieser kritischen Auseinandersetzung mit unserer Vergangenheit nicht nur um Vergangenes geht, sondern um die Wiederherstellung tragfähiger Fundamente für den Neubau unseres ganzen deutschen Lebens in allen seinen Bereichen und Beziehungen und damit gerade auch um ihre Zukunft.

Wir Älteren sind jetzt noch einmal gefragt, ob wir das Ausmaß der in nationalsozialistischer Zeit von deutschen Menschen mit staatlichen Gewaltmitteln geplanten, befohlenen und unbeschreiblich grausam ausgeführten Massenverbrechen endlich zur Kenntnis nehmen und uns dieser Vergangenheit stellen wollen, statt die Erinnerung daran zu verdrängen und jede Mitverantwortung dafür zu leugnen. Begangenes Unrecht kommt nicht dadurch zur Ruhe, daß man es totschweigt, und nur Unverstand kann von Beschmutzung des eigenen Nestes reden, wo es in Wahrheit darum geht, ein schwer beschmutztes Nest zu säubern. Es taugt auch nichts, uns hinter dem Unrecht verstecken zu wollen, das während und nach dem Krieg von anderen Völkern an Menschen unseres Volkes begangen worden ist. Der Massenmord an Juden und anderen Volksgruppen, der mit dem deutschen Namen verbunden ist, wird damit nicht ausgelöscht.

Steht es aber so mit unserer gemeinsamen Last, so sind wir nicht schon dadurch von ihr befreit, daß einzelne für die von ihnen in eigener Verantwortung begangenen Verbrechen abgeurteilt werden. Denn diese Verbrechen waren nur möglich, weil unser Volk die politische Gewalt einem Regime überlassen hat, das an die Stelle Gottes und seiner heiligen Gebote die ›nordische Rasse‹ als obersten Wert gesetzt hat, an die Stelle des Glaubens an Gott und seinen Heiland Jesus Christus den Glauben an die Nation und ihren ›Führer‹, an die Stelle der Achtung und Liebe gegenüber dem Mitmenschen die Verachtung anderer Völker und die Verteufelung des politischen Gegners. So wurden die Gewissen verwirrt und das Pflichtbewußtsein vieler, im bürgerlichen Leben vielleicht anständiger Menschen so weit pervertiert, daß einige selbst zu Verbrechen fähig wurden, andere bis heute glauben, sich jeder Mitverantwortung für das Geschehene durch den Hinweis entziehen zu können, sie hätten nur brav ihre Pflicht getan. Auch der Bürger, der an den Verbrechen nicht beteiligt war, ja, nichts von ihnen wußte, ist mitschuldig geworden, weil er lässig war gegen die Verkehrung aller sittlichen Maßstäbe und Rechtsnormen in unserem Volk. Wir können auch uns und unsere Gemeinden nicht ausnehmen von dieser Schuld. Denn wo es Sache aller Christen gewesen wäre, uns mit dem uns anvertrauten Wort der Wahrheit, mit dem öffentlichen Bekenntnis zur unumstößlichen Herrschaft Gottes über alle Bereiche unseres Lebens schützend vor die Opfer dieses Systems, zumal vor die unter uns lebenden Juden, zu stellen, da haben nur wenige die Einsicht und den Mut zum Widerstand gehabt.

Diese beschämende Erkenntnis verwehrt es uns heute, im Blick auf die laufenden Prozesse uns als Unbeteiligte von den zur Verhandlung stehenden Verbrechen abzuwenden. Es waren die Irrwege unseres ganzen Volkes und die Versäumnisse von uns Christen, die diese Verbrechen möglich gemacht haben. Wir können nichts daran beschönigen und sollten allen Versuchen einer Selbstrechtfertigung absagen. Vielmehr ist uns geboten, uns mit den jetzt Angeklagten vor Gott und sein Gericht rufen zu lassen. Gott aber richtet, um zu retten. Im Wort vom Kreuz, in der Botschaft von der Versöhnung der Welt mit Gott, im Evangelium von Jesus Christus, dem Heiland aller Menschen, und im Sakrament des Heiligen Abendmahles wendet er sich uns aufs neue zu mit seiner abgrundtiefen Barmherzigkeit, die so weit reicht, auch die schwersten, unheilvollsten Sünden zu vergeben und einen neuen heilvollen Anfang zu schenken.

Solche Umkehr, die die düstere Vergangenheit nicht verleugnet, sondern sich ihr stellt, um sie zu überwinden, ist also möglich, und sie ist von unserem Volk gefordert um seiner Zukunft willen. Darum dürfen wir auch das, was in diesen Gerichtsverfahren zutage tritt und weiterhin sich enthüllen wird, nicht gleichgültig, angewidert oder verstockt von uns wegschieben, sondern müssen es aufnehmen und uns zur bitteren Lehre dienen lassen. Dazu gibt es vielerlei Wege. Der Unterricht in den Schulen und die kirchliche Unterweisung sollten davon handeln, die Eltern den Fragen ihrer Kinder nicht ausweichen. In der Arbeit der Männerkreise und der Evangelischen Akademie muß das Thema seinen Platz bekommen. Nur wer sich um solche Erkenntnis bemüht, wird mit anderen zusammen aller Menschenverachtung und Vergewaltigung in Ost und West wehren und für echte Menschlichkeit sowie für ein geordnetes friedliches Zusammenleben der Menschen und Völker zu seinem Teil eintreten. Er wird in der Gemeinschaft mit der Gemeinde Jesu Christi in aller Welt über alle Grenzen und Mauern hinweg in erfinderischer Liebe immer neue Kontakte zu den Menschen und Völkern suchen, ganz besonders zu denen, mit denen wir Deutsche uns so schlimm verfeindet haben, und Unrecht wiedergutmachen, soweit es noch möglich ist.

Sind wir dazu bereit, und vertrauen wir uns in Gottes Gericht über unser Volk seiner Gnade an, dann wird er Fluch in Segen wandeln und uns freimachen für ein neues Leben und Wirken in unserem Volk in Gegenwart und Zukunft.«

Bethel, den 13. März 1963

Wir beide und mit uns andere, die um dieses »Wort« gekämpft hatten, waren außerordentlich dankbar, daß es mit diesem Text zustande gekommen war. Das »Wort« fand auch eine erhebliche Resonanz in den Medien, bei den Politikern und auch bei etlichen Juristen. Professor Dr. Raiser nahm zu dem »Wort« des Rates der EKD im Südwestfunk am 30. 4. 1963 Stellung:

»Verehrte Hörerinnen und Hörer, das Wort des Rates der Evangelischen Kirche in Deutschland zu den NS-Verbrecherprozessen wird bei sehr vielen, die es hören oder lesen, aufs erste ein starkes Ärgernis erregen. Ich sage das nicht, um denen nachzureden, die behaupten, im Grunde spuke der Ungeist des Nationalsozialismus noch in den meisten deutschen Köpfen und warte nur auf die Gelegenheit, sich wieder kräftig zu regen.

Das ist nicht meine Meinung und war nicht die des Rates, der das ›Wort‹ verfaßte. Aber viele Menschen aus meiner Generation, also derer, die über fünfzig Jahre alt sind, und die das Dritte Reich mit vollem Bewußtsein heraufkommen, wirken und zugrunde gehen sahen, werden sagen: ›Nun laßt uns endlich mit den alten Geschichten in Ruhe! Was immer wir falsch gemacht haben mögen, mit den Verbrechen jedenfalls haben wir nichts zu tun.

Mag die Justiz zusehen, wie sie damit fertig wird, wenn der Staat es noch für nötig hält, nach bald zwanzig Jahren darin zu wühlen – uns interessiert das nicht mehr.‹

Noch ärgerlicher werden die Jungen eine Sache von sich schieben, die sich die Alten eingebrockt haben, die aber gottlob nicht ihre Sache sei. Und gemeinsam werden Alte und Junge die Kirche fragen, ob es denn ihr Auftrag sei, die Richter zum Strafen anzuhalten, statt den Menschen das Evangelium von der Vergebung der Sünden zu predigen. Wer das kirchliche Wort aufmerksam gehört oder gelesen hat, weiß, daß es sich solchen Zweifeln stellt und auf sie Antwort gibt.

Statt diese Antwort zu wiederholen, möchte ich die Behauptung wagen, daß die Kirche gerade wegen dieses Ärgernisses reden mußte. Denn das Unbehagen an den Massenmordprozessen entspringt ja nicht nur dem Abscheu vor fremden Verbrechen, sondern dem Bewußtsein, daß wir alle als Deutsche etwas damit zu tun haben. Nun kennt jeder von uns die Stimme seines Gewissens, wenn er Unrecht getan hat, weiß aber auch, wie groß die Versuchung ist, sich zu verstecken und die Schuld auf andere zu schieben. Wir sind dann höchst empfindlich, wenn uns jemand an das begangene Unrecht erinnern will, wissen aber genau, daß unser Gewissen nur zur Ruhe kommen kann, wenn das Unrecht gutgemacht oder gesühnt ist. In dieser Haltung verharrt das deutsche Volk, auch wenn wir es nicht wahrhaben wollen, auch gegenüber den Verbrechen, die unter dem nationalsozialistischen Regime mit staatlichen Machtmitteln in den Konzentrationslagern und während des Krieges in den besetzten Gebieten an Deutschen, vor allem aber an Juden und Angehörigen anderer Völker verübt worden sind. Hier ist es der Auftrag der Kirche, das ungern Gehörte auszusprechen, um unserem Volk aus diesem Zustand des Sich-Versteckens, des Sich-selbst-Verhärtens herauszuhelfen. Daß man außerhalb Deutschlands, zumal unter den Völkern, denen die Gemordeten angehört haben, sehr aufmerksam und kritisch verfolgt, wie jene Verbrechen bei uns gesühnt werden, gibt den Prozessen ein politisches Gewicht, stand aber für die Kirche nicht im Vordergrund. Sie suchte den Dienst am eigenen Volk.

Das ›Wort‹ des Rates hat drei Teile. Es wendet sich an die Richter, um ihnen Mut zu machen in ihrem schweren Amt, über die

Männer zu Gericht zu sitzen, die in verantwortlicher, nicht bloß untergeordneter Stellung oder die freiwillig und in besonders grausamer Weise an den Massenmorden an wehrlosen Menschen mitgewirkt haben. Es wird als ein Gebot der Gerechtigkeit bezeichnet, daß solche Taten als das bestraft werden, was sie waren, nämlich gemeine Verbrechen. Der zweite Teil wendet sich an die Gemeinden mit der Mahnung, sich nicht selbstgerecht von den nun zur Verantwortung Gezogenen und ihren Familien abzuwenden, sondern ihnen mit geistlichem Trost und praktischer Hilfe beizustehen. Das Wort wendet sich drittens an das ganze deutsche Volk, um es zur bitteren Erkenntnis der Tatsache zu bringen, die aller Streit um die sog. Kollektivschuld nicht aus der Welt schaffen kann, nämlich wieviel eigene Schuld jedes einzelnen, und sei es nur Lässigkeit gegenüber der Verkehrung der Grundbegriffe von Sittlichkeit und Recht, dazu beigetragen hat, solche Verbrechen zu ermöglichen. Nur wenn wir uns dieser Erkenntnis stellen, kann von den düsteren Prozessen eine reinigende Wirkung ausgehen und wird aus der Flucht vor dem eigenen Gewissen eine echte Umkehr, die unserem Volk die Zukunft öffnet und es auch im Umgang mit anderen Völkern wieder frei und sicher macht.

Die drei Teile des kirchlichen ›Wortes‹ gehören schon darum eng zusammen, weil die Adressaten aufeinander angewiesen sind. Die Justiz an ihr Amt zu erinnern, war der Kirche nur möglich, wenn sie sich zugleich helfend neben sie stellte und das Volk darauf verwies, daß die in seinem Namen gefällten Urteile ihm zugute kommen, darum aber auch von seinem Verständnis mitgetragen werden müssen. Ebenso durfte die evangelische Kirche in dieser Sache das ganze Volk nur anreden, wenn sie die eigenen christlichen Gemeinden nicht pharisäisch davon ausnahm, sondern ihren Teil der Schuld bekannte und den Gemeinden ihre besondere Aufgabe einschärfte. Aber die drei Teile sind auch durch das eigentliche Thema dieser Erklärung verklammert, zu denen jeder Teil seinen Beitrag leistet. Es geht um Sinn und Grenzen irdischer Gerechtigkeit in der Gegenüberstellung zu Gottes Gericht und Gnade. Begangene Verbrechen zu sühnen und dadurch verletztes Recht wieder herzustellen, ist eine unabdingbare Aufgabe jedes politischen Gemeinwesens, wenn es nicht zerfallen oder im Modergeruch versteckt gehaltener Frevel ersticken soll. Das gilt auch für unseren Staat, für den es gewiß bequemer wäre, die offenkundigen Schwierigkeiten der nach so langer Zeit eingeleiteten Strafverfahren durch eine allgemeine Amnestie aus der Welt zu schaffen. Erst wenn dem Recht im Maße des hier und heute noch Möglichen durch den Richterspruch Genüge getan ist, auf den auch der Verbrecher Anspruch hat, eröffnet sich die Möglichkeit einer Begnadigung derer, die durch die Strafe geläutert sind. Der Richter, der schon im Urteil den Akt der Begnadigung vorwegzunehmen versucht, indem er Strafen verhängt, deren Milde außer allem Verhältnis zur Schwere der begangenen Taten steht, verkehrt damit den Sinn des Rechtes wie der Gnade. Aber die Kirche kann und darf sich nicht damit begnügen, in der Weise besorgter Staatsbürger auf diese Gefahren für unser Gemeinwesen hinzuweisen, ja sie kann von ihnen nur reden, wenn sie zugleich bezeugt, daß alle irdische Gerechtigkeit und irdische Gnade begrenzt und überhöht werden durch Gottes Gericht und Gottes barmherzige Gnade.

Vor diesem Horizont steht die Aussage, daß wir alle, auch wenn wir sagen können, von diesen Verbrechen nichts gewußt zu haben, in einem sehr genauen Sinne mitschuldig geworden sind. ... Darum kann das kirchliche Wort auch dazu auffordern, jene Verbrechen nicht unter uns totzuschweigen, sondern mit der nachwachsenden Generation offen zu besprechen. Sie soll wissen, welche Mächte des Bösen durch Haß und politischen Fanatismus im Menschen entfesselt werden können. Aber sie soll sich mit uns Älteren auch dessen getrösten, daß selbst nach solchen Ereignissen dennoch für den einzelnen wie für unser Volk ein solcher Anfang möglich ist. Damit sind jene geschichtlichen Ereignisse und die Sühne für sie in eine Dimension gerückt, die einer weltlich-politischen Erklärung verschlossen wäre. Verstehen wir das, so wissen wir auch vollends die Antwort auf die eingangs gestellte Frage, mit welchem Recht es gerade die Kirche unternommen hat, in dieser Sache zu reden.«

Die Debatte über die Große Anfrage der SPD an den Landtag von Baden-Württemberg und das Buch von Reinhard Henkys

Die Arbeitsgemeinschaft »Juden und Christen« hatte auf der zuvor erwähnten Tagung Anfang Januar 1963 beschlossen, ein Buch zu dem Gesamtkomplex der NS-Verbrechen und ihrer Ahndung herauszubringen. Hierfür sollte ein Autor gefunden, der Kreuz-Verlag sollte dafür gewonnen und die Evangelische Kirche sollte um einen finanziellen Beitrag gebeten werden. Wir beide sollten einem Gremium beratend zur Seite stehen. Der Kreuz-Verlag stimmte zu, die Herausgabe oblag Professor Dr. Dietrich Goldschmidt. Nach einigem Suchen wurde als Autor Reinhard Henkys gewonnen, der beim Evangelischen Pressedienst (EPD) in Bethel tätig war und bereits ein Büchlein zu diesem Themenkomplex unter dem Titel »War es wirklich so schlimm?« geschrieben hatte. Henkys wurde nunmehr für die Dauer der Tätigkeit an dem geplanten Buch vom EPD freigestellt und kam dann im April 1963 zu uns, um sich grundsätzlich informieren zu lassen. Uns lag verständlicherweise viel daran, daß ein seriöses, auf sicheren Fakten beruhendes Buch erschien; für den Zugang zu der »Zentralen Stelle« in Ludwigsburg bedurfte es jedoch der Genehmigung des Justizministeriums, was alles seine Zeit brauchte. Dabei bestand ein erheblicher Zeitdruck, weil versucht werden sollte, das Buch bis zum Beginn des Kirchentags in Dortmund am 24. Juli 1963 erscheinen zu lassen. Außerdem ging die Rechtsprechung zur Frage der Gehilfenschaft und der milden Strafzumessung laufend weiter. Trotzdem waren wir uns mit Dietrich Goldschmidt darüber einig, daß auf jeden Fall die Qualität des Buches Vorrang gegenüber der Zeit haben mußte.

Henkys begann also seine Recherchen bei der Zentralstelle in Ludwigsburg und bei dem Institut für Zeitgeschichte in München. Seine Erkenntnisse – auch bei weiterem Nachspüren – wurden immer größer, und sie deckten sich mit allem, was wir selbst erfahren und verbreitet hatten.

Inzwischen nahm die Unruhe in der Öffentlichkeit über das, was uns so sehr bewegte, vermehrt zu:

So wurde am 31. März 1963 über die Sitzung des Direktoriums des Zentralrats der Juden in Deutschland folgendes Pressekommuniqué bekanntgegeben:

»Das Direktorium des Zentralrats der Juden in Deutschland, in dem alle größeren jüdischen Gemeinden der Bundesrepublik und Westberlins sowie ihre Landesverbände vertreten sind, erörterte am 31. März 1963 in Köln eingehend die politische Situation in Deutschland und ihre Rückwirkungen auf die jüdische Gemeinschaft.

In dem Bericht des Verwaltungsrats und auch in der Aussprache wurde zum Ausdruck gebracht, daß kein Anlaß für eine in Panik ausartende Stimmung bestehe.

Andererseits wurde allgemein scharfe Kritik an verschiedenen Gerichtsurteilen und an der Besetzung entscheidender Staatsstellen bei der Kriminalpolizei, Justiz und Verwaltung ausgeübt.

Als unverständlich wurde es bezeichnet, daß Personen sehr hohen Ranges, die durch Mordprozesse direkt oder indirekt als Gehilfen oder Mitwisser belastet werden, in ihrem Amt verbleiben, als ob nichts geschehen wäre.

Im Interesse des Rechtsstaates wurde gefordert, daß geeignete Personen, die entweder aufgrund ihrer Jugend unbelastet sind oder sich durch Widerstand und Zivilcourage gegenüber dem Unrechtsregime ausgezeichnet haben, bei der Neubesetzung von Schlüsselstellungen weit mehr als bisher berücksichtigt werden.

Der Zentralrat erwartet, daß die Verabschiedung der Novelle zum Bundesrückerstattungsgesetz nicht weiter verschleppt wird, sondern noch vor den Parlamentsferien erfolgt.

Es wurde ferner beschlossen, zu Fragen der Wiedergutmachungsgesetzgebung und -praxis eine Sachverständigen-Konferenz im Spätherbst einzuberufen.«

Etliche Politiker – u. a. der Abgeordnete Dr. Veit (Karlsruhe) – wandten sich nunmehr an uns, um sich über den Gesamtkomplex der NS-Verbrechen zu informieren. Wir informierten, so gut und umfassend wir es konnten, dabei immer streng darauf bedacht, keine dienstlichen Belange zu verletzen. Sehr oft verwiesen wir Politiker an die »Zentrale Stelle« in Ludwigsburg oder an das Justizministerium Baden-Württemberg, obgleich wir selbst Auskunft hätten erteilen können. Kirchlicherseits wurden wir von Theologen und Gemeinden zu dem fraglichen Komplex immer mehr gefordert. (Heute sind die Ergebnisse unseres Engagements sichtbar in einer gewaltigen Sammlung von Leitz-Ordnern voller Prozeßberichte und zeitgeschichtlich interessanter Korrespondenzen sowie einer eigenen Sammlung von Urteilen zu den NS-Verbrecherprozessen und vielerlei Dokumenten – Stoff für mancherlei Doktorarbeiten...)

Am 26. Juni 1963 richtete die SPD-Fraktion des Landtags von Baden-Württemberg eine Große Anfrage an die Landesregierung folgenden Wortlauts:

»Die Strafverfahren gegen nationalsozialistische Gewaltverbrecher enden bis in die neueste Zeit immer noch häufig mit unverhältnismäßig niederen Strafen. Das hat auch dem Rat der Evangelischen Kirche Deutschlands in einem Wort zu den NS-Verbrecher-Prozessen vom 13. 3. 1963 Anlaß zu der Bemerkung gegeben, man wolle nicht verschweigen, daß im Rückblick auf einige Urteile bereits zum Abschluß gekommener Verfahren der letzten Zeit in der Seelsorge in den Strafanstalten, aber auch in den kirchlichen Gemeinden der Frage begegnet werde, ob nicht ein Mißverhältnis zwischen einigen Urteilen über Verbrechen aus der NS-Zeit zu Urteilen über Verbrechen aus unseren Tagen bestehe.

Im Hinblick auf die Erklärung des Herrn Justizministers in der 62. Sitzung des Landtags von Baden-Württemberg vom 20. 7. 1962, worin er zugesagt hat, ›mit den Justizministern der anderen Länder Fühlung zu nehmen und hinsichtlich der Einlegung von Rechtsmitteln im Hinblick auf die Schwere der zugrunde liegenden Taten das Notwendige zu tun und auf eine Aufklärung hinzuwirken‹,
fragen wir die Landesregierung:

1. Hat der Herr Justizminister die angekündigten Besprechungen mit seinen Kollegen geführt, und welches Ergebnis haben diese Besprechungen gehabt?

2. Sind Anweisungen erteilt worden, daß grundsätzlich bei gegebenem Tatbestand die NS-Verbrechen wegen Mittäterschaft anzuklagen sind?

3. Sind Anweisungen gegeben worden, daß im Strafmaß die Schwere der Taten ihre Berücksichtigung findet, insbesondere im Vergleich zu Strafanträgen, die in Verfahren zur Aburteilung anderer Verbrechen, insbesondere Gewaltverbrechen gestellt werden?
4. Sind Anweisungen gegeben worden, wenn eine Verurteilung entgegen dem Strafantrag nur wegen Beihilfe erfolgt, Revision einzulegen?
5. Sind Anweisungen gegeben worden, auch wegen eines unzureichenden Strafmaßes von den zwar beschränkten, aber doch immerhin gegebenen Möglichkeiten der Revision Gebrauch zu machen?«

Hierzu wurde am 11. Juli 1963 ein Antrag der vier Fraktionen des Landtags zu der Großen Anfrage der Abgeordneten Dr. Veit und Genossen gestellt:

»Der Landtag wolle beschließen:

I

Von der Erklärung der Landesregierung Kenntnis zu nehmen.

II

Die Landesregierung zu ersuchen:

Im Benehmen mit den Regierungen der übrigen Bundesländer ihre Bemühungen fortzusetzen und nach Möglichkeit zu verstärken, um zu erreichen, daß die Staatsanwaltschaften in allen Bundesländern bei der Verfolgung nationalsozialistischer Gewaltverbrecher auf eine der Schwere der Verbrechen entsprechende Bestrafung hinwirken und gegen Urteile der Schwurgerichte, die von der Rechtsprechung des Bundesgerichtshof abweichen, Revision einlegen.

Den 11. Juli 1963 gez. Dr. Veit, Krause, Ulrich
und die übrigen Mitglieder
der Fraktion der SPD
Wurz, Straub

und die übrigen Mitglieder
der Fraktion der CDU
Nischwitz
und die übrigen Mitglieder
der Fraktion der FDP/DVP
Dr. Bartunek
und die übrigen Mitglieder
der Fraktion der GDP«[8]

Die Debatte über die Große Anfrage der Abgeordneten Dr. Veit und Genossen wurde am 11. Juli 1963, also fast genau ein Jahr nach jener Debatte zu den NS-Verbrechen im Landtag von Baden-Württemberg vom 20. Juli 1962 geführt. Wegen der enormen politischen Bedeutung, die inzwischen nicht nur die NS-Verbrechen als solche, sondern auch die hierzu ergangene Rechtsprechung gewonnen hatte, wird diese Debatte nachfolgend nur leicht gekürzt wiedergegeben:[9]

»Meine Damen und Herren! Wir kommen nunmehr zu Punkt 2 der Tagesordnung:

Große Anfrage der Abg. Dr. Veit und Gen. betr. Urteile über Verbrechen aus der NS-Zeit – Beilage 3185.

Das Wort zur Begründung erhält Herr Kollege Dr. Veit.

Abg. Dr. Veit (SPD)
Herr Präsident! Meine sehr verehrten Damen und Herren!

In der 62. Sitzung des Landtags, am 20. Juli 1962, hat bei der Behandlung des Antrags des Ständigen Ausschusses zu der Eingabe des Staatsanwalts Dr. Koch u. a., Hamburg, betr. den Vortrag der Staatsanwältin Dr. Just-Dahlmann auf einer Tagung der Evangelischen Akademie in Loccum der Herr Justizminister u. a. folgende Erklärung abgegeben:

›Ich darf aber bemerken, daß ich die Anregung des Herrn Kollegen Renner, die er heute wiederholt gemacht und die auch der Herr Abg. Dr. Gönnenwein aufgegriffen hat – nämlich mit meinen Kollegen Fühlung zu nehmen und hinsichtlich der Einlegung von Rechtsmitteln im Hinblick auf die Schwere der zugrunde liegenden Taten das Notwendige zu tun und auf eine Aufklärung hinzuwirken –, auch ohne ausdrückliche Beschlußfassung durch das Hohe Haus aufgreifen werde, um damit einem Wunsche des Hohen Hauses Rechnung zu tragen.

Die Verfolgung nationalsozialistischer Gewaltverbrechen ist für die Bereinigung des Verhältnisses unseres heutigen Rechtsstaates zu seiner nationalsozialistischen Vergangenheit von einer so ungeheuren Bedeutung, daß auf diesem Gebiet – und damit bin ich mit den Sprechern aller Fraktionen einig – nichts versäumt werden darf. Mein besonderer Dank gilt daher allen Mitgliedern des Ständigen Ausschusses und des Hohen Hauses, die sich diesen so schwierigen, heiklen und ernsten Fragen in so eindringlicher Weise angenommen haben. Das Hohe Haus kann versichert sein, daß gerade diese Aussprache für die Arbeit des Justizministeriums – und wenn es auf mich ankommt: auch der übrigen Justizverwaltungen und der Zentralen Stelle –, nicht zuletzt am Tage des 20. Juli, einen weiteren neuen Ansporn bieten wird.‹

Meine Damen und Herren! Soweit das Zitat aus der Rede des Herrn Justizministers.

Im Hinblick auf diese und ähnliche vorausgegangene Erklärungen des Herrn Justizministers hat der Landtag einen Antrag der Sozialdemokratischen Fraktion abgelehnt, der zum Inhalt hatte, die Regierung solle darauf hinwirken, daß die Länderjustizminister ihre Staatsanwaltschaften anweisen, bei der Verfolgung nationalsozialistischer Gewaltverbrecher auf eine der Schwere ihrer Verbrechen entsprechende Bestrafung hinzuwirken und bei Urteilen, die von der Rechtsprechung des Bundesgerichtshofs abweichen, Revision einzulegen.

Meine Damen und Herren! Seither ist beinahe ein Jahr vergangen. Es ist wohl berechtigt, nunmehr zu fragen: Was ist seither weiter geschehen? Eine Reihe von Prozessen hat sich abgespielt, und die Urteile standen in den Zeitungen. Ich darf sie in ihr Gedächtnis zurückrufen: Da war der Kulmhof-Prozeß, der vor dem Schwurgericht in Bonn verhandelt worden ist.

Der Hauptangeklagte war der SS-Obergruppenführer und Oberster Polizeichef im Warthegau, Wilhelm Koppe. Dieser Haupttäter, der nach der Anklageschrift oder nach der Beschuldigung, die dem Verfahren zugrunde liegt, verantwortlich gemacht worden ist für die Ermordung von 350 000 Juden und Polen, ist am 19. April 1962 auf freien Fuß gesetzt worden gegen eine Kaution von DM 50 000,–, die in der Form einer Bankbürgschaft geleistet worden ist.

Herr Koppe befindet sich auf freiem Fuß, seine Gehilfen sind im Kulmhof-Prozeß im März 1963 abgeurteilt worden. Sie wurden mit Zuchthausstrafen von dreieinhalb bis fünfzehn Jahren belegt. Gegen sechs Mittäter, deren Schuld erwiesen war, wurde nach einer Bestimmung des Militärstrafgesetzbuches auf Strafe verzichtet.

Ein anderer Prozeß: Gegen Heuser, der früher Chef der Kriminalpolizei des Landes Rheinland-Pfalz gewesen ist, und der der Ermordung von

31 000 Juden beschuldigt war, wurde im Mai 1963 vom Schwurgericht in Koblenz eine Zuchthausstrafe von fünfzehn Jahren ausgesprochen.

Gegen den Kriminalinspektor a. D. Paur verhängte das Schwurgericht Nürnberg im Mai 1963 wegen Beihilfe zum Mord in 2 400 Fällen eine Zuchthausstrafe von sieben Jahren, gegen seinen Mitangeklagten, den Gendarmeriemeister Wacker aus Nürtingen, wegen Beihilfe zum Mord in 1 000 Fällen eine Zuchthausstrafe von drei Jahren und acht Monaten. Drei Jahre sind bekanntlich die Mindeststrafe.

Gegen Bastian, einen Mittäter des, ich kann wohl sagen, berüchtigten Kinderarztes Scheu von Borkum, sprach das Schwurgericht Aurich wegen Beihilfe zum Mord in 96 Fällen eine Zuchthausstrafe von vier Jahren aus. Das war im Juni 1963, also vor ganz kurzer Zeit; der Staatsanwalt hatte lebenslänglich beantragt.

Gegen Hunsche, einen Mitarbeiter von Eichmann, verhängte das Schwurgericht am 12. Juli 1962, nachdem der Staatsanwalt lebenslänglich beantragt hatte, fünf Jahre Zuchthaus wegen Beihilfe zum Mord in 600 Fällen und lehnte die Aberkennung der bürgerlichen Ehrenrechte ausdrücklich ab.

Gegen Döring sprach das Schwurgericht Bonn am 10. November 1962, nachdem zwölf Jahre Zuchthaus von der Staatsanwaltschaft beantragt worden waren, wegen Beihilfe zum Mord in 667 Fällen eine Zuchthausstrafe von sechs Jahren aus.

Im Januar 1963 erkannte das Schwurgericht Flensburg in der Sache gegen den ehemaligen Schleswiger Ratsherrn und SS-Sturmbannführer Fellenz, der wegen Mordes, begangen an 39 000 polnischen Juden, angeklagt war, nachdem die Staatsanwaltschaft lebenslängliches Zuchthaus beantragt hatte wegen Beihilfe in zwei Fällen – wobei ein Fall eine Aktion von mehreren Tausend Getöteten beinhaltet – auf eine Zuchthausstrafe von sage und schreibe vier Jahren, lehnte die Aberkennung der bürgerlichen Ehrenrechte ab mit der ausdrücklichen Bemerkung, daß dazu kein Anlaß bestünde, hob den Haftbefehl noch in der Verhandlung auf und stellte für den Strafrest einen Gnadenerweis in Aussicht.

Patina erhielt vom Schwurgericht in Ansbach im Juni 1962 wegen Ermordung von neun oder zehn Polen in der Arrestzelle eine Gefängnisstrafe von 15 Monaten.

Meine Damen und Herren! Soweit einige Zitate. Alle diese Urteile wurden ›im Namen des Volkes‹ verkündet; sie stehen in keinem Vergleich zu Urteilen, die in der gleichen Zeit wegen neuerdings begangener Verbrechen, insbesondere Gewaltverbrechen, erlassen worden waren.

Nur einige wenige Beispiele: Am gleichen Tag, als Fellens wegen angeblicher Beihilfe zum Mord an Tausenden von polnischen Juden vier Jahre Zuchthaus erhielt, ihm die bürgerlichen Ehrenrechte belassen worden waren und er sofort auf freien Fuß gesetzt wurde, wurde in München ein Zimmermann, der seine Frau wegen Beziehungen zu einem italienischen Gastarbeiter erstochen hatte, zu sechs Jahren Zuchthaus verurteilt. Ein gewisser Bergmaier, dessen verminderte Zurechnungsfähigkeit bescheinigt worden war, hatte nach seiner Befreiung aus dem Konzentrationslager nach vieljähriger Haft zwei frühere prominente Parteifunktionäre, die er für sein Schicksal verantwortlich hielt, umgebracht. Er erhielt zwölf Jahre Zuchthaus.

In einigen deutschen Zeitungen wurde das Mißverhältnis zwischen der Bestialität der NS-Verbrechen und der Vielzahl ihrer grausamen Morde zu der gegen sie ausgesprochenen Strafe angeprangert, ohne daß eine Wirkung erkennbar war.

Am 13. März 1963 ließ der Rat der Evangelischen Kirche Deutschlands ein ›Wort‹ zu den NS-Verbrecher-Prozessen vernehmen, das als Zeichen tiefster Beunruhigung der evangelischen Kirche zu der Tendenz der Rechtsprechung unüberhörbar war – wenn man überhaupt hören wollte. Ich zitiere aus diesem ›Wort‹ des Rates der Evangelischen Kirche Deutschlands zu den NS-Verbrecher-Prozessen ...(siehe S. 111 ff. in diesem Buch).

Meine Damen und Herren! Die Rechtsprechung einiger Gerichte muß zu größter Besorgnis um den vielgepriesenen Rechtsstaat in der Bundesrepublik führen und muß Zweifel erwecken über die Einstellung des deutschen Volks, in dessen Namen die Urteile verkündet worden sind, zu den Gewaltverbrechen, die während der Herrschaft des Nationalsozialismus an Millionen Menschen deutscher und ausländischer Herkunft verübt worden sind. Es ist unmöglich, dazu zu schweigen, wenn man sich nicht mitschuldig machen will an einer erneuten schweren Rechtsverletzung und damit neue Schuld gegenüber den Opfern des Nationalsozialismus auf sich laden will.

Im Bewußtsein dieser Verantwortung fragen wir deshalb die Landesregierung:

1. Hat der Herr Justizminister die angekündigten Besprechungen mit seinen Kollegen geführt, und welches Ergebnis haben diese Besprechungen gehabt?
2. Sind Anweisungen erteilt worden, daß grundsätzlich bei gegebenem Tatbestand die NS-Verbrecher wegen Mittäterschaft anzuklagen sind?

...

3. Sind Anweisungen gegeben worden, daß im Strafmaß die Schwere der Taten ihre Berücksichtigung findet, insbesondere im Vergleich zu Strafanträgen, die in Verfahren zur Aburteilung anderer Verbrechen, insbesondere Gewaltverbrechen, gestellt werden?
4. Sind Anweisungen gegeben worden, wenn eine Verurteilung entge-

gen dem Strafantrag nur wegen Beihilfe erfolgt, Revision einzulegen?

5. Sind Anweisungen gegeben worden, auch wegen eines unzureichenden Strafmaßes, von den zwar beschränkten, aber doch immerhin gegebenen Möglichkeiten der Revision Gebrauch zu machen?

(Beifall bei der SPD)

Präsident: Das Wort zur Beantwortung erhält der Herr Justizminister.

Justizminister Dr. Wolfgang Haußmann
Herr Präsident! Meine sehr verehrten Damen und Herren!

Die Große Anfrage der Abg. Dr. Veit und Gen. betreffend Urteile über Verbrechen aus der NS-Zeit – Beilage 3185 – beantworte ich namens der Landesregierung wie folgt:

Die Große Anfrage geht davon aus, daß in Strafverfahren gegen NS-Gewaltverbrecher bis in die neueste Zeit immer noch häufig von den Schwurgerichten unverhältnismäßig niedrige Strafen verhängt und von den Staatsanwaltschaften gegen solche Urteile keine Rechtsmittel eingelegt wurden. Zur Klarstellung des Sachverhalts beabsichtige ich daher, insbesondere nach der Begründung, die Herr Kollege Dr. Veit gegeben hat, zunächst einen statistischen Überblick über die Zahl und den Ausgang der Verfahren wegen NS-Gewaltverbrechen sowie die Zahl der von den Staatsanwaltschaften eingelegten Revisionen sowohl in der Bundesrepublik als auch im Land Baden-Württemberg für die Zeit seit Sommer 1958 zu geben. Da die Große Anfrage auf den Zeitraum nach der Landtagssitzung vom 20. Juli 1962 besonders abhebt, werde ich auch entsprechende Zahlen für diesen Zeitraum bringen. Schließlich muß ich mich vor Beantwortung der einzelnen Fragen mit dem Problem der Abgrenzung der Täterschaft und Beihilfe befassen.

Nach den bei der ›Zentralen Stelle der Landesjustizverwaltungen‹ in Ludwigsburg vorhandenen Unterlagen sind seit dem Tilsiter Einsatzkommando-Prozeß in Ulm im Jahre 1958 und der Einrichtung der ›Zentralen Stelle‹ Ende 1958 aufgrund der Verwaltungsvereinbarung der deutschen Länder in der Bundesrepublik wegen NS-Gewaltverbrechen insgesamt 153 Personen von den Schwurgerichten abgeurteilt worden. Gegen 120 Personen ist auf Strafe erkannt, gegen 1 Person das Verfahren eingestellt, und 32 Personen sind freigesprochen worden. Im einzelnen wurden gegen diese 120 Verurteilten folgende Strafen ausgesprochen:

Lebenslanges Zuchthaus gegen	20 Personen
Zuchthaus von über zehn bis fünfzehn Jahren gegen	9 Personen

Zuchthaus von über fünf bis einschließlich zehn Jahren gegen	25 Personen
Zuchthaus von über drei Jahren bis einschließlich fünf Jahren gegen	50 Personen
Zuchthaus von drei Jahren gegen	9 Personen
Gefängnis bis zu fünf Jahren gegen	7 Personen

Also ist gegen fast ein Fünftel der Verurteilten auf lebenslange Zuchthausstrafen, gegen ein Viertel der Verurteilten auf Zuchthausstrafen von über fünf Jahren und somit gegen fast die Hälfte aller Verurteilten auf lebenslange oder langjährige Zuchthausstrafen erkannt worden.

Im gleichen Zeitraum sind im Land Baden-Württemberg insgesamt 34 Personen abgeurteilt worden. Von insgesamt 28 Verurteilungen lauten

2 auf lebenslange Zuchthausstrafe,
3 auf Zuchthausstrafe von über zehn bis fünfzehn Jahren,
2 auf Zuchthausstrafe von über fünf bis einschließlich 10 Jahren,
17 auf Zuchthausstrafe von über drei bis einschließlich fünf Jahren,
4 auf Zuchthausstrafe von drei Jahren.

In dem Zeitraum nach der Landtagssitzung vom 20. Juli 1962, auf welchen in der Großen Anfrage und in der Begründung des Herrn Kollegen Dr. Veit im Hinblick auf meine damaligen Erklärungen besonders abgestellt wird, sind in der Bundesrepublik insgesamt 45 Personen von Schwurgerichten abgeurteilt worden. Von 35 Verurteilungen lauten

2 auf lebenslange Zuchthausstrafe,
4 auf Zuchthausstrafe von über zehn bis fünfzehn Jahren,
8 auf Zuchthausstrafe von über fünf bis einschließlich zehn Jahren,
18 auf Zuchthausstrafe von über drei bis einschließlich fünf Jahren,
1 auf Zuchthausstrafe von drei Jahren,
2 auf Gefängnisstrafe bis zu fünf Jahren.

In Baden-Württemberg ist in dem genannten Zeitraum nur eine Person verurteilt worden.

Von dem Rechtsmittel der Revision haben die Staatsanwaltschaften wie folgt Gebrauch gemacht:

In Baden-Württemberg wurde seit Sommer 1958 bei insgesamt 34 abgeurteilten Personen in insgesamt elf Fällen von der Staatsanwaltschaft Revision eingelegt. In neun Fällen war die Revision erfolgreich, in einem Fall wurde die Revision verworfen, in einem Fall hat sich diese durch den Tod des Angeklagten erledigt. In den Fällen, in denen keine Revision eingelegt wurde, war entweder in vollem Umfang oder zumindest im wesentlichen nach dem Antrag der Staatsanwaltschaft erkannt worden.

In der Bundesrepublik sind seit 20. Juli 1962 bei insgesamt 45 abgeurteilten Personen von den Staatsanwaltschaften sowie von den Angeklagten in insgesamt 19 Fällen Revisionen eingelegt worden. Die Mehrzahl dieser Revisionen werden Rechtsmittel der Staatsanwaltschaft sein.

Nach den von mir mitgeteilten Zahlen ist sonach festzustellen, daß die Staatsanwaltschaften in erheblichem Maß von dem Rechtsmittel Gebrauch machen.

Wenn nicht bei mehr als 20 von 120 verurteilten Personen auf lebenslanges Zuchthaus erkannt worden ist, so ist dies, Herr Abg. Dr. Veit, darauf zurückzuführen, daß bei der allgemeinen Mordkriminalität die Angeklagten in der Regel aus eigenem Antrieb die Tat begangen haben, während in Verfahren wegen NS-Gewaltverbrechen die Mehrzahl der Angeklagten auf Befehl gehandelt hat. Dies veranlaßt mich, hier einige kurze allgemeine Ausführungen über die Abgrenzung zwischen Täterschaft und Beihilfe zu machen:

Nach der ständigen Rechtsprechung des Reichsgerichts, die der Bundesgerichtshof fortgesetzt hat, ist Gehilfe bei Mord wie bei allen anderen Straftaten, wer die Tat nicht als eigene begeht, sondern nur als Werkzeug oder Hilfsperson bei fremder Tat mitwirkt. Als Täter kann danach in Betracht kommen, wer die Tat vollständig durch andere ausführen läßt; umgekehrt kann Gehilfe sein, wer die Tat auf Veranlassung Dritter eigenhändig begeht. Da es mithin auf die innere Einstellung zur Tat entscheidend ankommt, ist die Abgrenzung zwischen Täterschaft und Beihilfe im Einzelfall für die Schwurgerichte nicht immer einfach.

Besondere Schwierigkeiten bieten die Fälle, in denen der eigenhändig Beteiligte die Tat auf Befehl und unter dem Einfluß politischer Propaganda der Träger der Statsmacht oder der Autorität der unmittelbaren Vorgesetzten begangen hat. Hierzu hat der Bundesgerichtshof in dem bekannten Staschynskij-Urteil vom 19. Oktober 1962, das inzwischen von dem Tübinger Strafrechtslehrer Professor Baumann wissenschaftlich zustimmend gewürdigt worden ist, folgende Grundsätze aufgestellt:

›Wer politischer Mordhetze willig nachgibt, sein Gewissen zum Schweigen bringt und fremde verbrecherische Ziele zur Grundlage eigener Überzeugung und eigenen Handelns macht, oder wer in seinem Dienst- oder Einflußbereich dafür sorgt, daß solche Befehle rückhaltlos vollzogen werden, oder wer dabei anderweit einverständlichen Eifer zeigt oder solchen staatlichen Mordterror für eigene Zwecke ausnutzt, kann sich nicht darauf berufen, nur Tatgehilfe seiner Auftrageber zu sein. Sein Denken und Handeln deckt sich mit demjenigen der eigentlichen Taturheber. Er ist regelmäßig Täter.

Anders kann es rechtlich jedoch bei denen liegen, die solche Verbrechensbefehle mißbilligen und ihnen widerstehen, sie aber gleichwohl aus menschlicher Schwäche ausführen, weil sie der Übermacht der Staatsautorität nicht gewachsen sind und ihr nachgeben, weil sie den Mut zum Widerstand oder die Intelligenz zur wirksamen Ausflucht nicht aufbringen, sei es auch, daß sie ihr Gewissen vorübergehend durch politische Parolen zu beschwichtigen und sich vor sich selber zu rechtfertigen suchen. Es besteht kein hinreichender rechtlicher Grund, solche Menschen ausnahmslos und zwangsläufig von vornherein schon in der Beteiligungsform dem Taturheber, dem bedenkenlosen Überzeugungstäter und dem überzeugten willigen Befehlsempfänger gleichzusetzen.‹

Diese Grundsätze aus der neueren Zeit glaubte ich hier vortragen zu dürfen und zu sollen. Der Bundesgerichtshof hat in dem genannten Urteil ausdrücklich festgestellt, daß diese Grundsätze im Einklang mit seiner bisherigen Rechtsprechung zur Abgrenzung zwischen Täterschaft und Beihilfe stehen. In seinem Revisionsurteil vom 22. Januar 1963 in der Heilbronner NS-Mordsache Theimer hat der Bundesgerichtshof inzwischen in Anwendung der in der Strafsache Staschynskij entwickelten Grundsätze die Verurteilung wegen Beihilfe bestätigt. Die Aufhebung des Urteils des Schwurgerichts ist auf die Revision der Staatsanwaltschaft nur im Strafausspruch erfolgt, weil das Schwurgericht sämtliche Tötungen und nicht nur die einzelnen Erschießungsaktionen als eine einheitliche Tat behandelt hat. Die Revision der Staatsanwaltschaft hatte jedoch keinen Erfolg, soweit mit ihr der Schuldspruch wegen Beihilfe zum Mord angegriffen worden war.

Die Entscheidung, ob Täterschaft oder Beihilfe gegeben ist, kann daher als nicht allgemein, sondern nur aufgrund der sehr schwer zu ermittelnden Umstände des Einzelfalles getroffen werden.

Die Große Anfrage darf ich nach diesen Ausführungen im einzelnen wie folgt beantworten:

Zu Frage 1:
Die Justizminister und Justizsenatoren der Länder sind von mir auf der Justizministerkonferenz in Saarbrücken im Herbst vergangenen Jahres über die Erörterungen in diesem Hohen Haus in der Landtagssitzung vom 20. Juli 1962 unterrichtet und gleichzeitig im Sinne der von mir gemachten Zusage gebeten worden, der Frage der notwendigen Sühne für NS-Gewaltverbrechen ihr besonderes Augenmerk zu schenken. Welche konkreten Maßnahmen von den einzelnen Justizverwaltungen getroffen worden sind, entzieht sich meiner Kenntnis. Ich bin jedoch, Herr Kollege Dr. Veit, auch nach den von mir eingangs mitgeteilten Zahlen, der Überzeugung, daß von meinen Kollegen, alles Erforderliche veranlaßt worden ist.

Zu Frage 2:
Generelle Weisungen, in welchen Fällen von NS-Gewaltverbrechen we-

gen Mittäterschaft und in welchen Fällen wegen Beihilfe zum Mord, Anklage zu erheben sei, sind nicht erteilt worden. Wie ich soeben bereits anhand der Rechtsprechung des Bundesgerichtshofs dargelegt habe, entzieht sich diese Frage einer allgemeinen Festlegung. Über die einschlägige Rechtsprechung werden alle Staatsanwaltschaften durch die Zentrale Stelle in Ludwigsburg laufend informiert. Das Justizministerium hat überdies, um eine ständige Übersicht über die im Lande bei den Gerichten und Staatsanwaltschaften anhängigen Verfahren wegen NS-Gewaltverbrechen zu haben, bereits durch Runderlaß vom 24. August 1960 die Staatsanwaltschaften angewiesen, in Abständen von drei Monaten über den Stand und Fortgang sämtlicher Verfahren zu berichten und alle wesentlichen Entscheidungen mitzuteilen. Im Oberlandesgerichtsbezirk Stuttgart sind mit meinem Einverständnis durch Erlaß des Generalstaatsanwalts in Stuttgart vom 2. Februar 1962 sämtliche bis dahin noch nicht abgeschlossenen Ermittlungsverfahren wegen NS-Gewaltverbrechen bei der Staatsanwaltschaft Stuttgart konzentriert, die in Personalunion von dem Leiter der Zentralen Stelle der Landesjustizverwaltungen in Ludwigsburg, Herrn Oberstaatsanwalt Schüle, geführt wird. Im Oberlandesgerichtsbezirk Karlsruhe werden sämtliche Verfahren wegen NS-Gewaltverbrechen durch den Generalstaatsanwalt in Karlsruhe besonders überwacht. Dadurch ist sichergestellt, daß in allen Fällen sachgemäße Anklagen erhoben werden.

In Baden-Württemberg werden alle Fälle, in welchen sich eine Anklage wegen Mittäterschaft rechtfertigen läßt, auch unter diesem Gesichtspunkt zur Anklage gebracht. So sind in Baden-Württemberg seit dem 20. Juli 1962 wegen NS-Gewaltverbrechen 4 Anklagen gegen insgesamt 11 Angeschuldigte erhoben worden. In allen 4 Verfahren lautet die Anklage gegen die Hauptangeklagten auf Täterschaft und gegen die auf Befehl tätig gewordenen Mitangeklagten auf Beihilfe zum Mord.

Zu Frage 3:
Besondere Weisungen, daß die Sitzungsvertreter der Staatsanwaltschaft in Verfahren gegen NS-Gewaltverbrechen bei ihren Schlußvorträgen Strafen beantragen sollen, die der Schwere der Straftaten namentlich im Vergleich zu anderen Gewaltverbrechen Rechnung tragen, sind im Hinblick auf die Konzentration der Verfahren wegen NS-Gewaltverbrechen im Oberlandesgerichtsbezirk Stuttgart bei der Staatsanwaltschaft Stuttgart und im Hinblick auf die besondere Überwachung dieser Verfahren im Oberlandesgerichtsbezirk in Karlsruhe nicht erforderlich.

Zu Frage 4:
In Verfahren, in denen eine Verurteilung abweichend vom Schlußvortrag des Sitzungsvertreters der Staatsanwaltschaft statt wegen Täterschaft we-

gen Beihilfe erfolgt, legen die Staatsanwaltschaften grundsätzlich Revision ein. Nach Vorliegen der Urteilsgründe wird über die Durchführung der Revision im Einvernehmen mit dem Justizministerium entschieden. Als Beispiele darf ich die Karlsruher Mordsache Ehrlinger anführen, in welcher inzwischen der Bundesgerichtshof auf die Revision der Staatsanwaltschaft das Urteil des Schwurgerichts aufgehoben hat, sowie die Heilbronner Mordsache Theimer, in welcher der Bundesgerichtshof die Revision der Staatsanwaltschaft jedoch insoweit als unbegründet verworfen hat.

Zu Frage 5:
Wie auch in der Großen Anfrage zum Ausdruck gebracht worden ist, steht die Strafzumessung im Ermessen des Tatrichters; eine Nachprüfung ist deshalb durch das Revisionsgericht nur in Ausnahmefällen möglich. Daher sind die Staatsanwaltschaften nach den in allen Bundesländern einheitlich geltenden Richtlinien für das Strafverfahren angewiesen, allein wegen des Strafmaßes dann Revision einzulegen, wenn die Strafe in einem offenbaren Mißverhältnis zu der Schwere der Tat steht. Darüber hinausgehende generelle Anweisungen, unter welchen Voraussetzungen zur Nachprüfung des Strafmaßes Revision einzulegen sei, sind angesichts der Vielgestaltigkeit der Fälle nicht möglich. Soweit von den Staatsanwaltschaften wegen des Schuldspruches Revision eingelegt worden ist, ist im übrigen regelmäßig auch der Strafausspruch besonders angegriffen und zur Nachprüfung gestellt worden. Das war in den zuletzt genannten Mordsachen Ehrlinger und Theimer der Fall.

Meine Damen und Herren, gestatten Sie mir nach der Beantwortung der Einzelfragen zum Schluß nur noch einige grundsätzliche Bermerkungen zu den Problemen, die den Hintergrund der Großen Anfrage darstellen und die auch in der Begründung des Herrn Kollegen Dr. Veit ihren Ausdruck gefunden haben. Die Verfolgung der NS-Gewaltverbrechen, also die Ahndung schrecklicher Verbrechen einer rechtlosen Zeit, stellt uns alle, insbesondere aber die Gerichte und Staatsanwaltschaften, vor eine Aufgabe ohne Beispiel. Die Strafjustiz hat Untaten zu sühnen, die von der damaligen Staatsführung nicht nur gebilligt, sondern organisiert und befohlen wurden. Dadurch sind auch Personen in diese Taten hineingezogen und in den Vernichtungsapparat verstrickt worden, die unter normalen Verhältnissen in dieser Weise nicht straffällig geworden wären. Die Untaten sind – nicht alle, aber doch in sehr großem Umfang – außerhalb des heutigen Gebiets der Bundesrepublik Deutschland, zum Teil weit im Osten verübt worden. Dadurch ist die Aufklärung besonders schwierig. Die im Besitz der Alliierten befindlichen Unterlagen waren zudem lange für uns nicht greifbar. Daher erfolgt die Sühne leider erst spät und in erheblichem zeitlichem Abstand von der Tat. Die

Schwurgerichte haben es daher nicht nur sehr schwer, das Maß der Beteiligung des einzelnen festzustellen, es ist auch schwer, das Maß der Schuld zu ergründen und danach die gerechte Strafe zu finden. Wenn man dies alles bedenkt, erscheint es verständlich, daß da oder dort geltend gemacht wird, dieses oder jenes Urteil sei zu mild, namentlich wenn dem Betrachter in Ermangelung sämtlicher Aktenunterlagen die Umstände des Falles im einzelnen gar nicht genau bekannt sein können und nicht genau bekannt sind. Andererseits wird aber auch von Staatsbürgern, die sich über diese Dinge Gedanken machen, die Frage gestellt, ob es so viele Jahre nach Beendigung der nationalsozialistischen Gewaltherrschaft und der kriegerischen Auseinandersetzungen nicht an der Zeit wäre, die Vergangenheit auf sich beruhen zu lassen oder doch jedenfalls keine weiteren strafrechtlichen Maßnahmen zu ergreifen.

Hier meine ich allerdings – und ich befinde mich damit sicher in Übereinstimmung mit diesem Hohen Hause –: Diese Verbrechen waren so schrecklich und so unmenschlich, daß ein Staat, der sich zum Recht und zur Menschlichkeit bekennt, auf ihre Sühne nicht verzichten kann.

(Sehr richtig! von allen Seiten)

Alle diese Schwierigkeiten werden in dem vom Rat der Evangelischen Kirche Deutschlands herausgegebenen ›Wort zu den NS-Verbrecherprozessen‹ vom 13. März 1963, das in der Großen Anfrage zitiert wird, ohne Vorbehalt anerkannt.

... Die Justiz hat sich der schweren Aufgabe, die Gewaltverbrechen des Dritten Reiches zu verfolgen, gestellt. Aus der Überzeugung, daß es Aufgabe der Strafjustiz ist, den für Verbrechen des Nationalsozialismus persönlich verantwortlichen Täterkreis zur Rechenschaft zu ziehen, hat auch das Land Baden-Württemberg sich für die Errichtung der ›Zentralen Stelle‹ im Jahre 1958 mit eingesetzt. Meine Kollegen in den Ländern haben damit bewiesen, daß es uns mit der Ahndung dieser Straftaten ernst ist.

Die Wahl von Ludwigsburg und damit unseres Landes hat sich aus den Erfahrungen ergeben, die bei dem Tilsiter Einsatzkommando-Prozeß im Sommer 1958 in Ulm gesammelt worden sind. Es war nicht an dem, daß das Land Baden-Württemberg oder seine Justizverwaltung nun sich besonders um diese Aufgabe bemüht und beworben hätte, aber wir haben uns im Grundsatz zu der Notwendigkeit der einheitlichen Verfolgung dieser Tatkomplexe und damit zum Abschluß der Verwaltungsvereinbarung bekannt und konnten uns dann dem Ruf, auch mitzuwirken, nicht entziehen.

... Ich muß auch in diesem Zusammenhang ein Wort darüber sprechen, daß in dem berüchtigten Eichmann-Prozeß, den Sie alle aus der Presse kennen, nicht ein einziger Fall aufgetaucht ist, der nicht vorher von der ›Zentralen Stelle‹ in Ludwigsburg bereits vorermittelt gewesen ist. Sie wollen daraus ersehen, daß diese mit bescheidenen Mitteln hinsichtlich ihres personellen und sachlichen Aufwands ausgestattete Behörde wirklich eine große Arbeit geleistet hat, für die sie, glaube ich, unser aller Dank verdient, um so mehr, als gerade diejenigen, die sich dieser Aufgabe unterzogen haben, ja aus den verschiedensten Ländern nach Ludwigsburg kamen und dort sich in diese Fragenkomplexe eingearbeitet haben.

In all den Jahren, in denen ich die Fachaufsicht über die ›Zentrale Stelle‹ ausgeübt habe, hat sich in mir die Überzeugung immer mehr gefestigt, daß die Bestrafung der abscheulichen und erschütternden Verbrechen, die im deutschen Namen begangen wurden, ein zwingendes Gebot der Gerechtigkeit ist.

Unser immer wiederholtes Bekenntnis zum Rechtsstaat würde unglaubwürdig, wenn die Bereinigung dieses düstersten Kapitels der deutschen Geschichte nicht mit Entschlossenheit, Nachdruck und mit der gebotenen Schärfe betrieben würde.

Dabei ist es nicht um eine zweite Entnazifizierung gegangen, was viele prophezeit und vielleicht gefürchtet haben; vielmehr hat man mit den Mitteln des Rechtsstaats nur die wirklichen Täter zu ermitteln und anzuklagen versucht, um damit gewissensmäßig und rechtlich dem Anliegen gerecht zu werden, dem der Landtag ja durch seine früheren Beratungen und Beschlüsse in diesem Hause schon vor der Behandlung dieser Großen Anfrage Rechnung getragen hat und die für das Justizministerium und die Landesregierung eine verpflichtende Richtlinie bei der Behandlung dieser Fragen gewesen ist.

... Die Abrechnung mit der Vergangenheit ist aber auch im Interesse der Stellung Deutschlands in der freien Welt notwendig. Im Gespräch mit zahlreichen ausländischen Besuchern im Justizministerium und in der ›Zentralen Stelle‹ in Ludwigsburg habe ich in diesen Jahren immer wieder eindrucksvoll erfahren, daß namentlich die Nationen, die unter der nationalsozialistischen Gewaltherrschaft zu leiden hatten, von der Bundesrepublik eine eindeutige Haltung der deutschen Justiz zu den begangenen Untaten erwarten.

Es kann nicht außer acht bleiben, daß die Auffassungen vieler Menschen auch in unserem eigenen Volke nicht einheitlich sind. Dabei gibt es Menschen, die diese Dinge verurteilen, die überhaupt nichts mit diesen schrecklichen Verbrechen zu tun hatten, die aber doch der Auffassung sind, daß es so lange her sei und daß man die Dinge eigentlich ruhen lassen solle.

Meine Damen und Herren, das war die Frage, vor der die deutschen Justizminister in Bad Harzburg und vor dem Abschluß der Verwaltungsvereinbarung gestanden sind. Damals nahte die Verjährung heran. Es war mit dem Ablauf der Verjährungsfrist insbesondere auch für die Beihilfe zum Mord zu rechnen. Man konnte sich ausrechnen, daß auch die Verjährung des Mordes nicht mehr allzuweit entfernt wäre. Wir haben uns diese Dinge als Justizminister und als parlamentarisch verantwortliche Minister, meine Damen und Herren, damals wahrlich nicht leicht gemacht, und damit haben wir uns mit der einstimmigen Zustimmung unserer Landesregierung in Baden-Württemberg und, getragen von dem Vertrauen und dem Auftrag dieses Hohen Hauses, dafür entschieden, den Weg zu gehen, den Sie kennen und über den zu berichten im Ständigen Ausschuß schon wiederholt Gelegenheit war; denn es ist für diejenigen, die in diesen Dingen verantwortlich mitzuwirken haben, eine Notwendigkeit gegenüber den gewählten Abgeordneten, auch in angemessenen Abständen zu berichten und die Aufschlüsse zu geben, die gegeben werden können und müssen.

Als Justizminister dieses Landes habe ich – in voller Anerkennung der richterlichen Unabhängigkeit – die Haltung unserer Gerichte und Staatsanwaltschaften zu den Verbrechen des Dritten Reiches stets sorgfältig beobachtet. Dabei habe ich festgestellt, daß sich alle diejenigen, die im Dienste der Justiz an der Bewältigung der Vergangenheit mitzuwirken haben, gerade in unserem Lande Baden-Württemberg dieser Aufgabe klar und entschieden unterzogen haben und tagtäglich unterziehen. Unsere Gerichte und Staatsanwaltschaften haben im Zusammenwirken mit der ›Zentralen Stelle‹ und im Zusammenwirken mit Dienststellen der Polizei zumindest versucht, der Weltöffentlichkeit glaubhaft zu machen, wenn man nicht sogar sagen darf, glaubhaft gemacht, daß die Bundesrepublik Deutschland alle Anstrengungen unternimmt, um die Schuldigen, die wirklich Schuldigen, die schwer Schuldigen aus der Zeit der Gewaltherrschaft der gerechten Bestrafung zuzuführen ...

Präsident: Verehrte Damen und Herren! Es ist an sich die Zeit für die Mittagspause gekommen. Wir sollten uns aber vorher noch über den geschäftsordnungsmäßigen Fortgang der Angelegenheit vergewissern.

Es liegen drei Wortmeldungen vor, darunter die des Herrn Kollegen Ulrich zur Geschäftsordnung.

Abg. Ulrich (SPD)
Um in der für uns alle so ernsten und erschütternden Angelegenheit die Möglichkeit einer klaren Meinungs- und Willensbildung auch in diesem Hause zu ermöglichen, beantrage ich namens der Sozialdemokratischen Fraktion, die Besprechung der Großen Anfrage und der Antwort, die uns eben der Herr Justizminister auf die Anfrage gegeben hat.

Präsident:
Wir werden also in eine Besprechung eintreten, und zwar nach der Mittagspause. – Zur Geschäftsordnung hat das Wort Herr Kollege Wurz.

Abg. Wurz (CDU)
Ich schließe mich diesem Antrag an, möchte aber bitten, um eine möglichst gemeinsame und einheitliche Meinungsbildung hier herbeizuführen, daß man in der Mittagspause versucht, interfraktionell zur Fassung eines gemeinsamen Antrags zu gelangen.

Ich bitte also darum, die Sitzung zu unterbrechen, und darum, daß wir uns vielleicht gleich im Anschluß an die Unterbrechung zusammensetzen, mindestens die Herren Fraktionsvorsitzenden aller Fraktionen und der eine oder andere, der sich vielleicht selbst noch an dieser Formulierung beteiligen möchte.

Präsident: Es steht also fest, daß wir in eine Besprechung eintreten. Dann ist die Anregung des Herrn Kollegen Wurz auf eine interfraktionelle Besprechung ergangen.

Wir unterbrechen die Sitzung bis 14.30 Uhr.

(Unterbrechung der Sitzung 13.10 Uhr – Wiederaufnahme der Sitzung 14.31 Uhr)

Stellvertr. Präsident Gehring: Die unterbrochene Sitzung wird fortgeführt.

Zur Aussprache haben sich die Herren Abg. Nischwitz und Straub zu Wort gemeldet.

Herr Abg. Nischwitz hat nun das Wort.

Abg. Nischwitz (FDP/DVP)
Herr Präsident! Meine sehr verehrten Damen und Herren!

Die Große Anfrage, die uns heute beschäftigt, soll uns – nicht nur den Antragstellern, sondern dem ganzen Hause – darüber Gewißheit verschaffen, daß alles geschieht, um die in der NS-Zeit begangenen schweren Verbrechen einer gerechten Sühne zuzuführen. Das ist ein Anliegen, mit dem Sie zweifellos nicht alleine stehen, das ist vielmehr auch das, was wir erstreben.

Das Zitat des Herrn Justizministers, das Sie, Herr Kollege Dr. Veit, angeführt haben, besagt ja auch, daß sich die Justiz schon seit langer Zeit der Revisionsangelegenheiten angenommen hat. Die Zahlen, die uns heute bekanntgegeben worden sind, haben uns auch – ich glaube, wir dürfen das mit Befriedigung feststellen – bewiesen, daß besonders in unserem Lande die Verhältnisse im großen und ganzen in Ordnung sind und daß das, was eventuell zu beanstanden ist, sich mehr auf die übrigen Länder der Bundesrepublik erstreckt.

Es ist interessant, Herr Dr. Veit: die Schwurgerichte, die Sie nannten, wo also nach Ihrer Auffassung unzureichende Urteile gefällt worden sind – wobei ich mich im einzelnen der Meinung enthalten will, inwieweit das zutrifft, sicherlich trifft das bei vielen zu –, sind Nürnberg, Aurich, Frankfurt am Main, Bonn, Flensburg und Ansbach, das sind also alles Schwurgerichte außerhalb unseres Landes.

Der Herr Justizminister hat, glaube ich, auch in seinen Darlegungen bewiesen, daß eine nachdrückliche Verfolgung von NS-Gewaltverbrechen der deutschen Justiz ernsthaft am Herzen liegt, und er hat dies glaube ich, auch überzeugend dargetan.

... Wir konnten weiterhin vernehmen, daß die behandelten Verfahren wegen NS-Gewaltverbrechen in unserem Lande bis zum rechtskräftigen Abschluß laufend und wirklich sehr intensiv verfolgt werden, und ich glaube, diese Überzeugung dürften auch die Herren der Opposition aus den Darlegungen des Herrn Justizministers gewonnen haben. Nun liegt natürlich eine große Schwierigkeit bei der Aburteilung dieser NS-Gewaltverbrechen darin, daß sie viele Jahre zurückliegen und daß es schwierig ist, die tatsächlichen Vorgänge hinterher wirklich so einwandfrei zu konstruieren, daß auch der gewissenhafte Richter entsprechend urteilen kann.

... Wir haben schon aus der Diskussion gehört: es geht um die Täterschaft, um die Mitbeteiligung und Mittäterschaft. Das sind alles Dinge, die natürlich nach vielen Jahren nur sehr schwer zu rekonstruieren sind. Aber ich darf auch darauf aufmerksam machen, daß die Urteile, besonders auch die Urteile, die Sie, Herr Kollege Dr. Veit, zitiert haben, von Schwurgerichten gefällt worden sind, wo also die Entscheidung nicht etwa lediglich beim Berufsrichter liegt, wo das Schwergewicht der Entscheidung – wenn ich mich so ausdrücken darf – bei den Volksrichtern, bei den Geschworenen, liegt ... Die Geschworenen sind in der Regel lebenserfahrene Männer und Frauen, die nicht – sagen wir einmal – von den Grundsätzen der Justiz gar zu sehr angekränkelt sind; sie entscheiden überwiegend nach ihrem Gewissen. Ich glaube, das sollten wir bei der Beurteilung der Fälle auch beobachten und anerkennen. Aber wir befinden uns durchaus mit den Antragstellern in einer Linie, daß die furchtbaren Verbrechen, die heute noch ungesühnt sind, selbstverständlich eine angemessene Sühne finden müssen und daß auch hier keine Entschuldigung darin gefunden werden kann, daß es möglich ist, sie erst nach Jahren zu sühnen und aufzugreifen. Zu wünschen ist nur, daß die noch anhängigen Verfahren mit tunlichstem Nachdruck vor allen Dingen und mit der gebotenen Beschleunigung zu Ende geführt werden. Aber es ist uns auch aus allen Darlegungen klargeworden, wie eine Bereinigung von Vorfällen, die viele Jahre zurückliegen, immer schwierig ist. Daß wir sie erst jetzt in deutscher Zuständigkeit überhaupt wahrnehmen können, erklärt sich auch aus dem Sachverhalt der vergangenen Jahre. Aber wir begrüßen es, daß es an sich nun doch möglich gewesen ist und noch möglich sein wird.

Was der Rat der Evangelischen Kirche Deutschlands über die Schwierigkeiten der Tatbestände gesagt hat, darf voll unterstrichen werden. Aber, wie gesagt, wir dürfen für uns in Baden-Württemberg wohl in Anspruch nehmen, daß wir hier das Möglichste getan haben, um die Täter der gerechten Strafe zuzuführen . . .

Stellvertr. Präsident Gehring: Das Wort hat Herr Abg. Straub.

Abg. Straub (CDU)
Herr Präsident! Meine sehr verehrten Damen und Herren!

Das Hohe Haus hat sich sowohl heute wie in der Debatte vom 20. Juli 1962 einig gefunden in der Verurteilung der gräßlichen Verbrechen aus der NS-Zeit. Wir sind auch einig in der Forderung, daß tatangemessene Strafen zur Sühne dieser Verbrechen erforderlich sind, und ich glaube sagen zu dürfen, daß gerade die Debatte, die wir im letzten Jahr über diese Frage geführt haben, in der Öffentlichkeit allgemein ein günstiges Echo gefunden hat. Deshalb halte ich es auch für sehr zweckmäßig, daß wir uns heute wiederum hier vor der Öffentlichkeit mit diesen Fragen befassen.

Wie damals, etwa vom Herrn Kollegen Dr. Gönnenwein, so sind auch heute Bedenken geäußert worden wegen unverhältnismäßig niedriger Strafen, die in der Vergangenheit in Einzelfällen ausgesprochen worden sind. Dazu möchte ich indessen zunächst festhalten, daß diese Urteile nicht etwa – das hat sich heute herausgestellt – von Gerichten des Landes Baden-Württemberg, sondern von Gerichten anderer Bundesländer gefällt worden sind. Sodann müssen wir uns klar darüber sein, daß weder Regierung noch Landtag die Möglichkeit haben, auf die Urteilsbildung der Gerichte selbst Einfluß zu nehmen. Das schließt nicht aus, zu einzelnen Urteilen kritisch Stellung zu nehmen. Wir sollten uns aber grundsätzlich vornehmen, das Urteil eines deutschen Gerichts erst dann zu schelten, wenn wir die Gründe, die das Gericht zu diesem Urteil geführt haben, auch wirklich kennengelernt haben. Sodann müssen wir uns auch immer hineindenken in die Rolle der Richter, die sich doch in diesen Fällen einer sehr sehr schwierigen Aufgabe gegenübergestellt sehen. Diese Verbrechen – das ist heute auch schon gesagt worden – sind vor achtzehn, zwanzig und mehr Jahren begangen worden. Bedenken Sie die großen Schwierigkeiten der Beweisführung, die hier im Einzelfall auftreten; bedenken Sie das Fehlen zuverlässiger Tatzeugen, bedenken Sie die sprachlichen Schwierigkeiten, denn die Verbrechen sind ja meist im Ausland begangen worden, usw. Das sind Schwierigkeiten, die sich in einem solchen Prozeß geradezu lawinenhaft anhäufen, wie wir das aus Erfahrung wissen.

Die Abgrenzung des Täter- und Gehilfenbegriffs ist in der Rechtsprechung des Bundesgerichtshofs wohl mit aller Deutlichkeit vorgenommen worden. Der Herr Justizminister hat diesen Begriff heute vormittag vorgetragen, und ich darf darauf Bezug nehmen und nur feststellen, daß auch diese Frage von den Richtern absolut nicht leicht zu beurteilen ist, denn es handelt sich hier um die Beurteilung innerer Vorgänge, die sich im Menschen selbst abspielen, nämlich um die Frage, ob der Täter die Tat als eine eigene Tat gewollt hat, oder ob er nur Hilfe leisten wollte zur Tat eines anderen oder anderer – ein Vorgang also, der sich im Inneren des Menschen abspielt, bei dessen Untersuchung das Gericht meist vor einer unüberwindbaren Schwierigkeit steht.

Wenn die Verurteilung entgegen dem Antrag der Staatsanwaltschaft nunmehr als Gehilfe erfolgt, so halte ich es wenigstens nach meiner Erfahrung in unserem Lande für selbstverständlich, daß die Staatsanwaltschaft in einem solchen Falle Revision gegen das Urteil einlegt. Wir haben ja heute vormittag aus dem Bericht des Herrn Justizministers gehört, daß in einigen Fällen gerade auf die Revision der Staatsanwaltschaft hin das Urteil aufgehoben wurde, weil der Begriff Täter und Gehilfe vom Schwurgericht nicht richtig angenommen war.

Es ist heute davon gesprochen worden, daß das Strafmaß bei Gewaltverbrechen unserer Tage sehr viel schwerer wiegt als etwa Strafen, die gegen NS-Gewaltverbrechen in der Vergangenheit ausgesprochen worden sind. Ich glaube, wir müssen auch der Öffentlichkeit gegenüber das darstellen, um vor allen Dingen für das eine oder andere Urteil, das uns zunächst milde erscheint, Verständnis bei der Bevölkerung aufzubringen. Es ist doch ganz selbstverständlich, daß die damaligen NS-Verbrechen von einer verantwortungslosen Staatsführung befohlen und angeordnet worden sind, daß der Täter vielfach, das bitte ich auch zu beachten, für diese Taten noch ausgezeichnet oder belohnt wurde – Umstände, die ohne weiteres eine unterschiedliche Beurteilung zwischen heute und damals nahelegen. Der Gewaltverbrecher von heute aber – das scheint mir doch wesentlich zu sein – stellt sich bewußt gegen unsere rechtsstaatliche Ordnung, die ja jeder Bürger unseres Landes kennt. Deshalb kann man wohl ohne weiteres verstehen, daß hier eine unterschiedliche Beurteilung der Gerichte erfolgt, wenn auch im Einzelfall diese Beurteilung vielleicht zu milde sein mag.

Sodann – Herr Kollege Nischwitz hat es bereits gesagt – muß auch bedacht werden, daß bei Schwurgerichten Laienrichter mitwirken, die selbstverständlich neben den rechtlichen Fragen, die insbesondere von den beisitzenden Richtern erwogen werden, natürlich auch menschliche Erwägungen in das Urteil einfließen lassen. Das ist menschlich durchaus verständlich, und ich darf Ihnen aus meiner Erfahrung mit diesen Fällen sagen, daß es selbstverständlich auf einen Laienrichter einwirken muß, daß ein SS-Mann etwa in ein SS-Regiment befohlen wurde, daß er 1945 nach Hause kam, sich sofort an die Arbeit machte, sich als ein anständiger Bürger unseres Landes aufgeführt, eine Familie gegründet und heute vielleicht fünf unmündige Kinder zu ernähren hat. Das sind alles Dinge, die nach meiner Auffassung auch von einem Schwurgericht eine gewisse Berücksichtigung erfahren müssen.

(Abg. Dr. Veit: Dort hat er Hunderte von unmündigen Kindern getötet!)

Ja, ich spreche jetzt aber nicht von diesem speziellen Urteil. Ich meine aber, wir müssen Verständnis dafür haben, wenn in dem einen oder anderen Fall auch derartige Erwägungen in Urteilen Platz greifen.

(Abg. Dr. Veit: Dafür habe ich kein Verständnis!)

Meine Damen und Herren! Wir wollen uns darüber klar sein, daß die Richter bei der Beurteilung dieser Fälle eine äußerst schwierige Aufgabe zu erfüllen haben. Auch der Rat der Evangelischen Kirche Deutschlands hat diese Schwierigkeiten am 13. März 1963 ganz klar und deutlich ausgesprochen, wie der Herr Justizminister heute vormittag zutreffend erwähnt hat. Wir sollten deshalb keine allgemeine Kritik, die sich nicht auf genaue Kenntnis der Urteilsgründe beziehen kann, üben, weil wir damit nach meiner Überzeugung indirekt das Ansehen der Gerichte schädigen, die sich redlich bemühen, dieses traurige Kapitel deutscher Vergangenheit in rechtsstaatlich einwandfreier Form zu erledigen. Wir haben nach meiner auf den Erfahrungen im Lande Baden-Württemberg beruhenden Überzeugung keinen Anlaß, die Tätigkeit der Gerichte unseres Landes auf diesem Gebiet zu kritisieren.

Ich möchte insbesondere darauf abheben – ich glaube, das muß auch in der Öffentlichkeit immer wieder gesagt werden –, daß es ja gerade das Land Baden-Württemberg war, das die ›Zentrale Stelle‹ in Ludwigsburg eingerichtet hat, die sich, wie wir heute vormittag gehört haben, in ihrem Bemühen, diese Verbrechen nach Möglichkeit aufzuklären, auch durchaus bewährt hat.

Was bleibt nach dem überzeugenden Bericht des Herrn Justizministers nunmehr dem Parlament zu tun? Ich glaube, es ist richtig, wenn wir die Regierung erneut ersuchen, ihre Bemühungen fortzusetzen, daß die Staatsanwaltschaften in allen Ländern des Bundesgebietes bei der Verfolgung von NS-Verbrechen auf eine gerechte Strafe hinwirken und nöti-

genfalls gegen unzutreffende Urteile der Gerichte auch Revision einlegen. Wir sind dazu nach meiner Überzeugung auch dem Ausland gegenüber, insbesondere dem Ausland gegenüber, in dem diese Verbrechen begangen wurden, verpflichtet, wenn wir auf den rechtsstaatlichen Aufbau unserer Gerichtsbarkeit und unseres Staates in der Zukunft Wert legen wollen.
Ich darf deshalb mitteilen, daß unsere Fraktion einem derartigen interfraktionellen Antrag auch ihre Zustimmung erteilen wird.

(Beifall bei den Regierungsparteien)

Stellvertr. Präsident Gehring: Das Wort hat der Herr Abg. Dr. Bartunek.

Abg. Dr. Bartunek (GDP)
Herr Präsident! Meine Damen und Herren!

Ich möchte zu dieser Aussprache noch einige Worte hinzufügen, vielleicht von einer anderen Seite noch etwas beleuchten, um nicht zu sehr zu wiederholen, was meine Vorredner gesagt haben.

Meine Damen und Herren! Im Jahre 1958 hat meine Fraktion es begrüßt und zugestimmt, daß die ›Zentrale Stelle‹ in Ludwigsburg errichtet wurde. Ich habe aber damals einige Bedenken dahingehend angemeldet, daß ein früherer Zeitpunkt besser gewesen wäre. Seit der Errichtung der ›Zentralen Stelle‹ sind nun fünf Jahre vergangen. Und von der Tat bis zur heutigen Urteilsfindung wird der Zeitabstand immer größer. Es ist nicht verwunderlich, wenn für die Schwurgerichte, für die Richter und für die Schöffen die Entscheidung immer schwieriger wird. Es wurde schon wiederholt gesagt – ich schließe mich dem an –, daß es schwierig sei, echte Zeugenaussagen zu bekommen. Das Erinnerungsvermögen eines Menschen leidet fraglos in 25 Jahren. Ja, es kommt vor, daß man sich in 25 Jahren eine Meinung bildet, die in völligem Gegensatz zu der Tatsache vor 25 Jahren steht.

Eine andere Frage, die sicher bei einem Prozeß auch manchmal auftaucht: Man muß daran denken, daß die Menschen, die diese Verbrechen begangen haben – wenn sie heute 48 Jahre alt sind –, damals vielleicht 25 Jahre alt waren. Es ist sicher schwierig, einen Menschen, der heute als 48jähriger vor der Anklagebank steht, mit dem zu identifizieren, was er als 25jähriger getan hat.

Herr Justizminister, Sie haben gesagt, daß unsere Bemühungen im Ausland anerkannt würden. Ich bin überzeugt, daß sie bei maßgebenden Leuten Anerkennung finden. Ich habe jedoch Bedenken, daß es im Ausland gewisse Kreise geben wird, die durch die Berichte in der Presse zu dem Ergebnis kommen werden, daß das deutsche Volk aus Verbrechern besteht, und zwar deshalb, weil in der ausländischen Presse über ähnliche Taten von Angehörigen anderer Völker nicht berichtet wird. Ich befürchte, daß bei gewissen Kreisen im Ausland wieder das auftaucht, gegen das wir uns jahrzehntelang gewehrt haben; die Kollektivschuld. Dagegen haben wir uns alle verwahrt, denn wir sind doch alle der Ansicht, daß es gute und schlechte Deutsche gibt, und daß es auch früher gute, anständige und schlechte Menschen gab.

Noch eine andere Seite. Ich möchte ganz eindeutig feststellen, daß Verbrechen gegen die Menschlichkeit und Grausamkeit auch von Angehörigen anderer Völker begangen wurden. Ich sage ausdrücklich: Angehörige, weil ich keine Kollektivschuld auf ein Volk laden will.

(Abg. Dr. Veit: Haben Sie nicht gehört, was der Rat der Evangelischen Kirche Deutschlands dazu gesagt hat? Ich habe es Ihnen vorgelesen: daß man nicht aufrechnen kann. Wollen Sie aufrechnen?)

Nein, lassen Sie mich zu Ende sprechen, dann werden Sie sehen, daß ich nicht aufrechne. Ich stelle nur fest, daß auch von anderen Verbrechen begangen wurden, in anderen Ländern jedoch keine Prozesse stattfinden. Man fragt sich, warum das so ist. Meiner Ansicht nach haben die anderen Völker kein Interesse daran, die ganze Welt darauf aufmerksam zu machen, daß auch Angehörige ihrer Nation Verbrechen begangen haben. Sehen Sie, meine Damen und Herren, Herr Kollege Dr. Veit, wir hatten den Fall Vracrić, dem nachgewiesen wurde, daß er deutsche Soldaten erschossen hat.

(Zuruf: Ermordet! – Abg. Janota: Meuchlings!)

Dieser wurde dann – man möchte beinahe sagen mit Ehrengeleit – von München nach Salzburg gebracht. Die Ironie bei diesem Fall ist, daß er nach seiner Rückkehr nach Jugoslawien sofort zu mehreren Jahren Zuchthaus verurteilt wurde, allerdings nicht wegen seiner Verbrechen gegen die Menschlichkeit, sondern weil er den jugoslawischen Staat belogen und bestohlen hatte.

Sehen Sie, meine Damen und Herren, es geschehen auch jetzt Verbrechen gegen die Menschlichkeit.

(Abg. Kalbfell: Ist das ein Vergleich zu den Millionen Juden?)

Darf ich Ihnen sagen, daß 2,5 Millionen Heimatvertriebene das Leben – wir wollen es vornehm ausdrücken – verloren haben? Denken Sie an die Zehntausende, die in Polen, der Tschechoslowakei, in Ungarn – sogenannte Kollaborateure – umgelegt wurden, also Tschechen oder Polen? Denken Sie an die Zehntausende, Hunderttausende Kalmücken, Kosaken usw. Diese Zahlen gehen ebenfalls in die Millionen. Das wollen wir uns vor Augen halten.

Ich darf noch auf etwas anderes hinweisen, und dabei wird mich das Urteil des Gerichts in Baden-Württemberg interessieren. Zur Zeit befindet sich in Stuttgart ein Volkspolizist in Haft, der einen Deutschen, welcher über die Mauer oder sonstwo aus dem unbarmherzigen Regime entfliehen wollte, niedergeschossen hat. Dieser wird sagen, er habe befehlsgemäß gehandelt. Hier kommt noch etwas dazu. Denn das, was der Volkspolizist getan hat, ist in der sogenannten DDR Recht, nur bei uns wie bei allen Rechtsstaaten ist es fraglos ein Unrecht.

Meine Damen und Herren! Abschließend möchte ich noch eines feststellen: Gewaltverbrechen, die durch Deutsche begangen werden, sollen und müssen ihre Sühne finden. Aber im Sinne der allgemeinen Rechtsgleichheit und Menschlichkeit würde es mich sehr befriedigen, wenn alle diese Menschen, gleichgültig, welchen Völkern sie angehören, verurteilt würden, damit in Zukunft solche abscheulichen Taten von keiner Seite aus mehr erfolgen könnten.

(Beifall bei den Regierungsparteien)

...

Stellvertr. Präsident Gehring: Das Schlußwort hat der Herr Abg. Dr. Veit.

Abg. Dr. Veit (SPD)
Herr Präsident! Meine sehr geehrten Damen und Herren!

Ich möchte zunächst dem Herrn Justizminister danken für seine umfassende Antwort, die er auf die Große Anfrage erteilt hat, und ich möchte die Gelegenheit benutzen, um auch der ›Zentralen Stelle‹ in Ludwigsburg erneut den Dank vor allem meiner Fraktion – ich habe nicht das Recht für das Haus zu sprechen – für die schwierige Arbeit abzustatten, die dort geleistet worden ist. Und ich weiß, mit welchen Schwierigkeiten die Herren der ›Zentralen Stelle‹ rechnen mußten und wie sie selbst angegriffen und angefeindet worden sind wegen ihrer Tätigkeit. Wenn jemand der Meinung sein sollte, daß ich diese Große Anfrage namens meiner Fraktion eingebracht habe, um Kritik am Justizministerium oder an der ›Zentralen Stelle‹ zu üben, dann ist er völlig falsch unterrichtet. Das ergab sich wohl auch aus der Anfrage, daß das nicht der Fall ist.

Aber, meine Damen und Herren, wenn ich gewußt hätte, daß das Hohe Haus durch seine Sprecher so reagiert, wie heute die Redner der Fraktionen reagiert haben – in Verkennung der Aufgabe, die dem Parlament zugwiesen ist –, hätte ich mich gehütet, diese Große Anfrage hier einzubringen, ich hätte in der Öffentlichkeit gesprochen, weil offenbar hier nicht das Ohr gefunden werden kann, um endlich einmal den Appell an das deutsche Volk von einem Parlament aus zu richten, daß es so nicht weitergehen kann mit der Rechtsprechung in deutschen Landen. Meine Damen und Herren, das war mein Anliegen. Daß der Herr Justizminister nicht gegen seine Gerichte auftreten kann, daß er nicht in der Lage ist, selbst Kritik an den Urteilssprüchen zu üben, das ist selbstverständlich. Niemand wird ihn deswegen schelten und ihm das übelnehmen. Er war nicht in der Lage – konnte nicht in der Lage sein –, zu den Urteilen, die ich hier erwähnt habe, Stellung zu nehmen, die aus dem letzten Jahr stammen und wo festgestelltermaßen Tausende von Menschen durch die Hand dieser Verurteilten ums Leben gekommen sind, daß hier Zuchthausstrafen in einer Höhe ausgesprochen worden sind, wie sie bei der herrschenden Rechtsprechung vielleicht für einen rückfälligen Einbruchsdieb oder für einen rückfälligen Hehler ausgesprochen werden.

(Abg. Wurz: Aber doch wohl nicht in Baden-Württemberg!)

Entschuldigen Sie, Herr Kollege Wurz, wissen Sie, wenn wir mit dem Argument anfangen, in Baden-Württemberg ist das nicht passiert... Entschuldigen Sie, es gibt hier auch einen Fall, wo der Herr Justizminister ja die Revision veranlaßt hat, nicht wahr, wo in Karlsruhe Ehrlinger zu zwölf Jahren Zuchthaus bei vielen Tausenden von Morden als Einsatzführer verurteilt worden ist. Und ich erinnere auch an das Heilbronner Urteil, das ebenfalls mit einer nach meinem Gefühl zu niedrigen Strafe das Verfahren beendet hat. Aber wir wollen uns doch nicht beschränken auf Baden-Württemberg. Ein Parlament muß anfangen! Es würde mich freuen, wenn andere Parlamente ohne Rücksicht auf die Partei das aufgreifen würden, denn es ist besser, die Parlamente als die berufenen Vertreter des Volkes sprechen dazu, als daß man das einzelnen Schriftstellern oder irgendwelchen Organisationen überläßt, die sich dazu äußern.

Ich bin der Meinung, das Volk, in dessen Namen Recht gesprochen wird und das hier durch die abgeordneten Vertreter repräsentiert wird, hat ein Anrecht, zu dieser Art von Justiz – ich will das nicht verallgemeinern –, zu der kritischen Art der Justiz Stellung zu nehmen.

Und was habe ich hier gehört? Eine durchlaufende Verteidigung, daß man ja eigentlich Verständnis haben muß, daß das alles so gelaufen ist.

(Abg. Gleichauf: Das war doch keine Verteidigung!)

Na, also hören Sie, wenn Sie die letzten Vorträge hier mit angehört haben, war das eine einzige Verteidigung, warum die Gerichte nicht zu anderen Urteilen kommen konnten.

Ich kenne auch, Herr Justizminister und meine Herren, die Sie hier gesprochen haben, die Rechtsprechung des Bundesgerichtshofs über die

Frage der Täterschaft und der Beihilfe, aber man muß hier noch dazufügen, daß nach geltendem deutschem Recht die Beihilfe genauso bestraft wird die die Täterschaft und daß lediglich die Möglichkeit besteht, unter das Strafmaß der Täterschaft herunterzugehen. Es kann unter diese Strafe heruntergegangen werden, es muß nicht heruntergegangen werden; und wenn heruntergegangen wird, ist die Mindeststrafe für einen Fall drei Jahre Zuchthaus. Das ist die Situation, und man kann nicht wegen der Rechtsprechung des Bundesgerichtshofes sagen, wenn nachgewiesenermaßen ein Mann 10 000 Menschen ums Leben gebracht hat, daß das nur ein Fall der Beihilfe ist und daß er deswegen mit 10 oder 8 oder 5 oder gar mit 3 Jahren Zuchthaus davonkommen kann. Dieser Unterschied zwischen Beihilfe und Täterschaft sticht hier nicht, weil die Gerichte in der Lage gewesen sind, härtere Strafen auszusprechen.

Im übrigen, dieses Urteil, das jetzt gegen den Ukrainer ausgesprochen worden ist, das will der Bundesgerichtshof selbst nicht verallgemeinert haben auf die Urteile gegen NS-Verbrechen. Der Bundesgerichtshof hat ja auch da ausdrücklich ausgesprochen: Wer eine Tat mit eigenen Händen begeht, ist gründsätzlich Täter. Nur in Ausnahmefällen kann – und da kommt die subjektive Theorie herein – auf Beihilfe erkannt werden.

Ich habe hier das Urteil des Bundesgerichtshofs vor mir liegen in der Strafsache gegen den von mir schon zitierten berüchtigten Arzt Dr. Werner Scheu aus Borkum, der nach dem Krieg ein Kinderheim auf Borkum betrieben hat. Der Bundesgerichtshof hat das Urteil aufgehoben, das nur wegen Beihilfe verurteilt hat. Er hat es aufgehoben mit dem Hinweis, daß hier Täterschaft vorgelegen hat, und da sagt der Bundesgerichtshof:

›Beide Angeklagten handelten zwar nach ihren unwiderlegten Einlassungen aufgrund eines Befehls der Gestapo, der ihnen gebot, mit der SS aus Heydekrug bei der Erschießungsaktion in Naumiestis mitzuwirken, und den zu befolgen sie sich für verpflichtet hielten. Die Feststellungen des Urteils ergeben aber, daß sie – Dr. Scheu als Führer eines SS-Reitersturms und Struve als Führer einer SS-Reiterstandarte – die ranghöchsten Uniformträger auf dem Erschießungsplatz waren und dort die Erschießungsaktion leiteten. Obwohl der (angebliche) Befehl der Gestapo seinem Wortlaut nach nicht verlangte, daß sie oder die ihnen unterstellten SS-Leute aus Heydekrug sich unmittelbar an den Erschießungen beteiligten und obwohl auf dem Erschießungsplatz andere Personen – bewaffnete Litauer sowie die gleichfalls bewaffneten, der Grenzpolizei (Gestapo) angehörigen Angeklagten Bastian und Schmidt – zugegen waren, die die Erschießungen ausführen konnten, ließen sie es zu, daß ihnen unterstellte SS-Leute sich unmittelbar an der Erschießungen beteiligten, und erschossen sogar eigenhändig einzelne Juden. Wer bewußt in einer solchen Stellung, unter solchen Umständen und in einer solchen Weise bei einer Erschießungsaktion der hier festgestellten Art mitwirkt, ist – mögen die Aktion und seine Beteiligten an ihr auch von anderen befohlen worden sein und mag er auch geglaubt haben, den Befehl befolgen zu müssen, obwohl er die Aktion innerlich ablehnte – nicht Gehilfe bei fremden Tötungstaten, tötet vielmehr als Mittäter.‹

Das ist die Rechtsprechung des Bundesgerichtshofes, und wenn Sie davon abgehen wollen, dann wäre wahrscheinlich Eichmann wegen Beihilfe verurteilt worden, wenn er vor ein deutsches Gericht gestellt worden wäre.

So hat jemand in der ›Frankfurter Allgemeinen Zeitung‹, ein Privatdozent Kaufmann, mit Recht die Bemerkung gemacht:

›Bei uns ist es so: Es gibt einen einzigen Täter, und das ist Adolf Hitler, und alle anderen Millionen waren nur die Gehilfen. Adolf Hitler hat den Gasschlauch angeschlossen, Adolf Hitler hat die Menschen mit Fußtritten in die Gaskammern befördert, und die anderen, die da mitgewirkt haben, die waren lediglich die Gehilfen.‹

... In dem Prozeß gegen Heuser, den früheren Chef der Kriminalpolizei von Rheinland-Pfalz, wurde festgestellt, daß die Verurteilten – das heißt, verurteilt waren diese Leute gar nicht –, die zur Hinrichtung kommandierten Menschen, die Frauen, die sich ausziehen mußten, auf einen Scheiterhaufen gestellt, mit Benzin übergossen und angezündet worden sind. Diese Hinrichtungsmethoden haben sich die Herren SS-Führer einfallen lassen. Als dann dort, das wurde im Urteil festgestellt, eine Frau schreiend und heulend die Flucht ergriff, ist einer von diesen Burschen, diesen Bestien, ihr nachgerannt, hat sie zurückgeholt, sie erneut mit Benzin übergossen und auf den Scheiterhaufen geschleppt. Dieser Mann bekam wenige Jahre Zuchthaus wegen Beihilfe. Meine Damen und Herren! Können wir dazu schweigen? Kann das Volk das hinnehmen?

Wie wollen wir denn noch ernsthaft verlangen, daß ein Mörder der heutigen Zeit lebenslänglich verurteilt wird, wenn wir solche Dinge heute einfach hinnehmen mit der Erwägung, damals haben besondere Zustände geherrscht; damals hat der Staat von oben herunter diese Dinge befohlen. Wir müssen dafür sorgen – und die Gerichte stehen ja auf den Standpunkt, daß es Verbrechen sind, auch wenn sie befohlen worden sind –, daß diese Verbrechen nicht in dieser Weise aus dem Strafrahmen herausfallen können, der von uns für Verbrechen dieses ungeheuerlichen, bestialischen Umfangs erwartet wird. Ich habe Ihnen den Brief des Rates der Evangelischen Kirche zitiert. Ich möchte Ihnen noch ein anderes Schriftstück zitieren, das der Herr Justizminister kennt. Das ist der Brief, den der Deutsche Koordinierungsrat an die Strafrechtler der deutschen Universitäten gerichtet hat. Es ist der deutsche Koordinierungsrat der

Gesellschaft für christlich-jüdische Zusammenarbeit – Schirmherr Altbundespräsident Professor Dr. Heuss –, also eine Organisation, an deren Spitze einer unserer besten Leute steht. Diese Organisation hat an die Professoren der deutschen Universitäten den Appell gerichtet, sie möchten ihres Wächteramtes für den Rechtsstaat eingedenk sein und sich wissenschaftlich dagegen wehren, daß diese Art von Rechtsprechung in Deutschland Platz greift. Ich darf Ihnen mit Genehmigung des Herrn Präsidenten auch aus dieser Schrift, die Sie sicher noch nicht kennen, einiges zitieren; da wird geschrieben:

›Der deutsche Koordinierungsrat der Gesellschaft für christlich-jüdische Zusammenarbeit beobachtet seit einiger Zeit mit zunehmender Besorgnis, daß von den Schwurgerichten der Bundesrepublik Massenmorde und Gewaltverbrechen aus nationalsozialistischer Zeit – Konzentrationslager, Ghettos, Einsatzgruppen – zum Teil doch schon in einer gewissen Häufung anders behandelt werden als Mordfälle sonst.

Im Hinblick auf die Bedeutung der großen Zahl der noch bevorstehenden Prozesse erscheint es nötig, so rechtzeitig und nachdrücklich wie möglich auf die Gefahren hinzuweisen, die mit einer solchen Entwicklung der Rechtsprechung verbunden sind. Insbesondere könnte in der Öffentlichkeit der Eindruck entstehen, daß nunmehr auch Staat und Justiz dem begangenen Unrecht nicht mehr diejenige Bewertung widerfahren lassen, die ihm nach unserer Rechtsordnung eindeutig zukommt. Damit könnte einer Neigung zur Verharmlosung der nationalsozialistischen Untaten Vorschub geleistet werden, wie sie schon seit Jahren in weiten Kreisen der Bevölkerung festzustellen ist. Außerdem besteht die Gefahr, daß sich dem allgemeinen Rechtsbewußtsein mehr und mehr die Vorstellung einprägt, Verbrechen im Auftrag einer Staatsführung seien keine wirklichen Verbrechen. Und staatlich befohlener oder gebilligter Mord sei weniger als Mord. Bereits jetzt werden selbst solche Fälle der Beteiligung am Massenmord, die mit einem erheblichen Maß an Aktivität, Eigeninitiative und Entscheidungsfreiheit des Angeklagten verbunden sind, mit Mindeststrafen für Beihilfe zum Mord bedacht, die in den Augen der Allgemeinheit die Mitwirkung am Massenmord zu einem Delikt von der Größenordnung etwa des schweren Diebstahls oder der gewerbsmäßigen Hehlerei herabmindern. Auch aus Gründen der Gerechtigkeit ist es unerträglich, die Mitwirkung am Massenmord mit Strafen zu belegen, die in krassem Mißverhältnis zur Aburteilung aller sonstigen Verbrechen, insbesondere auch des Mordes stehen ...‹

Ich will nicht mehr verlesen, aber dieser deutsche Koordinierungsrat hat eine Liste von Urteilen – insgesamt sind es zwölf – aufgestellt, wo SS-Einsatzführer, also verantwortliche Leute der Massenhinrichtungen überführt sind und wo wesentlich zu niedrige Strafen ausgesprochen worden sind. Darunter wird auch das Urteil des Schwurgerichts Karlsruhe gegen Ehrlinger zitiert.

Hier wird also – ich sagte es schon – das Wächteramt der deutschen Wissenschaft aufgerufen.

Meine Damen und Herren, wenn hier gesagt wird, nach zwanzig Jahren lassen sich die Dinge nicht mehr aufklären, wer streitet denn darüber? Wenn sich etwas nicht mehr aufklären läßt, bin ich der letzte, der einem Richter zumutet, nur deswegen, weil es sich um ein NS-Verbrechen handelt, über Beweisschwierigkeiten hinwegzuspringen und zu sagen, der war dabei, also wird er verurteilt. Das wird kein Mann, der rechtsstaatlich denkt, verlangen. Aber die Leute sind verurteilt worden; da ist der Tatbestand festgestellt worden, und es handelt sich ausschließlich um das Strafmaß.

Gewiß kennen wir die ›Gedächtnislücken‹. Es ist merkwürdig – und das ist wiederholt festgestellt worden –, daß diese Gedächtnislücken nicht etwa von Anfang an aufgetaucht sind, sondern erst in der Verhandlung. Leute, die sich bei den Vernehmungen ganz klar erinnert haben, sind, unter welchen Einflüssen auch immer, plötzlich in die Lage gekommen, nichts mehr zu wissen

Eigenartigerweise waren auch manche Vorsitzenden von einer merkwürdigen Unwissenheit über diese Dinge. Ein Richter – ein Vorsitzender eines Schwurgerichts – fragt beispielsweise: Was ist denn Majdanek? Ist das denn noch zu verstehen? Wenn man weiß, wie ein Mordprozeß unserer Zeit aufgeklärt wird, wie da der Tatort bis ins letzte ausgeleuchtet wird, und zwar mit vollem Recht, da kommt ein Richter in einem solchen Prozeß und weiß nicht, was Majdanek ist; oder er fragt, wer ist eigentlich Herr Höß. Sie kennen den Massenmörder von Auschwitz, der nicht mehr am Leben ist. Er fragt: Herr Höß, lebt der Herr noch? – Das ist die Frage des Vorsitzenden eines Schwurgerichts, und dann die Zeugen, meine Damen und Herren. Muß man sich denn wundern, daß die nichts mehr wissen, wenn ein ausgewachsener Staatssekretär, der jahrelang im Ostgebiet tätig war und der die Finanzverwaltung dort gehabt hat, der die Berichte darüber erhielt, wieviel Kleidung von Juden dort angefallen ist, der über diese Kleidung zu verfügen hatte, der auch über die den Juden ausgebrochenen Goldzähne zu verfügen hatte, wenn der vor Gericht erklärt, er habe von alledem nichts gewußt, es sei zwar einmal so gemunkelt worden, aber er habe nicht gewußt, daß diese Dinge dort passiert seien. Dann hat es einen Vorsitzenden dort gegeben, der diesen Staatssekretär vereidigt hat, und es hat einen Staatsanwalt gegeben, der den Mann nicht sofort in Haft genommen hat. Meine Damen und Herren, da braucht man sich nicht zu wundern, wenn die Dinge so laufen, daß solche Urteile dabei herauskommen.

Ich möchte Ihnen sagen, meine Damen und Herren – und darüber sollten wir uns einig sein, und ich hoffe auch, daß wir uns einig sind –: Nehmen Sie mir meine Leidenschaftlichkeit nicht übel. Es dreht sich nicht um Rache. Mir kommt es nicht darauf an, daß der Herr Maier oder der Herr Schulze nun unbedingt lebenslänglich erhält oder eine andere höhere Strafe, sondern es ist die ausgesprochene Sorge um den Rechtsstaat, denn ein Rechtsstaat entsteht nicht dadurch, daß man die Institutionen schafft, die dann nicht funktionieren, sondern er ist nur dann geschaffen, wenn in diesem Rechtsstaat die Rechtsprechung vom Geist einer Gerechtigkeit beseelt ist, die ewig ist und die nicht vom Menschen manipuliert werden kann.

Meine Damen und Herren! Die Frage der Aufhebung der Haftbefehle: wo gibt es das in Deutschland? Können Sie mir einen Fall nennen, in dem ein Mörder auf freien Fuß gesetzt wird? Das kommt doch kaum einmal vor; aber hier wird das gegen Kaution – bei 10 000 Mordfällen von 10 000 DM, pro Mann, pro Leiche 1 DM – gemacht. Man möchte beinahe meinen, diese Kaution sei in ihrer Höhe mit einem gewissen Zynismus festgesetzt worden. Halten Sie das für angemessen: 10 000 DM Geldstrafe bei 10 000 Toten?

(Abg. Dr. Reinhold Maier: Diese verschiedenen Vergleiche sind so weit hergeholt, daß man dagegen protestieren muß.)

Ja, bitte, gegen das, was wir an Kritik sagen, wird protestiert. Es wäre besser, sie würden gegen diese Urteile protestieren. Damit wäre der deutschen Sache besser gedient.

(Lebhafter Beifall bei der Opposition)

Keine Aberkennung der bürgerlichen Ehrenrechte! Wo gibt es so etwas? Das ist die Anerkennung, daß der politische Mord, der von der Staatsführung befohlene Mord eben etwas anderes als Mord ist, daß er so etwas wie eine Art, ich möchte nicht sagen, Kavaliersdelikt, um mich nicht erneut einer Rüge auszusetzen, aber jedenfalls als eine wesentlich einfachere Sache ausgelegt, als etwas anderes.

Dann möchte ich sagen: Ich kann alles verzeihen, was im Nationalsozialismus passiert ist; aber Mord ist nicht zu verzeihen. Mord bleibt Mord, und Mord muß entsprechend gesühnt werden. Man hat den Eindruck, und aus den Aussagen einzelner Herren, die hier gesprochen haben, ist dieser Eindruck verstärkt worden, daß sich die Richter bei der Strafzumessung vom Anblick des Täters haben leiten lassen: der Mann, der wieder eine Familie gegründet hat, der Mann, der gut angezogen daherkommt, der Mann, der unseren Gesellschaftsschichten angehört; ein Mensch, wie du und ich, der damals nur auf Befehl des Führers handelte. Mein Gott, den Mann jetzt lebenslänglich ins Zuchthaus werfen!

Man hat alle Milderungsgründe zusammengesucht, die für einen solchen Menschen sprechen. Das soll ja auch geschehen. Wir müssen natürlich in der Strafjustiz auch die Milderungsgründe berücksichtigen, aber nicht nur. Zunächst muß die Tat gesehen werden, und vor der Tat hat man offenbar die Augen verschlossen. Man hat sich nicht die furchtbare Situation der Menschen ins Gedächtnis zurückgerufen, die einem das Herz stillstehen läßt; wenn man daran denkt, wie sie aus den Zügen ausgeladen worden sind, Frauen mit kleinen Kindern, die in die Gaskammern geschickt worden sind, wenn sie auf den Scheiterhaufen gestellt worden sind, wenn sie an die Gruben geführt worden sind und das bißchen Kleidung, das sie hatten und das noch für die Textilverwertung brauchbar war, ausziehen mußten, und dann die Kinder vor den Augen der Mütter von diesen Bestien erschossen und in die Grube geworfen worden sind – das muß man sich vor Augen führen und nicht, daß einer, der wieder eine Familie gegründet hat, möglicherweise jetzt in eine schreckliche Situation kommt. Sehen Sie, das wird vernachlässigt!

Auf was es mir und meiner Fraktion angekommen ist und was hier leider nicht gezogen hat: daß das ganze Haus als Vertreter des deutschen Volkes in diesem Raume sich erhebt und sagt: Diese Rechtsprechung, wir haben keinen Einfluß auf sie, wir können sie nicht bestimmen – aber wir geben zu erkennen: wir sprechen auch namens des Volkes, daß diese Rechtsprechung nicht mit dem wirklichen Recht zu vereinen ist, daß auf die Taten hier nicht gebührende Rücksicht genommen wird.

Es darf nicht zugelassen werden – ich sage es noch einmal –, daß Mord nicht gleich Mord behandelt wird und daß der politische Mord oder der Mord im Auftrag eines Verbrechers an der Spitze des Staates als nicht ehrenrühriges Delikt angesehen wird.

In der großen unerledigten Aufgabe der Bewältigung unserer Vergangenheit haben die Gerichte eine große und schwere Aufgabe, weil sie gleichzeitig ihre eigene Vergangenheit bewältigen müssen; denn es waren deutsche Gerichte, meine Damen und Herren, die in der nationalsozialistischen Zeit vor keinem noch so harten Urteil zurückgeschreckt sind; wir kennen die Verfahren von NS-Richtern, wo wir manchmal wirklich den Atem anhielten, wo ohne Not und ohne daß etwa das Strafgesetz diese Art und Höhe der Strafe befohlen hat, sich die Richter förmlich überschlagen haben mit unmenschlichen Strafen für verhältnismäßig geringfügige Delikte. Nun schlägt die Justiz – ich will wieder nicht verallgemeinern –, und nun schlagen aber einzelne Gerichte genau in das Gegenteil um. So gesehen, haben die Gerichte ihre eigene Vergangenheit zu bewältigen, und sie haben gleichzeitig den Rechtsstaat der Zukunft zu sichern. Wenn aber die Maßstäbe für die Anwendung der Strafgewalt verlorengehen, gerät der Rechtsstaat in Gefahr. Auf diese Gefahr wollten wir hinweisen. Wenn möglichst viele im deutschen Volke das gleiche tun, wenn sich die Presse dessen annimmt und ebenfalls auf die Gefahr hinweist, werden wir vor unserem eigenen Gewissen, aber auch vor dem Gewissen der Welt unser Schicksal bewältigen und ein für allemal klarstellen, hoffentlich auch für kommende, sich nicht wiederholende Zeiten: wer im Dienste eines Verbrechers Verbrechen begeht, muß damit rechnen, daß er zur Verantwortung gezogen wird, und er kann sich nicht darauf berufen, daß ihm diese Verbrechen befohlen worden seien ...

Stellv. Präsident Gehring: Zunächst hat der Justizminister ums Wort gebeten. Ich erteile ihm das Wort.

Justizminister Dr. Wolfgang Haußmann

... Warum ich hier das Wort noch einmal erbeten habe, Herr Kollege Dr. Veit, ist, daß in dem Kulmhof-Prozeß am 30. März 1963 der Hauptangeklagte Laabs 15 Jahre Zuchthaus bekommen hat

(Abg. Dr. Veit: Der Hauptangeklagte ist auf freiem Fuß!)

Ja, aber, wie gesagt, außerhalb unseres Landes.

Die Mitangeklagten haben 15 Jahre, 13 Jahre, 8 Jahre und 7 Jahre Zuchthaus bekommen.

Im Heuser-Prozeß ist der Angeklagte Heuser rechtskräftig zu 15 Jahren Zuchthaus, ein Angeklagter dreimal lebenslänglich verurteilt worden. Das ist außerhalb unseres Landes. Nachdem Sie aber diese Urteile als Ihr Anliegen an die Regierung und an den Landtag, wenn ich Sie recht verstehen konnte, erwähnt haben, um eben aufgrund des gemeinsamen Antrags aller Fraktionen erneut im Rahmen des für uns Möglichen auf die anderen Länder einzuwirken und bei der nächsten Justizministerkonferenz etwa erneut einen Beschluß dieses Hohen Hauses zur Geltung zu bringen, fühle ich mich doch verpflichtet, darauf hinzuweisen, daß auch in anderen Ländern nicht nur derartige geringfügige Urteile ausgesprochen worden sind.

Ich möchte im übrigen dem Hohen Hause und sämtlichen Fraktionen dafür Dank sagen, von der Erklärung der Landesregierung ausdrücklich Kenntnis genommen zu haben und die Landesregierung zu ersuchen, sich mit den Regierungen der anderen Länder, praktisch mit den Justizministern, in Verbindung zu setzen. Es ist eine Selbstverständlichkeit, daß dies geschieht. Ich werde meinen Kollegen diesen Beschluß und möglichst auch das Protokoll der heutigen Sitzung zugänglich machen zur Vorbereitung der Justizministerkonferenz, und wir werden dann sehen, wie die Dinge weitergehen.

Ich hoffe aber abschließend noch einmal, daß das Hohe Haus so, wie es Herr Kollege Dr. Veit ausdrücklich an den Beginn seiner Ausführungen gestellt hat, den Eindruck gewinnt, daß wir in unserem Lande uns mit allem Ernst der Dinge angenommen haben, aber auch streng im Rahmen der rechtsstaatlichen Möglichkeiten unter Berücksichtigung der Schwierigkeiten, die nun einmal in der Tat – das ist uns, die wir als Juristen in diesen Dingen früher oder jetzt mit den Gerichten zu tun hatten, bewußt – gegeben sind und sehr häufig eine bedauerliche Rolle spielen. Ich habe in meinen Ausführungen von heute vormittag mit vollem Bewußtsein ausdrücklich darauf hingewiesen, wie sehr es sich die Justizminister 1958 in Bad Harzburg und dann in ihren Länderkabinetten überlegt haben, ob sie sich dieser Aufgabe überhaupt noch einmal, nach diesem Zeitablauf, annehmen sollen und annehmen können. Meine Damen und Herren! Objektiv gesehen, ist eigentlich die deutsche Justiz mit diesen Dingen überfordert, denn hier werden geschichtliche Vorgänge, schicksalhafte Verstrickungen in einem Zeitpunkt zum Gegenstand rechtlicher Verfahren gemacht, in welchem es, das muß objektiverweise zugunsten der Berufsrichter, der Laienrichter und der Zeugen gesagt werden, eine Gewissensfrage und eine schwere Aufgabe bedeutet. Ich fühle mich verpflichtet, auch auf diese Seite der Dinge hinzuweisen, ohne daß ich einen Auftrag oder einen Anlaß hätte, die Berufs- oder die Laienrichter hier zu verteidigen.

Es geht hier vielleicht nicht so sehr nur um rechtliche Fragen, wenn es auch in erster Linie rechtliche Fragen sein und bleiben müssen, auch nicht so sehr, wenn das natürlich auch der Fall ist, um politische Fragen, sondern auch um, wenn Sie wollen, Temperamentsfragen und Anschauungs- und Gewissensfragen des Einzelnen. Ich habe jedenfalls, Herr Kollege Dr. Veit, den Eindruck, daß wir alle als Menschen verschieden veranlagt sind und verschieden reagieren und daß wir aus unserer Berufs- und Lebenserfahrung und aus unserer Verantwortung zu verschiedenen Schlußfolgerungen kommen. Sie, Herr Kollege Dr. Veit, kommen aus Ihrer reichen juristischen Erfahrung und Tätigkeit naturgemäß zu anderen Ergebnissen als andere Mitglieder dieses Hohen Hauses. Aber ich glaube, wir sollten uns hier gegenseitig bestätigen, und zwar stillschweigend, daß wir in der Verurteilung dessen, was hier leider im deutschen Namen geschehen ist, einiger sind, als es aus Ihren Ausführungen, Herr Kollege Dr. Veit, vielleicht hätte den Anschein haben können ...

Stellv. Präsident Gehring: Meine Damen und Herren! ... Jetzt erteile ich das Wort dem Herrn Abg. Dr. Reinhold Maier.

Abg. Dr. Reinhold Maier (FDP/DVP)
Herr Präsident! Meine sehr geehrten Abgeordneten!

... Ich möchte nur eine ganz kurze Erklärung abgeben. Ich darf vielleicht darauf hinweisen, daß sich in diesem Hause, und zwar in allen Parteilagern, wohl niemand befindet, der durch die Verfolgungsmaßnahmen, die in der Diskussion der letzten Stunden eine Rolle gespielt haben so hart betroffen wurde – in der Familie und bei Familienangehörigen – wie ich. Selbstverständlich bedauere ich in jeder Hinsicht diese Schrecklichkeiten und Scheußlichkeiten, die sich abgespielt haben, besonders als Deutscher, aufs tiefste. Ich darf sagen, daß ich auch in vielen Diskussionen mit Persönlichkeiten, welche diese Dinge miterlebt und miterduldet haben, immer wieder gezwungen bin, mein Urteil abzugeben.

Einen Punkt in der Rede des Herrn Dr. Veit habe ich als viel zu weitgehend angesehen, und zwar nicht etwa die Angriffe, die er gegen die Taten, sondern die Angriffe, die er gegen die Richter gerichtet hat, nämlich in einem besonderen Fall – ich kenne ihn auch nur aus der Presse und hatte keine Akten darüber –, in dem ein Angeklagter gegen eine Sicherheitsleistung von DM 50 000 in Form einer Bankbürgschaft aus der Haft entlassen wurde. Hier hat Herr Dr. Veit nach meinem Dafürhalten, nachdem er schon einige Male in die Nähe dessen gekommen war, was eine leidenschaftliche Rede an und für sich gerne mit sich bringt, nämlich zu Übertreibungen –

(Lebhafter Widerspruch bei der SPD – Zuruf des Abg. Hohlwegler)

Jawohl, er hat gegen dieses Gericht, Herr Abg. Hohlwegler, die Beschuldigung erhoben, daß die Sicherheitsleistung DM 50 000 betragen habe.

(Zuruf von der SPD: Das ist eine Feststellung! Weitere Zurufe von der SPD)

Er hat gesagt: also pro Mord eine Mark.

(Zurufe von der SPD)

Meine Herren, das ist nach meinem Dafürhalten eine Äußerung, die sich gegen die Gerichte in der ganzen Bundesrepublik richtet.

(Widerspruch bei der SPD)

Und ich erlaube es mir, in einem solchen Fall sofort einen Protest an Ort und Stelle vorzubringen. Meiner Meinung nach ist das notwendig. Und Sie mögen da hinten noch so brutteln, solange Sie wollen, das berührt mich nicht. Aber bei dieser Berechnung konnte ich nicht schweigen – eine Mark Sicherheitsleistung pro Mord. Und ich muß nochmals sagen: Das ist kein harmloser Angriff gegen die deutsche Justiz.

Stellv. Präsident Gehring: Das Wort hat Herr Abg. Renner.

Abg. Renner (SPD)
Herr Präsident! Meine sehr verehrten Damen und Herren!

Ich muß mich darüber wundern, daß der von mir verehrte Herr Kollege Dr. Maier diese Rede zum Anlaß genommen hat, meinen Parteifreund Dr. Veit zu rügen. Die Art, wie er seine Rüge begründet, ist nicht stichhaltig.

Er hat dem Kollegen Dr. Veit unterstellt, dieser habe positiv gesagt und erklärt, der Richter habe pro Toten eine Mark gerechnet. Das hat der Kollege Dr. Veit nicht getan, sondern er hat wirklich leidenschaftlich – es gehört eine gewisse Leidenschaft dazu, wenn man die Dinge richtig beurteilen und dem Volke nahebringen will – erklärt, wenn man zynisch sein wolle, wäre man versucht, das zu sagen. Damit hat er erklärt, daß er dem Richter das nicht unterstelle.

Aber, meine verehrten Damen und Herren, es ist außerordentlich erstaunlich, daß man einen Hauptangeklagten, der beschuldigt wird, 50 000 Morde begangen zu haben, auf freien Fuß setzt! Ich war achtzehn Jahre lang Richter. Wir setzten Angeklagte, die krank waren und die Haft nicht mehr ertrugen, in manchen Fällen auf freien Fuß. Aber bei schweren Verbrechen haben wir die Leute, gerade um Verdunkelungsgefahr zu verhüten, nicht auf freien Fuß gesetzt, sondern sie auf dem Hohenasperg in ärztliche Behandlung gegeben.

Ich kenne den angesprochenen Fall nicht, muß jedoch sagen, daß ich mich aufs höchste gewundert habe, daß man in einem solchen Fall jemand gegen Sicherheitsleistung entläßt.

Noch eine Frage – das ist erstaunlich an der Sache und beweist, daß die Erregung des Herrn Kollegen Dr. Veit nicht unbegründet war: Wo gibt es sonst einen armen Teufel von Angeklagten, der eine Bankbürgschaft über DM 50 000 beibringen kann? Der Umstand, daß ein Mann, der an der Spitze eines solchen Vernichtungslagers stand, in der Lage war, eine Bankbürgschaft von DM 50 000 beizubringen, zeigt, daß er Helfer hat, die kein Gefühl dafür haben, daß man in einem solchen Fall mit den Geldern der Bankkunden so nicht arbeiten soll.

Stellv. Präsident Gehring: Wortmeldungen liegen nicht mehr vor. Zur Geschäftsordnung, Herr Abg. Angstmann.

Abg. Angstmann (SPD)
Angesichts der Bedeutung dieses Antrags, welche die Aussprache gezeigt hat, beantrage ich, namentlich darüber abzustimmen.

Stellv. Präsident Gehring: Es ist der Antrag gestellt, namentlich abzustimmen. Wer ist bereit, diesen Antrag zu unterstützen? – Das ist die große Mehrheit.

Wir kommen zur namentlichen Abstimmung über den Antrag auf Beilage 3236. Wer diesem Antrag zustimmen will, stimmt mit Ja, wer ihn ablehnen will, mit Nein. Stimmenthaltungen werden, wie immer, besonders vermerkt.

...

Ich kann das Ergebnis bekanntgeben. An der Abstimmung haben sich 104 Mitglieder des Hauses beteiligt. Sämtliche 104 haben mit Ja gestimmt. Der Antrag hat die Zustimmung des Hauses gefunden.

Mit *Ja* haben gestimmt: Angstmann, Barthold, Dr. Bartunek, Else Berkmann, Brachat, Braun, Dr. Brünner, Burger, Daffinger, Diez, Dullenkopf, Ebert, Einwald, Emig, Dr. Erbe, Erlenbusch, Flattich, Gottlieb Frank, Wilhelm Frank, Frick, Fundel, Ganter, Ganzenmüller, Gehring, Geisert, Geist, Gepperth, Gleichauf, Gog, Gomeringer, Gress, Grittmann, Gross, Dr. Gurk, Haag, Dr. Haas, von Hacht, Häfner, Hagen, Dr. Hagmann, Hauff, Dr. Wolfgang Haußmann, Dr. Heieck, Helmstädter, Herzog, Hirrlinger, Hofstetter, Hohlwegler, Dr. Huber, Ilg. Janota, Dr. Hedwig Jochmus, Kalbfell, Keller, Kimmel, Knittel, König, Krause, Kuhngamberger, Lauer, Dr. Leber, Leeger, Alfred Löffler, Joachim Löffler, Lorenz, Dr. Reinhold Maier, Lena Maurer, Meister, Dr. Harro Meyer, Dr. Friedrich Müller, Dr. Hermann Müller, Nischwitz, Dr. Person, Rauch, Renner, Stefie Restle, Rimmele, Roller, Rupps, Saam, Schäfer, Fritz Schieler, Dr. Schieler, Schrempp, Schrotz, Dr. Schwarz, Josef Schwarz, Schweiger, Siedler, Spörer, Stephan, Stock, Stößinger, Stork, Straub, Ulrich, Dr. Veit, Vogt, Wäldele, Widermeier,Wurz, Zinser.«

Das Referat von Loccum hatte also noch einmal ein nützliches Nachspiel. Es kam deutlich zum Ausdruck, daß auch ein Einzelner allerlei in Bewegung zu setzen vermag ...

Natürlich gab es auch erhebliche Gegenkräfte. In der National- und Soldatenzeitung, in der seit dem Loccumer Vortrag schon wiederholt Angriffe gestanden hatten, erschien am 14. 6. 1963 folgender Artikel zu einem Vortrag vor der Evangelischen Studentengemeinde in der Freien Universität Berlin vom 30. 5. 1963:

»Die in Mannheim tätige und als unentwegte deutsche Kollektivschuld- und Scham-Vertreterin mehrfach aufgefallene Staatsanwältin Barbara Just-Dahlmann sagte dieser Tage u. a.: ›Ein Volk, das keine Lust mehr hat, seine Mörder abzuurteilen, muß innerlich verfaulen.‹ Dieses Mal sind wir ganz der Meinung der Frau Just-Dahlmann. Wir sind für die Wiedereinführung der Todesstrafe, wie an anderer Stelle auch unserer heutigen Ausgabe zu lesen ist. Nur eine Frage an die Frau Staatsanwalt: Wie ist das denn mit den christlichen Demokratien, die keinerlei Lust zeigen, ihre Mörder abzuurteilen? Müssen deren Völker nun verfaulen? Denn wenn – wie wir sicher richtig vermuten – Frau Staatsanwalt lediglich wieder einmal an ›deutsche Kriegsverbrecher‹ denkt und befürchtet, daß sie nicht hart genug angefaßt werden könnten, wie ist das denn mit den Mördern, deren es wahrhaftig nicht wenige gibt, bei den deutschen Feinden des Zweiten Weltkrieges? Wir hören nur immer wieder, daß die Mörder, beispielsweise von Dresden, Würzburg und anderen deutschen Städten, die Mörder in den alliierten Nachkriegs-KZs auf deutschem Boden nicht nur nicht verfolgt werden, sondern nach wie vor geachtet, zum Teil hochgeachtet, in ihrer Volksgemeinschaft leben.«

Wir erhielten auch schriftlich und vor allem telefonisch im Lauf der Jahre seit dem Loccumer Vortrag zahlreiche – natürlich anonyme – Mordandrohungen, wobei wir uns mehrfach die Zeit nahmen, mit den Anrufern lange Gespräche zu führen ...

Das Buch von Henkys konnte – wie wir bereits geahnt hatten – zeitlich nicht so fertiggestellt werden, wie es ursprünglich geplant war. Das Material, das er aufgestöbert hatte, war zu umfangreich. Es bedurfte einer genauen Untersuchung und einer Systematisierung. Anfang August 1963 erhielten wir die bislang fertig gewordenen Teile des Manuskriptes zur kritischen Überprüfung, und wir waren von dem Zustandegekommenen sehr beeindruckt. Aber es dauerte dann doch noch erhebliche Zeit, bis das Buch erscheinen konnte. Das Manuskript wurde am 1. März 1964 abgeschlossen. Es erschien dann in der zweiten Hälfte April 1964 unter dem Titel »Die nationalsozialistischen Gewaltverbrechen – Geschichte und Gericht«. Es ist inzwischen leider vergriffen und ist – typischerweise übrigens – nicht mehr neu aufgelegt worden, obgleich es zu den besten Gesamtinformationen handlichen Umfangs gehört. Es war damals schon eine der besten Übersichten und Zusammenfassungen der NS-Verbrechen und ihrer bisherigen Ahndung durch die Gerichte. Das gewaltigste Werk zur Shoah von Raul Hilberg »The Destruction of European Jews« lag damals nur dem Herausgeber und nur in englischer Sprache vor. Dieses Buch ist – übrigens auch typischerweise – trotz vielfältiger Bemühungen in deutscher Übersetzung – erweitert auf den

Stand von Mitte Mai 1982 – unter dem Titel »Die Vernichtung der europäischen Juden« erst Ende 1982 erschienen.[10]

Warum gehen wir so ausführlich auf diese Zeit ein? Man schrieb das Jahr 1963. Hunderte von Prozessen zu den NS-Verbrechen traten nach dem Ermittlungsstadium in das Stadium der Anklage und damit in das gerichtliche Verfahren. Zudem stand der (erste) große Auschwitz-Prozeß vor der Tür, der am 20. Dezember 1963 begann. Es waren entscheidende Jahre. Würde die deutsche Justiz diesen grauenhaften Komplex strafrechtlich »in den Griff bekommen« oder nicht?

Anfrage an die Strafrechtslehrer zu der Rechtsprechung (1963)

Der deutsche Koordinierungsrat der Gesellschaften für christlich-jüdische Zusammenarbeit hatte sich in der Zwischenzeit – wie aus dem Protokoll des Landtags, Ziffer 2, vom 11. 7. 1963 ersichtlich – an die Strafrechtsprofessoren der deutschen Universitäten gewandt. Der Anstoß zu dieser Aktion war von uns ausgegangen.

Am 1. 6. 1962 trafen wir uns bei Professor Dr. theol. Kraus in Hamburg mit Oberstaatsanwalt Dr. Koch, dem Leiter der politischen Abteilung der Staatsanwaltschaft bei dem Landgericht Hamburg, und Rechtsanwalt Schueler, damals Generalsekretär des deutschen Anwaltsvereins und Journalist beim Deutschen Allgemeinen Sonntagsblatt. Dieses Treffen hatten wir erbeten. Nach eingehender Darlegung der Situation der NS-Verbrechenprozesse durch uns und Oberstaatsanwalt Dr. Koch regten wir an, daß der Assistent von Professor Dr. jur Sieverts – damals Rektor der Universität Hamburg – einen Brief an die Strafrechtslehrer unter Materiallieferung (d. h. von Urteilen) durch Oberstaatsanwalt Dr. Koch und uns entwarf. Dieser Brief sollte im Falle der Bewilligung seines Inhalts durch die hier Anwesenden sodann durch den Koordinierungsrat der Gesellschaften für christlich-jüdische Zusammenarbeit, deren evangelischer Vorsitzender Professor Dr. Kraus war, an die Strafrechtslehrer versandt werden. Schueler seinerseits sollte mit Adolf Arndt (MdB) wegen einer eventuellen Großen Anfrage im Bundestag Verbindung aufnehmen. Eine ständige Kontaktnahme der an diesem Gespräch Beteiligten wurde vereinbart. In der Folgezeit gab es dann vor allem eine intensive Korrespondenz zwischen dem späteren Strafrechtslehrer Dr. Jäger und uns. Dr. Jäger hat später – als Professor – das Buch »Verbrechen unter totalitärer Herrschaft« veröffentlicht, in dem gewichtige rechtliche Aspekte zu den NS-Verbrechen dargestellt wurden. Ein weiterer intensiver Kontakt ergab sich mit Professor Dr. jur. Baumann, Strafrechtslehrer in Tübingen, der – als einer der wenigen damals – in Aufsätzen gerade auch in juristischen Fachzeitschriften zu dem Problemkreis der

NS-Verbrechen Stellung nahm. Und schließlich schrieb der Deutsche Koordinierungsrat der Gesellschaften für christlich-jüdische Zusammenarbeit E. V., dessen Schirmherr Professor Dr. Theodor Heuss war, am 12. 3. 1963 folgenden Brief an sämtliche Strafrechtslehrer der Bundesrepublik:

Zu den NS-Prozessen

(An die Strafrechtler der deutschen Universitäten)

Sehr geehrter Herr Professor,

der Deutsche Koordinierungsrat der Gesellschaft für christlich-jüdische Zusammenarbeit beobachtet seit einiger Zeit mit zunehmender Besorgnis, daß von den Schwurgerichten der Bundesrepublik Massenmorde und Gewaltverbrechen aus nationalsozialistischer Zeit (Konzentrationslager, Ghettos, Einsatzgruppen usw.) zum Teil – aber doch schon in einer gewissen Häufung – anders behandelt werden als Mordfälle sonst. Im Hinblick auf die Bedeutung und große Zahl der noch bevorstehenden Prozesse erscheint es nötig, so rechtzeitig und nachdrücklich wie möglich, auf die Gefahren hinzuweisen, die mit einer solchen Entwicklung der Rechtsprechung verbunden sind. Insbesondere könnte in der Öffentlichkeit der Eindruck entstehen, daß nunmehr auch Staat und Justiz dem begangenen Unrecht nicht mehr diejenige Bewertung widerfahren lassen, die ihm nach unserer Rechtsordnung eindeutig zukommt. Damit könnte einer Neigung zur Verharmlosung der nationalsozialistischen Untaten Vorschub geleistet werden, wie sie schon seit Jahren in weiten Kreisen der Bevölkerung festzustellen ist. Außerdem besteht die Gefahr, daß sich dem allgemeinen Rechtsbewußtsein mehr und mehr die Vorstellung einprägt, Verbrechen im Auftrage einer Staatsführung seien keine wirklichen Verbrechen und staatlich befohlener oder gebilligter Mord sei weniger als Mord.

Bereits jetzt werden selbst solche Fälle der Beteiligung am Massenmord, die mit einem erheblichen Maß an Aktivität, Eigen-Initiative und Entscheidungsfreiheit des Angeklagten verbunden sind, mit Mindeststrafen für »Beihilfe zum Mord« bedacht, die in den Augen der Allgemeinheit die Mitwirkung am Massenmord zu einem Delikt von der Größenordnung etwa des schweren Diebstahls oder der gewerbsmäßigen Hehlerei herabmindern. Auch aus Gründen der Gerechtigkeit ist es unerträglich, die Mitwirkung am Massenmord mit Strafen zu belegen, die in krassem Mißverhältnis zur Aburteilung aller sonstigen Verbrechen, insbesondere auch des Mordes stehen. Hier, so scheint es, wäre es dringend notwendig, wenn die Strafrechtswissenschaft ein deutliches Wort spräche, nicht etwa, um für größere Härte der Gerichte einzutreten, wohl aber mit dem Ziel, auf eine strafrechtliche Gleichbehandlung hinzuwirken und die verschobenen Maßstäbe wieder zurechtzurücken. Wir möchten Ihnen deshalb im folgenden einen Überblick über eine Serie bedenklicher Gerichtsentscheidungen geben und damit die Bitte verbinden, zu dieser Rechtsprechung – z. B. in wissenschaftlichen Aufsätzen und Urteilsbesprechungen – möglichst bald Stellung zu nehmen. Dies erscheint uns um so wichtiger, als der Ausgang der noch bevorstehenden Prozesse und ihre Wirkung auf das Rechtsbewußtsein der Allgemeinheit nicht zuletzt von der fachlichen Kritik abhängen dürfte, die an der bisherigen Schwurgerichtspraxis geübt wird.

Die nachfolgende Urteilszusammenstellung, die keinen Anspruch auf Vollständigkeit erhebt, stützt sich entweder auf den Wortlaut der angeführten Urteile oder aber auf Presseberichte. Es sei ausdrücklich vermerkt, daß die meisten dieser Urteile noch nicht rechtskräftig sind. Da jedoch im Hinblick auf den jeweils außergewöhnlichen Umfang der Materie mit einer Rechtskraft in absehbarer Zeit nicht zu rechnen ist, erscheint eine Besprechung vor Eintritt der Rechtskraft nötig, um den Schwurgerichten den notwendigen wissenschaftlichen Rückhalt zu geben, ehe sie weiterhin in der befürchteten Weise urteilen.

1. Das Schwurgericht Karlsruhe verurteilte am 20. 12. 1961 den Führer des Einsatz-Kommandos 1 b Ehrlinger wegen Beihilfe zum Mord in 1045 Fällen und wegen eines versuchten Mordes zu einer Gesamtstrafe von zwölf Jahren Zuchthaus. E. trat bereits 1931 der NSDAP und SA bei, wurde 1933 Sturmführer, trat 1935 zur SS über und wurde 1941 Kommandant, 1942 stellvertretender Befehlshaber der Sicherheitspolizei und des SD Kiew. Mit 32 Jah-

ren war er SS-Standartenführer. Nach den Feststellungen des Gerichtes war E. überzeugter Anhänger des Nationalsozialismus und als Antisemit bereit, die judenfeindlichen Maßnahmen zu unterstützen und mit durchzusetzen. Bei den ihm zur Last gelegten Exekutionen, die auf seine Anordnung und unter seiner Leitung stattfanden, wurden auch Frauen und Kinder getötet. E. machte keinen Versuch, sich dem ihm erteilten Befehl zu widersetzen, er setzte vielmehr die Ausführungen des Befehls durch seine Untergebenen mit großer Härte durch. Er hatte weitgehende Entscheidungsbefugnisse und über die Exekutionsvorschläge zu befinden. Dennoch sieht ihn das Gericht lediglich als Gehilfen der Haupttäter Hitler, Himmler, Heydrich usw. an.

2. Das Schwurgericht Gießen verurteilte am 26. 3. 1962 die Angeklagten Kirschner, Hoffmann und Pillich wegen Beihilfe zum Mord in mindestens 162 Fällen zu 3 Jahren und 9 Monaten, 3 Jahren und 6 Monaten und 3 Jahren und 3 Monaten Zuchthaus (Ehrverlust auf 2 Jahre). Gegenstand des Verfahrens war eine Erschießungsaktion, die am 11. 11.1939 in einer Kleinstadt nordöstlich von Warschau stattfand und der Männer, Frauen und Kinder zum Opfer fielen. Kirschner hat als Polizeihauptmann des Polizeiregiments Warschau die Aktion geleitet, Hoffmann das Erschießungs-Kommando gestellt, Pillich auf seinen ausdrücklichen Wunsch hin an der Aktion teilgenommen und die Angehörigen des Exekutionskommandos zum Durchhalten ermuntert. Außerdem hat Pillich fotografische Aufnahmen von der Erschießung gemacht, die nach Feststellung des Gerichts besonders grausame Vorgänge mit sich brachten. Das Schwurgericht verurteilte wegen Beihilfe zum Mord und hielt trotz der festgestellten besonders grausamen Vorgänge für jeden Fall der Beihilfe eine Zuchthausstrafe von drei Jahren (also die überhaupt zulässige Mindeststrafe) für die angemessene Sühne. Erschreckend und angesichts der allgemeinen Strafrechtspraxis bei Mord völlig unverständlich ist hier, daß diese ohnehin schon niedrige Einsatzstrafe für die weiteren 161 Fälle nur um 9, bzw. 6, bzw. 3 Monate erhöht wird.

3. Das Schwurgericht München I verurteilte am 21. 7. 1961 den Führer des Einsatz-Kommandos 8 der Einsatzgruppe B, Dr. Bradfisch, wegen Beihilfe zu gemeinschaftlichem Mord in 15 000 Fällen zu zehn Jahren Zuchthaus. Seine Mitangeklagten

Schulz und Winkler wurden wegen eines solchen Verbrechens in 1 100 bzw. 650 Fällen zu 7 Jahren bzw. 3 Jahren 6 Monaten Zuchthaus rechtskräftig verurteilt. Dr. Bradfisch, SS-Sturmbannführer und Regierungsrat hatte 15 000 Juden, darunter viele Frauen und Kinder, umbringen lassen und hierbei in mindestens zwei Fällen eigenhändig mitgewirkt. Von seinen Untergebenen verlangte er Aktivität: er wolle ›Zahlen sehen‹. Allen Versuchen von Untergebenen, den Exekutionen zu entgehen, trat er energisch entgegen. Dennoch sah ihn das Gericht nur als Gehilfen an, der – trotz einer Zahl von 15 000 Ermordeten – nicht einmal die für Beihilfe mögliche Höchststrafe von 15 Jahren Zuchthaus verwirkt habe. – Seine Mitangeklagten leiteten Teiltrupps des Einsatzkommandos 8.

4. Das Schwurgericht Aurich verurteilte am 29. 5. 1961 den nach dem Kriege auf Borkum lebenden Kinderarzt Dr. Scheu wegen Beihilfe zum Mord an 220 Menschen zu sechs Jahren Zuchthaus. Als Führer eines Sturms der Allgemeinen Reiter-SS in Ostpreußen ließ er, ohne durch einen hierauf gerichteten Befehl dazu veranlaßt zu sein, 220 Juden, darunter Knaben, umbringen, wobei er eigenhändig mittötete. Das Urteil ist inzwischen zwar vom Bundesgerichtshof aufgehoben worden, die Erfahrung lehrt jedoch, daß bei einer zweiten Verurteilung gelegentlich noch niedrigere Strafen verhängt werden als bei der ersten Verurteilung (vgl. Urteil des Schwurgerichts Kassel gegen Lechthaler u. a.).

5. Das Schwurgericht Dortmund verurteilte am 12. 10. 1961 die Angeklagten Krumbach, Gerke und Dr. Jahr wegen Mitwirkung bei der Tötung von 827, 909 und 6 Menschen zu Zuchthausstrafen von 3 Jahren 6 Monaten, 3 Jahren 6 Monaten und 3 Jahren 3 Monaten. Den Angeklagten wurde zur Last gelegt, als Kriminalkommissare und SS-Hauptsturmführer der Gestapo Tilsit im Rahmen der Einsatzgruppe A an Massenmorden mitgewirkt zu haben. Das Urteil wurde aufgehoben. Die Sache ist inzwischen neu verhandelt worden. Krumbach ist nunmehr zu 4 Jahren und 6 Monaten, Gerke zu 5 Jahren Zuchthaus verurteilt worden. Das Urteil gegen Jahr ist rechtskräftig. Die am 5. 2. 1963 verhängten Strafen (4 1/2 Jahre und 5 Jahre Zuchthaus) liegen nicht wesentlich höher als die der ersten Verurteilung.

6. Das Schwurgericht Ansbach veruteilte am 8. 6. 1962 den Angeklagten Patina zu 15 Monaten Gefängnis unter Anrechnung von 11 Monaten Untersuchungshaft wegen Beihilfe zum Totschlag an 19 Menschen rechtskräftig. Patina hatte im Oktober 1939 als SS-Führer in einem polnischen Gefängnis 19 polnische Häftlinge erschossen.

7. Das Schwurgericht Trier erkannte am 20. 12. 1961 in der Strafsache gegen Brendel und Fenchel auf Freispruch (rechtskräftig). Die Angeklagten hatten durch Handreichungen bei der Tötung von ca. 40 russischen Gefangenen (politischen Kommissaren) im KZ Hinzert mitgewirkt. Die Gefangenen wurden aufgrund des sogenannten Kommissar-Befehls durch Zyankali-Einspritzungen getötet, wobei ihnen vorgespiegelt wurde, es handele sich um eine routinemäßige Untersuchung und Impfung. Vor der Einspritzung wurden die Gefangenen zum Schein gemessen, gewogen und auf den Zustand ihrer Zähne untersucht. Die Angeklagten wurden u. a. deswegen freigesprochen, weil sie möglicherweise die Tötung gutgläubig für eine Hinrichtung aufgrund ordnungsgemäßer Todesurteile (!) gehalten hätten.

Außerdem sind – zum Teil durch die Presse – noch folgende Entscheidungen deutscher Gerichte bekannt geworden:

8. Das Schwurgericht Frankfurt verurteilte am 13. 7. 1962 den Mitarbeiter Eichmanns im Reichssicherheitshauptamt, Hunsche, wegen Beihilfe zum Mord an 600 ungarischen Juden zu fünf Jahren Zuchthaus – ausdrücklich ohne Aberkennung der bürgerlichen Ehrenrechte.

9. Anfang 1960 verhängte das Schwurgericht Berlin rechtskräftig in der Strafsache gegen Hülsdünker und Knop Zuchthausstrafen von 3 ½ und 7 Jahren wegen Beihilfe zum Mord in 300 Fällen, nachdem die Staatsanwaltschaft lebenslänglich Zuchthaus beantragt hatte.

10. Das Schwurgericht Flensburg verurteilte Anfang 1963 den Angeklagten Fellenz in einer Strafsache, in der Anklage wegen der Ermordung von 40 000 Menschen erhoben war, zu 4 Jahren Zuchthaus, wobei die Untersuchungshaft angerechnet wurde und

lediglich ein Strafrest von einem Monat blieb, der ausgesetzt wurde. Die Staatsanwaltschaft hatte auch hier lebenslängliches Zuchthaus beantragt. Auch hier wurden – ausdrücklich – die bürgerlichen Ehrenrechte nicht aberkannt.

11. Das Schwurgericht Kassel verurteilte am 28. 4. 1961 den Angeklagten Lechthaler zu 3 Jahren 6 Monaten Zuchthaus und sprach den Angeklagten Pappenkort frei. Gegenstand des Verfahrens war die Erschießung der gesamten jüdischen Bevölkerung einschließlich der Frauen und Kinder in den russischen Städten Smolewitsche und Sluzk. Lechthaler war der Kommandeur des Exekutions-Bataillons. Das Gericht verurteilte wegen Beihilfe zum Mord, aber auch das nur, weil auch die Kleinkinder unter zehn Jahren und die alten Leute sowie die Handwerker-Familien, deren Tötung risikolos vermeidbar gewesen wäre, mitgetötet worden sind; bezüglich der übrigen Opfer wurde dem Angeklagten der Entschuldigungsgrund des Befehlsnotstandes zugebilligt. Das Urteil ist aufgehoben und Lechthaler nach erneuter Verhandlung nunmehr nur noch wegen Beihilfe zum Totschlag zu zwei Jahren Gefängnis verurteilt worden. Nachdem der Bundesgerichtshof die Sache aufgehoben und zurückgewiesen hatte, hat das Schwurgericht Kassel inzwischen Anfang 1963 Papenkort erneut freigesprochen und Lechthaler wegen Beihilfe zum Totschlag mit zwei Jahren Gefängnis bestraft. Zur näheren Information über die damaligen – grauenhaften – Vorgänge in Sluzk verweisen wir Sie auf die Urkunden PS 1104 in der Sammlung der Nürnberger Dokumente.

12. Bekannt geworden ist auch das Urteil des Schwurgerichts Bonn in der Strafsache Döring zu 6 Jahren Zuchthaus wegen Beihilfe zum Mord in über 600 Fällen (Ende 1962).

Es liegt dem Deutschen Koordinierungsrat völlig fern, aufgrund der hier angeführten Gerichtsentscheidungen ein Pauschal-Urteil über die deutsche Rechtsprechung in NS-Prozessen fällen zu wollen.

Zweifellos handelt es sich um eine negative Auslese, die nicht repräsentativ zu sein braucht. Außerdem ist es natürlich für eine fundierte Urteilskritik nötig, Sachverhalt und Gründe im Einzelfall genau zu prüfen. Andererseits ist nicht zu übersehen, daß es sich um eine in der Öffentlichkeit durchaus beachtete Serie auffälliger Urteile handelt, die ein genügender Anlaß sein sollte, auf gewisse Fehlentwicklungen der Strafrechtspraxis aufmerksam zu machen. So haben sich auch schon zahlreiche Tages- und Wochenzeitungen dieser Frage angenommen.

Beispielhaft sei auf den Artikel »Ein Toter gleich 10 Minuten Gefängnis« in der »ZEIT« vom 25. 5. 1962 verwiesen.

Insbesondere ist auch zu befürchten, daß das kürzlich gegen den Sowjetagenten Staschynskij gefällte Urteil des Bundesgerichtshofs, das den Ausführenden einer durch die Staatsführung angeordneten Mordtat lediglich als Gehilfen wertet, nachhaltige Konsequenzen für die strafrechtliche Aburteilung nationalsozialistischer Gewaltverbrecher haben könnte, wenn nicht beizeiten von berufener Seite aus auf den deutlichen Unterschied zu den NS-Gewaltverbrechen hingewiesen wird. Es sei deswegen die Anregung und Bitte ausgesprochen, daß von seiten der Strafrechtswissenschaft zu diesen Urteilen bald und in möglichst deutlicher Weise Stellung genommen wird.

Für den
Deutschen Koordinierungsrat
der Gesellschaft für *(Leopold Goldschmidt)*
christlich-jüdische Zusammenarbeit E. V. Generalsekretär

Die Reaktion war – ganz im Gegensatz zu unseren doch wohl berechtigten Erwartungen – dürftig: Von den angeschriebenen 58 Strafrechtslehrern antworteten nur neun. Die erfolgten Zuschriften stimmten jedoch sehr nachdenklich.[11] Folgende Auswahl ist durchaus repräsentativ:

Privatdozent Dr. Claus Roxin aus Hamburg schrieb am 15. 3. 1963 wie folgt:

»Für die Übersendung Ihres Schreibens ›Zu den NS-Prozessen‹ danke ich Ihnen herzlich. Ich teile Ihre Besorgnis in vollem Umfang und bin mit Ihnen einer Meinung, daß es Aufgabe der deutschen Strafrechtswissenschaft ist, die ›verschobenen Maßstäbe wieder zurechtzurücken‹. Aus diesem Grund hatte ich für meine

Hamburger Antrittsvorlesung am 14. 2. 1963 das Thema ›Straftaten im Rahmen organisatorischer Machtapparate‹ gewählt. Ich habe in diesem Vortrag die Tendenz der Rechtsprechung, auf dem Umweg über die Beihilfekonstruktion zu gesetzlich nicht vorgesehenen Strafmilderungsgründen zu kommen, bekämpft und namentlich auch das Staschynskij-Urteil des Bundesgerichtshofes heftig kritisiert. Das Typoskript des Referats hatte ich schon am 5. 2. 1963 der Juristenzeitung zur Veröffentlichung übersandt. Obwohl ich wegen der brennenden Aktualität des Themas um schnelle Nachricht gebeten hatte und mittlerweile auch noch zwei Mahnschreiben hinterhergesandt habe, ist es mir bisher nicht gelungen, eine Antwort zu erhalten. Doch will ich die Arbeit um der Sache willen auf jeden Fall veröffentlichen; wenn nicht hier, so in einer anderen Zeitschrift ...«

Professor Dr. Karl Peters von der Universität Münster (später Tübingen) äußerte sich in einem Schreiben an den Koordinierungsrat am 16. 3. 1963 wie folgt:

»Für die Übersendung des Rundschreibens an die Strafrechtler der deutschen Universitäten danke ich Ihnen sehr. Ich teile Ihre Sorgen im Hinblick auf die Urteile in den NS-Prozessen. Ich meine, daß die beanstandeten Urteile sich daraus ergeben, daß unsere Generation, wenn auch nicht im strafrechtlichen Sinne, so doch in einem weiteren Sinn weithin irgendwie verknüpft ist. Was ich meine, hat die Synode des Rates der Evangelischen Kirche in Deutschland dieser Tage in Bethel zum Ausdruck gebracht (vgl. F. A. Z. vom 16. März 1963, S. 3). Meine eigene Auffassung habe ich in einer Abhandlung: ›Gedanken eines Juristen zum Eichmann-Prozeß‹, Eckart-Jahrbuch, 1961/62 Witten (Ruhr) S. 229 ff. zum Ausdruck gebracht. Wie schwer das Ringen um die Bewältigung der Vergangenheit ist, hat die Tagung der Katholischen Akademie in Bayern im November 1961 zum Thema ›Möglichkeiten und Grenzen der Bewältigung historischer und politischer Schuld in Strafprozessen‹ deutlich dargetan. Vgl. dazu: Freiburger Rundbriefe 192 (Nr. 53/56) S. 82 f. Um diese Abwehrmauern zu durchbrechen, bedarf es der ernsten Bereitschaft zum Schuldanerkenntnis und einer unermüdlichen Arbeit im kirchlichen, politischen, gesellschaftlichen, familiären und individuellen Bereich.

Auf wieviele Gegenströmungen ein solches Bemühen stößt, wissen wir leider alle.«

Profesosr Dr. Günter Spendel, Vorstand des Seminars für Strafrecht, Strafprozeßrecht und strafrechtliche Hilfswissenschaften der Universität Würzburg berichtete am 21. 3. 1963:

»...Leider muß ich Ihnen die schon seit Jahren zu machende tief bedauerliche Beobachtung bestätigen, daß die nach 1945 abgeurteilten NS-Verbrechen oft nicht die ihnen gebührende Bewertung und Bestrafung finden. Das hat im wesentlichen zwei Gründe, die sich zum Teil nicht immer scharf trennen lassen.

Einmal ist die von Ihnen beanstandete Rechtsprechung die Folge der verunglückten ›Denazifizierung‹ nach Kriegsende. Wenn heute noch oder wieder Richter und Wissenschaftler im Amt sind, die vor 1945 unter dem Naziregime in irgendeiner Form ›mitgemacht‹ haben, darf man sich nicht wundern, daß psychologisch keine Bereitschaft besteht, die NS-Verbrecher zur Verantwortung zu ziehen. Der Mensch kann und will sich eben nicht fortwährend selbst mit anklagen und verurteilen. Deshalb begegnet man auch einer entsprechenden Kritik mit Animosität oder mit Schweigen. Bezeichnend ist z. B. die verärgerte, um nicht zu sagen: giftige Reaktion eines Bundesrichters in seiner kurzen Buchbesprechung in der ›Deutschen Richterzeitung' 1955, S. 148, als ich in meiner dem Problem der rationalen Begründung der richterlichen Strafzumessung gewidmeten Frankfurter Habilitationsschrift ‹Zur Lehre vom Strafmaß‹, 1954 S. 69/70 eine Entscheidung des Bundesgerichtshofs scharf kritisiert hatte. In diesem Falle (BGHSt. Bd. 5. S. 57) hatte der Angeklagte als ›Rottenführer‹ der Waffen-SS und ›Blockführer ‹ in einem Konzentrationslager im Laufe eines Jahres (1) teils durch Schläge mit einem Haselnußstock (einfache Körperverletzung im Amt), (2) teils durch Tritte mit dem Stiefel (Körperverletzung im Amt in Tateinheit mit gefährlicher Körperverletzung) Häftlinge mißhandelt. Obwohl das Landgericht Hamburg für *jeden* Fall der 1. Gruppe 4, für jeden der 2. Gruppe 5 Monate Gefängnis ausgeworfen, aus diesen Einzelstrafen aber eine *Gesamtstrafe* von nur 6 Monaten Gefängnis gebildet hatte und damit das Verfahren nach dem Straffreiheitsgesetz von 1949 einstellen konnte, hat der Bundesgerichtshof als oberstes deutsches Strafgericht noch keinen ›Mißbrauch der tatrichterlichen Ermessensfreiheit‹ festzustellen vermocht, weil strafmindernd z. B. berücksichtigt worden sei, daß der Angeklagte wegen seiner Zugehörigkeit zur Waffen-SS ›grundlos‹ eindreiviertel Jahre Internierungshaft nach 1945 erlitten habe.

Zum anderen sind die von Ihnen angeführten empörenden Gerichtsurteile, wie ich Ihnen nicht verhehlen möchte, nur die Folge einer Entwicklung im Strafrecht, die unter den Parolen der Psychologisierung und Individualisierung und aufgrund der modernen Verbrechens- und Straftheorien zu einem strafrechtlichen Subjektivismus geführt hat und z. T. gerade von Persönlichkeiten gefördert wird, welche jetzt erstaunt nur die Auswüchse in politischen Strafsachen gewahr werden und beanstanden (s. dazu meine Frankfurter Antrittsrede ›Zur Notwendigkeit des Objektivismus im Strafrecht‹ in der ›Zeitschrift f. d. ges. Strafrechtswissenschaft‹ 65. Bd (1953), S. 519). Es ist mir interessant, daß Sie selbst einen ›deutlichen Unterschied‹ zwischen dem Staschynskij-Urteil des BGH und den Entscheidungen in den NS-Prozessen sehen. Ich vermag einen wesentlichen Unterschied keineswegs zu erkennen (wenn man davon absieht, daß in dem einen Fall ›nur‹ zwei Ausländer, in den anderen Fällen vielleicht Tausende von Juden oder politischen Gegnern des eigenen Volkes getötet worden sind)! Denn hier wie dort hat der Angeklagte mehr oder minder bereitwillig eigenhändig im Auftrag eines verbrecherischen staatlichen Apparates Menschen vorsätzlich umgebracht und ist damit eben ›Täter‹ (und nicht ›Gehilfe‹. Der BGH beruft sich bezeichnenderweise auf die Rechtsprechung, die bei Mordtaten auf staatlichen Befehl oft nur Beihilfe annehme (vgl. BGHSt. Bd. 18, S. 87 (93).

Sie können aufgrund meiner vorstehenden Ausführungen vielleicht verstehen, daß man gegenüber dem in Strafrechtstheorie und -praxis herrschenden Zeitgeist langsam resigniert.«

Professor Dr. Kaufmann vom Institut für Rechts- und Sozialphilosophie der Universität des Saarlandes teilte am 10. 4. 1963 folgendes mit:

»... Infolge eines Krankenhausaufenthaltes ist es mir erst heute möglich, auf Ihren Brief zu antworten. Ich möchte mit Nachdruck betonen, daß ich Ihre Sorgen bezüglich der Entwicklung der deutschen Rechtsprechung zu den NS-Straftaten voll und ganz teile. Ich mache mir schon seit längerem Gedanken darüber, in welcher Weise ich diese Entwicklung zum Guten beeinflussen könnte. Eine Besprechung der von Ihnen eingeführten Schwurgerichts-Urteile in einer juristischen Fachzeitschrift erscheint mir allerdings nicht als ein geeigneter Weg. Zum einen ist es nicht üblich, nicht rechtskräftige Urteile in Fachzeitschriften zu besprechen. Zum anderen aber würden derartige Besprechungen diejenigen, die es in erster Linie angeht, nämlich die Laienrichter bei den Schwurgerichten, überhaupt nicht erreichen. Ich war selbst einige Jahre Richter bei einem Schwurgericht und habe es wiederholt erlebt, daß in derartigen NS-Prozessen die drei Berufsrichter, die für eine strenge Bestrafung eintraten, von den sechs Geschworenen überstimmt worden sind. Leider ist es so, daß die Laienrichter nur allzuoft nach irrationalen Gesichtspunkten urteilen und juristisch-sachlichen Argumenten nicht zugänglich sind. Aus den genannten Gründen würde es auch, was die Praxis der Schwurgerichte anbelangt, eine Besprechung des ›Staschynksij-Urteils‹ des BGH, das ich aus strafrechts-dogmatischen Gründen entschieden ablehne, wohl weitgehend ins Leere stoßen. Eine Änderung der derzeitigen Praxis in den NS-Prozessen ist nach meinem Dafürhalten nur durch eine gezielte öffentliche Aufklärung in Presse, Funk usw. möglich. Soweit ich dazu Gelegenheit habe, werde ich selbstverständlich an dieser Aufklärung mitwirken.

Am meisten aber glaube ich dadurch tun zu können, daß ich die junge Generation der Juristen an der Universität in entsprechendem Geiste unterweise.«

Professor Dr. Klug vom Kriminalwissenschaftlichen Institut an der Universität zu Köln schrieb am 26. 4. 1963:

»... Ihr an die Strafrechtler der deutschen Universitäten gerichtetes Rundschreiben zu den NS-Prozessen habe ich mit Anteilnahme gelesen. Mit der Problematik dieser Verfahren beschäftige ich mich seit langem. Ihre Auffassung darüber, daß zahlreiche Urteile unverständlich erscheinen, teile ich. Desgleichen halte ich die extrem subjektive Teilnahmetheorie des Bundesgerichtshofes, die in dem Staschynskij-Urteil ihren Höhepunkt erreicht, für verfehlt und bin mit Ihnen der Meinung, daß sie sich auf die Rechtsprechung ungünstig auswirken wird. In meinen Vorlesungen und Vorträgen sowie bei meinem sonstigen gelegentlichen Auftreten in der Öffentlichkeit nehme ich in diesem Sinne seit jeher Stellung.

Andererseits kann man, darin werden Sie mir sicher zustimmen, nicht darüber hinwegsehen, daß eine gezielte Äußerung zu einem bestimmten Urteil nur dann möglich ist, wenn man dieses Urteil, den Sachverhalt, die rechtlichen Erwägungen und die sonstigen Umstände genau kennt. Es wäre sicher ein schwerer Fehler, sich lediglich auf die Presseberichte verlassen zu wollen. Hinzu kommt ein weiterer mit der modernen rechtsstaatlichen Strafjustiz – nicht nur unseres Landes – zusammenhängender Gesichtspunkt: Infolge der ausschlaggebenden Teilnahme von Laienrichtern im Schwurgerichtsverfahren sowie infolge des Beratungsgeheimnisses ist es unmöglich festzustellen, wer für den jeweiligen Richterspruch verantwortlich ist. Man kann wohl vermuten, daß in manchen Fällen die Laienrichter die Berufsrichter überstimmt haben. Das braucht durchaus nicht auf nazifreundlicher Gesinnung zu beruhen, sondern wird mit allgemein menschlichen Erwägungen zusammenhängen, die nicht zuletzt von einer geschickten Verteidigung verstärkt sein können.

Die Problematik ist sehr vielschichtig...

Privatdozent Dr. jur. Geerds richtete am 31. 7. 1963 ein Schreiben an den Koordinierungsrat, in dem es hieß:

»... leider kann ich Ihnen erst heute den Eingang Ihres Rundschreibens an die deutschen Strafrechtslehrer vom 12. 3. 1963 dankend bestätigen. Zunächst hatte ich die nach Pfingsten in Saarbrücken stattfindende Tagung der deutschen Strafrechtslehrer abgewartet, weil ich annahm, daß eine Stellungnahme in dieser Form erfolgen würde. Daß dieses bedauerlicherweise nicht geschehen ist, dürfte auf die nicht zu verkennende Schwierigkeit der Materie zurückzuführen sein, die verständlicherweise eine sorgfältige Vorbereitung erfordert hätte...

Natürlich lassen die Gerichtsurteile sich aber nicht ohne ein genaues Studium der Akten beurteilen, weshalb man sich insoweit wohl einer Urteilsschelte noch enthalten muß. Sie selbst sagen ja auch zutreffend, daß Sie ein Pauschal-Urteil über die deutsche

Rechtsprechung in NS-Prozessen ablehnen. Dennoch ist es völlig zutreffend und m. E. zu begrüßen, daß Sie mit Nachdruck auf die Gefahr hinweisen, daß man hier eine in der Sache sicher nicht begründete Milde walten lasse. Mit Recht befürchten Sie unerfreuliche Konsequenzen des mir ebenfalls in seiner juristischen Argumentation nicht einleuchtenden Staschynskij-Urteils. Jedenfalls können Sie sicher sein, daß ich hier in Kiel in meinen Vorlesungen und Übungen sowie in Diskussionen bereits mehrfach mit Nachdruck vor den Tendenzen gewarnt habe, die Ihre Besorgnis erweckt haben. Auch in meiner Habilitationsschrift (Zur Lehre von der Konkurrenz im Strafrecht, 1961 Hamburg) habe ich z. B. auf S. 478 derartige Zweifel an einer Entscheidung des Bundesgerichtshofs (BGHSt. 5–57 ff.) angemeldet.

Allerdings würde ich meinen, daß die Gründe für eine unbefriedigende Handhabung dieser Fälle, die sich erst durch eine größere und genauere Untersuchung feststellen ließe, tiefer liegen, man also nicht leichthin vom Bestreben ausgehen darf, daß zumindest gewisse Gerichte Nazi-Schergen ›begünstigen‹ würden. Einmal ist die Strafzumessung nach wie vor ein überaus unerquickliches Kapitel der deutschen Strafrechtspflege. Seit der Arbeit von Exner aus dem Jahre 1931 hat sich nicht viel geändert. Vielleicht ist das eine der unschönen Konsequenzen der Überbewertung des ›Schuldstrafrechts‹. Zum anderen könnte sich auch hier das m. E. wichtigste Problem der Juristen-Ausbildung auswirken, das ich nicht in einer Studienreform oder einer anderen Gestaltung des Vorbereitungsdienstes erblicken würde. Vielmehr scheint mir, daß die jungen Juristen einfach zu früh Richter werden ...

Professor Dr. Jescheck, Direktor des Institutes für ausländisches und internationales Strafrecht an der Universität Freiburg i. Br. antwortete am 24. 10. 1963:

»... Im Institut für ausländisches und internationales Strafrecht in Freiburg i. Br. wird durch einen holländischen Habilitanden, Herrn C. F. Rüter, eine größere Arbeit vorbereitet, die die Gesamtheit der deutschen Urteile über die in der Zeit des Nationalsozialismus begangenen Verbrechen umfassen und diese Rechtsprechung würdigen soll. Ich glaube, daß diese Art der wissenschaftlichen Auseinandersetzung unter voller Kenntnis des gesamten Materials die beste Methode ist, um Ihrem Anliegen gerecht zu werden. Ich möchte deshalb meinerseits auf Stellungnahme zu einzelnen Urteilen verzichten, bevor ich nicht die Arbeit von Herrn Rüter in ihren wesentlichen Ergebnissen kenne.«

Der in diesem Schreiben erwähnte Herr Rüter schrieb am 9. 12 1963 an den Koordinierungsrat:

»... An Sie wende ich mich mit der Bitte, dieses Vorhaben zu unterstützen, indem Sie Ihre Gutachten, Veröffentlichungen und Stellungnahmen mir zur Verfügung stellen. Wichtig sind dabei u. a. die Vorträge, die vor Ihren Gesellschaften gehalten werden, wie z. B. der Vortrag von Herrn Prof. Sarstedt (Berlin) über die strafrechtliche Problematik der NS-Prozesse, der in Recklinghausen Anfang November gehalten wurde.

Außerdem wäre ich Ihnen sehr dankbar, wenn Sie mir mitteilen wollten, ob Sie Prozeßakten – vor allem Urteile – besitzen, die mir zur Auswertung überlassen werden könnten.

Die verfassungsmäßige Ordnung der Bundesrepublik, die die Justiz als Ländersache betrachtet, sowie der Mangel an Literatur erschwert die Beschaffung der notwendigen Unterlagen beträchtlich. Ich wäre Ihnen deshalb zu größtem Dank verbunden, wenn Sie meinen Bitten möglichst umfassend entsprechen wollten.«

Uns aber ist noch heute unverständlich, wieso ein Wissenschaftler damals um Urteile »betteln« mußte.

Besonders hervorzuheben ist der Einsatz von Professor Baumann in Tübingen. Immer wieder meldete er sich in Aufsätzen und Besprechungen sowie mit einem Beitrag in dem Buch von Henkys entschieden zu Wort. Anläßlich eines unserer Vorträge zu den NS-Verbrechenprozessen in der Universität Tübingen am 10. 7. 1964 berichtete er uns in einer Nachbesprechung, wie sehr er sich auf der Tagung der Strafrechtslehrer im Juni 1963 um eine gemeinsame Antwort der Strafrechtslehrer auf den Brief des Koordinierungsrates bemüht hatte. Ein solches zustande zu bringen sei einfach nicht möglich gewesen. Er sei schließlich völlig verärgert abgereist und habe sich danach bemüht, im Umlaufverfahren eine Antwort auf den Brief des Koordinierungsrates zustande zu bringen. Er habe darauf jedoch nur eine einzige Antwort erhalten!

Unsere entsprechenden Bemühungen waren also insoweit vergeblich. Aber wir bemühten uns weiterhin, mit unserem Anliegen nicht »auf die Straße« zu gehen, obgleich man manchmal vor Zorn und Scham über die unverständliche Gleichgültigkeit hätte schreien mögen.

Appell an die juristischen Zeitschriften

Im Anschluß an die Besprechung mit Professor Baumann fingen wir erneut an, darüber nachzudenken, was man noch gegen diese Art der Rechtsprechung zu den NS-Verbrechenprozessen tun könne.

Professor Baumann hatte uns bei dem Gespräch am 11. 7. 1964 mitgeteilt, daß er sich im März 1963 an Professor Bader gewandt und ein Sonderheft der Juristenzeitung angeregt habe, in dem mehrere Professoren je ein Urteil zu den NS-Verbrechenprozessen besprechen sollten. Baumann berichtete, daß nichts zustande gekommen sei; seither sei nichts mehr erfolgt. Wir beide beschlossen daher, nun *alle* juristischen Fachzeitschriften anzuschreiben, damit endlich diese Urteile dort besprochen würden. Am 11. 7. 1964 schrieb meine Frau an Professor Bader – früher (1949) Generalstaatsanwalt bei der Generalstaatsanwaltschaft in Freiburg/Breisgau, nunmehr in Zürich lebend und Mitherausgeber der Juristenzeitung – folgenden Brief:

»Als wir uns das letzte Mal in Heidelberg (Podiumsgespräch bei der Gesellschaft zur Wahrung der Grundrechte) sahen, sprachen wir gemeinsam über unsere Besorgnisse über den Verlauf unserer NS-Prozesse. Sie hatten damals vor der Katholischen Akademie in München, ich vor der Evangelischen Akademie in Loccum gesprochen. Inzwischen sind einige Jahre vergangen, und die damals von uns durch einzelne Urteile hervorgerufenen Befürchtungen sind nun durch derart viel neue Urteile bestätigt worden, daß man nicht mehr von Ausnahmen sprechen kann. Die Rechtsprechung (inzwischen – mit Ausnahme des V. Senats in Berlin – bis zum BGH) geht nun eindeutig den von uns damals schon befürchteten Weg: Täter werden als ›Gehilfen‹ abgeurteilt und auf diesem Umweg mit Strafen belegt, die an Zynismus grenzen (Beihilfe zum Mord in 162 Fällen in Realkonkurrenz etwa mit 3 Jahren und 3 Monaten – Urteil des Schwurgerichts Gießen i. S. Pillich u. a.). Inzwischen ist nun die ausgezeichnete Zusammenstellung von Langbein ›Im Namen des deutschen Volkes‹ (Europaverlag) erschienen. Er stellt für die seit Schaffung der ›Zentralen Stelle‹ 1958 bis zum Erscheinen seines Buches (Mitte 1963) 231 Beschuldigten fest: Wegen Mordes in Täterschaft wurden 20 (von 231), wegen Beihilfe zum Mord 96 und von diesen 96 nur 9 (!) mit Zuchthausstrafen über 10 Jahren bestraft, obgleich es sich im Einzelfall jeweils um Beihilfe zum Mord an bis zu 1 500 und mehr Menschen handelt. Die statistische Darstellung von Langbein spricht für sich, und sie läßt einen schaudern. Die Parallele zu der Statistik in Gumbels ›Vom Fememord zur Reichskanzlei‹ drängt sich einem zwangsläufig in peinlicher Weise auf.

Sehr geehrter Herr Professor, ich darf Ihnen gestehen, daß wir eigentlich schon resigniert hatten. Der Ihnen wohlbekannte Brief des Koordinierungsrates an unsere Strafrechtslehrer ist von ganzen 4 Mann beantwortet worden. Eine gemeinsame Antwort, die man doch wohl hätte erwarten können, ist nicht erfolgt. Anscheinend schlafen wir weiter über diese Ungeheuerlichkeiten hinweg, um dann in 40 Jahren die wirklich erschreckende Statistik von Langbein zu entdecken, wie heute nach 40 Jahren der eine oder andere die Statistik von Gumbel ›entdeckt‹.

Inzwischen hatten wir nun jedoch Gelegenheit zu einem Gespräch mit Prof. Baumann, Tübingen. Er erzählte uns, er habe vor einiger Zeit den Gedanken eines Sonderheftes der JZ an Sie herangetragen, in dem mehrere Strafrechtslehrer (er dachte wohl außer an sich selbst an Sieverts, Lange, Jescheck, E. Schmidt, Maihofer und Dr. Jäger) einzelne NS-Urteile besprechen sollten. Wir finden diesen Gedanken so gut, daß wir unsere Resignation wieder abgestreift haben und Sie, sehr geehrter Herr Professor, fragen wollen, ob dieser Plan wohl in absehbarer Zeit Aussicht hat, verwirklicht zu werden. Es kommen ja noch Hunderte von Prozessen auf uns zu, und die Statistik von Langbein sollte doch nun ein dringend alarmierendes Zeichen sein, sich in den juristischen Zeitschriften so schnell wie möglich mit diesen Fragen auseinanderzusetzen. Wir meinen, es sei auf diesem Gebiet schon unverzeihlich viel versäumt worden. Soweit wir orientiert sind, liegen die etwa zu besprechenden Urteile Professor Baumann schon vor. Außerdem soll die JZ in Herrn Dr. Weber einen Redakteur bekommen haben, der diesen Fragen gegenüber sehr offen ist. Da wir diese Offenheit ja auch bei Ihnen wissen, wenden wir uns mit der dringenden Bitte an Sie, den Besprechungen der NS-Urteile in der JZ wirklich umgehend Raum zu geben.«

Professor Dr. Bader antwortete am 17. Juli 1964:

»Ihr aufschlußreicher Brief vom 11. Juli schätzt meine Möglichkeiten höher ein, als sie sind. Es liegt nicht an mir, den Besprechungen der NS-Urteile, wie Sie sagen, ›in der JZ wirklich umgehend Raum zu geben‹. Das ist ein Problem, mit dem sich Herausgeber – ich bin nur einer von rund einem halben Dutzend – und Verlag gesamthaft beschäftigen müßten, vor allem wenn ein Sonderheft der JZ erscheinen sollte. Weit einfacher lägen die Dinge, wenn man das bei Prof. Baumann liegende Material nach und nach in der JZ publizieren würde. In diesem Sinne will ich Ihren Mahnruf dem Redaktor, Herrn Dr. Weber, zuleiten.

Es geht mir im übrigen ähnlich wie Ihnen, nur ist meine Resignation noch weit grundsätzlicherer Art. Ich halte die deutsche Justiz nicht für fähig, die Ungeheuerlichkeiten der NS-Massenmorde ›justizmäßig‹ zur Sühne zu bringen. Das Aufsplitten des makabren Stoffes in zahllose Einzelprozesse, bei denen alle Fragen vom Befehlsnotstand bis zu den Teilnahmeformen, immer wieder neu aufgerollt werden, die nach zwei Jahrzehnten verwischte Beweislage, das Entweichen (und Entweichenlassen) Schwerbelasteter, die Verschiebung hin zu den bloßen Handlangern, dieweil die Drahtzieher als Zeugen auftreten – all das hat meinen Glauben an Bedeutung und Wirksamkeit der Prozesse längst erschüttert. Und überdies die peinigende Frage, ob ein Kollektivunrecht dieser Art und dieses Umfangs von Schwurgerichten und Gerichten überhaupt nach Strafart und Strafmaß gerecht abgeurteilt werden kann! Ich habe diesen Zweifeln jüngst bei Besprechung des Langbeinschen Buches in der JZ , wenn auch mehr andeutungsweise, Ausdruck verliehen und auch bei einem Rundfunkgespräch in Karlsruhe – gemeinsam mit dem niederländischen Prof. van Bemmelen und dem Generalbundesanwalt a. D. Güde – starke Bedenken gegen die Fortführung der Prozesse *in dieser Form* geäußert.

Am besten wird es sein, wenn Herr Dr. Weber, übrigens Schüler und ehemaliger Assistent von Prof. Baumann, mit diesem Ihren Hilferuf gründlich bespricht. Ich werde an mich gelangende Vorschläge dann gewissenhaft prüfen. Da ich selbst seit 13 Jahren außerhalb der Justiz stehe und seit rund 11 Jahren im Ausland lebe, kommt meinem eigenen Urteil keine Bedeutung mehr zu.

Jüngst erhielt ich den neuen ›Freiburger Rundbrief‹ mit Ihren und Dr. Jägers Äußerungen, und Frau Dr. Gertrud Luckner, die Unentwegte, war vor wenigen Tagen hier. Wir haben auch über die NS-Prozesse gesprochen – über soviel Unentwegtheit und Unbeirrbarkeit wie Dr. Luckner möchte ich verfügen!«

Danach kam ein Schreiben von Dr. Weber von der Redaktion der Juristenzeitung vom 24. 7. 1964:

»Herr Professor Bader hat mir Ihren Brief vom 11. 7. 1964 und die Durchschrift seiner Antwort vom 17. 7. 1964 zur Kenntnisnahme übersandt. Auch ich bin der Auffassung, daß zur Problematik der NS-Prozesse etwas in den juristischen Fachzeitschriften gesagt werden muß, und ich bin deshalb gerne bereit, hierfür in der Juristenzeitung Raum zur Verfügung zu stellen. Ich bin der Auffassung, daß man der Problematik am besten dadurch gerecht wird, wenn man in der Juristenzeitung über einige Hefte hinweg einschlägige Urteile mit Anmerkungen von Strafrechtslehrern veröffentlicht; der von Ihnen ins Auge gefaßte Plan eines Sonderheftes läßt sich auch von der verlegerischen Seite her schwieriger bewältigen. Zu denken ist dagegen an ein Heft vorwiegend mit Beiträgen zu dieser Problematik.

Ich habe über die Angelegenheit inzwischen auch mit Herrn Professor Baumann, Tübingen, gesprochen, der diese ›weiche Welle‹ ebenfalls für glücklicher hält. Herr Professor Baumann war so freundlich, mir von seinen Unterlagen, die aus anliegender Zusammenstellung ersichtlichen Urteile zum Zwecke der Verwendung in der Juristenzeitung zur Verfügung zu stellen. Sicher gibt es noch neuere Entscheidungen, die wohl in ihrem Besitz sind. Ich wäre Ihnen sehr verbunden, wenn Sie mir von diesen Urteilen diejenigen zuschicken würden, die Ihres Erachtens besonders für eine Veröffentlichung geeignet sind und zu denen in einer kurzen Anmerkung Stellung genommen werden sollte ...«

In der Zwischenzeit hatten wir weitere Schwurgerichtsurteile zu den NS-Verbrechen erhalten.

Am 23. 8. 1964 schrieb meine Frau an Dr. Weber von der Juristenzeitung:

»Lassen Sie mich nun auf Ihren Brief vom 24. 7. 1964 antworten und erlauben Sie mir, daß ich Ihnen nicht nur – wie erbeten – Urteile schicke, sondern in diesem Schreiben hier einige Gedanken niederlege, von denen der eine oder andere Ihnen vielleicht vertretbarer erscheinen wird.

Wir (mein Mann und ich und einige Freunde) beobachten seit Jahren den Verlauf der NS-Prozesse mit großer Sorge. Das Sammeln aller uns zugänglichen Prozeßberichte, die Lektüre der uns zugänglichen Urteile und Gespräche mit den ›zuständigen‹ Kollegen (etwa Generalstaatsanwalt Bauer, Oberstaatsanwalt Koch, Hamburg, und den Kollegen aus Ludwigsburg) haben unsere Erkenntnis bestätigt, daß die deutsche Justiz auf dem Wege ist, gegenüber dem Komplex der NS-Prozesse weitgehend zu versagen. Inzwischen sind es keine Einzelfälle mehr, die man als Ausnahmen bezeichnen könnte, es ist ein eindeutiger Trend. Wir bestrafen die Täter als Gehilfen (was nach allem, was wir auf der Universität über Täterschaft und Teilnahme lernen und was wir als Praktiker täglich in *allen sonstigen Fällen* tun, völlig unverständlich ist), wir belegen diese ›Gehilfen‹ mit unvertretbar niedrigen Strafen (die Statistik bei Langbein ›Im Namen des deutschen Volkes‹ ist beschämend!); wir holen uns wiederholt höchste Funktionäre des NS-Staates als sachverständige Zeugen über den Befehlsnotstand in die Hauptverhandlungen (etwa den Personalchef des RSHA Streckenbach oder den General der Waffen-SS v. d. Bach-Zelewski oder den berüchtigten Werner Best), wir sehen zu, wie die Zeugen ihr ›Gedächtnis verlieren‹ und das nicht etwa nach zwanzig Jahren, sondern seit ihrer letzten polizeilichen Vernehmung, und niemand steht auf und verhaftet sie im Gerichtssaal (wie das bei Meineid oder Begünstigung eines Mörders in jeder anderen Sitzung ohne Zweifel geschieht); ein großer Teil der des Mordes verdächtigen Täter befindet sich (entgegen *aller* sonstigen Praxis) auf freiem Fuß, und so mehren sich denn ja nun auch die Fälle von gelungener Flucht; die Vorsitzenden sind gelegentlich so wenig vorbereitet, daß es vorkommen kann, daß in einem Prozeß, in dem es um die Vernichtung sämtlicher ungarischer Juden in Auschwitz geht, der Vorsitzende fragt: ›Höß, wer ist denn das? Lebt dieser Herr noch?‹ oder ›Majdanek, was ist denn das?‹

Nun, ich will Sie nicht langweilen. Die Beispiele ließen sich erheblich vermehren. Aber Sie wissen das sicher selbst alles, und

ich bitte Sie nur, aus den anliegenden Seiten aus dem ›Freiburger Rundbrief‹ (Jahrgang XV 1963/64) die dortige Zusammenstellung der ›Besorgnisse‹ einmal zur Kenntnis zu nehmen, ehe Sie sich die Gesamtplanung Ihrer Serie überlegen.
Für diese würde ich folgendes empfehlen:

1. Ich weiß nicht, ob und wie sich die von Ihnen anzuschreibenden Strafrechtslehrer äußern werden. Bisherige Erfahrungen lassen befürchten, daß sie gar nicht antworten. Aber wir wollen hoffen (immer wieder von neuem), daß ich mich irre. Immerhin wollte ich anregen, daß Sie vielleicht auch *Prof. v. Hippel*, Freiburg, anschreiben (er hat anläßlich eines Freiburger NS-Urteils in einer Leserzuschrift an die Badische Zeitung vom 23. 7. 1963 recht interessant zum Befehlsnotstand Stellung genommen) und außerdem vielleicht *Dr. jur. Ekkehard Kaufmann*, Privatdozent an der Universität Frankfurt (vgl. Leserzuschrift an die F. A. Z vom 6. 4. 1964). Außerdem sollten Sie überlegen, ob Sie nicht auch einige profilierte Praktiker mit ›Namen‹ angehen, wie etwa *OLG-Präsident i. R. Richard Schmid*, Stuttgart, *Oberstaatsanwalt Koch*, Hamburg, *Generalstaatsanwalt Buchholz*, Hamburg, *Landesgerichtspräsident Anschütz*, Mannheim ...

2. Der ersten Besprechung dieser Urteile sollte eine Einleitung mit einer Gesamtdarstellung der Besorgnisse und der Notwendigkeit der folgenden Urteilsbesprechungen vorausgehen, damit die Leser anhand dieser Einleitung merken, daß sie in den kommenden Heften die jeweilige Besprechung des NS-Urteils vielleicht *doch nicht* übergehen sollten (wenn ich so sehe, was die Kollegen in den Fachzeitschriften anstreichen und also für wichtig halten ...!). Diese Einleitung sollte die Bücher von Henkys (›Die NS-Gewaltverbrechen‹) und von Langbein (›Im Namen des deutschen Volkes‹) mit verarbeiten. Sie sollte von der Redaktion selbst oder von Oberstaatsanwalt Koch (Hamburg) geschrieben sein (er ist ein ausgezeichneter Kenner alles dessen, was ständig schiefläuft).

3. Die Autoren der Besprechungen sollten die Gesamtbesorgnisse erfahren (damit sie wissen, wie zähflüssig und unlustig diese Prozesse geführt werden. Ihr – der Strafrechtler – eindruckvolles (!) Schweigen auf den Brief des Koordinierungsrats an die deutschen

Strafrechtler (siehe Anlage) läßt vermuten, daß sie es bisher nicht bemerkt haben), und sie sollten ihr Augenmerk vor allem auf die Bestrafung wegen *Beihilfe* und auf das *Strafmaß* richten.

4. Zu den Urteilen selbst:

Ich würde es für gut halten, wenn die vom Koordinierungsrat aufgezählten Urteile besprochen würden und darüber hinaus einige von den seit Februar 63 ergangenen Urteilen mit gleicher Tendenz. Übrigens: Keinesfalls sollten Sie voraussetzen, daß diese zu besprechenden Urteile unbedingt rechtskräftig sind. Die Urteile wandern oft mehrmals zum BGH, und auch wenn dies nur einmal geschieht, dauert es manchmal *Jahre* bis zur Rechtskraft.

5. Ich würde anregen zu besprechen:

a) etwa zuerst das Urteil *Bradfisch* (liegt Ihnen vor). Es ist charakteristisch dafür, daß wir nicht etwa nur den »kleinen Mann«, sondern *hohe* Befehlsgeber als Gehilfen bestrafen. Es wäre sehr lohnend, *gleichzeitig* die Urteile *Bradfisch, Ehrlinger* u. a. (Schwurgericht Karlsruhe vom 20. 12. 1961), *Filbert* u. a. (Schwurgericht Berlin vom 22. 6. 1962) zu besprechen. Alle drei Angeklagten waren Leiter je eines der berüchtigten Einsatzkommandos und haben diese ihre Funktion im wesentlichen gleich ausgeübt. *Filbert* wurde mit »lebenslänglich« – als Täter – bestraft (und der V. Senat des BGH hat das Urteil bestätigt); *Bradfisch* und *Ehrlinger* wurden als ›Gehilfen‹ bestraft (und der BGH – 1. Senat – hat das Urteil Bradfisch auch bestätigt und das Urteil Ehrlinger zwar aufgehoben, aber, wenn ich recht unterrichtet bin, nicht wegen Beihilfeverurteilung). Zu dieser Besprechung sollte bei dem Teil, der der Besprechung des Urteils Bradfisch gewidmet ist, das Urteil gegen Bergmaier u. a. beigezogen werden. Es ist ganz kurze Zeit nach dem Urteil gegen Bradfisch ebenfalls von einem Schwurgericht München gefällt worden. Nach den Feststellungen des Gerichts war Bradfisch bei *vollen Geisteskräften* und hatte nicht nur die leitende Funktion bei der Tötung von *15 000 Menschen*, sondern hat sogar eigenhändig mitgeschossen (was er ebensowenig nötig gehabt hätte wie der Leiter einer städtischen Straßenreinigung die eigenhändige Leerung von Mülltonnen). Er bekam *10 Jahre*. Bergmaier hatte viele Jahre (wohl als Krimineller) bis 1945 im KZ verbracht und sehr gelitten. Er tötete darauf kurz nach 1945 zwei prominente Nazis (darunter einen höheren SS-Führer). Das Gericht stellte bei ihm das Vorliegen *verminderter Zurechnungsfähigkeit* fest. Er erhielt *12 Jahre* Zuchthaus.

Das erste Heft, das die Reihe der Besprechungen einleitet, sollte, wie Sie selbst schreiben, einen größeren Teil seines Gesamtinhaltes diesem Thema widmen. Ich meine daher, es sollte etwa enthalten: Die eindeutige und möglichst wirkungsvolle Einleitung von Koch, die Besprechung der drei Urteile (Bradfisch, Ehrlinger, Filbert) und als drittes vielleicht einen Beitrag von Hippel zum Befehlsnotstand in diesen Verfahren. Eventuell könnte v. Hippel das Freiburger Urteil gegen Uhl u. a. besprechen, das ihm Anlaß zu seinem Leserbrief gab.

b) Die nächsten Hefte sollten dann jeweils eine Urteilsbesprechung bringen, so z. B. etwa das Urteil gegen *Fellenz* (Schwurgericht Flensburg am 12. 1. 1963). Auch hier: Adjutant des SS- und Polizeiführers von Krakau, also *hoher* Befehls*geber*. ›Beihilfe‹ zum Mord in Hunderten von Fällen (Anklage lautete auf 40 000!), leitende Funktion bei den Tötungsaktionen. Vier Jahre (!), Haftbefehl aufgehoben, ausdrücklich keine Aberkennung der bürgerlichen Ehrenrechte ... Bei diesem Urteil haben fast alle ernstzunehmenden Zeitungen mit negativer Kritik reagiert. (Die *Zeit* v. 18. 1. 1963; die *Allgemeine Jüdische Wochenzeitung* v. 18. 1. 63, die *Stuttgarter Zeitung* v. 15. 1. 63, die *FAZ* vom 13. 2. 63 ...) Der BGH (wie immer der V. Senat) hat das Urteil aufgehoben (8. 10. 63; 5 STR 344/63) und Zweifel an der ›Beihilfe‹ geäußert.

c) Dann sollte – um die Reihe der *hohen* Befehls*geber* – noch eindrücklicher vorzuführen – vielleicht das Urteil gegen *Hunsche* (Schwurgericht Frankfurt/M. am 13. 7. 1962) besprochen werden. Hunsche war Mitarbeiter von Eichmann und mit diesem zusammen in Ungarn und äußerst aktiv bei der Aussiedlung der ungarischen Juden nach Auschwitz (es war dies die Verhandlung, in der der Vorsitzende den Namen Höß noch nie gehört hatte!). Hunsche bekam als ›Gehilfe‹ 5 Jahre Zuchthaus, ausdrücklich ohne Aberkennung der bürgerlichen Ehrenrechte. Bei der Besprechung sollte der sog. Kastnerbericht (Kindler Verlag, München 1961) herangezogen werden.

d) Dann könnte man das Ihnen vorliegende Urteil gegen *Lechthaler* und *Papenkort* besprechen. Dieser Besprechung sollte möglichst aus der Sammlung der Nürnberger Dokumente die *Ur-*

kunde PS 1104 mindestens auszugsweise vorangestellt werden – die Erfahrung lehrt, daß man bei dieser Materie Leser und Hörer gelegentlich durch plastische Beispiele erinnern muß, worum es eigentlich geht – und dann hören, daß der Leiter des Pol. Blatt 11 als ›Gehilfe‹ mit 3 Jahren und 6 Monaten bestraft worden ist!

Der BGH hat aufgehoben (2 StR 531/61), die 2. Verhandlung erbrachte dann nur noch Verurteilung wegen Beihilfe zum Totschlag und eine Strafe von 2 Jahren (!). Dieses Urteil hat der BGH jetzt 1964 bestätigt. (FAZ v. 28. 7. 1964).

e) Dann sollten Sie das Urteil gegen Hoffmann, Kirschner und Pillich besprechen, wobei vor allem Pillich interessiert. (Urteil des Schwurgerichts Gießen vom 26. 3. 1962). Pillich hat, um seinen Urlaub nützlich anzulegen und obgleich er nichts damit zu tun hatte, gebeten, an einer Judenerschießung teilnehmen zu *dürfen* (!). Er hat dann ganz besonders scheußliche Aktivitäten entwickelt. Trotzdem bestrafte man ihn wegen ›Beihilfe‹ zum Mord in 162 (!) Fällen mit 3 Jahren und 3 Monaten. Pillich ist das Beispiel für den ›kleinen Mann‹, der übermäßige Eigeninitiative entwickelte und trotzdem auch nur als ›Gehilfe‹ angesehen wurde. Die Strafe (für die 161 Ermordeten eine Erhöhung der Einsatzstrafe von 3 Jahren um ganze 3 Monate!) grenzt an Zynismus. Im übrigen strotzt das Urteil – soweit ich dies beurteilen kann – von Revisionsgründen. Die ›Beihilfe‹ Pillich ist z. B. mit keinem Wort in der Begründung erwähnt. Trotzdem hat der BGH zwar aufgehoben, aber nicht etwa wegen der ›Beihilfe‹ und nicht wegen des Strafmaßes. Nun, Sie werden ja alles selbst lesen.

f) Dann käme das Urteil gegen Brendel u. Fenchel (Schwurgericht Trier am 20. 12. 1961) in Frage (vgl. den Brief des Koordinierungsrates). Diese Besprechung sollten Sie z. B. auch Oberstaatsanwalt Koch in Hamburg überlassen; wir wissen, daß er bei der Lektüre ›kochte‹. Koch muß man übrigens lange vorher bitten und mehrfach erinnern und drängen. Aber was dabei ›herauskommt‹, ist immer sehr gut.

g) Dann ist auch das Urteil gegen *Scheu* besprechenswert. Es liegt Ihnen ja vor. Inzwischen hat der BGH (wie immer – wenn die ›Beihilfe‹ angezweifelt wird – der V. Senat in Berlin) das Urteil aufgehoben. Das Schwurgericht Aurich hat erneut verhandelt und Scheu wiederum wegen Beihilfe verurteilt. Dieses zweite Urteil befindet sich z. Zt. wiederum in der Revision.

Im übrigen meine ich: Lassen Sie uns abwarten, was weiterhin geschieht. Nach diesen beispielhaften 7 Besprechungen von 9 Urteilen sollte man die dann neuesten Urteile besprechen. Es laufen z. Zt. mindestens 10 Verfahren, von denen wir durch Zeitungsberichte wissen, in Hauptverhandlungen. Im übrigen sind *alle* im Koordinierungsratsbrief angeführten Urteile außer ›Patina‹ für die Besprechungen geeignet. ›Patina‹ ist nicht ganz *so* eindrücklich wie die anderen, und ich würde dieses Urteil nicht gerade zur Besprechung auswählen!

Sehr geehrter Herr Weber, ich hoffe, ich habe Ihre Geduld durch mein langes Schreiben nicht allzusehr strapaziert! Meine Urteile möchte ich Ihnen nicht schicken. Es sind ohnehin nur einige von denen, die ich Ihnen gerade zur Besprechung empfohlen habe, und Sie bekommen Sie sicher leicht durch Anforderung bei der jeweils zuständigen Staatsanwaltschaft bzw. beim BGH.

Ich bin sehr neugierig, ob aus Ihren Plänen etwas wird. Ich wäre Ihnen sehr dankbar, wenn Sie mir gelegentlich über den Fortgang der Sache (insbesondere über die Reaktion der von Ihnen angeschriebenen Autoren) berichten würden. Ich stehe auch gern zu weiteren Hinweisen zur Verfügung.«

Hierauf antwortete Dr. Weber am 23. 12. 1964, daß es ihm leider noch nicht gelungen sei, auch nur einen geeigneten Beitrag zur Problematik der NS-Prozesse zu erhalten. Vor allem die Suche nach einem Autor, der vorweg in einem grundsätzlichen Beitrag zu dem Fragenkreis Stellung nehme, sei nicht einfach, »da man leicht Gefahr läuft, eine von vornherein nach der einen oder anderen Richtung gefärbte Stellungnahme zu erhalten ...«

Meine Frau erwiderte am 29. 12. 1964:

»Ihre Nachricht vom 23. 12. d. J. ist betrüblich. Nun haben wir seit 1958 die ›Zentrale Stelle‹ in Ludwigsburg. Seit dieser Zeit nimmt die Rechtsprechung in den NS-Prozessen den bekannten beschämenden Verlauf, und keine juristische Fachzeitschrift bringt es – seit sechs Jahren – fertig, eine kontinuierliche Besprechung dieser Urteile in Gang zu bringen. Es werden ja auch kaum Urteile dieser Art veröffentlicht. All dies bleibt unverständlich, wenn man sich vor Augen hält, wie es sich doch hierbei einerseits um den gewaltigsten und problemgeladensten Komplex handelt, den die deutsche Strafjustiz je zu bewältigen hatte und wenn man andererseits sieht, auf wie vielen Spalten immer und immer wieder man sich etwa die Juristenköpfe über Präservativautomaten oder die Frage, ob ein Pkw ein umschlossener Raum ist, zerbricht.

Bitte nehmen Sie es nicht persönlich, wenn ich ›schimpfe‹. *Sie* sind sicher nicht gemeint. Aber ein wenig Hoffnung – die wir sonst längst aufgesteckt haben – hatten wir uns im Hinblick auf Sie und Prof. Bader halt doch gemacht.

Lassen Sie doch Oberstaatsanwalt Koch oder Dr. Jäger den einleitenden Aufsatz schreiben. Natürlich wird die Stellungnahme dann ›negativ gefärbt‹. Wie sollte sie auch nicht, wenn es für Beihilfe zum Mord in 40 000 (!) Fällen 4 Jahre gibt! Im übrigen ist doch jeder Beitrag zu einem wesentlichen Thema durch die persönliche Auffassung des Autors ›gefärbt‹.

Das macht uns doch sonst kein Kopfzerbrechen. Die Leser können ja dann antworten und ihre Gegendarstellung bringen. Aber – und ich beschwöre Sie hiermit noch einmal als den Chefredakteur einer der drei großen juristischen Fachzeitschriften – es *muß* doch etwas geschehen. Die Fachzeitschriften können doch nicht den Kopf in den Sand stecken und so tun, als ob es *diese* Probleme nicht gäbe, und es etwa der »Zeit« und dem »Sonntagsblatt« überlassen, die Urteile zu besprechen ...«

Als alles nichts fruchtete, schrieben wir beide am 11. 2. 1965 gemeinsam einen Brief an die Monatsschrift für Deutsches Recht, an die Neue Juristische Wochenschrift und an die Juristische Rundschau:

»In der Anlage fügen wir einen Brief des Koordinierungsrates der Gesellschaften für christlich-jüdische Zusammenarbeit vom 12. 3. 1963 an die Strafrechtler der deutschen Universitäten bei. Die in diesem Brief geäußerten Besorgnisse sind nicht von der Hand zu weisen, nachdem die Verurteilungen bis zum heutigen Tage in gleicher Weise fortgesetzt werden. Befehlsgeber mit umfangreicher Befehlsgewalt und Täter mit erheblicher Eigeninitiative werden weiterhin als bloße Gehilfen bestraft; und das Strafmaß hat unterste Grenzen erreicht, die zu schwersten Besorgnissen Anlaß geben. Wir dürfen beispielhaft auf die beiden letzten Verurteilungen hinweisen: das Schwurgericht München verurteilte am 21. 1. 65 den Angeklagten Oberhauser wegen Beihilfe zum Mord an 300 000 (!) Menschen zu 4 Jahren und 6 Monaten; das Schwurgericht Frankfurt/M. verurteilte am 3. 2. 65 den Angeklagten Krumey (den Stellvertreter Eichmanns in Ungarn) wegen Beihilfe zum Mord an mindestens 300 000 (!) Menschen zu 5 Jahren Zuchthaus.

Der Koordinierungsrat hat in seinem Brief vom 12. 3. 1963 eindrücklich auf diesen Weg unserer Rechtsprechung hingewiesen, der unser aller Aufmerksamkeit verdient. Die auffallenden – inzwischen nicht mehr vereinzelten, sondern weithin üblichen – Urteile waren auch bereits einmal Gegenstand einer ausführlichen Debatte im Landtag von Baden-Württemberg am 11. 7. 1963. In dem inzwischen erschienenen Buch von Langbein ›Im Namen des deutschen Volkes‹ (Europaverlag) befindet sich eine erschreckende Statistik über die Art der Verurteilungen in NS-Prozessen. Auch Henkys weist in seinem ausgezeichneten Buch ›Die nationalsozialistischen Gewaltverbrechen‹ (Kreuz Verlag) warnend auf das gleiche Problem hin.

Alle – z. T. heftige, aber erfolglose – Kritik an diesen Urteilen aber wurde bisher der Tagespresse überlassen. Eine systematische Besprechung der Urteile in den Fachzeitschriften und eine gründliche wissenschaftliche Auseinandersetzung mit der ›Beihilferechtsprechung‹ und mit dem ungewöhnlichen Strafmaß ist nirgends erfolgt.

Wäre es nicht dringend an der Zeit, dieses Thema endlich aufzugreifen?

Wir erlauben uns, Ihnen diese Frage zu stellen.«

Hierauf erhielten wir lediglich von der Monatsschrift für deutsches Recht eine Antwort. Die anderen Zeitschriften hielten unseren Appell keiner Zeile für wert. Die MDR schrieb:

»Wir haben Ihr Schreiben vom 11. 2. 1965 und die anliegende Stellungnahme des Deutschen Koordinierungsrates vom 12. März 1963 mit Dank erhalten und mit Interesse zur Kenntnis genommen.

Die Schriftleitung würde sich einer wissenschaftlichen Behandlung der Verurteilungen von NS-Verbrechen grundsätzlich keineswegs entziehen, falls wir eine qualifizierte Behandlung des

Themas erhalten. Wir meinen allerdings, daß die Wissenschaft dieses Thema sehr wohl schon aufgegriffen hat. Mit der Beihilfeproblematik haben sich in der letzten Zeit auseinandergesetzt:
Baumann JuS 63, 85; Roxin GA 63, 193; Sax JZ 63, 329 und Schroeder Recht in Ost und West 64, 97.

Für eine systematische Behandlung der Frage des Strafmaßes ist vielleicht der Zeitpunkt noch nicht gekommen. Welch umfangreiches Material hierzu bearbeitet werden müßte, zeigt die uns kürzlich bekannt gewordene Dokumentation des Bundesjustizministeriums, die Ihnen sicher bekannt ist.«

Hierauf erwiderte meine Frau am 18. 3. 1965:

»Ich danke Ihnen für Ihr Schreiben vom 10. 3. 1965 und freue mich, daß die Schriftleitung der MDR keine grundsätzlichen Bedenken gegen eine Behandlung der Verurteilungen von NS-Verbrechen hat. Im einzelnen haben wir uns jedoch anscheinend mißverstanden:

Baumann, Roxin, Sax und Schroeder behandeln (angeregt vor allem durch das Staschynskij-Urteil) das Thema der Täterschaft und Teilnahme »grundsätzlich«, ohne auf die laufende NS-Rechtsprechung einzugehen. Ich aber meine, daß unsere Rechtsprechung einen Weg eingeschlagen hat, der weder mit der Ansicht der vier genannten Herren noch mit unserer bisherigen höchstrichterlichen Rechtsprechung noch mit dem, was wir als Juristen auf der Universität gelernt haben und täglich bei allen sonstigen Verfahren praktizieren, übereinstimmt. Sax weist (JZ 63, 355) darauf hin, indem er von den *unerträglichen Auswirkungen* spricht, die wir heute angesichts der NS-Prozesse erleben. Es wäre also notwendig, endlich ganz konkret einzelne dieser Urteile zu besprechen und *hierbei* auf die ›Beihilfe‹ *und auf das Strafmaß* einzugehen. Den Zeitpunkt hierfür halte ich keineswegs für zu früh, da sich ja die Tagespresse seit Jahren damit befaßt, und wir es doch nicht den Zeitungen überlassen sollten, sich mit dem gewaltigsten Strafrechtskomplex auseinanderzusetzen, den unsere Rechtsgeschichte kennt.

Außerdem schreiben bereits nichtjuristische Autoren in sehr kritischen Angriffen zu diesem Thema (etwa Reinhard Henkys in ›Die nationalsozialistische Gewaltverbrechen‹, Langbein in ›Im

Namen des deutschen Volkes‹, Hannah Arendt in ›Eichmann in Jerusalem‹ ...).

Das für eine Besprechung von Urteilen in der von mir gemeinten Form zu bearbeitende Material ist auch nicht unzumutbar umfangreich. Die Serie von Urteilen, die – wie mir scheint – zu Bedenken Anlaß geben und eine Besprechung von kompetenter Seite notwendig machen, beginnt erst 1958, d. h. seit Schaffung der Zentralen Stelle in Ludwigsburg. Die Dokumentation der Bundesregierung bezieht sich jedoch zu 95 % auf Verurteilungen *vor* dieser Zeit. Die Urteile (seit 1958), die zu Bedenken Anlaß geben, betreffen allein die Verurteilungen wegen *Mordes*. Die Dokumentation der Bundesregierung bezieht sich (zumindest soweit es sich um Verurteilungen durch deutsche Gerichte handelt) zum allergeringsten Teil auf Mord. Die Dokumentation der Bundesregierung braucht daher nicht zu schrecken; sie bezieht sich kaum auf den Komplex, den ich meine.

Ganz konkret: seit Schaffung der Zentralen Stelle 1958 sind etwa 160 Urteile aufgrund von Anklagen wegen Totschlags oder Mordes ergangen. Ein großer Teil dieser Urteile verurteilt sowohl ›kleine Befehlsnehmer‹ trotz erheblicher Eigeninitiative (z. B. Pillich – Urteil des Schwurgerichts Gießen) als auch hohe Befehls*geber* (z. B. Ehrlinger – Schwurgericht Karlsruhe) als ›Gehilfen‹. Obgleich das StGB für Beihilfe zu Mord grundsätzlich ›lebenslänglich‹ vorsieht und als Kannvorschrift für Beihilfe zu 1 Mord – als Ausnahme also – erlaubt, Zuchthaus zwischen 3 und 15 Jahren zu verhängen, häufen sich die Urteile, in denen Beihilfe zu Mord in zigtausend Fällen (unter den bekannt grausamen und grauenhaften Umständen) mit Strafen von wenigen Jahren belegt wird. In dem obengenannten Buch von Langbein befindet sich eine Statistik, aus der zu entnehmen ist, daß seit Schaffung der ›Zentralen Stelle‹ bis zum Erscheinen des Buches (Ende 1963) von insgesamt 131 angeklagten Beschuldigten überhaupt nur 20 wegen Mordes in Form der Täterschaft verurteilt worden sind. Von den 96 wegen Beihilfe verurteilten Angeklagten wurde kein einziger (!) zu der gesetzlich vorgesehenen Strafe ›lebenslänglich‹ verurteilt, obgleich sich die meisten von ihnen für die Ermordung von 15 000 bis 300 000 (!) Menschen zu verantworten hatten. Nur 9 (!) von den 96 Angeklagten erhielten Zuchthausstrafen von mehr als 10 Jahren. Ein Ergebnis, das den Kenner der Materie und eines nicht unwesentlichen Teils der Urteile schaudern läßt.

Sehr geehrter Herr Dr. Paterna, *das* ist es, was ich meine, und was m. E. längst von der Fachliteratur hätte aufgegriffen werden müssen. Um einen Anfang zu machen: Ich rege an, Sie lassen z. B. die drei Urteile (von einem Autor) besprechen, die inzwischen gegen Einsatzkommandoleiter (also hohe Befehls*geber*) ergangen sind (München-Bradfisch, Karlsruhe-Ehrlinger, Berlin-Filbert). Trotz im wesentlichen gleicher Funktion und Durchführung ihrer Tätigkeit wurden Bradfisch und Ehrlinger als ›Gehilfen‹ zu zeitigen Freiheitsstrafen, Filbert als ›Täter‹ zu lebenslänglich verurteilt. Für eine Besprechung kämen allein bei Ihnen in Hamburg in Frage: Oberstaatsanwalt Dr. Gerhard Koch (der langjährige Leiter der entsprechenden Abteilung bei der StA Hamburg), Dr. Herbert Jäger (Assistent von Prof. Sieverts), Generalstaatsanwalt Buchholz oder Senator Cramer. Aber Sie werden natürlich selbst genügend Autoren wissen (die Professoren Baumann, Roxin, Jescheck, Maihofer, Peters würden mit Sicherheit ihre Mitarbeit nicht versagen, wenn Sie mit konkreten Vorschlägen an Sie herantreten). Dr. Jäger promoviert zu einem analogen Thema und würde Sie sicher auch gern in Einzelfragen beraten; und eine Unterhaltung mit Oberstaatsanwalt Koch würde Sie binnen kürzester Zeit von der Dringlichkeit des Themas überzeugen.

Kurz: Ich meine, das Thema ›brennt‹ seit langem; es ist vom Material her ohne weiteres überschaubar. Die Fachzeitschriften sollten nicht länger zögern und nicht warten, bis Besprechungen angeboten werden, sondern von sich aus die Initiative ergreifen.

Ich hoffe, Sie halten mein Drängen nicht für allzu lästig. Aber man kann doch schließlich nicht den Lauf der Dinge offenen Auges mitansehen und im übrigen darauf warten, bis in 45 Jahren die Rechtsgeschichtler so über unsere Rechtsprechung schreiben wie heute Bracher (›Die Auflösung der Weimarer Republik‹) u. a. über die Rechtsprechung in den 20er Jahren.«

Eine Antwort hierauf gab es nun auch von der MDR nicht mehr, und – es änderte sich nichts!

Erneute Anfrage an die Strafrechtslehrer (1965)

Am 5. März 1965 rief der neue Generalsekretär des Deutschen Koordinierungsrates bei uns an. Es wurde besprochen, daß wir einen zweiten Brief an die Strafrechtslehrer entwerfen sollten. Dies geschah noch in der Nacht zum 6. März, und am 30. April 1965 wurde dieser Brief in folgender Fassung an 61 Strafrechtslehrer versandt:

»Zu den NS-Prozessen«
(An die Strafrechtslehrer der deutschen Universitäten)

Sehr geehrter Herr Professor,

der Deutsche Koordinierungsrat der Gesellschaft für christlich-jüdische Zusammenarbeit hat sich am 12. März 1963 mit einem Brief an Sie gewandt, den wir Ihnen heute noch einmal beilegen. Wir haben in diesem Brief unserer Besorgnis darüber Ausdruck gegeben, daß von den Gerichten in der Bundesrepublik Massenmorde und Gewaltverbrechen aus nationalsozialistischer Zeit (Konzentrationslager, Ghettos, Einsatzgruppen usw.) zum Teil – aber schon in einer gewissen Häufung – anders behandelt werden als Mordfälle sonst. Wir haben auf die darin liegende Gefahr hingewiesen, daß sich dem allgemeinen Rechtsbewußtsein durch eine solche Rechtsprechung mehr und mehr die Vorstellung einprägen könne, Verbrechen im Auftrag einer Staatsführung seien keine wirklichen Verbrechen und staatlich befohlener oder gebilligter Mord sei weniger als Mord. Unser Brief vom 12. März 1963, abgedruckt in: Henkys, ›Die nationalsozialistischen Gewaltverbrechen‹, S. 346 ff., enthielt eine beispielhafte Zusammenstellung von Urteilen der Art, die uns mit Sorge erfüllte; und es war unser Wunsch, mit diesem Brief Ihre Aufmerksamkeit auf den Lauf der Rechtsprechung in den NS-Prozessen zu lenken, damit von seiten der Strafrechtslehrer *bald* und *möglichst deutlich* wissenschaftlich dazu Stellung genommen werde.

Wir dürfen gestehen, daß wir uns neben wissenschaftlichen Aufsätzen und Urteilsbesprechungen in den juristischen Fachzeitschriften auch eine Gesamtantwort der Strafrechtslehrer erhofft hatten. Wir verhehlen nicht unser Bedauern darüber, daß eine solche Gesamtantwort nicht erfolgt ist, daß nur 9 der von uns angeschriebenen 58 Strafrechtslehrer überhaupt geantwortet haben und daß eine systematische Besprechung der besorgniserregenden Urteile in keiner Fachzeitschrift erfolgt ist. Inzwischen haben nicht nur wir, sondern auch verschiedene Stellen auf den Lauf der bundesdeutschen Rechtsprechung in NS-Sachen hingewiesen:

1. Am 13. März 1963 sprach der Rat der Evangelischen Kirche in Deutschland auf der Synode in Bethel sein bekanntes ›Wort‹ zu den NS-Verbrecher-Prozessen. Selbst in diesem seelsorgerisch gemeinten und daher ausgedrückten ›Wort‹ heißt es unmißverständlich: ›Wir wollen nicht verschweigen, daß uns im Rückblick auf einige Urteile bereits zum Abschluß gekommener Verfahren der letzten Zeit in der Seelsorge in den Strafanstalten, aber auch in unseren Gemeinden die Frage begegnet, ob nicht ein Mißverhältnis zwischen einigen Urteilen über Verbrechen aus der NS-Zeit und Urteilen über Verbrechen aus unseren Tagen besteht.‹
2. Am 11. Juli 1963 war die Rechtsprechung in den laufenden NS-Prozessen Gegenstand einer großen Anfrage der SPD und einer anschließenden ausführlichen Debatte im Landtag von Baden-Württemberg. Der derzeitige Landtagsvizepräsident Dr. Veit wies in einer eindrucksvollen Rede unter Aufzählung vieler Beispiele darauf hin, daß die Rechtsprechung zu den NS-Morden hinsichtlich der Beurteilung der Angeklagten als ›Gehilfen‹ und hinsichtlich des Strafmaßes zu ständiger wachsender Sorge Anlaß gebe. Das Ergebnis dieser Debatte war der – bei namentlicher Abstimmung – *einstimmig* angenommene Antrag, ›die Landesregierung zu ersuchen, im Benehmen mit den Regierungen der übrigen Bundesländer ihre Bemühungen fortzusetzen und nach Möglichkeit zu verstärken, um zu erreichen, daß die Staatsanwaltschaften in allen Bundesländern bei der Verfolgung nationalsozialistischer Gewaltverbrecher auf eine der Schwere der Verbrechen entsprechende Bestrafung hinwirken und gegen Urteile der Schwurgerichte, die von der Rechtsprechung des Bundesgerichtshofes abweichen, Revision einlegen‹.

3. Ende 1963 erschien das Buch ›Im Namen des deutschen Volkes‹ von Hermann Langbein (Europaverlag). Langbein untersucht das Schicksal der Verfahren, die ab 1958 von der Zentralen Stelle zur Verfolgung von NS-Verbrechen in Ludwigsburg eingeleitet worden sind. Er stellt (Seite 117 ff.) fest, daß von insgesamt 131 seit Anfang 1958 bis zum Erscheinen seines Buches angeklagten Beschuldigten überhaupt nur zwanzig wegen *Mordes* verurteilt worden sind. Von 96 wegen *Beihilfe* zum Mord verurteilten Angeklagten wurde kein einziger (!) zu der gesetzlich vorgesehenen Strafe ›lebenslänglich‹ verurteilt, obgleich sich viele von ihnen wegen der Ermordung von 15 000 und mehr Menschen zu verantworten hatten. Nur 9 (!) von den genannten 96 Angeklagten erhielten Zuchthausstrafen von mehr als zehn Jahren. Langbein nennt sein Buch eine ›Zwischenbilanz‹. Es ist eine erschreckende Bilanz.
4. Im Frühjahr 1964 erschien das Buch von Reinhard Henkys ›Die nationalsozialistischen Gewaltverbrechen‹ (Kreuz Verlag). Dieses Buch, das wir uns erlauben, Ihnen mit gleicher Post zu überreichen, ist die umfassendste und beste Gesamtdarstellung dieses Themas, die bisher in deutscher Sprache erschienen ist. Wir bitten Sie, Ihre Aufmerksamkeit besonders auf Abschnitt VI, ›Probleme und Erkenntnisse‹, zu richten. Henkys verweist auf die öffentliche Kritik, die eine Reihe von Schwurgerichtsentscheidungen ausgelöst hat, weil dort der Täterzugriff so eng ausgelegt worden ist, daß letztlich nur noch Hitler, Himmler und Heydrich als Täter bei der ›Endlösung‹ übrigzubleiben scheinen. Er stellt fest, daß eine Ahndungspraxis, die zwar notgedrungen die nationalsozialistischen Gewaltverbrechen verfolgt, sich aber wenn irgend möglich an die gesetzlich vorgeschriebenen Mindeststrafen hält, einer Verhöhnung der Opfer gleichkommt.
5. Gleiche Feststellungen zum Verlauf der NS-Prozesse trifft Hannah Arendt in ihrem bekannten Buch ›Eichmann in Jerusalem‹.
6. Die Presse – nicht die Fachzeitschriften – hat sich inzwischen häufig, jedoch ohne jegliche Resonanz aus Juristenkreisen, mit den vorstehenden Problemen befaßt. Gelegentlich geht sie dazu über, ›Witze‹ darüber zu machen, wie Sie aus beiliegenden beispielhaft ausgewählten Fotokopien ersehen.

Sehr geehrter Herr Professor, wir appellieren unter Hinweis auf die immer bedenklicher werdende Lage unserer Rechtsprechung zu den NS-Prozessen erneut an Sie, in wissenschaftlichen Aufsätzen und Urteilsbesprechungen in Fachzeitschriften und anderen Ortes – wo auch immer – Stellung zu diesen Urteilen zu nehmen. Man darf es nicht der Tagespresse überlassen, sich mit dem schwierigsten Rechtskomplex zu befassen, den die deutsche Justiz je zu bewältigen hatte. Wie wir Pressemeldungen entnehmen, sind seit unserem letzten Brief an Sie u. a. folgende Urteile ergangen, deren Strafmaß in keiner erträglichen Relation zur Zahl der – bekanntlich unter grauenhaftesten Umständen – Ermordeten mehr steht:

1. Urteil des Schwurgerichts Bonn vom 30. 3. 1963 im sogenannten Kulmhof-Prozeß. Die sechs Hauptangeklagten erhielten Zuchthausstrafen zwischen 15 und 3 ½ Jahren. Die Staatsanwaltschaft hatte viermal lebenslänglich beantragt. Die Zahl der Ermordeten betrug 150 000.
2. Urteil des Schwurgerichts Koblenz vom 21. 5. 1963 im sogenannten Heuserprozeß. Die Staatsanwaltschaft hatte für Heuser lebenslänglich beantragt. Er erhielt als ›Gehilfe‹ 15 Jahre Zuchthaus, seine Mitangeklagten bis auf eine Ausnahme von 10, 8, 7 und im übrigen von 3 ½ - 4 ½ Jahren. Die Zahl der Ermordeten betrug 31 400.
3. Urteil des Schwurgerichts Nürnberg vom 26. 8. 1963 gegen Paur und Wacker. Bestrafung wegen Beihilfe zur Ermordung von ca. 2 400 Menschen mit 7 Jahren bzw. 3 Jahren und 8 Monaten Zuchthaus.
4. Urteil des Schwurgerichts Aurich (2. Verhandlung) gegen Bastian. Wegen Beihilfe zum Mord in 96 Fällen 4 Jahre Zuchthaus. Die Staatsanwaltschaft hatte lebenslänglich beantragt.
5. Urteil des Schwurgerichts Wuppertal vom 7. 8. 1963 gegen Mohr, Gröver, Pohl und Helfsgott. Wegen Beihilfe zum Mord an 1 221 Menschen Strafen von 8, 5 Jahren und 6 Monaten, 4 Jahren und 4 Jahren und 3 Monaten Zuchthaus.
6. Urteil des Schwurgerichts Karlsruhe vom Dezember 1963 gegen Schuhmacher und Brünnert. Wegen Beihilfe zum Mord an 82 und 7 Menschen zu je 4 Jahren Zuchthaus.
7. Urteil des Schwurgerichts Braunschweig vom 20. 4. 1964 ge-

gen Zech-Nenntwich wegen Beihilfe zur Ermordung von 2 Menschen zu 4 Jahren Zuchthaus – Antrag der Staatsanwaltschaft: 7mal lebenslänglich; Magil wegen Beihilfe zum Mord an 5 200 Menschen zu 5 Jahren Zuchthaus; Wegener wegen Beihilfe zum Mord an 1 700 Menschen zu 5 Jahren Zuchthaus, Dunsch wegen Beihilfe zum Mord an 200 Menschen zu 4 Jahren und 6 Monaten Zuchthaus.

8. Urteil des Schwurgerichts Kiel vom 8. 4. 1964 gegen Gralß wegen Beihilfe zum Mord an 780 Menschen zu 3 Jahren Zuchthaus.
9. Urteil des Schwurgerichts Köln vom 12. 5. 1964 gegen Schönemann wegen Beihilfe zum Mord an 2 170 Menschen zu 6 Jahren Zuchthaus.
10. Urteil des Schwurgerichts München vom 30. 9. 1964 gegen Wolff wegen Beihilfe zum Mord an 300 000 (!) Menschen zu 15 Jahren Zuchthaus.
11. Urteil des Schwurgerichts Tübingen vom 22. 12. 1964 gegen Haupt, Lüdtke u. a. wegen Beihilfe zum Mord (Benzininjektionen ins Herz in mindestens 40 Fällen und 6 »Genickschußaktionen« an mindestens 180 Frauen) zu 12 bzw. 6 Jahren Zuchthaus.
12. Urteil des Schwurgerichts München vom 21. 1. 1965 gegen Oberhauser wegen Beihilfe zum Mord an mindestens 300 000 (!) Menschen zu 4 Jahren und 6 Monaten.
13. Urteil des Schwurgerichts Frankfurt/M. vom 3. 2. 1965 gegen Krumey (dem Stellvertreter Eichmanns in Ungarn) wegen Beihilfe zum Mord an 300 000 (!) Menschen zu 5 Jahren.

Diese erneute Urteilszusammenstellung erhebt wie die im letzten Brief keinen Anspruch auf Vollständigkeit. Auch diesmal gilt, daß die meisten Urteile noch nicht rechtskräftig sind, daß jedoch im Hinblick auf den jeweils außergewöhnlichen Umfang der Materie mit einer Rechtskraft in absehbarer Zeit nicht zu rechnen ist und daß infolgedessen eine Besprechung vor Eintritt der Rechtskraft dringend notwendig ist, um der kommenden Rechtsprechung wissenschaftlichen Rückhalt zu geben. Wir vermögen heute nicht mehr – wie im Brief vom 12. 3. 1963 – zu sagen, daß es sich um vereinzelte Urteile handelt, die unser Erschrecken hervorrufen. Die von uns geschilderte Rechtsprechung ist inzwischen zur Regel geworden. Es sei allerdings ebenso ausdrücklich darauf hingewiesen, daß immer noch – allerdings vereinzelt – NS-Mörder als *Täter* mit *lebenslangem* Zuchthaus bestraft werden, wie etwa am 4. 2. 1965 der Angeklagte Klaustermeyer durch das Schwurgericht Bielefeld und am 12. 4. 1965 die Angeklagten Mocek und Richardt durch das Schwurgericht Mannheim. Diese Urteile beweisen, daß es immer noch Gerichte gibt, die Mord Mord und Täter Täter nennen, und dies berechtigt zu der Hoffnung, daß bei einer intensiven Mitarbeit der Strafrechtslehrer die Rechtsprechung zu NS-Gewaltverbrechen ihr ins Wanken geratenes Gleichgewicht wiedergewinnt. Dieses Ziel ist der Einsatz der besten Kräfte unter den deutschen Juristen wert, zumal noch Hunderte von NS-Prozessen auf uns zukommen. Es geht nicht darum, die Gerichte zu größerer ›Härte‹ zu mahnen. Es geht darum, auf eine strafrechtliche Gleichbehandlung hinzuwirken und die verschobenen Maßstäbe wieder zurechtzurücken. Solange wir offenen Auges sehen, was sich in unserer Rechtsprechung zu den NS-Gewaltverbrechen abspielt und noch anzubahnen droht, sollten wir es nicht stillschweigend der Rechtsgeschichte überlassen, die deutsche Justiz rückblickend – mit Recht – für ein Versagen zu verurteilen, das vielleicht vermeidbar wäre. Soweit im Einzelfall ein Verurteilter menschliches Verständnis verdient, steht einer großherzigen Gnadenpraxis nichts im Wege. ›Gnade‹ darf aber nicht vorweggenommen und generell *an Stelle* des Rechts geübt werden.

Wir sprechen deshalb die Anregung und Bitte aus, nun nicht länger zu schweigen, sondern von seiten der Strafrechtswissenschaft zu der Frage von Täterschaft und Beihilfe und zu der Frage des Strafmaßes bei NS-Gewaltverbrechen Stellung zu nehmen. Was nützt eine Verlängerung der Verjährungsfrist für NS-Verbrechen, wenn die Täter keine angemessene Strafe zu erwarten haben?

Wir wären Ihnen, sehr geehrter Herr Professor, dankbar, wenn Sie zu dieser Frage Stellung nehmen und uns mitteilen wollten, ob Sie bereit und zeitlich in der Lage wären, das eine oder andere Urteil zu besprechen.

Lassen Sie uns das bereits einmal zitierte Wort von Reinhard Henkys wiederholen, daß eine Ahndungspraxis, die – wie es sich sichtbar bei uns anbahnt – zwar notgedrungen die nationalsozialistischen Gewaltverbrechen verfolgt, sich aber wenn irgend möglich an die gesetzlich vorgeschriebenen Mindeststrafen hält, einer Verhöhnung der Opfer gleichkommt.«

Die damaligen vier Fachzeitschriften – Monatsschrift für Deutsches Recht, Juristenzeitung, Neue Juristische Wochenzeitung und Juristische Rundschau – erhielten vom Koordinierungsrat einen Abzug beider Briefe zu den NS-Mordprozessen vom 12. 3. 1963 und vom 30 4. 1965 zur Information. Der Koordinierungsrat versandte hiernach den Brief vom 30. 4. 1965 noch an weitere Juristen und Nichtjuristen.

Hierauf gingen erheblich mehr Stellungnahmen bei dem Koordinierungsrat ein als nach dessen erstem Brief.

Die gleichen Strafrechtslehrer, die auf den Brief vom 12. 3. 1963 reagiert hatten, antworteten auch diesmal fast alle wieder und äußerten sich inhaltlich ähnlich wie damals.

Inzwischen waren mehr als zwei Jahre vergangen. Aber von den zahlreichen diesmal reagierenden Professoren zeigte sich nur Professor Lackner (Heidelberg) bereit, unter bestimmten Voraussetzungen Urteile zu besprechen. Er schrieb am Ende eines ausführlichen Briefes:

»Weil aber diese unüberbrückbaren Spannungen bestehen, ist die Möglichkeit einer bequemen Lösung ausgeschlossen. Niemand kann uns davon befreien, daß die Folgen der Versäumnisse getragen werden müssen. Sie sind nach meiner Überzeugung überhaupt nur auszuhalten, wenn bei der Beurteilung jeder Schritt von dem Wege, den das Recht vorschreibt, vermieden wird. Deshalb stimme ich mit Ihnen überein, daß es unerläßlich ist, Fehler, die in den Urteilen über NS-Verbrechen gemacht werden, als solche zu bezeichnen, sie kritisch zu erörtern und namentlich einer ungerechtfertigten Milde entgegenzuwirken. Die Frage allerdings, ob und wann ein solcher Fehler vorliegt, läßt sich nur bei intimer Kenntnis des einzelnen Verfahrens und der Entscheidung beurteilen. Hierin mag mit ein Grund liegen, warum in juristischen Fachzeitschriften nur selten zu NS-Prozessen Stellung genommen wird. Diese sind durch eine Überfülle tatsächlichen Materials und rechtlicher Gesichtspunkte gekennzeichnet, wodurch ein Gesamturteil über das Prozeßergebnis regelmäßig sehr erschwert wird. Andererseits ist Ihre Forderung nach kritischer Auseinandersetzung mit diesen Urteilen unabweisbar. Könnten in dieser Sache nicht vielleicht dadurch Fortschritte erzielt werden, daß Sie jeweils einzelne Strafrechtslehrer konkret auf bestimmte Entscheidungen aus der jüngsten Vergangenheit hinweisen, die Sie für unangemessen halten, und um eine Besprechung unter näher bezeichneten rechtlichen Gesichtspunkten bitten? Wenn Sie dann auch bei der Beschaffung des erforderlichen Materials helfen, wird sich wahrscheinlich mancher der Mühe unterziehen, die mit einer solchen Besprechung verbunden ist. Jedenfalls würde ich mich zu dieser Form der Mitarbeit gern zur Verfügung stellen.«

Professor Jescheck (Freiburg) aber, der schon bei der Beantwortung des Briefes vom 12. 3. 1963 auf die in Arbeit befindliche Habilitationsschrift seines holländischen Schülers verwiesen hatte, sah sich auch jetzt – zwei Jahre später – ausdrücklich zu keiner Stellungnahme imstande:

»... Es ist mir inzwischen möglich gewesen, fast alle Urteile deutscher Gerichte nach 1945, die sich mit Verbrechen aus der Zeit des Nationalsozialismus befassen, in Abschrift zu sammeln. Nur auf der Grundlage des gesamten Materials läßt sich für meine Begriffe eine Wertung einzelner Entscheidungen wissenschaftlich halten. Insbesondere läßt sich auch die Frage der Strafzumessung nur auf der Grundlage der genauen Kenntnis des Sachverhaltes und eines Vergleichs der Belastung der Beteiligten mit der Belastung in anderen Prozessen beurteilen.

Die Habilitationsarbeit meines holländischen Schülers, Herrn C. F. Rüter, ist in der Entstehung begriffen und wird zu dem gesamten Fragenkomplex Stellung nehmen. Bevor ich nicht meinerseits die Arbeit von Herrn Rüter in ihren wesentlichen Ergebnissen kenne, möchte ich zu einzelnen Urteilen und den dort möglicherweise vorgekommenen Mißgriffen hinsichtlich des Strafmaßes und der Eingruppierung des Täters oder Gehilfen nicht Stellung nehmen.«

Die meisten der übrigen Antworten verwiesen darauf, daß man Urteile nur besprechen könne, wenn man ihren Inhalt, vor allem die Begründung genau kenne – ein Umstand, der selbstverständlich ist und den wir nie bezweifelt hatten. Wir hatten selbstverständlich erhofft, daß sich die Adressaten das eine oder andere der im Brief des Koordinierungsrates zitierten Urteile würden kommen lassen, um es genau zu prüfen, wie dies ja bei der Besprechung von Urteilen in Fachzeitschriften seit eh und je üblich war und ist. Statt dessen wiesen einige Antworten darauf hin, daß man sich aufgrund von Zeitungsberichten über Strafprozesse doch kein eigenes Urteil bilden könnte – und wir hatten gehofft, daß die Ernsthaftigkeit des Briefes vom Koordinierungsrat eine Unterstellung allein solcher Erkenntnisquellen ausschließen müßte. Einige unserer Strafrechtslehrer gingen auf die Möglichkeit einer Urteilsbesprechung gar nicht erst ein mit dem Hinweis, daß sie sich früher schon einmal in einer Tageszeitung oder im Rundfunk zu dem Problemkreis geäußert hätten. Andere verwiesen darauf, daß man zur Frage von »Täterschaft und Teilnahme« Ausführungen in ihrem Lehrbuch finden könne; einer berief sich – statt auf unser akutes Anliegen einzugehen – auf eine Schrift, die er bereits vor zwei Jahrzehnten verfaßt hatte, und darauf, daß er seine einwandfreie Haltung zur Judenfrage 1943 bewiesen habe ...

Es liegt uns fern, irgend jemandem hier persönlich einen Vorwurf zu machen. Wir wollen daher, um Lesern der jüngeren Generation den Gesamtduktus der Antworten klarzumachen, ohne Nennung von Namen statt einer Veröffentlichung der Briefe nur einige charakteristische Auszüge bringen. Da hieß es also:

»... Meine Ansicht zur Täter-Teilnehmer-Problematik ist aus allen meinen Büchern eindeutig zu entnehmen. Ich habe – unmittelbar nach Erlaß des Staschynskij-Urteils – im Vorwort zur 8. Auflage meines Lehrbuches 1963 auf die verhängnisvollen Auswirkungen hingewiesen, die die Wiederaufnahme der subjektiven Teilnahmetheorie des Reichsgerichts haben mußte.

Sie vermissen eine ›Gesamtantwort der Strafrechtslehrer‹ auf die zu übermäßiger Milde neigende Strafzumessungspraxis unserer Gerichte. Ich muß gestehen, daß ich gegen diesen Wunsch schwerste Bedenken habe. Jeder Jurist, der einmal mit der Strafrechtspraxis in Berührung gekommen ist, weiß, daß ein Urteil über die individuelle Schuld nur aufgrund der Kenntnis aller Fakten und vor allem der Persönlichkeit des Täters möglich ist. Fände er sie nicht aufgrund eigener Feststellungen, so wird er sein Urteil stets zurückhalten, auch wenn ihm die ausgesprochene Strafe unverständlich erscheint. ›Gesamtantworten‹ könnten nur Pauschalurteile sein, die wertlos sind ...«

oder

»... Sie bedauern, daß die deutsche Strafrechtswissenschaft sich mit den in den Einsatzgruppenprozessen aufgeworfenen Rechtsfragen zu wenig beschäftige, ja sogar ›schweige‹. Da dieser Vorwurf wohl auch mich treffen soll, so darf ich Sie auf meinen im vorigen Jahr erschienen Aufsatz hinweisen ...«

oder

»... Leider hat der Bundesgerichtshof sich zu einer grundsätzlichen Stellungnahme dazu noch nicht entschließen können. Solange es daran fehlt, habe ich nicht viel Hoffnung, daß die Instanzgerichte sich auf eigene Faust von der höchstrichterlichen Rechtsprechung abkehren werden. Sollte die Entwicklung der wissenschaftlichen Diskussion oder Rechtsprechung es erfordern, werde ich jedoch nicht versäumen, zu diesen Fragen noch einmal kritisch Stellung zu nehmen ...«

oder

»... Es ist ein Jammer, zu sehen, wieviel wissenschaftliches Gewicht durch die in den letzten Jahren üblich gewordenen Gesamtäußerungen von Professoren verspielt worden ist. So verspreche ich mir entgegen Ihrer Auffassung des Koordinierungsrats selbst von einer ›intensiven Mitarbeit der Strafrechtslehrer‹ hier gar nichts, und zwar um so weniger, als die maßgeblichen Gerichte als Schwurgerichte zu zwei Dritteln von Laienrichtern besetzt sind.«

Die Laienrichter waren es aber *nicht*, die die »Gehilfen-Rechtsprechung« entwickelt haben ...

In weiteren Zeitschriften hieß es u. a. wie folgt:

»... Zu Ihrem Wunsch, daß die deutschen Strafrechtslehrer durch öffentliche Erklärungen die Gerichte an ihre Pflicht mahnen sollten, in den Prozessen gegen NS-Verbrecher angemessene Strafen zu verhängen, darf ich folgendes bemerken:

In zwei Zuschriften an die Frankfurter Allgemeine Zeitung ...

habe ich mich mit Nachdruck öffentlich für eine angemessene Bestrafung der NS-Verbrecher erklärt. In den Stuttgarter Nachrichten ... habe ich mich mit Nachdruck für eine Verlängerung der Verjährungsfristen ausgesprochen. Bereits 1953 habe ich in einem Vortrag ...«

oder

»Selbstverständlich will ich nicht sagen, daß bei allen Urteilen in NS-Verbrechensachen die richtige Strafe erkannt worden ist. Kritisieren aber könnte ich nur, wenn ich den Prozeß, der zu einem Fehlurteil geführt hat, kennen würde. Zeitungsnachrichten über ihn sind dafür keine genügende Grundlage ...«

Und auch kein Anlaß, sich derart auffallende Urteile – 300 000 Ermordete, fünf Jahre Zuchthaus – einmal schicken zu lassen?

In einigen Zuschriften wurde u. a. ausgeführt:

»... Ihre Sorge wegen der Strafzumessung teile ich ganz. Die erkannten Strafen sind nicht nur im Hinblick auf die Schwere der Schuld und die Folgen des Unrechts vielfach auffallend gering, sondern stehen häufig zu sonst erkannten Strafen in keinem angemessenen Verhältnis.«

oder

»... Da ich zu den neun Strafrechtslehrern gehöre, die auf Ihre erste Stellungnahme hin geantwortet haben, brauche ich nicht erneut zu betonen, wie sehr ich Ihre Sorge verstehe, mit der ich mich völlig solidarisch fühle. Die nunmehr genannten Beispiele konnten dies nur bestätigen.«

oder aber gegenteilig

»... Ihre Bedenken gegen die Rechtsprechung teile ich nicht. Sie bezweifeln die Gerechtigkeit der Strafe. Ich stimme mit Ihnen überein, wenn Sie eine gerechte Strafe fordern. Aber die Strafzumessung darf sich nicht nur nach der Schwere der Tat richten, sondern muß auch das Maß der Schuld berücksichtigen. Das ist eine Frage der Gerechtigkeit, nicht der Gnade. Bei den nationalsozialistischen Massenmorden sind aber Situationen, wo die Täterschaft der Mitwirkenden zweifelhaft ist oder in denen Befehlsnotstand, Verbotsirrtum, Pflichtenkollision die Schuld ausschließen oder mindern, häufig. Deshalb erstaunt es mich nicht, daß bei ihnen die lebenslängliche Zuchthausstrafe seltener als bei gewöhnlichen Morden verhängt wird. Daß hierbei wissenschaftlich nicht vertretbare Grundsätze angewendet werden, scheint mir nicht der Fall zu sein.«

oder

»... Was mich persönlich betrifft, so habe ich zu dem Komplex der nationalsozialistischen Unrechtstaten schon vor fast zwei Jahrzehnten ... Stellung bezogen ...

... Wichtiger und für Sie aufschlußreicher ist vielleicht noch, daß ich insofern zur Judenfrage während des Dritten Reiches eine bestimmte Einstellung nach außen bekundet habe, als ich in meiner im Jahre 1943 erschienenen Schrift ... zahlreiche jüdische Schriftsteller zitiert habe, ohne sie als Juden zu kennzeichnen ..., was einer strikten Weisung der damaligen ›Reichsrechtsführung‹ zuwiderlief ...

Andererseits widerstrebt es mir derzeit entschieden, vom Schreibtisch aus Urteile in den NS-Prozessen zu kritisieren. Dazu ist nur derjenige berufen, der der Verhandlung, insbesondere der Beweisaufnahme beigewohnt hat, der die Akten und Vorgänge genau kennt. Der Gelehrte kann wohl zu einem Urteil unter rein dogmatischen Gesichtspunkten Stellung nehmen. Dagegen wird es ihm unmöglich sein, etwa eine Strafzumessung als gerecht oder ungerecht, als zu niedrig oder auch als zu hoch zu beurteilen.«

Auch bei Morden an 300 000 Menschen und einer hierfür verhängten Strafe von 5 (!) Jahren ...?

»... Die Sache scheint daher einfach, auch juristisch einfach. Aber diese Einfachheit besteht eben nur, und darauf möchte ich nachdrücklich hinweisen, wenn man – vorjuristisch, moralisch, rechtsphilosophisch, politisch, wie immer man das nennt – jene Gewalttäter verurteilt und dadurch die Anwendung des Rechts richtet. Die Verurteilung jener Gewalttäter ist nicht allgemein verbreitet.

Nicht das Recht ›versagt‹ – wie Sie es offenbar sehen; sondern es ›versagt‹ die Haltung, die die Anwendung des Rechts steuert.

Strafrechtswissenschaftlich läßt sich daher gegen die Urteile, die Sie aufführen, nichts sagen ...«

oder

»... In der Tat besteht bei allen Urteilen, die auf eine geringere Strafe als die lebenslängliche Zuchthausstrafe als Höchststrafe lauten, die Gefahr, daß sie in der Öffentlichkeit so gedeutet werden, daß die Taten als weniger schwerwiegend bewertet seien als etwa ein »gewöhnlicher« Mord. Und es besteht darum die Besorgnis, daß von diesen Urteilen eine negative Einwirkung auf das Rechtsbewußtsein ausgeht.

Trotzdem kann ich mich Ihrer Beurteilung dieser Entscheidungen nicht uneingeschränkt anschließen. Ich meine, daß die Deutung der ausgesprochenen Strafen in der Weise, daß die Gerichte die Taten als nicht so schwerwiegend beurteilen, ein Mißverständnis ist. Daß die Urteile weithin so verstanden werden – und daß infolgedessen manche Menschen sich über die unvergleichliche Schwere der Taten hinwegtäuschen – ist freilich eine Tatsache. Aber ich meine, daß wir – die Rechtsordnung – gezwungen sind, das in Kauf zu nehmen ...

Ich gestehe, daß mir auch dann, wenn man die Zusammenhänge und die Mitschuld der damaligen Generation in Deutschland in Betracht zieht, die Strafen in einzelnen Fällen als zu gering erscheinen. Aber einmal scheue ich davor zurück, über die Strafbemessung in Verfahren, die man nur aus der Presse und aus den schriftlichen Begründungen kennt, ein Urteil zu treffen ...«

oder

»... Ich äußere mich daher nie über einen Prozeß, den ich nur aus Zeitungsberichten kenne. Außerdem ist eine, meine ich, gute Gewohnheit der Strafrechtslehrer, sich nur zu rechtskräftigen höchstrichterlichen Urteilen rechtsdogmatisch und kriminalpolitisch zu äußern, aber nicht zu Urteilen, die noch nicht rechtskräftig geworden sind; wir müssen erst die korrigierende Funktion der obersten Rechtsmittelgerichte abwarten ...«

Manchmal waren die Meinungen angesichts der realen Wirklichkeit geradezu skurril:

»... wenn die Verbrechen, die unter dem Nationalsozialismus begangen wurden, durch die Bestrafung der unmittelbar daran Beteiligten nicht voll geahndet werden können, so soll und kann das die positive Wirkung haben, daß die Gesellschaft sich darauf besinnt, daß sie einen Teil der Schuld trägt.«

oder

»... Im übrigen habe ich zu oft erlebt, daß persönliche Aktionen bei einzelnen Stellen und einzelnen Persönlichkeiten, um den Lauf eines Problems zu beeinflussen, viel wirksamer waren als Aufsätze, Zeitungsartikel und Rundfunkinterviews.«

oder

»... Auch in mir ruft mancher Zeitungsbericht über den Ausgang eines Prozesses gegen NS-Verbrecher das Bedenken hervor, ob das Gericht nicht vielleicht versagt hat. Es ist aber nicht möglich, eine sachlich fundierte Kritik an den Strafzumessungsgründen eines Urteils zu üben, das man nicht mit hat entstehen sehen und das man nur aus Berichten kennt ...«

oder

»... Es ist mir angesichts der trostlosen Phänomene bedauerlich genug, Ihren verständlichen Intentionen nicht entsprechen zu können. Wissenschaftliche Äußerungen stehen wohl auch unter einer individuelleren Verantwortung als sie von außen manchmal gesehen wird.«

oder

»... Endlich habe ich schwerste Bedenken dagegen, an irgendeinem Schritt mitzuwirken, der wie eine ›Steuerung‹ der Rechtspflege aussähe ...«

und schließlich

»... Ich muß Sie schon bitten, es uns zu überlassen, wann wir als Mahner an die Öffentlichkeit treten.«[11]

Ich muß Sie schon bitten, es uns zu überlassen ... Damit fanden unsere Appelle an die Strafrechtslehrer ihr Ende, und die Rechtsprechung nahm unverändert ihren Lauf. Immer wieder gab es – selbstverständlich – auch angemessene Urteile, aber die Vielzahl der »Gehilfenurteile« und die unverständlichen Strafen waren nicht aufzuhalten. Wie sagte doch einer der Strafrechtslehrer in seiner Antwort: »Nicht das Recht versagt ..., sondern es versagt die Haltung, die die Anwendung des Rechts steuert ... die Verurteilung jener Gewalttäter ist nicht allgemein verbreitet ...«

Urteile der »Gehilfenrechtsprechung« bei NS-Verbrechen

Um verständlich zu machen, warum uns die »Gehilfenrechtsprechung« in den NS-Mordverfahren als Juristen so erregte, sei für Nichtjuristen der Problemkreis Täter/Gehilfen anhand der damaligen Rechtsprechung genauer erklärt.

Die Rechtsprechung zu den NS-Tötungsverbrechen verlief besonders in zwei Bereichen äußerst unglücklich, genauer gesagt weder für Laien noch für studierte Juristen nachvollziehbar – gemessen an dem, was diese einmal gelernt hatten und im Alltag auch praktizieren. Bei diesen beiden Gebieten handelt es sich um die Frage der »Täterschaft« oder der bloßen »Teilnehmerschaft« sowie um die Strafzumessung.

Zu der Frage der Täterschaft hatte sich die ganz überwiegende Rechtsprechung in NS-Verbrechen sehr bald darauf eingependelt, daß die eigentlichen Täter im wesentlichen Hitler, Himmler und Heydrich gewesen seien. Die anderen – auch wenn sie hohe Funktionen in dem Vernichtungsapparat des NS hatten – wurden vornehmlich nur als Gehilfen angesehen, es sei denn, daß sie sich durch besonderen Einsatz und herausragendes Engagement bei den Tötungen hervorgetan hatten. Als ein Beispiel für viele sei das Urteil gegen Ehrlinger genannt:

Ehrlinger war Leiter des Einsatzkommandos 1 b der Einsatzgruppe A in Weiß-Ruthenien. Ihm wurde von der Anklage der Vorwurf des Mordes an 2 000 Juden und potentiellen Gegnern des Reiches gemacht. Zum besseren Verständnis sei hier sein Lebenslauf in geraffter Form wiedergegeben:

Jahrgang 1910 trat er am 15. 5. 1931 in die SA und am 1. 6. 1931 in die NSDAP ein. 1933 legte er sein erstes juristisches Staatsexamen ab. Im Mai 1933 wurde er Untersturmführer (Leutnant), im Dezember 1933 Obersturmführer (Oberleutnant). Ab 1934 war er hauptamtlich bei der SA. 1934 trat er aus der Kirche aus und 1935 zur SS über. Vom Sicherheitdienst der SS in Würzburg kam er dann zur SD-Zentralabteilung nach Berlin im Jahre 1935. Dort wurde er Stabsführer der Zentralabteilung II 1 (Juden – Konfessionen – Gegner). Am 20. 4. 1936 wurde er SS-Obersturmführer

(Oberleutnant), am 9. 11. 1936 SS-Hauptsturmführer (Hauptmann). Am 12. 3. 1938 erfolgte seine Ernennung zum SS-Sturmbannführer (Major) und am 30. 1. 1939 zum SS-Obersturmbannführer (Oberstleutnant). Ihm oblag der Aufbau des SD (Sicherheitsdienst des Reichsführers der SS) in Wien und in Prag. Nach Differenzen mit dem Kommandeur der Sicherheitspolizei kam er zur Waffen-SS und nahm dort als Rottenführer (Obergefreiter) am Frankreich-Feldzug teil. Danach wurde er mit seinem früheren SD-Dienstgrad neu belehnt und zur Neuaufstellung einer norwegischen SS-Freiwilligen-Division nach Norwegen kommandiert. Kurz vor Beginn des Krieges gegen die Sowjetunion wurde Ehrlinger zu einer Grenzpolizeischule an der damals deutsch-sowjetischen Grenze kommandiert. Dort übernahm er das Einsatzkommando 1 b. Mit Erlaß vom 8. 12. 1941 wurde Ehrlinger als Kommandeur der Sicherheitspolizei nach Kiew versetzt. Im September 1943 wurde er zum SS-Standartenführer (Oberst) ernannt. Vom 28. 8. 1943 bis zum April 1944 war er dann Führer der Einsatzgruppe B, die in Weiß-Rußland »operierte«. Sodann wurde er Amtschef der Abteilung I (Personalabteilung) im Reichssicherheitshauptamt in Berlin. Im November 1944 wurde er zum SS-Oberführer (Generalmajor) befördert und im Frühjahr 1945 – also kurz vor dem Ende des Krieges – unter Berufung in das Beamtenverhältnis zum Oberst der Polizei ernannt.

Nach achtwöchiger Hauptverhandlung wurde Ehrlinger wegen Beihilfe zum Mord in 1 045 Fällen zu 12 Jahren Zuchthaus verurteilt. Dies betraf seine Tätigkeit als Leiter des Einsatzkommandos 1 b. Trotz seiner exzellenten Karriere im NS wurde er nicht als Täter, sondern nur als Gehilfe angesehen.

Eine derartige Rechtsprechung hatte sich schon in der zweiten Hälfte der 50er Jahre abgezeichnet, die Anfang der 60er Jahre immer mehr um sich griff. Nicht unerheblich hat hierzu – zwar unberechtigterweise, gleichwohl psychologisch verständlich – das Urteil des BGH (3. Strafsenat) gegen Staschynskij vom 19. 10. 1962 beigetragen:[12]

Der Angeklagte Staschynskij hatte auf Befehl höchster sowjetischer Stellen zwei in der Bundesrepublik Deutschland lebende russische Emigranten mit einer Giftpistole getötet. Der BGH sah den Angeklagten jedoch nicht als Täter, sondern nur als Gehilfen an. Nach ausführlicher Auseinandersetzung mit der gesamten höchstrichterlichen Rechtsprechung und dem Schrifttum wies er darauf hin, daß er – der BGH – bei allen Strafsenaten die subjektive Teilnahmelehre vertrete, das heißt, daß der Täter unter anderem die Tat als eigene wolle bzw. gewollt habe. Die materiell-objektive Lehre über die Tatherrschaft lehnte der BGH ab. Er führte hierzu u. a. aus:

»... Sie (diese Lehre) läßt außer acht, daß das offensichtlich nur für einen Teil der Gegenwartskriminalität noch zutrifft. Politische Morde sind in der Welt wie in Deutschland immer vorgekommen. Neuerlich sind jedoch gewisse moderne Staaten unter dem Einfluß radikaler politischer Auffassungen, in Deutschland unter dem Nationalsozialismus, dazu übergegangen, politische Morde oder Massenmorde geradezu zu planen und die Ausführung solcher Bluttaten zu befehlen. Solche bloßen Befehlsempfänger unterliegen bei Begehung derartiger amtlich befohlener Verbrechen nicht den kriminologisch erforschten oder jenen jedenfalls ähnlichen persönlichen Tatantrieben. Vielmehr befinden sie sich in der sittlich verwirrenden, mitunter ausweglosen Lage, vom eigenen Staat, der vielen Menschen bei geschickter Massenpropaganda nun einmal als unangezweifelte Autorität zu erscheinen pflegt, mit der Begehung verwerflichster Verbrechen geradezu beauftragt zu werden. Sie befolgen solche Anweisungen unter dem Einfluß politischer Propaganda oder der Befehlsautorität oder ähnlicher Einflüsse ihres eigenen Staates, von welchem sie im Gegenteil die Wahrung von Recht und Ordnung zu erwarten berechtigt sind. Diese gefährlichen Verbrechensantriebe gehen statt von den Befehlsempfängern vom Träger der Staatsmacht aus unter krassem Mißbrauch dieser Macht. Derartige Verbrechensbefehle bleiben nicht einmal auf den eigenen Staatsbereich beschränkt ...

Diese besonderen Umstände staatlich befohlener Verbrechen befreien die Tatbeteiligten keineswegs von der strafrechtlichen Schuld. Jede staatliche Gemeinschaft darf und muß verlangen, daß sich jedermann von Verbrechen, auch von unter Mißbrauch staatlicher Befugnisse geforderten, bedingungslos fernhält. Andernfalls wäre jede Ordnung aufgelöst und den politischen Verbrechen das Tor geöffnet. Der innere Grund des Schuldvorwurfes liegt darin, daß der Mensch auf freie, verantwortliche, sittliche Selbstbestimmung angelegt und deshalb befähigt ist, sich für das Recht und gegen das Unrecht zu entscheiden, sein Verhalten nach den Normen des rechtlichen Sollens einzurichten und das rechtlich Verbotene zu vermeiden, sobald er die sittliche Reife erlangt hat und solange die Anlage zur freien sittlichen Selbstbestimmung nicht durch die in § 51 StGB genannten krankhaften Vorgänge vorübergehend gelähmt oder auf Dauer zerstört ist.

... Daran ist auch für den Bereich verbrecherischer Regime festzuhalten. Unter besonderen Umständen mögen staatliche Verbrechensbefehle allerdings Strafmilderungsgründe abgeben. Wer aber politischer Mordhetze willig nachgibt, sein Gewissen zum Schweigen bringt und fremde verbrecherische Ziele zur Grundlage eigener Überzeugung und eigenen Handelns macht oder wer in seinem Dienst oder Einflußbereich dafür sorgt, daß solche Befehle rückhaltlos vollzogen werden, oder wer dabei anderweit einverständlichen Eifer zeigt oder solchen staatlichen Mordterror für eigene Zwecke ausnutzt, kann sich deshalb nicht darauf berufen, nur Tatgehilfe seiner Auftraggeber zu sein. Sein Denken und Handeln deckt sich mit demjenigen der eigentlichen Taturheber. Er ist regelmäßig Täter.

Anders kann es rechtlich jedoch bei denen liegen, die solche Verbrechensbefehle mißbilligen und ihnen widerstreben, sie aber gleichwohl aus menschlicher Schwäche ausführen, weil sie der Übermacht der Staatsautorität nicht gewachsen sind und ihr nachgeben, weil sie den Mut zum Widerstand oder die Intelligenz zur wirksamen Ausflucht nicht aufbringen, sei es auch, daß sie ihr Gewissen vorübergehend durch politische Parolen zu beschwichtigen und sich vor sich selber zu rechtfertigen suchen. Es besteht kein hinreichender rechtlicher Grund, solche Menschen ausnahmslos und zwangsläufig von vornherein schon in der Beteiligungsform dem Taturheber, dem bedenkenlosen Überzeugungstäter und dem überzeugten, willigen Befehlsempfänger gleichzusetzen, zumal das Gesetz auch dem Tatgehilfen die volle Täterstrafe androht und nur eine Kann-Milderung der Strafe vorsieht.

... Die Anwendung dieser Rechtsgrundsätze auf die erwiesene innere Haltung des Angeklagten bei beiden Attentaten ergibt unter Berücksichtigung aller Umstände, daß er diese Taten nicht als eigene gewollt, daß er kein eigenes Interesse an ihnen und keinen eigenen Tatwillen gehabt hat, daß er sich fremdem Täterwillen nur widerstrebend gebeugt, daß er sich letztlich der Autorität seiner damaligen politischen Führung wider sein Gewissen unterworfen und daß er die Tatausführung in keinem wesentlichen Punkte selber bestimmt hat. Ein eigenes materielles oder politisches Interesse als Indiz für seinen Täterwillen hat nicht bestanden. Ihm ist kein Tatlohn versprochen worden, wie einem gedungenen Handlanger, und er hat auch keinen erhalten ... Das regelmäßig für Täterwillen sprechende Anzeichen eigenhändiger Tatbegehung hat unter diesen Umständen diese rechtliche Bedeutung nicht. Die Auftraggeber Staschynskijs haben in beiden Fällen das Ob und Wie der Tat beherrscht.

... Das Gesamtbild aller Tatumstände spricht daher nicht für Täterschaft des Angeklagten. Daher war er als Gehilfe (§ 49 StGB) zu verurteilen.«

Dieses Urteil ist in der juristischen Fachwelt sehr umstritten gewesen. Gleichgültig welcher Auffassung man aber auch folgt, so weist jedenfalls Baumann in einem Aufsatz zu diesem Urteil, das es billigt, darauf hin, *daß der BGH in dieser Entscheidung lediglich einer Ausnahmesituation Rechnung getragen habe.* Eine derartige Situation sei aber keineswegs bei allen oder auch nur den meisten Einsatzgruppenmorden gegeben. Hierzu führt Baumann aus:

»... Wer in Übereinstimmung mit dem Regime oder in Verfolgung eigener Sonderinteressen (beruflicher oder wirtschaftlicher oder rein ansehensmäßiger Art) tötet, handelt auch nach der Staschynskij-Entscheidung mit Interesse und ist Täter. Wer zwar in einem streng hierarischen Befehlssystem, welches mit grausamen Mitteln seine Befehle durchzusetzen weiß, Befehle freudigen Herzens und ganz mit diesem Regime übereinstimmend befolgt, hat auch den Willen zur Tatherrschaft. Nicht der Befehl und nicht der Druck, sondern nur die Kenntnis und das Gefühl des Bedrängtseins, nur die Kenntnis der Notlage oder der Nötigung beseitigt diesen Willen.

Es muß daher davor gewarnt werden, das Urteil des BGH, dem hier voll zugestimmt wird, zu weit zu interpretieren, und es darf mit Genugtuung festgestellt werden, daß schon der Leitsatz der BGH-Entscheidung um Vorbeugung bemüht ist.«[13]

Dieser Leitsatz lautete nach BGH St. 18 S. 87 ff.:

»Wer eine Tötung eigenhändig begeht, ist im Regelfall Täter; jedoch kann er unter bestimmten, engen Umständen auch lediglich Gehilfe sein.«

Wenn gleichwohl die Rechtsprechung zunehmend die am Holocaust maßgebend Beteiligten als Gehilfen ansah, so läßt sich dies nicht unter Berufung auf das Staschynskij-Urteil des BGH, sondern letztendlich wohl nur noch psychologisch erklären:

Was man einem Russen – Staschynskij –, der außerhalb des sowjetischen Machtbereichs auf Befehl von Staatsorganen tötete, zubilligt, das muß man den Beteiligten des eigenen Volkes, die sich im staatlichen Befehlsbereich befanden, auch gewähren. So oder ähnlich müssen die Gedankengänge bewußt oder unbewußt wohl abgelaufen sein. Der BGH hat sich dann selbst alsbald auf das Staschynskij-Urteil in einer Entscheidung vom 25. 11. 1964 berufen, durch die die Revision der Staatsanwaltschaft gegen ein Urteil des Landgerichts Bonn verworfen wurde. Das Landgericht hatte den ehemaligen SS-Untersturmführer (Leutnant) Häfele, der im Vernichtungslager Chelmno die Ermordung von mehr als 89 000 Menschen mitorganisiert hatte, als bloßen Gehilfen ohne Tätervorsatz angesehen und – freigesprochen. Der BGH meinte u. a., daß die Handlungen des Angeklagten in Chelmno der Bewertung des Landgerichts als bloßer Helfer bei den Vernichtungsmaßnahmen nicht entgegenstünden.[14]

Bei der Rechtsprechung zur Ahndung der NS-Verbrechen, die den Holocaust betrafen, gab es keine Zweifel daran, daß die hierzu ergangenen Befehle rechtswidrig waren. Sie waren im übrigen formal auch nie legalisiert worden; aber selbst etwaige derartige gesetzgeberische Maßnahmen wären nichtig gewesen.[15]

Daß derartige Befehle rechtswidrig waren, war sogar auch in § 47 des damals im NS geltenden Militärstrafgesetzbuches bestimmt. § 47 lautete:

»(1) Wird durch die Ausführung eines Befehls in Dienstsachen ein Strafgesetz verletzt, so ist dafür der befehlende Vorgesetzte allein verantwortlich. Es trifft jedoch den gehorchenden Untergebenen die Strafe des Teilnehmers:

1. Wenn er den erteilten Befehl überschritten hat oder
2. wenn ihm bekannt gewesen ist, daß der Befehl des Vorgesetzten eine Handlung betraf, welche ein allgemeines oder militärisches Verbrechen oder Vergehen bezweckte.

(2) Ist die Schuld des Untergebenen gering, so kann von seiner Bestrafung abgesehen werden.«

Diese Bestimmung wirkte übrigens sehr stark in den Problemkreis Täterschaft/Teilnahme hinein, obwohl als Befehlsgeber nicht nur die staatliche Spitze des damaligen Reiches – Hitler, Himmler, Göring, Heydrich – angesehen werden durften. Ein Mann wie Ehrlinger hatte zum Beispiel selbst höchste Befehlsgewalt und wollte die Taten (Morde durch Erschießen u. a.) natürlich selbst und »als eigene« verstanden wissen.

Im Zusammenhang des Befehls tauchte auch die Frage des Befehlsnotstands auf, ob also bei Verweigerung der Ausführung eines Tötungsbefehls der Verweigerer selbst in Lebensgefahr gekommen wäre. In einem Braunschweiger NS-Verbrechensverfahren gegen fünf ehemalige SS-Reiteroffiziere führte der als Gutachter geladene Zeitgeschichtler Dr. Serafin Anfang April 1964 aus, es sei kein Fall bekannt, in dem ein SS-Mann bestraft worden sei, weil er sich geweigert habe, an Massenerschießungen mitzuwirken. Es gäbe dagegen zahlreiche Beispiele dafür, daß Befehlsverweigerung bei Massenerschießungen nicht oder nur gering geahndet worden sei. Als Beispiel führte er u. a. hierfür an, daß ein SS-Obersturmführer bei Himmler gegen den Auftrag interveniert habe, im Gebiet von Kiew Juden zu erschießen. Mit Erfolg habe er die Versetzung seiner Einheit an die Front gefordert. Im Einzelfall sei die Frage des Befehlsnotstands danach zu beurteilen, welche Stellung der einzelne in der SS gehabt habe und wer seine Vorgesetzten gewesen seien. In Konsequenz hierzu hat der BGH in seinem Urteil vom 29. 3. 1963 (4. Strafsenat) entschieden, daß, wer sich auf Nötigungsstand beruft, nur entschuldigt ist, wenn er sich mit allen Kräften gewissenhaft bemüht hat, der Gefahr oder vermeintlichen Gefahr auf eine die Straftat vermeidende Weise zu entgehen, ohne einen Ausweg zu finden.

»Je schwerer die abgenötigte Straftat ist (hier: Beihilfe zu vielen Morden an KZ-Häftlingen), um so strengere Anforderungen sind an diese Prüfung zu stellen. Der Genötigte oder vermeintlich Genötigte muß all seine geistigen und körperlichen Fähigkeiten eingesetzt haben.«[16]

Zum Teil sowohl entsprechend dem Gesetz (§ 49 Abs. II StGB damaliger Fassung), das da lautete:

»Die Strafe des Gehilfen ist nach demjenigen Gesetz festzusetzen, welches auf die Handlung Anwendung findet, zu welcher er wissentlich Hilfe geleistet hat, kann jedoch nach den über die Bestrafung des Versuches aufgestellten Grundsätzen ermäßigt werden«,

als auch aufgrund zitierter Rechtsprechung des BGH (BGH St 18, S. 87 ff.) sprachen zahlreiche von den Schwurgerichten verhängte Strafen den Opfern geradezu Hohn. Beispielhaft seien hier zwei Urteile erwähnt.

Die ehemaligen Mitarbeiter von Eichmann, SS-Obersturmbannführer (Oberstleutnant) Hermann Krumey und SS-Hauptsturmführer (Hauptmann) Otto Hunsche, waren vor dem Schwurgericht in Frankfurt angeklagt worden, 437 402 ungarische Juden in Ghettos gesperrt und nach Auschwitz transportiert zu haben. Mit Urteil vom 3. 2. 1965 wurde Hunsche freigesprochen, während Krumey wegen Beihilfe zum Mord an mindestens 300 000 Juden zu 5 Jahren Zuchthaus und 4 Jahren Ehrverlust verurteilt wurde. Dieses Urteil rief in der Öffentlichkeit große Empörung hervor. Es wurde vom Bundesgerichtshof am 22. 3. 1967 aufgehoben. Der BHG sprach von einem »milden« Urteil, soweit es die Verurteilung Krumeys betraf. Hunsche habe andererseits jedenfalls objektiv Beihilfe zur Deportation und Ermordung der ungarischen Juden geleistet. Mit Urteil des Schwurgerichts Frankfurt vom 29. 8. 1969 wurde dann aber Krumey wegen Mordes in Tateinheit mit schwerer Freiheitsberaubung zu lebenslangem Zuchthaus, Hunsche wegen Beihilfe zum Mord und zur schweren Freiheitsberaubung zu 12 Jahren Zuchthaus verurteilt. Die hiergegen eingelegten Revisionen wurden vom Bundesgerichtshof zurückgewiesen, und zwar gegen Krumey mit Urteil vom 21. 2. 1973.

Wenn man sich vorstellt, daß zu der gleichen Zeit, als das erste Urteil gegen Krumey und Hunsche erging, zwei reisende Schaufenstereinbrecher, die Schmuck im Wert von ca. DM 50 000 erbeutet hatten, vom Landgericht Offenburg zu je 5 Jahren Zuchthaus und Aberkennung der bürgerlichen Ehrenrechte auf die Dauer von 3 Jahren verurteilt wurden, so fällt hiergegen vor allem das Urteil gegen Krumey völlig aus dem Rahmen. Der Sturm der Öffentlichkeit – ausgedrückt in einem Teil der Medien und in Leserbriefen – gegen das erste Frankfurter Urteil kann daher nur als allzu berechtigt angesehen werden.

Als nächstes Urteil sei das Urteil des Schwurgerichts Gießen vom 26. 3. 1962 gegen den 62jährigen Major der Schutzpolizei a. D. Kirschner, den 57jährigen Polizeihauptkommissar Hoffmann und den 58jährigen Pillich erwähnt. Sie wurden der Beihilfe zum Mord in 162 (!) Fällen in der polnischen Kreisstadt Ostrow für schuldig befunden. Kirschner wurde zu 3 (!) Jahren und 9 Monaten, Hoffmann zu 3 (!) Jahren und 6 Monaten und Pillich zu 3 (!) Jahren und 3 Monaten Zuchthaus verurteilt, obwohl sie aktiv an den Erschießungen teilgenommen hatten – Pillich hatte sich sogar freiwillig zur Teilnahme gemeldet, auch Frauen und Kinder befanden sich unter den Opfern.

Hier kann man nur von einer – zurückhaltend ausgedrückt – ganz unverständlichen Milde des urteilenden Gerichts sprechen.

Der Vollständigkeit halber sei aber erwähnt, daß es selbstverständlich auch andere Urteile in Verfahren wegen NS-Verbrechen gab, die den gesetzlichen Strafrahmen so ausschöpften, wie es angesichts der Tatbestände angemessen war. Diese Urteile bestätigen in ihrer Begründung, daß *wir* in unserer juristischen Beurteilung der NS-Morde keine »Außenseiter« waren, sondern – juristisch – höchst »normal« dachten.

Soviel in Kürze zur Erklärung unserer mehrfachen Vorstöße und Appelle an die Fachzeitschriften und Universitätsprofessoren, sich mit dieser ganz ungewöhnlichen Rechtsprechung zu befassen. Die beschämend spärliche Resonanz hat sicher dazu beigetragen, daß die Rechtsprechung dann auch weiterhin unverändert ihren Fortgang nahm.

46. Deutscher Juristentag in Essen (1966)

Ein Wort zu dem Lauf der nationalsozialistischen Gewaltverbrechen-Verfahren

Vom 22. bis 25. 9. 1964 fand in Karlsruhe der 45. Juristentag statt. Wir waren und sind Mitglieder dieses eingetragenen Vereins. Ob der Wirkungslosigkeit unserer bisherigen Bemühungen im juristisch-fachlichen Bereich überlegten wir nun, ob wir nicht wenigstens den Juristentag für ein aufrüttelndes Wort zu dem Verlauf der nationalsozialistischen Gewaltverbrechen-Verfahren (NSG-Verfahren) gewinnen könnten. Deshalb schrieben wir am 1. 9. 1964 folgenden Brief an die Bundesrichterin Dr. Krüger-Nieland:

»Aus dem Rundschreiben 6/1962 des Deutschen Juristentages wissen wir, daß Sie der ständigen Deputation des Juristentages angehören, zu deren Aufgaben es gehört, die Themen für den jeweiligen Juristentag zu finden. Aus diesem Grunde wenden wir uns als Mitglieder des Juristentages an Sie mit der Bitte zu erwägen, ob nicht auf dem nächsten Juristentag in der strafrechtlichen Abteilung die Frage der Täterschaft und Teilnahme und die Frage nach der eventuellen Möglichkeit einer Revision des Strafmaßes – beide Fragen im Zusammenhang mit den laufenden NS-Mordprozessen – erörtert werden könnten. Wir dürfen Ihnen erklären, wieso wir die Behandlung dieser Fragen für außerordentlich wichtig und dringend halten:

Wir beobachten seit Jahren (insbesondere seit Schaffung der ›Zentralen Stelle‹ in Ludwigsburg) den Verlauf der NS-Prozesse mit großer Sorge. Das Sammeln aller uns zugänglichen Prozeßberichte, die Lektüre der uns zugänglichen Urteile und zahlreiche Gespräche mit ›zuständigen‹ Kollegen (etwa Generalstaatsanwalt Dr. Bauer, Oberstaatsanwalt Dr. Koch, Hamburg, den Kollegen von der ›Zentralen Stelle‹, OLG-Präsident i. R. Richard Schmid, dem Herrn Präsidenten des Staatsgerichtshofs und LG-Präsidenten Dr. Anschütz, Prof. Dr. Sieverts, Hamburg, Prof. Dr. Baumann, Tübingen, Prof. Dr. Dieter Goldschmidt, Berlin, dem Vorsitzenden des Rates der EKD Präses Scharf, dem bekannten Rabbiner Dr. Geis und vielen anderen) haben unsere Erkenntnis bestätigt, daß die deutsche Justiz sich bei Bewältigung der laufenden NS-Prozesse auf einen Weg begeben hat, der zu erheblichen Bedenken Anlaß gibt. Inzwischen sind es keine Einzelfälle mehr, die man als Ausnahme bezeichnen könnte, es ist ein eindeutiger Trend. Wir bestrafen (nach allem, was wir auf der Universität über Täterschaft und Teilnahme gelernt haben und was wir als Praktiker täglich in *allen sonstigen Fällen* tun, unverständlich) Täter als Gehilfen. Wir belegen diese ›Gehilfen‹ mit unvertretbar niedrigen Strafen. Wir sehen zu, wie die Zeugen ihr ›Gedächtnis verlieren‹, und das nicht etwa nach 20 Jahren, sondern seit ihrer letzten polizeilichen oder richterlichen Vernehmung, niemand aber steht auf und verhaftet sie im Gerichtssaal (wie das bei Meineid oder Begünstigung eines Mörders in jeder anderen Hauptverhandlung ohne Zweifel geschieht). Ein großer Teil der des Mordes oder der ›Beihilfe‹ dazu dringend verdächtigen Personen befinden sich (entgegen *aller* sonstigen Praxis) auf freiem Fuß, und so mehren sich – wie jeder in der Presse lesen kann – ja nun auch die Fälle von gelungener Flucht; so kann es geschehen, daß – um nur ein Beispiel für viele zu nennen – der SS- und Polizeiführer von Posen Koppe sich auf freiem Fuß befindet, obgleich die ihm seinerzeit unterstellten Fahrer der berüchtigten Gaswagen inzwischen im Bonner ›Kulmhofprozeß‹ abgeurteilt worden sind (wobei grauenhafteste Tatbestände und die Ermordung von mindestens 150 000 Menschen – darunter Frauen und Kinder – festgestellt worden sind und Koppe nur ›unter anderem‹ für diesen Komplex verantwortlich ist). Es ist auch schon vorgekommen, daß ein Vorsitzender so mangelhaft vorbereitet war, daß er in einem Prozeß, in dem es um die Vernichtung sämtlicher ungarischer Juden in Auschwitz ging, fragen konnte: ›Höß, wer ist denn das? Lebt dieser Herr noch?‹ oder: ›Majdanek, was ist denn das?‹ (Erster Hunsche-Prozeß).

Nun, wir wollen Sie nicht mit einer Aufklärung von Dingen langweilen, die Ihnen sicher bekannt sind. Die Beispiele ließen sich nur erheblich vermehren und geben dann schließlich in ihrer Häufung ein bedrückendes Bild. Wir fügen in der Anlage einige Seiten aus dem letzten ›Freiburger Rundbrief‹ (Jahrgang XV, 1963/64) bei (Anl. 1) und bitten Sie, die dortige Zusammenstellung der ›Besorgnisse‹ zur Kenntnis zu nehmen. Wir erwähnen die Begleitumstände der Prozesse, weil sie uns charakteristisch zu sein scheinen für die gesamte Art, mit der wir im Begriff sind, den Komplex der NS-Prozesse zu ›bewältigen‹. Wir halten diesen Weg – wenn er der endgültige bleiben sollte – für eine rechtsgeschichtliche Katastrophe. Da wir jedoch seit Schaffung der Zentralen Stelle 1958 – wenn wir recht orientiert sind – erst ungefähr 250 Verfahren erledigt haben und noch Hunderte (700 ?) von Prozessen auf uns zukommen, die uns nach Ansicht von Generalstaatsanwalt Bauer noch 8 - 10 Jahre beschäftigen werden, sind wir der Meinung, eine Beschäftigung mit den Urteilen in diesen Prozessen auf dem nächsten Juristentag könne nicht nur nicht zu spät, sondern könnte – wenn sie deutlich und laut genug wäre – noch eine gewisse Wende bringen.

Um jedoch zum eigentlichen Thema, der Täterschaft, der Teilnahme und dem Strafmaß, zurückzukehren:

Entsprechend dem von uns angedeuteten Kolorit der Begleitumstände sehen nun die Verurteilungen aus. Wenn wir so allgemein von ›den Verurteilungen‹ sprechen, sehen Sie dies bitte nicht als eine unerlaubte Verallgemeinerung an. Natürlich meinen wir nicht *alle* Urteile. Es gibt gute und vernünftige Urteile, in denen die NS-Mörder genauso bestraft worden sind wie jeder andere Mörder auch (etwa – beispielhaft – die Urteile gegen Landau oder Chmielewski). Aber gerade ein Vergleich mit diesen Urteilen macht die anderen um so erschütternder; und es sind – wie wir schon schrieben – keinesfalls mehr Ausnahmefälle. Wir bestrafen nicht nur den sog. kleinen Mann als ›Gehilfen‹, weil er auf Befehl gehandelt hat, wir bestrafen den sog. kleinen Mann auch bei besonderer Eigeninitiative als Gehilfen, selbst wenn er *keinen* Befehl hatte, und wir bestrafen auch *hohe* Befehls*geber* als Gehilfen, so daß wir auf dem besten Wege sind, eines Tages vor der Rechtsgeschichte als ›ein Volk von Gehilfen‹ dazustehen, dessen Angehörige Millionen Menschen ermordet haben, ohne daß es mehr als eine Handvoll Täter gibt! So verurteilte – um Ihnen nur ein einziges Beispiel für viele zur deutlicheren Illustration konkret zu schildern – das Schwurgericht Gießen am 26. 3. 1962 im Verfahren Kirschner, Hoffmann und Pillich den Angeklagten Pillich wegen Beihilfe zum Mord in 162 Fällen zu 3 Jahren und 3 Monaten Zuchthaus. Pillich gehörte einer Pionierabteilung an und hatte mit den Erschießungen nichts zu tun. Er hatte jedoch einen Tag Urlaub und bat daher – um seinen Urlaub nützlich zu verbringen! – mitmachen zu dürfen. Er fuhr also freiwillig zu der geplanten Erschießung mit. Das Urteil schildert nun in seinem Tatbestand besonders grausame Details: Zwei Kinder, die sich in ihrer Todesangst an den Beinen des Vaters festklammerten, konnten nicht abgerissen werden und mußten an den Beinen erst abgeschossen werden, ehe man den Vater umbrachte; einem ca. 12jährigen Jungen wurde die eine Kopfhälfte abgeschossen und die andere Kopfhälfte stand aufrecht und sah die Schützen an ... usw. Pillich lief derweilen herum und trieb die Polizeibeamten, die sich wegen des grauenhaften Anblicks in die Büsche geschlagen hatten, sich übergeben mußten und sich drücken wollten, wieder an die Leichengrube, indem er sie mit den Folgen ihres ›Drückens‹ bedrohte, sie auf ihre Pflichten gegenüber dem ›Führer‹ hinwies usw. Er dachte sich aus, die Kinder durch Genickschuß zu töten, er photographierte die grauenhaften Szenen auch noch und rühmte sich im Kasino mit den Bildern. Das Schwurgericht verurteilte ihn zu 3 Jahren und 3 Monaten! Obgleich Pillich *keinen* Befehl hatte und obgleich er besondere Aktivität aus eigener (und völlig unnötiger) Initiative entwickelte, verurteilte man ihn als ›Gehilfen‹. Und dann die Strafe: Das Schwurgericht verurteilte wegen Beihilfe zum Mord in 162 Fällen und nahm hierbei Realkonkurrenz an (ob dies richtig oder falsch war, ist hier nicht zu erörtern). Obgleich das Schwurgericht besonders grauenhafte Einzelfälle festgestellt hatte, wählte es – ohne nähere Begründung – als Einsatzstrafe die gesetzlich zulässige Mindeststrafe von 3 Jahren und erhöhte diese für die übrigen 161 Fälle ›angemessen‹ um ganze 3 Monate. Der Bundesgerichtshof hat dieses Urteil inzwischen aufgehoben; jedoch nur wegen der Realkonkurrenz und ohne im übrigen auf die ›Beihilfe‹ Pillichs und auf das Strafmaß auch nur einzugehen.

Das Schwurgericht Karlsruhe – um für die Verurteilung eines *hohen* Befehls*gebers* auch nur ein Beispiel für viele zu nennen – verurteilte am 20. 12. 1961 den Angeklagten Ehrlinger als ›Gehilfen‹. Ehrlinger war Führer eines der berüchtigten Einsatzkommandos (1 b). Er trat bereits 1931 der NSDAP und SA bei, wurde 1933 Sturmführer, trat 1935 zur SS über und wurde 1941 Kommandant, 1942 stellvertretender Befehlshaber der Sicherheitspolizei und des SD Kiew. Mit 32 Jahren war er SS-Standartenführer. Nach den Feststellungen des Gerichts war Ehrlinger überzeugter Anhänger des Nationalsozialismus und als Antisemit bereit, die judenfeindlichen Maßnahmen zu unterstützen und mit durchzusetzen. Bei den ihm zur Last gelegten Exekutionen, die auf seine Anordnung und unter seiner Leitung stattfanden, wurden auch Frauen und Kinder getötet. Ehrlinger machte keinen Versuch, sich dem ihm erteilten Befehl zu widersetzen, er setzte vielmehr die Ausführungen des Befehls durch seine Untergebenen mit großer Härte durch. Er hatte weitgehende Entscheidungsbefugnisse und über die Exekutionsvorschläge zu befinden. Dennoch sah ihn das Schwurgericht nur als ›Gehilfen‹ an. In diesem Zusammenhang ist erwähnenswert, daß unseres Wissens seit 1958 drei Einsatzkommandoleiter verurteilt worden sind (Bradfisch, Ehrlinger und Filbert). Alle drei haben ihre Funktion als Einsatzkommandoleiter im wesentlichen gleich ausgeübt. Filbert wurde als Täter mit ›lebenslänglich‹ bestraft (und der 5. Senat des BGH hat das Urteil bestätigt); Bradfisch und Ehrlinger wurden als ›Gehilfen‹ bestraft (und der BGH – 1. Senat – hat das Urteil Ehrlinger zwar aufgehoben, aber, soweit wir orientiert sind, *nicht* wegen der Beihilfeverurteilung, und das Urteil gegen Bradfisch ist rechtskräftig).

Aber es würde zu weit führen, wenn wir die einzelnen Urteile hier beschreiben wollten. Auf jeden Fall hat die Verurteilung wegen ›Beihilfe‹ einen derartigen Umfang angenommen, und sie erfolgt derart entgegen aller üblichen Rechtsprechung, daß sich die Vermutung aufdrängt, die ›Beihilfe‹ sei der erwünschte Umweg zur Erreichung niedriger Strafen. Im Frühjahr 1964 ist ein Buch von Langbein ›Im Namen des deutschen Volkes‹ (Europaverlag) erschienen. Dort kann man nachlesen (Seite 117 ff.), daß von insgesamt 131 seit Anfang 1958 angeklagten Beschuldigten überhaupt nur 20 wegen Mordes in Form der Täterschaft verurteilt worden sind. Von den 96 wegen Beihilfe zum Mord verurteilten Angeklagten wurde kein einziger (!) zu der gesetzlich vorgesehenen Strafe ›lebenslänglich‹ verurteilt, obgleich sich einzelne von ihnen wegen der Ermordung von 15 000 (und mehr) Menschen zu verantworten hatten. Nur 9 (!) von den genannten 96 Angeklagten erhielten Zuchthausstrafen von mehr als 10 Jahren.

Wir meinen, die Zahlen sprechen für sich. Sie sind ebenfalls

Gegenstand der sehr kritischen Besprechung in dem im Mai 1964 erschienenen, ausgezeichneten Buch von Henkys ›Die nationalsozialistischen Gewaltverbrechen‹.

Sehr geehrte Frau Krüger-Nieland! Wir gehören einer Generation an, die in ihrer Schulzeit nichts von der Weimarer Zeit erfahren hat. Wir sind erst jetzt dabei, diese Lücken zu füllen. So kamen uns in letzter Zeit die Bücher von Gumbel ›Vom Fememord zur Reichskanzlei‹ und neuerdings von Jasper ›Der Schutz der Republik‹ in die Hand. Wir gestehen, daß wir erschüttert sind, dort erstmalig zu lesen, wie in der Weimarer Zeit die Justiz versagt hat, wenn es um rechtsmotivierte (Sie verstehen, daß wir ›rechts‹ nicht parteipolitisch meinen, sondern im weitesten Sinn ›weltanschaulich‹) Straftaten, und zwar auch um rechtsmotivierte Morde ging! Die Statistik bei Gumbel erinnert irgendwie in beklemmender Weise an die Statistik bei Langbein. Es ist möglich, daß wir aus unzureichender Kenntnis der Weimarer Zeit diese Dinge nicht ganz richtig beurteilen – diese Möglichkeit lassen wir offen und sind jederzeit bereit, anderes dazuzulernen –, aber wir bitten Sie doch dringend zu überprüfen, ob unsere Besorgnisse so viel wahren Kern in sich tragen, daß der Juristentag sich der Problematik annehmen sollte. Wenn die Justiz in der Weimarer Zeit bei der Aburteilung ›rechtsmotivierter‹ Morde schon versagt hat und wir dies heute dank unserer Historiker wissen und sehen können, so sollte doch die heutige Justiz bei der Aburteilung politisch angeordneter Morde jedenfalls nicht den gleichen Fehler noch ein zweites Mal begehen, um sich dann nach 45 Jahren von den Historikern Statistiken wie die von Langbein vorhalten lassen zu müssen. Zumindest sollten wir doch gelernt haben, daß Mord gleich Mord, Täter gleich Täter und Menschenleben gleich Menschenleben ist, auch wenn politische Motive oder staatliche Befehle zu dem Mord führten.

Am 12. März 1963 hat der Koordinierungsrat der Gesellschaften für christlich-jüdische Zusammenarbeit die gleichen Besorgnisse zur Rechtsprechung in den NS-Verfahren in einem Brief an die Strafrechtslehrer der Bundesrepublik niedergelegt (Anl. 2). *Nichts ist erfolgt.* Fünf Strafrechtslehrer haben geantwortet, eine – ja wohl zu erwartende – Gesamtantwort ist nie erfolgt, obgleich uns bekannt ist, daß ein (!) Strafrechtslehrer *sehr* bemüht war, eine solche Antwort zustande zu bringen.

Im März 1963 erging auf der Synode in Bethel das ›Wort‹ des Rates der EKD zu den NS-Prozessen (Anl. 3), in dem die Sorge um den Lauf der Prozesse deutlich anklingt. *Nichts ist darauf geschehen.*

Am 11. 7. 1963 debattierte der Landtag von Baden-Württemberg auf eine große Anfrage der SPD hin über die bedenklichen Urteile in den NS-Prozessen (vgl. dazu Landtagsprotokoll vom 11. 7. 1963 – Anl. 4). Der baden-württembergische Justizminister wurde als für die ›Zentrale Stelle‹ in Ludwigsburg federführender Minister beauftragt, die Besorgnisse des Landtages auf der Justizministerkonferenz vorzutragen, was wohl auch geschehen ist. *Nichts hat sich geändert.*

Im Jahr 1963 hat Frau Landgerichtsrätin Dr. Zöller in Baden-Baden versucht, den Juristinnenbund zu einer entsprechenden Erklärung zu bewegen. Die Einwände gegen ihren Vorschlag (etwa: die kleinen Leute damals hätten doch alle mehr oder minder unter Befehlsnotstand gehandelt) zeugten – wie immer bei derartigen Debatten – von völliger Unkenntnis der Vorgänge (die ›kleinen‹ Leute werden von der ›Zentralen Stelle‹ gar nicht verfolgt, es sei denn, sie haben sich schwerste persönliche Grausamkeiten zuschulden kommen lassen). Trotzdem waren die im wesentlichen so sachunkundig wie emotionell geprägten Einwände stark genug. *Die Erklärung kam nicht zustande.*

Die Zeitungen haben immer wieder einmal die Gesamtsituation oder ein einzelnes Urteil zum Anlaß schwerster Kritik genommen (Anl. 5). Niemand hat dementiert, *kein Jurist hat auf die doch schweren Angriffe erwidert* (weder für noch gegen). Auch die meisten unserer Kollegen sind auf dieses Thema nicht ansprechbar. ›Wir können die Urteile nicht beurteilen, ohne sie gelesen zu haben und ohne den Tatbestand zu kennen‹, erwidern sie, aber keiner macht sich die Mühe, die Urteile oder einschlägige Literatur auch nur zu lesen.

Sehr geehrte Frau Krüger-Nieland! Der Juristentag hat sich während des NS gleich zu Anfang faktisch selbst aufgelöst und somit doch im Gegensatz zu vielen anderen Personen und Vereinigungen ein erstaunliches Rückgrat bewiesen. Dies allein ist geeignet, unsere Resignation noch einmal zu zerstreuen und diesen Brief an Sie zu richten. Wenn zu diesen Tatbeständen, die für jedermann, der auch nur seine Morgenzeitung mit einiger Aufmerksamkeit liest, klar erkennbar sind, schon die Strafrechtslehrer, die Richter und die Staatsanwälte schweigen, dann sollte der Juristentag sich dieser Frage annehmen, auch wenn – dessen seien Sie sicher! – viele seiner Mitglieder es ihm verübeln werden.

Daß er dies nicht fürchten möge wünschen
mit freundlichen Grüßen ...«

Auf dem Karlsruher Juristentag gelang es uns dann, mit dem Präsidenten des Juristentages, Professor Dr. Dr. h. c. Friesenhahn, ein persönliches Gespräch über unser Anliegen zu führen. Wenige Tage danach – am 29. 9. 1964 – schrieben wir an Professor Dr. Friesenhahn:

»Wie in Karlsruhe besprochen, melden wir uns also hiermit schriftlich bei Ihnen. Erlauben Sie uns bitte, unser Anliegen nicht noch einmal gesondert zu Papier zu bringen, sondern Ihnen einfach die Durchschrift unseres Briefes an Frau Krüger-Nieland vom 1. 9. 1964 zu schicken. Wir hatten uns an Frau Krüger-Nieland gewandt, weil sie das einzige Mitglied der Ständigen Deputation ist, von dem wir durch Freunde mit absoluter Sicherheit wußten, daß sie zu dem Komplex der NS-Prozesse eine integre Haltung hat. Als Zivilrechtlerin ist sie natürlich letzten Endes nicht der richtige Adressat, aber reichliche und schmerzliche Erfahrungen haben uns gelehrt, daß man derartige Schreiben – wenn sie auch nur ein wenig Erfolg haben sollen – nicht geradeso an ›jedermann‹ schicken kann.

Nachdem die strafrechtlichen Themen für 1966 schon festliegen, wird unser Wunsch, so wie gedacht, nun nicht mehr durchzuführen sein. So schmerzlich das im Blick auf die Gesamtsituation unseres Volkes und – last not least – unserer Justiz ist, sehen wir natürlich ein, daß angesichts der bereits vergebenen Aufträge insoweit die vorgesehene Planung nicht mehr abgeändert werden kann. Prüfen wir daher nüchtern die noch vorhandenen realen Möglichkeiten für den Juristentag 1966:

Ihr Gedanke, den Schlußvortrag (ist er wirkungsvoller als der Festvortrag? Kommen bei *dem* Thema am Schluß noch genug Leute?) diesem Thema zu widmen, erscheint uns gut. Baumann kennen und schätzen wir sehr. Er ist mit dem Thema völlig vertraut, hat sich inzwischen eine ganze Reihe von NS-Urteilen besorgt, hilft uns gerade bei unserem Bemühen, die Juristenzeitung zu Besprechungen solcher Urteile zu bewegen usw. Wir fragen uns nur, ob er nicht *zu* theoretisch reden wird. Allerdings haben wir noch nie einen Vortrag von ihm gehört. Seine schriftlichen Beiträge sind – so finden wir – sehr schwer zu lesen. In dem Vortrag aber müßte es – bei aller Beherrschung der auszuführenden Theorie – ganz konkret und klar werden. Die Urteile müßten ohne Hemmungen *bei Namen* genannt werden. Verärgerung eines Teils der Zuhörer muß von vornherein in Kauf genommen werden. Wir werden in ein Wespennest stechen, aber wenn der Juristentag mit Recht auf seine immer wieder erwähnte Haltung 1933 stolz sein will, dann darf er vor dieser Problematik jetzt nicht ›Vogel-Strauß spielen‹. Ob es gut wäre, außerdem wenigstens in einer Arbeitsgemeinschaft über diese Fragen zu sprechen, wissen wir nicht. Vielleicht kämen mit Rücksicht auf die ausgewählte europäische Problematik in der strafrechtlichen Abteilung zu wenig Teilnehmer und dann auch nur die, die ohnehin die gleichen Besorgnisse haben? Vielleicht wäre es aber gut, durch die Existenz einer Arbeitsgemeinschaft zu zeigen, daß das Thema des Nachdenkens wert ist? Wir wissen es nicht recht.

Lieber Herr Professor, vielleicht denken Sie einmal nach, was man tun könnte. Vielleicht beraten Sie mit Frau Krüger-Nieland?

Bitte lassen Sie uns gelegentlich wissen, was Sie meinen.«

Professor Dr. Friesenhahn erwiderte hierauf am 16. 10. 1964 wie folgt (auszugsweise):

»Ich bestätige dankend den Empfang Ihres Briefes vom 29. 9. 1964. Ich habe durchaus Verständnis für Ihr Anliegen, weiß aber nicht, ob überhaupt und wie der Deutsche Juristentag das Thema der nationalsozialistischen Mordprozesse zum Gegenstand einer Erörterung machen kann.

Zunächst einmal steht einem solchen Vorhaben entgegen, daß die Arbeit des Deutschen Juristentages satzungsgemäß seit über 100 Jahren auf das Rechtspolitische ausgerichtet ist. Grundsätzlich werden Themen behandelt, bei denen es sich darum handelt, ob bestehende Gesetze geändert oder neue Gesetze geschaffen werden sollten, wie Sie schon an der meist üblichen Formulierung der Themen erkennen können, die in der Regel mit den Worten ›Empfiehlt es sich ...‹ beginnt. Ihre Bemühungen zielen aber nicht auf eine Änderung der Strafgesetze, es geht Ihnen auch nicht um das im Augenblick so drängende, aber 1966 überholte Problem der Verjährungsfrist, sondern um eine grundsätzliche Kritik der Rechtsprechung. Eine solche ist aber nicht die eigentliche Aufgabe des Deutschen Juristentages, und ich könnte mir vorstellen, daß erhebliche Bedenken gegen eine solche ›Urteilsschelte‹ – darauf kommt es ja doch wohl letzten Endes heraus – durch einen Deutschen Juristentag geltend gemacht werden, denen entgegenzutreten nicht ganz einfach sein wird. Auf meiner Rückfahrt von einem kurzen Erholungsaufenthalt in Freudenstadt nach dem Juristentag hatte ich in Karlsruhe noch eine eingehende Aussprache in dieser Angelegenheit mit Frau Dr. Krüger-Nieland. Auch sie verkennt nicht diese satzungsgemäßen Schwierigkeiten aus der traditionellen Arbeitsrichtung des Deutschen Juristentages.

Dazu kommt dann weiter, wie ich Ihnen bereits in Karlsruhe sagte, daß das Thema der strafrechtlichen Abteilung des 46. Deutschen Juristentages bereits festliegt (Beweisverbot im Strafprozeß) und die in- und ausländischen Gutachten für dieses Thema bereits bestimmt sind. Ob man daneben überhaupt noch ein zweites strafrechtliches Problem zur Erörterung stellen kann, ist die weitere Zweifelsfrage, und ich habe etwas die Befürchtung, daß sich die Ständige Deputation nicht dazu würde entschließen können, weil so viele spezielle Zweige der Rechtswissenschaft gerne in den Arbeitsgruppen der Juristentage zu Wort kommen möchten.

Sie müssen weiter bedenken, daß selbst objektiv und ruhig denkende Juristen, die durchaus Verständnis für Ihr Anliegen haben, doch Bedenken tragen könnten, nun dieses so überaus heikle Thema auf einem Juristentag zu verhandeln. Frau Krüger-Nieland und ich waren uns darüber einig, daß schon in der Ständigen Deputation sich wahrscheinlich ein erheblicher Widerstand erheben würde, von dem man keineswegs würde sagen können, daß er von einer Gesinnung getragen wäre, die auch nur im mindesten die nationalsozialistischen Mordtaten billigen oder entschuldigen würde. Ich sehe also eine Fülle von Schwierigkeiten auftauchen, wenn ich Ihr Anliegen überhaupt nur in der Ständigen Deputation vortragen werde, ganz abgesehen davon, welches Echo unter den Mitgliedern, die ja höchst bunt zusammengesetzt sind, sich erheben würde. Trotzdem will ich die Angelegenheit der Deputation bei ihrer nächsten Sitzung vortragen und nach einem Ausweg suchen. Bitte halten Sie meine flüchtige Äußerung in Karlsruhe, das Problem der Täterschaft und Teilnahme und die Möglichkeit einer Revision des Strafmaßes bei den nationalsozialistischen Mordprozessen zum Thema eines Vortrags auf dem 46. Deutschen Juristentag zu machen, streng für sich. Diese Überlegungen waren noch keineswegs zu einem greifbaren Ergebnis gekommen. Sie haben auch ganz recht damit, daß es noch überlegt werden müßte, wem man einen solchen Vortrag übertragen und wo er in das Programm eingebaut werden könnte. Ihre Besorgnis, daß ein solcher Vortrag keinen großen Zuhörerkreis finden würde, besteht übrigens m. E. bei jeder Art von Veranstaltung, in der das Problem in das Programm des Juristentages eingefügt werden würde. Durch Fernbleiben der eigentlich anzusprechenden Kreise würde die gewollte Wirkung einer solchen Veranstaltung wahrscheinlich verpuffen.

Das einzige, was *vielleicht* in Frage kommen könnte, und was ich noch eingehend mit sachkundigen Juristen erörtern muß, wäre die Veranstaltung eines ›Streitgesprächs‹, zu dem ausgewählte Diskussionsteilnehmer am runden Tisch versammelt würden. Aber ich weiß noch nicht, wie man einen solchen Gesprächskreis zusammensetzen könnte, in dem natürlich auch die Gegner Ihrer Auffassung vertreten sein müßten, und ob man den die Materie beherrschenden souveränen Verhandlungsleiter für ein solches Streitgespräch finden könnte. Die Form des Streitgesprächs ist früher schon einmal auf einem Juristentag erprobt worden, dann aber wieder fallengelassen worden. Sie wäre wohl eine mögliche und am ehesten erträgliche Form, die von Ihnen bezeichneten Probleme auf einem Juristentag zur Diskussion zu stellen. Es würde aber nur dabei verbleiben, daß die entgegengesetzten Standpunkte mit Nachdruck vertreten werden. Irgendeine Art von Beschlußfassung oder Meinungsäußerung des Deutschen Juristentages erscheint mir kaum denkbar. Ich weiß nun nicht, ob es Ihnen genügen würde, wenn die Probleme in dieser Weise einmal vor der großen Öffentlichkeit auf hoher Ebene diskutiert werden. Vielleicht nützt es durchaus, wenn von der Seite, die Sie repräsentieren, in einem solchen öffentlichen Streitgespräch vor einem großen Forum die in ihrer theoretischen Konstruktion bedenklichen und im Strafmaß zu milden Urteile beim Namen genannt und kritisiert werden ...

Dabei bitte ich immer wieder zu beachten, daß eine Zurückhaltung der Deputation in diesem Bereich nicht als Billigung der von Ihnen angegriffenen Urteile gedeutet werden darf. Es stehen vielmehr Bedenken aus der traditionellen Arbeit des Deutschen Juristentages und praktische Überlegungen der Gestaltung der jeweiligen Juristentage dabei im Vordergrund.

Frau Dr. Krüger-Nieland erhält einen Durchschlag dieses Briefes. Sie können sicher sein, daß wir beide alles nur mögliche tun werden, um Ihrem Anliegen zu entsprechen, wenn es irgendwie zu machen ist ...«

Darauf schrieben wir am 25. 10. 1964 erneut an Professor Friesenhahn einen Brief, den wir auszugsweise wiedergeben:

»Wir danken Ihnen für Ihre Antwort vom 16. 10. 1964. Wenn wir in folgendem Brief in einigen Punkten widersprechen werden, so sehen Sie bitte nicht sich selbst als den Gegner dieses Widerspruchs an, sondern all diejenigen, deren Protest Sie bereits voraussehen. Was Sie selbst zu diesen Fragen denken, steht für uns außer jedem Zweifel. Und nun zum eigentlichen:

Wir teilen mit Ihnen die Ansicht, daß sich in der Ständigen Deputation und unter den Mitgliedern heftiger Widerspruch gegen das Thema überhaupt erheben wird. Das ist ganz sicher und deckt sich nur mit unseren ständigen Erfahrungen der letzten Jahre. Wir sind auch sicher, daß sich in der Ständigen Deputation niemand befindet, der die den NS-Urteilen zugrunde liegenden Tatbestände billigt (dann wäre eine Mitgliedschaft im Juristentag ja auch nicht mehr möglich). Gar nicht so sicher sind wir jedoch, daß nicht ein beachtlicher Teil der Deputation die Beihilfeverurteilungen billigt (das ist uns von Kollegen und selbst von Angehörigen unseres Justizministeriums nun schon zu oft *direkt* gesagt worden!). Und ganz sicher sind wir, daß ein etwaiger starker Protest in der Deputation gegen diesen Problemkreis nur die allgemein im deutschen Volk festzustellende Unlust, sich mit dem eigenen so grauenhaften Versagen zu beschäftigen, widerspiegeln würde. Die Satzung des Juristentages aber bezeichnet als dessen

Zweck nicht nur die Beschäftigung mit der Frage, ob bestehende Gesetze geändert oder neue Gesetze geschaffen werden sollten, sondern auch einen ›... auf wissenschaftlicher Grundlage lebendigen Meinungsaustausch auf allen Gebieten des Rechts ...‹ Selbst wenn die Tradition den anderen Aufgabenteil in der Vergangenheit stärker betont hat, wäre der – rechtsgeschichtlich und rechtsethisch gesehen – teilweise erschreckende Verlauf der NS-Rechtsprechung doch wohl Anlaß genug, sich wieder einmal auf die erste Hälfte von § 2 unserer Satzung zu besinnen. Sehr geehrter Herr Professor, wenn Sie der Ständigen Deputation die Sache vortragen, dann wäre es unseres Erachtens gut, vor der Diskussion das vorzulesen, was Hannah Arendt in ihrem ja nun auch in deutscher Sprache erschienenen Buch ›Eichmann in Jerusalem‹ über unsere NS-Rechtsprechung (S. 38–45 u. S. 226) schreibt. Wir haben es in diesen Tagen gelesen und sind erneut erschüttert: Das ganze – also auch westliche – Ausland sieht es und weiß es und empört sich darüber, und wir Deutschen tun so, als wäre alles in bester Ordnung. Man sollte das ganze dann auch nicht ›Urteilsschelte‹, sondern freundlicher ›Auseinandersetzung mit der Rechtsprechung‹ nennen. Es wäre dann nur dasselbe wie in der diesjährigen Strafrechtsabteilung, die sich ja letzten Endes mit dem bekannten Urteil des 3. Strafsenats des BGH auseinandersetzte.

Aber zurück zu den Realitäten.

Als Thema für die Strafrechtsabteilung kommt unser Problem ja nicht mehr in Frage; auch nicht für eine eigene Arbeitsgemeinschaft, denn da kämen im wesentlichen doch nur diejenigen, die ohnehin schon besorgt genug sind.

Sinnvoll wäre also nur eine Gesamtveranstaltung, d. h. der Vortrag am ersten Abend oder zum Abschluß oder das von Ihnen gerade bedachte Podiumsgespräch. (Wann? Anstelle einer dieser beiden Vorträge? Es müßte auf jeden Fall zu einem Zeitpunkt stattfinden, zu dem keine anderen Veranstaltungen parallel laufen, sondern regulär in den normalen Ablauf des Programms eingebaut sein.)

Wenn aber schon die Möglichkeit fortgefallen ist, das Thema in der Strafrechtsabteilung als Hauptthema zu behandeln, so erscheint uns Ihr Gedanke einer Podiumsdiskussion auf den ersten Blick sehr einleuchtend. Dann werden die Probleme – statt in kleinen Kreisen und im Ausland herumzugären – doch wenigstens einmal vor der großen Öffentlichkeit auf hoher juristischer Ebene in Deutschland selbst ausgesprochen. Das fänden wir schon sehr gut. Wer allerdings öffentlich bereit sein würde, die ›Gegenseite‹ (von uns aus betrachtet) zu vertreten, darauf sind wir selbst neugierig. Bisher wird dies ›offiziell‹ nur von der ›National- und Soldatenzeitung‹ sowie von einigen Anwälten (geradezu verheerend in jüngster Zeit im Prozeß vor dem Schwurgericht Hannover gegen Nitschke u. a. von Rechtsanwalt Heinicke) getan. Auf die Ebene dieser Diskussionspartner werden wir ja wohl nicht hinabsteigen. Die Richter *sprechen* diese Urteile aus, aber wer wird die ›Beihilfe-Urteile‹ und insbesondere *das* (!) Strafmaß theoretisch auf dem Podium verteidigen wollen?! Man müßte sich schon Angehörige der BGH-Senate holen, die derartige Urteile bestätigt haben. Nun, auch dieses Jahr haben ja in der Strafrechtsabteilung Angehörige des Senats, dessen Urteil Grundlage des gesamten Themas war, kräftig mitdiskutiert. Aber all dies wäre bestimmt des Nachdenkens wert, und wenn Personen mit guten und bekannten Namen an dem Gespräch teilnähmen, wäre auch der Kreis der Zuhörer bestimmt nicht klein. Hannah Arendt z. B. sollte man dafür gewinnen.

Bitte, sehr geehrter Herr Professor, nehmen Sie nochmals unsere Versicherung entgegen, daß wir nicht etwas Unmögliches entgegen aller Vernunft unbedingt durchsetzen wollen, sondern, daß wir uns einfach immer wieder fragen, wer denn unter den – vor allem den angesehenen – Juristen in einem maßgebenden Gremium öffentlich endlich diesen Verlauf der NS-Prozesse einmal mit unüberhörbarer Stimme bei Namen zu nennen bereit ist. Es könnte ja sein, daß davon sogar wirklich ein positiver Impuls für die Rechtsprechung ausgeht.

Im übrigen sind wir ehrlich bekümmert, daß wir Ihnen persönlich mit diesen Fragen eine Last aufgebürdet haben, deren Schwere wir selbst nur zu gut kennen.

Wir wären Ihnen dankbar, nach der Sitzung der Ständigen Deputation von Ihnen zu hören und verbleiben bis dahin

mit freundlichen Grüßen

Ihre ...«

Bundesrichterin Dr. Krüger-Nieland ließen wir unmittelbar einen Durchschlag zukommen.

Auf ihr uns hierauf ermunterndes Schreiben vom 29. 10. 1964 schlugen wir als Teilnehmer eines etwaigen Podiumsgespräches Frau Dr. Krüger-Nieland am 3. 11. 1964 vor:

»1. *Als Wissenschaftler:*
Prof. Dr. Baumann, Tübingen
fürsorglich:
Professor Dr. Sieverts, Hamburg
oder
Professor Dr. Roxin, Göttingen

2. *Als Praktiker*:
Oberstaatsanwalt Dr. Koch, Hamburg,
(15 Jahre hat er mit dieser Materie zu tun.
Er ist echt empört über den Ablauf dieser Verfahren und ein guter Redner)
fürsorglich:
Erster Staatsanwalt Großmann, Frankfurt/M.

3. *Als juristisch Außenstehenden*:
die Materie aber sehr gut Kennenden und (als NS-Opfer) Betroffenen:
Hannah Arendt;
fürsorglich:
Ralph Giordano von der Allgemeinen Jüdischen Wochenzeitung

4. *Vom BGH*:
a) Senatspräsident Sarstedt (5. Senat)
(Täterschaftsurteile: u. a. i. S. Filbert vom 9. 4. 1963
5 StR 22/63)

b) Senatspräsident Dr. Baldus (2. Senat)
Unter seinem Vorsitz wurde in der Frage Täterschaft oder Beihilfe – wie wir aus dem uns inzwischen vorliegenden Urteil wissen – das Pillich-Urteil *insoweit* bestätigt (Urteil des BGH vom 24. 7. 1963; vgl. dazu auch die Besprechung des Urteils desselben Senats vom 14. 8. 1963 zum fehlgeschlagenen Doppelselbstmord von Dreher in MDR 64, 335).

5. *Von der Verteidigung*:
Rechtsanwalt Dr. Ronge, Berlin
(Verteidiger im Filbert-Prozeß)
fürsorglich:
Rechtsanwalt Egon Geis, Frankfurt/M.
(Verteidiger im Heuser-Prozeß).«

Nach einiger Zeit erhielten wir von Professor Dr. Friesenhahn einen Brief, datiert vom 2. 4. 1965, dessen Inhalt im wesentlichen hier ebenfalls wiedergegeben werden soll:

»Sie fragen an, ob und was die Ständige Deputation des Deutschen Juristentages gelegentlich ihrer Sitzung in Düsseldorf hinsichtlich einer Erörterung der Problematik der NS-Prozesse beschlossen hat. Ich hatte die Frage bereits auf der Nürnberger Sitzung im Dezember 1964 zur Erörterung gestellt; da ich diesen Punkt aber nicht vorher auf die Tagesordnung gesetzt hatte, die Angelegenheit also nicht hinreichend vorbereitet war und erst am Schluß der Sitzung erörtert werden konnte, als bereits mehrere Mitglieder der Deputation abgereist waren, konnte damals kein Beschluß mehr gefaßt werden. In Düsseldorf haben wir uns nun mehrere Stunden über das Thema unterhalten. Es wurden auch Bedenken geäußert, ob sich der Deutsche Juristentag dieser Frage überhaupt annehmen könne und ob er es solle. Nach langen Erörterungen wurde schließlich beschlossen, zunächst einmal eine geschlossene Diskussion zu veranstalten, da befürchtet wurde, daß bei einer öffentlichen Diskussion doch nicht frei gesprochen werden könne. Das Problem ist ja außerordentlich vielschichtig. Es wurde insbesondere darauf hingewiesen, daß die unhaltbare Bestrafung von Tätern als Gehilfen manchmal auch so erklärt werden könne, daß nach der Lage des Falles die auf Mord gesetzte absolute Strafe zu hoch erscheint. Man könnte zweifeln, ob der Mord-Tatbestand des Strafgesetzbuches überhaupt auf die Tötung durch Vollzugsorgane zutrifft, die auf Befehl einer die faktische Macht innehabenden staatlichen Organisation handeln. Vielleicht liegt hier eine Unterlassung des Gesetzgebers vor, der die Besonderheit dieser Straftaten hätte berücksichtigen müssen. Es wurde auch darauf hingewiesen, daß unsere geltende Gerichtsorganisation kaum geeignet ist, dieser Prozesse Herr zu werden. Einmal, weil es sich nicht um besondere Gerichte handelt, an denen die ganzen Komplexe zusammengezogen werden, so daß den Gerichten auch das ganze Hintergrundmaterial bekannt ist, das nun jeweils von den verschiedenen Schwurgerichten in allen Teilen der Bundesrepublik neu erarbeitet werden muß. Dazu kommt dann insbesondere die Besetzung des Schwurgerichtes; es wurde insbesondere auf den Auricher Fall hingewiesen, in dem das Schwurgericht nach Aufhebung des ersten Urteils durch den BGH im zweiten Urteil ganz offen erklärt, es sei zwar an die Rechtsauffassung des BGH gebunden, nach der die Angeklagten als Täter bestraft werden müßten, trotzdem aber bestrafe es sie nur als Gehilfen. Im Kreise der Deputation wurden die Probleme dieser Prozesse also nicht als so einfach befunden, wie Sie es anscheinend tun. Es soll aber nun ein Forum von sachverständigen Juristen gebildet werden, das in einer Klausurtagung in aller Offenheit die ganze Problematik dieser Prozesse, die natürlich auch dann den Befehlsnotstand und vieles andere einschließt, erörtern soll. Da wir die Zustimmung des in Aussicht genommenen Vorsitzenden noch nicht haben, kann ich Ihnen seinen Namen nicht nennen. Unter den in Aussicht genommenen Teilnehmern finden sich zu einem Teil auch die Namen, die Sie ins Spiel gebracht haben. Sollte es gelingen, diesen Diskussionskreis zustande zu bringen, so hängt es von dem Ergebnis ab, wie und was dann an die Öffentlichkeit gebracht wird. Man könnte sich entweder vorstellen, daß dann aus der Klausurtagung heraus die Teilnehmer für ein öffentliches Podiumsgespräch bestimmt werden, oder daß die Ergebnisse in Form eines großen Vortrags oder eines Referats mit Koreferenten der Öffentlichkeit unterbreitet werden. Das Ganze soll sich außerhalb eines Juristentages abspielen. Falls es sich zeitlich machen läßt, würde ich für die Klausurtagung Ende Oktober in Aussicht nehmen und für eine öffentliche Erörterung den März 1966 in Verbindung mit einer Deputationssitzung.

Sie sehen also, daß doch etwas geschieht, wenn auch nicht im vollen Umfang das, was Sie sich gewünscht haben ...«

Es gab also in der Ständigen Deputation Bedenken und Widerstände gegen die Behandlung eines derartigen Themas, wie wir es nach unseren eigenen jahrelangen Erfahrungen befürchtet und vorausgesehen hatten und wie es sie in dieser Intensität sonst nie gegeben hat.

Wir antworteten am 6. 4. 1965 u. a. wie folgt:

»... Etwas bekümmert sind wir darüber, daß Sie meinen, wir fänden die Probleme um die NS-Prozesse *leicht*. Sehr geehrter Herr Professor, wir bitten Sie, uns zu glauben, daß wir uns seit Jahren intensivst und gründlichst mit diesen Prozessen und ihren Urteilen befassen. Keiner der uns von Ihnen mitgeteilten Einwände und Bedenken ist uns unbekannt. Alle diese und noch viel mehr Einwände und Bedenken sind von uns in zahllosen Tag- und Nachtgesprächen mit ausgezeichneten Kennern der Materie (vorige Woche erst wieder mit Professor Maihofer) besprochen, durchdacht und durchgearbeitet worden. Es ist wirklich das Ergebnis gründlicher Beschäftigung mit dem gesamten Komplex *in seiner Vielschichtigkeit*, wenn wir sagen: ›Diese Rechtsprechung ist haarsträubend!‹ Daß – um nur auf ein Beispiel einzugehen – nach Lage des Falles die auf Mord gesetzte Strafe zu hoch erscheint, kann wirklich nur jemand (rein theoretisch) sagen, der das Gros der Urteile nicht gelesen hat. Bitte glauben Sie uns das doch.

Aber wir sind ja schon froh darüber, daß das geschieht, was Sie uns in Ihrem Brief mitteilen. Wir wünschen sehr, daß OstA Koch und Rechtsanwalt Ormond dabei sein möchten!

Wir bitten Sie sehr, uns weiter über den Lauf der Dinge zu berichten und uns nicht gram zu sein, daß wir Ihnen so ein lästiges Kuckucksei in den Deputationsausschuß gelegt haben.«

Am 12. 10. 1965 schrieben wir an die nunmehrige Senatspräsidentin beim BGH Dr. Krüger-Nieland unter Hinweis auf das Schreiben von Professor Dr. Friesenhahn vom 2. 4. 1965 u. a. folgendes:

»Sie erinnern sich an den Brief von Professor Friesenhahn vom 2. 4. 1965 an uns, den wir Ihnen zum Lesen überließen?

Prof. Friesenhahn wies auf all die nur zu bekannten Argumente hin, wie etwa:

Die Bestrafung von Tätern als Gehilfen resultiere manchmal daraus, daß die auf Mord gesetzte absolute Strafe zu hoch erscheine (Anmerkung von uns: z. B. bei 300 000 unter grauenhaftesten

Umständen Ermordeten wie etwa bei Krumey oder jetzt im Auschwitzprozeß bei Mulka!)

oder:

Die Klausurtagung müsse natürlich die *ganze* Problematik, also auch alle Gegenargumente wie etwa den Befehlsnotstand behandeln. (Anmerkung von uns: Natürlich müssen alle Argumente behandelt werden. Warum unterstellt man uns, daß wir dies nicht wollten? Aber: Die Gegenargumente hört man ja seit Jahren ununterbrochen von allen Seiten bis zum Erbrechen; es wäre wirklich an der Zeit, jetzt einmal Kritik an *diesen* Argumenten zu üben! Und der »Befehlsnotstand« ist nun gerade das Problem, das inzwischen von allen Seiten einschließlich BGH wirklich völlig durchgekaut und ausgegoren und gar nicht mehr bemerkenswert ist. Im übrigen erfolgt ja bei Vorliegen von Befehlsnotstand Freispruch; und *unser* Anliegen bezieht sich auf freisprechende Urteile ja gerade *nicht*.)

oder:

Unsere Gerichte würden der Situation nicht Herr u. a. wegen der Besetzung der Schwurgerichte mit Laien, und dann wird von Prof. Friesenhahn das ›Auricher‹ Urteil zitiert (gewissermaßen zur Rechtfertigung der uns entgegenstehenden Position!), das Gegenstand anliegenden Artikels aus der »Welt« bildet. Das Schwurgericht erklärt nach Aufhebung seines ersten Urteils durch den BGH im zweiten Urteil, es sei zwar an die Auffassung des BGH (Täterschaft) gebunden, es bestrafe die Täter aber trotzdem als Gehilfen. So weit sind wir also bei dem Problem der NS-Prozesse schon geraten; und Prof. Friesenhahn (und die Mitglieder der Deputation, die ihm ihre Argumente bei der letzten Zusammenkunft geliefert haben) findet, dieses – bei unserer sonstigen Obergerichtshörigkeit! – einmalige und außergewöhnliche Verhalten eines Gerichts sei ein Argument *gegen* eine Kritik des Juristentages an den NS-Urteilen? Wir gestehen, daß wir all dies mit unserem normalen Sachverstand nicht mehr verstehen. In einem anderen Artikel der »Welt« zum gleichen Thema hieß es, die Richter hätten sich wenn nicht einer Rechtsbeugung, so doch mindestens die Geschworenen – da sie anscheinend die Berufsrichter überstimmt haben – einer Begünstigung im Amt schuldig gemacht; und der Juristentag sieht keinen Anlaß, in der Öffentlichkeit dieses Problem offen anzugehen?

Liebe Frau Krüger-Nieland! Wir informieren uns gerade über die Rechtsprechung in ›politisch‹ motivierten Straftaten der Weimarer Zeit. Wir informieren uns erstmalig darüber, weil wir durch unser Alter bedingt weder die Dinge selbst erlebt noch auf der Schule oder Universität davon erzählt bekommen haben. Wir lasen die Monographie von Jasper ›Der Schutz der Republik‹ und die Bücher von Gumbel ›Vom Fememord zur Reichskanzlei‹ sowie von Bracher ›Die Auflösung der Weimarer Republik‹ oder zur Zeit (1965) gerade das neuste Buch von Richard Schmid ›Einwände‹[17]. Wir erfuhren 1964 zu unserem Entsetzen (wirklich Entsetzen) erstmalig von den ›Judenrepublik- und ›schwarz-rot-hühnereigelb‹-Urteilen des Reichsgerichts – niemand berichtete oder lehrte uns je darüber ! –, die die ältere Generation der Juristen aber doch *miterlebt* haben muß! Und vor diesem – uns gerade aufgehenden – Horizont wird unser Erstaunen, ja Unverständnis und Erschrecken darüber noch größer, daß auch die Juristengeneration, die es schon einmal erlebt hat, wie Unrecht in Urteilsform gesprochen worden ist, bei unserer heutigen NS-Rechtsprechung wiederum nichts zu finden scheint. (Oder hat sie damals etwas dabei gefunden und es nur nicht gesagt? Oder hat sie es gesagt, und wir wissen es nur aus Unkenntnis nicht? Was tat der Juristentag, dessen Loblied zu jeder Einleitung des Juristentages gesungen wird, damals bei diesen RG-Urteilen? Oder tat er etwas, und wir wissen es nur nicht?)

Liebe Frau Krüger-Nieland! Dies wird – so scheint uns – der letzte Brief in dieser Sache an den Juristentag sein. Nehmen Sie ihn als Stimme der jüngeren Juristengeneration, die einfach ihren gesunden und sonst beruflich stets angewandten Menschenverstand nicht abschalten will, wenn es um die NS-Urteile (und parallel dazu: die oben zitierten BGH -Urteile) geht. Wir hoffen nur, daß die vorgesehene ›Klausur‹ – falls sie überhaupt zustande kommt – von den von uns genannten Personen nicht nur die ausgewählt hat, die wir aus Gründen der Objektivität bereits als ›Gegenstimmen‹ vorgesehen hatten.

Es tut uns leid, daß wir ausgerechnet Sie als Zivilrechtlerin mit all dem belästigen. Aber wer hört in diesen Dingen überhaupt hin? ...«

Frau Dr. Krüger-Nieland erwiderte hierauf am 21. 10. 1965:

»Mit aufrichtigem Dank bestätige ich den Eingang Ihres Schreibens vom 12. Oktober d. Js. Ich habe es mit großem Interesse gelesen. Zwar tröstet es mich, mich mit Ihnen, die Sie bereits so viel Zeit und Kraft für die Durchleuchtung dieses ganzen, uns gemeinsam so schwer belastenden Problemkreises geopfert haben, in seiner Beurteilung einig zu wissen. Aber es bedrückt mich zugleich, daß ich so geringe Möglichkeiten habe, aktiv mich einzuschalten, um die von Ihnen zu Recht kritisierte Art der Urteilsfindung in einer großen Zahl von NS-Prozessen durch eine Institution, die Gewicht hat, öffentlich an den Pranger stellen zu lassen.

Die Ständige Deputation wird am 29./30. Oktober in Stuttgart erneut zusammenkommen. Ich will mich mit Nachdruck dafür einsetzen, daß wenigstens die geplante Diskussion »hinter verschlossenen Türen« als Vorbereitung einer öffentlichen Diskussion zustande kommt. Mehr wird sich zur Zeit nicht erreichen lassen ...«

Am 29. 12. 1965 teilte uns unser Freund Rechtsanwalt Ormond aus Frankfurt mit, daß vom 1. bis 3. 4. 1966 eine Klausurtagung über die Rechtsprechung in Prozessen wegen der NS-Gewaltverbrechen veranstaltet werde, für die er eine Einladung erhalten und zu der er auch zugesagt habe. Nun wußten wir, daß wenigstens diese Klausurtagung stattfinden solle. Anläßlich einer Fahrt zu einer Tagung der Arbeitsgemeinschaft Juden und Christen in der Evangelischen Akademie in Arnoldshain vom 7. bis 9. 1. 1966 trafen wir uns mit Rechtsanwalt Ormond am 7. 1. 1966 zu einem ausführlichen Gespräch. Am 9. 1. 1966 schrieben wir ihm folgenden Brief:

»... Soeben kommen wir von unserer Tagung ›Juden und Christen‹ aus Arnoldshain zurück. Wir haben dort unter einer Fülle theologischer und anderer Arbeit das Programm unserer Gruppe für den Kichentag 1967 auf die Beine gestellt. Dabei haben wir den anwesenden Vertretern des Kirchentages dringend ans Herz gelegt, auf dem Kirchentag 1967 ein politisches Forum zu bilden, das sich mit der Frage rechtsradikaler Strömungen und Erscheinungen in der Bundesrepublik öffentlich befaßt. Wir fanden, das Thema sei zu wichtig und dringend, als daß es – etwa in seinem

Podiumsgespräch – in unserer kleinen Gruppe abgehandelt werden könnte und sollte. Das soll der gesamte Kirchentag zu seinem Anliegen machen. Eingebaut werden soll dabei eine Auseinandersetzung mit dem Phänomen, was heute alles als ›links‹ bezeichnet wird. Um dem Kirchentagspräsidium diesen Gedanken schmackhaft zu machen, haben wir dem anwesenden Studienleiter Dr. Lorenz ein Exemplar Ihres Vortrags von Hannover (PH vom 20. 12. 1965) in die Hand gedrückt. Da wir uns Ihres Einverständnisses sicher wußten, haben wir ihm erlaubt, es in der nächsten Woche zu vervielfältigen und den Präsidiumsmitgliedern sowie allen Mitgliedern der Arbeitsgruppe »Juden und Christen« zuzustellen. Das ist Ihnen doch recht? Es wäre eine großartige Sache, wenn sich der Kirchentag mit seiner beachtlichen Öffentlichkeitswirkung dieses Problems annähme!

Im übrigen war es sehr schön, Sie wieder einmal zu sehen und zu sprechen.

Wir sind doch sehr froh, daß sich der Juristentag nun doch wenigstens zu einer Klausurtagung aufgerafft hat und daß das Programm – wohl durch Prof. Klug – so umfassend geworden ist. Hoffentlich gelingt es Ihnen noch, *OStA Koch* eine Einladung zu verschaffen. Im übrigen lassen Sie uns noch einmal schriftlich wiederholen:

Es ist sicher notwendig und wichtig, daß die Sachprobleme gründlich diskutiert werden, damit die, die zwar eine Meinung, aber keine Sachkenntnis haben, informiert werden. Aber:

1. Das zentrale Problem muß die Erkenntnis sein, daß sich vor unseren Augen in der NS-Rechtsprechung ein Drama unserer Rechtsgeschichte abspielt (Ungleichbehandlung von U-Haft über Prozeßatmosphäre bis zum Strafmaß), ohne daß man dies auch nur bemerken will, obgleich die Parallele zur Rechtsprechung der Weimarer Zeit so deutlich ist – es geht um die Frage der *Gerechtigkeit*.

2. Die Klausurtagung sollte nicht um ihrer selbst willen stattfinden! Das Ergebnis muß ein Beschluß sein, etwas zu *tun* (der Juristentag, die Strafrechtslehrer, die Fachzeitschriften, wer auch immer).

Ob *Sie* wohl diese zwei Gesichtspunkte im Auge behalten? Es ist eine der letzten Chancen, die wir noch sehen ...«

In der Folgezeit unternahmen wir nicht unerhebliche weitere Bemühungen, um die Klausurtagung, die in Königstein stattfinden sollte, zu einem wirklichen Nachdenken über den Verlauf der NS-Gewaltverbrechen-Prozesse zu bringen. Die Korrespondenz und die Telefonate hierzu würden bei einer Wiedergabe den Rahmen dieses Buches sprengen. Uns ging es ja auch allein darum, daß aus der Königsteiner Tagung wirklich etwas herauskam.

Professor Friesenhahn schrieb uns dann am 25. 2. 1966 folgenden Brief, den wir auszugsweise wiedergeben:

»Da Sie mir seinerzeit nahegelegt hatten, der Deutsche Juristentag möge das Problem der Strafverfolgung der NS-Gewaltverbrechen einmal erörtern, möchte ich Ihnen mitteilen, daß nach langen und schwierigen Erörterungen in der Ständigen Deputation nun eine Konferenz zusammengekommen ist, die vom 1.–3. 4. 1966 in Königstein/Ts. tagen soll. Die Diskussion steht unter der Leitung von Herrn Professor Dr. Ulrich Klug (Köln), dem Herrn Generalstaatsanwalt Dr. Hanns Dünnebier (Bremen) als Deputationsmitglied zur Seite steht. Im übrigen besteht der Gesprächskreis aus folgenden Persönlichkeiten:

Generalstaatsanwalt Dr. Fritz Bauer (Frankfurt/M.)
Professor Dr. Jürgen Baumann (Tübingen)
Dr. Hans Buchheim (München)
Rechtsanwalt Dr. Gerhard Hammerstein (Freiburg/Br.)
Professor Dr. Ernst-Walter Hanack (Heidelberg)
Senatspräsident Dr. Hans Hofmeyer (Frankfurt/M.)
Dr. Herbert Jäger (Hamburg)
Professor Dr. Karl Lackner (Heidelberg)
Rechtsanwalt Henry Ormond (Frankfurt/M.)
Rechtsanwalt Dr. Anton Roesen (Düsseldorf)
Ministerialrat Werner Roth (Stuttgart)
Professor Dr. Claus Roxin (Göttingen)
Staatsanwalt Dr. Adalbert Rückerl (Ludwigsburg)
Senatspräsident Prof. Dr. Werner Sarstedt (Berlin)
Rechtsanwalt und Notar Dr. Erich Schmidt-Leichner (Frankfurt)
Prof. Dr. Peter Schneider (Mainz)

Der Konferenz liegt eine von Herrn Professor Klug im Einvernehmen mit Herrn Dünnebier angefertigte ›Übersicht über die strafrechtlichen Probleme der Ahndung nationalsozialistischer Gewaltverbrechen‹ zugrunde, von der ich Ihnen in der Anlage einen Abzug übersende) ...

Ich hoffe sehr, daß die Diskussion zu einer Klärung der Standpunkte führen und der Rechtsprechung dann eine Hilfe bedeuten kann ...«

Wie uns verschiedene Teilnehmer der Königsteiner Tagung vom 1.–3. 4. 1966 berichteten, sei dort eine Entschließung gefaßt worden, die mit dem Auftrag an die Ständige Deputation des Juristentags ende, das Ergebnis der Tagung in geeigneter Form der Öffentlichkeit bekanntzugeben. Wir waren nunmehr gespannt, was erfolgen würde.

Am 24. 5. 1966 schrieb uns Professor Friesenhahn folgenden Brief:

»Ihrem Schreiben vom 15. d. M. entnehme ich, daß Sie mit Teilnehmern der Königsteiner Klausurtagung gesprochen haben. Sie werden also erfahren haben, daß drei Tage lang sehr intensiv diskutiert worden ist, daß aber natürlich nicht alle Fragen zu Ende diskutiert werden, geschweige denn, daß wirkliche Lösungen gefunden werden konnten. Ob die von den Teilnehmern gefaßte Entschließung ein »echtes Ergebnis« ist, wage ich nicht zu beurteilen. Diese Entschließung wird der Öffentlichkeit erst auf dem Juristentag in Essen übergeben werden. Es soll am Nachmittag des 27. September nun doch noch eine Sonderveranstaltung über dieses Thema stattfinden, auf der ich über die Königsteiner Tagung berichten und anschließend die Entschließung der Öffentlichkeit übergeben werde.«

Wir antworteten hierauf am 26. 5. 1966:

»Wir danken Ihnen für Ihr Schreiben vom 24. 5. 1966. Sie können sich denken, daß wir über die Nachricht, eine Sonderveranstaltung des Juristentages werde sich dem Thema der NS-Verbrechen widmen, sehr erfreut sind. Das war ja ursprünglich der Wunsch, den wir und damals auch Sie, sehr geehrter Herr Professor, bei unserem ›Kurzgespräch auf der Treppe‹ auf dem letzten Juristentag in Karlsruhe hatten, nachdem es wegen der bereits in Auftrag gegebenen Gutachten nicht mehr möglich war, die Strafrechtsabteilung des Juristentages 1966 mit dieser Problematik zu befassen. Selbstverständlich ist der gesamte Themenkreis zu umfangreich und vielschichtig, als daß alle Fragen zu Ende hätten diskutiert und überall wirkliche Lösungen hätten gefunden werden können. Aber ein klares und eindeutiges Wort der Warnung vor dem Weg der bisherigen Rechtsprechung zu Täterschaft und Teilnahme und zu der beschämenden Strafzumessung dürfte nach der Königsteiner Tagung ja nun doch möglich sein. Und es wird unserer Überzeugung nach dem Juristentag bestimmt einmal zur Ehre gereichen, daß er es war, der an einem entscheidenden Punkt der deutschen Rechtsgeschichte nicht wie alle anderen blind und stumm war, sondern gesehen, erkannt und nicht geschwiegen hat, obwohl er sich damit sicher nicht nur Freunde schaffen wird.

Im übrigen beruhigt es uns außerordentlich, daß Sie selbst den Bericht über die Königsteiner Tagung für den Nachmittag des 27. 9. übernommen haben.«

Auf einer Fahrt zu einer Spezialtagung in der Evangelischen Akademie Arnoldshain zu dem Thema »Antijudaistische Stellen im Neuen Testament«, die in dieser Form erstmals seit Jahrhunderten gemeinsam mit jüdischen, evangelischen und katholischen Theologen stattfand, trafen wir uns am Pfingstmontag (30. 5. 1966) mit Rechtsanwalt Ormond. Wir führten dabei ein sehr ausführliches Gespräch über die geplante Sonderveranstaltung des Juristentags am 27. 9. 1966. Hieraus entwickelte sich eine weitere umfangreiche Korrespondenz, die sich in unserer Privatsammlung befindet.

Zwischenzeitlich gab es im Juli 1966 anläßlich einer Landtagsdebatte in Stuttgart ein Interview mit dem »Mannheimer Morgen«. Dieses Interview wurde am 14. 7. 1966 gebracht und hatte folgenden Wortlaut:

Bei NS-Verbrechern übt die Justiz Milde

Ein Interview zur heutigen Landtagsdebatte mit Erster Staatsanwältin Dr. Barbara Just-Dahlmann

Von unserem Mitarbeiter Bernhard Ballhaus

Weltweites Aufsehen hat die Haftentlassung des ehemaligen SS-Standartenführers Wilhelm Richardt erregt, der im Mannheimer »Tuchel-Prozeß« am 12. April 1965 zu zweimal lebenslang Zuchthaus verurteilt und im September 1965, von der Öffentlichkeit unbemerkt, auf freien Fuß gesetzt worden ist. Der »MM«-Bericht über die Hintergründe der Freilassung, die erst im März dieses Jahres bekannt wurde, veranlaßte den SPD-Abgeordneten Dr. Hermann Veit und andere Mitglieder seiner Fraktion, im Mai 1966 eine Große Anfrage im baden-württembergischen Landtag einzubringen. Heute wird die Landesregierung die sechs Fragen der SPD-Fraktion beantworten. Die Mannheimer Erste Staatsanwältin Dr. Just-Dahlmann gab dem »MM« aus diesem Anlaß ein Interview und nahm zu der Frage Stellung: »Werden alle Mörder gleich behandelt oder werden NS-Verbrecher von den Gerichten und Justizbehörden mit einer anderen Elle gemessen als Schwerkriminelle sonst?« Frau Dr. Barbara Just-Dahlmann ist für dieses Problem besonders sachverständig. Durch eine kurze Abordnung in die Ludwigsburger »Zentrale Stelle zur Verfolgung von NS-Verbrechen« im Jahre 1960 angeregt, beschäftigt sie sich seitdem intensiv mit allen Prozessen dieser Art. In einem Vortrag vor der Evangelischen Akademie Loccum hatte Dr. Just-Dahlmann im November 1961 zur Sprache gebracht, daß sich in der Polizei, insbesondere in den gehobenen Positionen, Beamte befinden, die selber an NS-Verbrechen beteiligt waren oder doch teilnahmeverdächtig sind. Diese Behauptung löste 1962 zwei Landtagsdebatten aus und der »Fall Just-Dahlmann« erregte die ganze Bundesrepublik. Die vergangenen fünf Jahre gaben der versierten Juristin allerdings recht ...

36 NS-Mörder und 159 Gehilfen verurteilt
Den Mördern Hunderttausender unschuldiger Menschen spüren deutsche Staatsanwälte nach. Die Ermittlungen brachten unsagbare Scheußlichkeiten zutage. Seit 1958, der Errichtung der »Zentralen Stelle zur Aufklärung nationalsozialistischer Verbrechen« in Ludwigsburg, wurden nach den Angaben Hermann Langbeins in seinem Buch »Im Namen des deutschen Volkes« 131 NS-Schergen den Gerichten übergeben und wegen Mordes oder Beihilfe dazu angeklagt. 20 NS-Verbrecher verurteilten die Gerichte als Mörder zu lebenslang Zuchthaus. 96 Angeklagte fand man der Beihilfe zum Mord schuldig, aber nur neun (!) von ihnen erhielten Zuchthausstrafen von mehr als zehn Jahren. Regierungsdirektor Dr. Götz vom Bundesjustizministerium teilt auf Anfrage dem »MM« mit: 1965 wurden 78 Personen wegen Mordes, Beihilfe dazu und Totschlags angeklagt. 13 Angeklagte erhielten wegen Mordes lebenslang Zuchthaus. Wegen Beihilfe zum Mord erhielten sieben NS-Verbrecher über zehn Jahre Zuchthaus und 40 Zuchthausstrafen unter zehn Jahren. In 18 Fällen erfolgte Freispruch oder Einstellung des Verfahrens. 1966 sind Dr. Götz Schwurgerichtsurteile gegen 27 Angeklagte bekannt geworden: In drei Fällen wurde auf lebenslang Zuchthaus erkannt, in vier

Fällen auf Zuchthaus über zehn Jahre und zwölf Angeklagte büßen ihre Teilnahme an Massenmorden mit Zuchthausstrafen unter zehn Jahren.

MM: Frau Dr. Just-Dahlmann, Sie haben sich in den vergangenen Jahren immer wieder um eine heilsame Auseinandersetzung mit NS-Grausamkeiten bemüht, haben Unterlagen über nahezu alle Prozesse gegen NS-Täter gesammelt und die Rechtsprechung verfolgt. Die überraschende Haftentlassung des SS-Standartenführers Wilhelm Richardt, der wegen 45fachen Mordes an polnischen Zivilisten zu zweimal lebenslänglich Zuchthaus verurteilt wurde, läßt die Öffentlichkeit daran zweifeln, daß alle Mörder gleich behandelt werden. Welche Beobachtung haben Sie in dieser Hinsicht gemacht?

J.-D.: Ich beobachte tatsächlich seit langem den Lauf der NS-Mord-Prozesse in der Bundesrepublik. Meine schon vor Jahren geäußerte Befürchtung, die NS-Mörder würden anders behandelt als Mörder sonst, hat sich inzwischen eindeutig bestätigt.

MM: Welche »Ungleich-Behandlungen« haben Sie beobachtet?

J.-D.: Die Ungleich-Behandlung zeigt sich meines Erachtens besonders eindeutig an vier Beobachtungen: 1. Den auffällig häufigen Verurteilungen wegen »Beihilfe« statt »Täterschaft«; 2. den unverhältnismäßig milden Strafen für diese »Gehilfen«; 3. der Tatsache, daß gegenüber der sonstigen Strafrechtspraxis unverhältnismäßig viele des Mordes oder der Beihilfe zum Mord dringend verdächtige oder – zumindest in erster Instanz – bereits abgeurteilte Personen sich noch oder schon wieder auf freiem Fuß befinden; 4. der Tatsache, daß diese Urteile in Fachzeitschriften kaum veröffentlicht oder besprochen werden, obgleich dies bei der rechtsgeschichtlichen Bedeutung dieser Prozesse wahrhaft angebracht wäre.

MM: Sie rügen in den ersten beiden Punkten, daß in Mordprozessen gegen NS-Verbrecher die Angeklagten von den Gerichten nicht als »Täter«, sondern als »Gehilfen« eingestuft und sehr milde bestraft werden. Können Sie das belegen?

J.-D.: Natürlich. Da ist zum Beispiel der sogenannte »Kulmhof-Prozeß« (Schwurgericht Bonn am 30. März 1963). Die Staatsanwaltschaft hatte für vier der sechs Angeklagten Verurteilung wegen Täterschaft – also lebenslanges Zuchthaus – beantragt. Die Urteile lagen zwischen dreieinhalb und 15 Jahren Zuchthaus, obgleich es sich bei der von dem Gericht angenommenen »Beihilfe« immerhin um Beihilfe zum Mord an 150 000 Menschen handelte.

MM: Ist dieses Urteil ein besonders krasses Urteil?

J.-D.: Nein, keineswegs. Es ergingen viele gleichermaßen unverständliche Entscheidungen: Urteil des Schwurgerichts Wuppertal vom 7. August 1963 gegen Mohr, Gröver, Pohl und Helfsgott: Wegen Beihilfe zum

Mord an 1221 Menschen erhielten sie Strafen zwischen vier und acht Jahren Zuchthaus. Urteil des Schwurgerichts Kiel vom 8. April 1964 gegen Gralß: Wegen Beihilfe zum Mord an 780 Menschen drei Jahre Zuchthaus. Urteil des Schwurgerichts Köln vom 12. Mai 1964 gegen Schönemann: Wegen Beihilfe zum Mord an 2170 Menschen sechs Jahre Zuchthaus. Urteil des Schwurgerichts München vom 30. September 1964 gegen Wolff: Wegen Beihilfe zum Mord an 300 000 Menschen 15 Jahre Zuchthaus. Urteil des Schwurgerichts Kiel vom 27. Januar 1966 gegen Martin Fellenz: Wegen Beihilfe zum Mord an 45 000 polnischen Juden sieben Jahre Zuchthaus.

Besonders auffällig ist das Urteil des Schwurgerichts Frankfurt vom 3. Februar 1965 gegen Krumey, den Stellvertreter Eichmanns in Ungarn. Er erhielt wegen Beihilfe zum Mord an 300 000 Menschen eine Zuchthausstrafe von nur fünf Jahren. Die gleiche Strafe erhält normalerweise ein Autostraßenräuber für einen einzigen Fall, und dabei braucht er dem Beraubten nicht einmal sonderlich Böses zugefügt haben.

MM: Diese Diskrepanz ist allerdings sehr augenfällig. In all den von Ihnen genannten Verfahren war aber von den Staatsanwälten für die Angeklagten lebenslang Zuchthaus gefordert worden. Die Staatsanwälte waren also im Laufe der Verhandlung zu der Übezeugung gelangt, daß auf der Anklagebank Mörder und nicht bloß Mordgehilfen saßen. Wie erklären Sie sich, daß die Urteile nur auf Beihilfe lauten?

J.-D.: Vorweg möchte ich ausdrücklich darauf hinweisen, daß die im Gesetz für »Beihilfe zum Mord« vorgesehene Strafe auch grundsätzlich lebenslanges Zuchthaus ist. Aber das scheint man bei den NS-Prozessen völlig vergessen zu haben. Es drängt sich die Vermutung auf, daß die Verurteilung von NS-Verbrechern wegen »Beihilfe« – und zwar auch von Tätern, die erhebliche Eigeninitiative bewiesen haben und von »Schreibtischtätern« in höheren SS-Rängen – der erwünschte Umweg zur Erreichung niedriger Strafen ist.

MM: Welche Beweggründe, meinen Sie, lassen einen Richter diesen »Umweg« gehen?

J.-D.: Es ist für mich selbst ein unerklärliches Phänomen, dessen Klärung in den Bereich der Psychologen fallen dürfte.

MM: Eine derartige Handhabung der Rechtsprechung sollte doch aber auf Widerspruch stoßen. Die Staatsanwaltschaften hatten doch in den genannten Verfahren die Möglichkeit, Revision einzulegen. Ist das geschehen?

J.-D.: Ja, vielfach ist Revision eingelegt worden. In einigen Fällen hatte sie auch Erfolg. So in den Fällen, die dem Fünften Senat des BGH (Bundesgerichtshof) in Berlin vorgelegt worden sind, wie beispielsweise das Urteil des Schwurgerichts Aurich gegen den Kinderarzt Dr. Scheu. Die Auricher hatten Dr. Scheu wegen Beihilfe zum Mord am 29. Mai 1961 zu sieben Jahren Zuchthaus verurteilt. Der Fünfte Senat hat dieses Urteil am 22. Juni 1962 mit der Begründung aufgehoben, Dr. Scheu habe nicht nur Beihilfe zum Mord geleistet, sondern als Täter gehandelt. Obgleich das Schwurgericht Aurich an diese rechtliche Feststellung des BGH gebunden war, setzte es sich in einmaliger Weise über die in der Strafprozeßordnung festgelegte Bindung hinweg und verurteilte Dr. Scheu am 26. Juni 1964 abermals als Gehilfen. Der Fünfte Senat hob daraufhin das Urteil erneut auf und entschied selbst. Wegen Mordes an 220 Menschen wurde Dr. Scheu am 24. August 1965 zu lebenslang Zuchthaus verurteilt.

MM: Welche Stellunganhme beziehen denn Strafrechtslehrer und Fachpublikationen zu diesem Problemkreis?

J.-D.: Die NS-Prozesse und ihre Urteile sind für die Strafrechtslehrer an den Universitäten weitgehend ein Tabu. Erschüttert und besorgt bin ich jedenfalls darüber, daß diese Entscheidungen in den Fachzeitschriften überhaupt nicht besprochen werden. Ich ziele nicht auf die Besprechungen allgemeiner Probleme wie Täterschaft und Teilnahme, Befehlsnotstand usw. ab, sondern ich meine ganz konkret, daß diese Urteile mit diesen Strafen auch und gerade in den Fachzeitschriften besprochen werden müßten. Schließlich kann man doch nicht so tun, als ob eine Verurteilung wegen Beihilfe zum Mord an 300 000 Menschen zu fünf Jahren Zuchthaus für die Juristen kein »Problem« sei, das eine Besprechung lohne.

MM: Immer wieder wird bekannt, daß ehemalige SS-Führer des vielfachen, ja des tausendfachen Mordes beschuldigt werden und sich dennoch auf freiem Fuß befinden. Das trifft auch auf NS-Verbrecher zu, die bereits in erster Instanz verurteilt sind. Werden Kriminelle, die erst in jüngster Zeit straffällig geworden sind, ebenso großzügig behandelt?

J.-D.: Wenn bei uns in Mannheim ein Mann aus Eifersucht seine Frau nachts im Bett heimtückisch angreift und erwürgt, dann ist es nach meiner gesamten Erfahrung aus der Praxis undenkbar, daß dieser Mann nicht sofort in Untersuchungshaft kommt, dort bis zur Hauptverhandlung bleibt und als Täter mit lebenslang Zuchthaus bestraft wird. Auch wenn das Urteil nicht sofort rechtskräftig wird, halte ich es nach meinen Erfahrungen für undenkbar, daß der Verurteilte vor dem Revisionsentscheid auf freien Fuß kommt. Aus welchen Gründen auch immer.

MM: In vielen Fällen erfolgt die Haftentlassung von NS-Verbrechern zwischen Hauptverhandlung und Revisionsentscheid aus Gesundheitsgründen. Ist Ihnen aus Ihrer Praxis ein Fall bekannt, in dem ein Räuber oder »normaler« Mörder in den Vorzug einer Haftentlassung aus Gesundheitsgründen kam?

J.-D.: Nein, mir ist kein solcher Fall bekannt. Ich habe immer nur erlebt, daß Untersuchungshäftlinge, die aus Gesundheitsgründen nicht in der regulären Haft gehalten werden konnten, in das dafür vorgesehene Landeskrankenhaus, bei uns in Baden-Württemberg auf den Hohen Asperg, verlegt wurden.

Natürlich hat auch mich der Fall Richardt veranlaßt, mir Gedanken darüber zu machen, was man unter Haftentlassung aus Gesundheitsgründen verstehen könnte: Sicher ist Geisteskrankheit ein solcher Grund; eventuell Krebs im letzten Stadium. Der Fall Richardt steht nicht alleine: Der ehemalige SS-Obersturmbannführer und Leiter einer Einsatzgruppe im Osten, Dr. Otto Bradfisch, verbüßt in Niedersachsen eine bereits rechtskräftig gewordene 13jährige Zuchthausstrafe. Am 25. Oktober 1965 erhielt er von den Justizbehörden Hafturlaub auf ein halbes Jahr, der inzwischen verlängert sein soll. Im übrigen sehe ich aber im großzügigen Absehen vom Vollzug der Untersuchungshaft bei NS-Verbrechern – auch Mulka, Ehrlinger, Mohr und Broad sind auf freiem Fuß – nur eine Randerscheinung zu der mir unverständlichen Rechtsprechung in den NS-Verfahren.

MM: Diese Randerscheinungen sind es aber, die dem Laien die Ungleichbehandlung erst deutlich werden lassen.

J.-D.: Das ist ja das Erschütternde. Jedermann sollte sich bereits aufregen, wenn ein Mann, der seinerzeit in verantwortlicher Stellung dafür gesorgt hat, daß Hunderttausende Unschuldige auf grauenhafteste Weise und unter entsetzlichen Qualen umgebracht wurden, heute nur mit fünf Jahren Zuchthaus bestraft wird. Diese Unverhältnismäßigkeit zwischen gerichtlich festgestellter Tat und Strafausspruch ist bestürzend.

Dann kam der Juristentag. Im Vorverlauf der Sonderveranstaltung gab es eine große Hektik und Brisanz. Noch am Vormittag des 27. 9. 1966 berichtete man uns, daß die Ständige Deputation am Tage zuvor von 14.30 Uhr bis 20.30 Uhr nur darüber debattiert habe, ob die Sonderveranstaltung über NS-Gewaltverbrechen-Verfahren nicht noch abzusetzen sei. Professor Friesenhahn, Frau Krüger-Nieland und Notarin Lenz-Fuchs hätten »gekämpft wie die Löwen«. Einige Länderjustizverwaltungen hätten ihre Leute – Mitglieder des Juristentags – vorgeschickt, um zu erklären, sie beabsichtigten vor der Vormittagsveranstaltung (also der ordentlichen Mitgliederversammlung) die Absetzung der Sonderveranstaltung zu beantragen. Denn diese Veranstaltung sei nicht sorgfältig genug vorbereitet, sie solle in zwei Jahren auf die Tagesordnung gesetzt werden ... und dergleichen mehr, so berichtete uns u. a. Oberstaatsanwalt Rückerl. Und wir hörten: Nur dem Stehvermögen von Professor Friesenhahn, der schließlich erklärt habe, *er werde am Nachmittag nicht im Namen der Deputation, sondern im eigenen Namen sprechen,* sei es zu verdanken, daß die Sonderveranstaltung doch noch stattfinde. Friesenhahn sei bösen, auch ganz persönlichen, Angriffen ausgesetzt gewesen. Zu Freunden habe er gesagt, er habe fünf Jahre seiner Gesundheit« an diese Sache gegeben, aber das sei es ihm nun wert. Frau Krüger-Nieland erklärte uns am Vormittag des 27. 9, sie habe nicht geahnt, wie sehr sich die Geister an dieser Frage scheiden; sie hoffe, daß Friesenhahn physisch den Nachmittag durchstehe. Wir sagten ihr, daß wir diese Reaktionen alle in den letzten fünf Jahren bis zu Kreislaufschäden selbst kennengelernt hätten. Uns sei das alles nicht neu.

Am Nachmittag des 27. 9. 1966 (Dienstag) fand dann die Sonderveranstaltung zu dem Thema »Probleme der Verfolgung und Ahndung von nationalsozialistischen Gewaltverbrechen« im Juristentag statt. Aus Raumgründen können wir nicht alle Referate, die in den Sitzungsberichten über die Verhandlungen des 46. Deutschen Juristentages Essen 1966 niedergelegt sind, wiedergeben[18], obgleich ihre Gesamtheit die enormen Spannungen innerhalb der Deputation eindeutig widerspiegelt. Aber wenigstens ein Auszug aus dem Bericht von Professor Friesenhahn (mit seinem bedeutsamen Schlußwort) und die Referate von Oberstaatsanwalt Dr. Rückerl und Rechtsanwalt Dr. Redeker seien hier wiedergegeben. Sie sind der allgemeinen Öffentlichkeit sonst kaum zugänglich und zeitgeschichtlich eminent interessant und wichtig.

Probleme der Verfolgung und Ahndung von nationalsozialistischen Gewaltverbrechen

Bericht über eine von der Ständigen Deputation des Deutschen Juristentages veranstaltete Klausurtagung erstattet vom Präsidenten des 46. DJT Professor Dr. Dr. h. c. *Ernst Friesenhahn*

I

Als ich zum ersten Mal die Ehre hatte, einem Deutschen Juristentag zu präsidieren, 1962 in Hannover, habe ich in meiner Schlußansprache den Schatten des nahegelegenen KZ Bergen-Belsen beschworen und an die

Verantwortung der deutschen Juristen erinnert, die mit der personellen und sachlichen Liquidation der Folgen des Unrechtsstaates noch nicht fertig geworden seien. Ich schloß mit der Mahnung einer alten deutschen Inschrift, die uns *Gustav Radbruch* in seinem Rechtsbrevier überliefert hat: »Wissen und Gewissen machen den Juristen.«

Es erfüllt mich nun mit großer Genugtuung, daß ich heute, da ich zum letzten Mal einem Juristentag präsidiere, einen Bericht über einen Problemkreis zu erstatten habe, in dem in besonderer Weise Wissen und Gewissen der deutschen Juristen aufgerufen sind. Das Wissen, weil bei der Ahndung der nationalsozialistischen Gewaltverbrechen schwierige strafrechtsdogmatische Fragen zu entscheiden sind, das Gewissen, weil für gräßliche Taten, durch die der deutsche Name für immer befleckt bleibt, die gerechte Strafe gefunden werden muß.

Die Prozesse gegen die Mordgesellen *Adolf Hitlers*, die nur zu bereitwillig als KZ-Wächter und Mitglieder von Einsatzkommandos wehrlose Opfer töteten, erfreuen sich in der deutschen Öffentlichkeit keiner großen Beliebtheit. Und es ist mir auch im Hinblick auf diese Veranstaltung entgegengehalten worden, für diese Frage würden sich nur wenige deutsche Juristen interessieren. Wenn dem so sein sollte, was ich nicht annehmen möchte, dann sollte gerade diese Veranstaltung die Gewissen aufrütteln. Ihr Sinn besteht in erster Linie darin, der Öffentlichkeit im In- und Ausland zu zeigen, daß der deutsche Juristenstand sich dieser Frage stellt. Auch wenn die Referate dieses Nachmittags für viele Fragen keine Lösungen geben können, so soll doch jedenfalls einmal vor der breiten Öffentlichkeit dargelegt werden, welche Aufgabe uns gestellt ist, was geschehen ist, und worin die Problematik dieser Prozesse und mancher Urteile besteht.

Die Ständige Deputation hat sich nicht gescheut, dieses heiße Eisen anzufassen, weil sie sich in der Tradition jener Männer weiß, die sich 1933 einer Gleichschaltung des Deutschen Juristentages widersetzt und nach dem Motto meines verehrten verstorbenen Bonner Kollegen *Alexander Graf zu Dohna* gehandelt haben: »Lieber tot in Ehren als in Schande weiterbestehen.« (...)

II

Meine Damen und Herren, der neue Anfang kann nur gelingen, wenn auch die furchtbaren Taten der Vergangenheit gesühnt werden. Wir können uns dieser Verantwortung für das Geschehene nicht entschlagen.

Auf der anderen Seite wird nicht nur in Kreisen derjenigen, die den Opfern *Hitlers* nahestehen, sondern auch von gewissenhaften Juristen und Publizisten, die die Rechtsprechung über NS-Gewaltverbrechen genauer verfolgen, immer wieder Anstoß daran genommen, daß in manchen Urteilen von Schwurgerichten die verhängten Strafen in keinem rechten Verhältnis zu den im Tatbestand des Urteils festgestellten Handlungen stehen und dem Unrechtsgehalt dieser Verbrechen nicht gerecht werden. Gegenüber dieser Kritik wird dann allerdings wiederum auf die großen und zum Teil fast unüberwindlichen Schwierigkeiten hingewiesen, denen sich die Strafverfolgungsbehörden und die Gerichte nach so langer Zeit in diesem Komplex gegenüberstehen. (...)

Statistische Angaben über Verfahren betreffend nationalsozialistische Gewaltverbrechen und Analysen von Strafzumessungsgründen

von Oberstaatsanwalt Dr. *Rückerl*

Sehr verehrter Herr Präsident!

Meine Damen und Herren!

Als ich von dem Herrn Präsidenten des Deutschen Juristentages darum gebeten wurde, anläßlich der heutigen Veranstaltung statistisches Material betreffend gerichtliche Verfahren wegen nationalsozialistischer Gewaltverbrechen vorzutragen, habe ich mich dazu gerne bereiterklärt. Einmal scheint mir die Kenntnis des zahlenmäßigen Umfanges der durchgeführten Verfahren und der dabei verhängten Strafen notwendig für eine sachgemäße Erörterung der Probleme der Verfolgung und Ahndung nationalsozialistischer Gewaltverbrechen. Darüber hinaus geben diese Zahlen ein sehr anschauliches Bild von den gewaltigen Anstrengungen, die seitens der Justizorgane der Bundesrepublik in den vergangenen Jahren gemacht wurden und noch gemacht werden müssen.

In dem Bericht des Herrn Bundesministers der Justiz vom 26. Februar 1965 an den Herrn Präsidenten des Deutschen Bundestages (Bundestagsdrucksache IV/3 124) ist ausgeführt, daß seit Kriegsende bis zum Ende des Jahres 1964 auf dem Gebiet der Bundesrepublik Deutschland von deutschen Staatsanwaltschaften und Gerichten gegen *61 761 Beschuldigte* Ermittlungsverfahren durchgeführt worden sind.

Verurteilt wurden *6 115 Personen.* Noch anhängig waren diesem Bericht zufolge am 1. 1. 1965 Verfahren gegen *13 892 Personen.* Vorläufig eingestellt (meist wegen ausländischen oder unbekannten Aufenthalts) wurden die Verfahren gegen *542 Personen.* Die Verfahren gegen 41 212 Personen wurden ohne Verurteilung endgültig abgeschlossen und zwar durch Freispruch, Außerverfolgungsetzung, Nichteröffnung der Hauptverhandlung, Einstellung durch Gericht oder Staatsanwaltschaft oder durch den Tod des Beschuldigten.

Die Höhe der Zahl der beschuldigten, jedoch nicht verurteilten Personen findet ihre Erklärung darin, daß – wie in dem Bericht ausgeführt – in vielen Verfahren ganze Einheiten, die an Tötungsaktionen beteiligt waren, Mann für Mann überprüft wurden.

In den 6 115 Fällen, in denen eine Verurteilung erfolgte, erkannte das Gericht

in 12 Fällen auf Todesstrafe (vor dem Inkrafttreten des Grundgesetzes),

in 77 Fällen auf lebenslanges Zuchthaus,

in 5 911 Fällen auf zeitige Freiheitsstrafen,

in 114 Fällen auf Geldstrafen (es handelt sich insoweit sozusagen um minderschwere Freiheitsberaubungen und Körperverletzungen).

1 Angeklagter wurde nach Jugendrecht verwarnt.

Seit der Abfassung des genannten Berichts, d. h. seit Beginn des Jahres 1965, ist nach den bei der Zentralen Stelle der Landesjustizverwaltungen in Ludwigsburg vorliegenden Unterlagen folgende Entwicklung zu verzeichnen:

In der Zeit vom 1. Januar 1965 bis heute wurden 46 Schwurgerichtsverfahren gegen insgesamt 176 Angeklagte in der Tatsacheninstanz abgeschlossen. Es wurden verurteilt:

zu lebenslangem Zuchthaus	26 Angeklagte
zu Zuchthaus von 10 bis 15 Jahren	15 Angeklagte
zu Zuchthaus zwischen 5 und 10 Jahren	31 Angeklagte
zu Freiheitsstrafen unter 5 Jahren	50 Angeklagte;
auf Freispruch, Einstellung und Absehen von Strafe wurde bei	54 Angeklagten
erkannt.	

Die Urteile gegen 48 Angeklagte sind inzwischen rechtskräftig geworden.

In den 122 Fällen, in denen die Gerichte auf Strafe erkannten, wurden demnach 26 Personen wegen Mordes als Täter verurteilt.

Diese Zahlen zeigen, daß der gegen die deutschen Gerichte gelegentlich erhobene Vorwurf, sie scheuten davor zurück, an nationalsozialistischen Gewaltverbrechen beteiligte Personen wegen Mordes zu verurteilen und mit den schwersten Strafen zu belegen, sicherlich unberechtigt ist.

Bemerkenswert erscheint dagegen doch die Tatsache, daß in über 50 % der Fälle einer Verurteilung wegen Beihilfe zum Mord die Gerichte im Strafmaß in der Nähe der unteren Grenze des gesetzlichen Strafrahmens geblieben sind. Dabei ist zu beachten, daß es sich bei den wegen Beihilfe zum Mord verurteilten Personen fast ausnahmslos um solche handelt, die als Befehlsgeber, als Einheitsführer oder sonst in einer hervorgehobenen

Funktion an den Tötungsaktionen teilgenommen oder sich dabei besonders hervorgetan haben. In manchen Fällen reicht der Tatbeitrag nahe an die Grenze der Täterschaft heran.

Solche Fälle, die ganz sicherlich nicht die Regel bilden, deren zahlenmäßiges Gewicht auch nicht bagatellisiert werden sollte, haben – wenn ich die Dinge richtig sehe – seinerzeit Anlaß zu der Diskussion in Königstein gegeben.

Ich darf nun zum zweiten Teil des mir zugedachten Themas kommen, nämlich zu den Strafzumessungsgründen in Urteilen wegen nationalsozialistischer Gewaltverbrechen.

Die Strafzumessungsgründe nehmen in den Urteilen wegen nationalsozialistischer Gewaltverbrechen einen weit größeren Raum ein, als dies normalerweise in Strafurteilen wegen Kapitalverbrechen der Fall ist. Ich habe – wie ich glaube – alle der Zenralen Stelle in Ludwigsburg vorliegenden einschlägigen Urteile gelesen und dabei einen Eindruck davon gewinnen können, mit welchem Ernst die Gerichte bemüht waren, der Tat und den Tätern bei Berücksichtigung der damaligen Zeitumstände gerecht zu werden. Es ist mir nicht möglich, innerhalb der wenigen mir für mein Referat noch zur Verfügung stehenden Minuten eine Analyse der Strafzumessungsgründe zu geben. Ich will lediglich versuchen, einige Punkte anzusprechen und einige, wie ich meine, problematische Beispiele aufzuzeigen, die einen Anlaß geben könnten, sich eingehender mit der Frage der Strafzumessung in NS-Verfahren zu beschäftigen.

In einem Schwurgerichtsurteil findet sich unter den Strafschärfungsgründen folgender Satz:

»Schwerwiegend sind die Folgen dieser Maßnahmen für das deutsche Volk. Für Generationen ist das Ansehen Deutschlands schwer getroffen. Die Massenmorde haben den Morgenthau-Plan als natürliche Reaktion des Hasses auf das schwerwiegende Unrecht hin, das vor allem an dem jüdischen Volk geschehen ist, ausgelöst. Schwer haben darunter auch die deutschen Kriegsgefangenen leiden müssen.«

Bemerkenswert im Rahmen der Strafschärfungsgründe erscheint auch folgendes Argument – ich zitiere aus einem Urteil –:

»Die Angeklagten können sich nicht als »kleine Befehlsempfänger« bezeichnen; denn kleine Befehlsempfänger waren sie nur in der Hierarchie der Organisationen der Sipo und des SD gewesen. Andererseits waren sie aber den Opfern gegenüber geradezu Herren über Leben und Tod.«

In mehreren Urteilen wird im Rahmen der Strafmilderungsgründe als besonders schwerwiegendes Argument zugunsten der Angeklagten ausgeführt, sie seien die letzten Glieder einer Befehlskette gewesen und hätten nur die »von oben« kommenden Befehle ausgeführt. Dagegen heißt es in einem anderen Urteil gegen einen KZ-Lagerführer ebenfalls bei den Strafmilderungsgründen wörtlich:

»Die Tätigkeit des Angeklagten spielte sich zum größten Teil am Schreibtisch ab. Er war an der unmittelbaren Tötung der Opfer nicht beteiligt; er brauchte die Morde selbst nicht mit anzusehen, das Zeichen zu ihrer Ausführung zu geben oder selbst zu schießen. Sicherlich brauchte er deswegen für seine Mitwirkung weniger verbrecherische Energie zur Überwindung innerer Hemmungen als die eigentlichen Henker ...«

In einem Fall wird die Tatsache, daß der an Judentötungen beteiligte Angeklagte selbst kein Antisemit war, als Strafmilderungsgrund gewertet, weil die niedrigen Beweggründe (insbesondere der Rassenhaß), die – wie dem Täter bewußt war – seine Befehlsgeber leiteten, bei ihm selbst nicht vorhanden waren. In einem anderen Fall fiel gerade die durch langjährige Propaganda hervorgerufene antisemitische Einstellung des Täters strafmildernd ins Gewicht. Das Gericht war der Ansicht, daß er wegen dieser antisemitischen Haltung leichter zu bewegen war, an Judentötungen teilzunehmen.

Recht eigenartig muß folgendes Argument in einer Urteilsbegründung erscheinen:

»Bei allen Angeklagten ist strafmildernd berücksichtigt worden, daß sie sich nach dem Zusammenbruch mit einer erheblich veränderten Situation abfinden mußten.« (Einer dieser Angeklagten – vorher Major der Schutzpolizei – arbeitete zunächst für eine amerikanische Dienststelle und betrieb später eine Mitfahrerzentrale. Der zweite Angeklagte mußte vor seiner Wiederaufnahme in den Polizeidienst jahrelang als Handelsvertreter arbeiten. Ein dritter Angeklagter nahm einen früheren Beruf als Dreher wieder auf, obwohl er durch Verletzungen an seiner Hand stark behindert war.)

Der Zeitablauf spielt bei der Frage der Strafzumessung in einer Reihe von Urteilen eine erhebliche Rolle. Nicht nur die Tatsache, daß sich ein Angeklagter in den zwischen der Tat und der Verurteilung liegenden langen Jahren straffrei geführt hat, wird strafmildernd gewertet. In einem Fall, in dem das Gericht schließlich zur Feststellung kam, daß lediglich Totschlag vorgelegen habe, findet sich in den Strafzumessungsgründen folgendes Argument:

»Ein weiterer mildernder Umstand liegt darin, daß seit der Begehung der Taten mehr als 22 Jahre verflossen sind und daß der Angeklagte, wäre nicht kurz vor dem Eintritt der Verjährung eine die Verjährung unterbrechende richterliche Handlung vorgenommen worden, nicht mehr bestraft werden könnte.«

Besonders erwähnenswert erscheint mir folgender Satz aus einem Urteil zu sein: »Endlich ist das Sühnebedürfnis fast zwanzig Jahre nach Begehung der Straftat nicht mehr so groß. Die Zeit hat gnädig einen Schleier des Vergessens über die Leiden der Opfer und die Tränen der Angehörigen gezogen.«

Meine Damen und Herren!

Erlauben Sie mir an dieser Stelle die erste und einzige kritische Bemerkung im Rahmen meines Referats. Das Auftreten der Zeugen in vielen NS-Prozessen hat doch gerade gezeigt, daß die den Opfern und ihren Angehörigen geschlagenen Wunden in sehr vielen Fällen durchaus nicht verheilt sind. Das Wort »Zeit heilt Wunden« gilt nicht immer und überall. Man sollte gerade in NS-Prozessen von deutscher Seite möglichst wenig davon Gebrauch machen. Werfen Sie beispielsweise einen Blick in die Zeitungen der Heimatvertriebenen, und Sie werden erkennen, daß man auch dort durchaus nicht immer der Meinung ist, daß die Zeit Wunden heile.

Meine Ausführungen zu den Problemen der Strafzumessung würden mißverstanden, wollte man sie generell als eine Kritik an der Tätigkeit der deutschen Gerichte in NS-Prozessen werten. Ich habe nur versucht, anhand von einzelnen – wie ich meine – besonders interessanten Beispielen aufzuzeigen, mit welchen zum Teil doch sehr schwierigen Fragen sich die Gerichte bei der Urteilsfindung in diesen Prozessen auseinanderzusetzen haben.

Lassen Sie mich zum Schluß noch einen Gedanken zur Debatte stellen. Vor einiger Zeit erkundigte sich ein ausländischer Journalist bei einem Besuch der Zentralen Stelle in Ludwigsburg nach der Zahl der Verurteilungen in NS-Verfahren. Am Ende stellte er die Frage, in wievielen Fällen die Gerichte auf Verlust der bürgerlichen Ehrenrechte erkannt hätten. Eine genaue Antwort konnte ihm nicht gegeben werden. Er erklärte darauf, daß ihm aus den in seinem Land geführten Diskussionen bekannt sei, daß man sich dort erst in zweiter Linie dafür interessiere, zu wieviel Jahren Zuchthaus der einzelne »Nazi-Mörder« – wie er sich ausdrückte – verurteilt worden sei. Eine gerechte Sühne für das begangene Unrecht sei ohnehin nicht möglich. Jede Strafe könne nur eine symbolische Bedeutung haben. Dagegen könne durch die Aberkennung der bürgerlichen Ehrenrechte zum Ausdruck gebracht werden, daß man diese Täter als Verbrecher und daß man ihre Taten als echtes kriminelles Unrecht ansehe.

Ich glaube, es lohnt sich, auch einmal über dieses Argument nachzudenken.

Individualschuld und Mitverantwortung von Staat und Gesellschaft

von Rechtsanwalt Dr. K. Redeker, Bonn

Die Fragestellung meines kurzen Referates geht von der sicher nicht falschen Feststellung aus, daß die Forderung nach der strafrechtlichen Ahndung der NS-Gewaltverbrechen, abgesehen von in ihrem Gewicht freilich besonders wesentlichen Stimmen, in der allgemeinen Öffentlichkeit nicht populär ist, kaum mit besonderem Nachdruck erhoben wird, ja manchmal echtem Widerstreben begegnet. Das ist um so auffallender, als sonst sich die öffentliche Meinung eines Mordfalles mit großer Anteilnahme, oft mit heftiger Erregung annimmt und die strenge Bestrafung des Täters selbst dann fordert, wenn infolge verspäteter Aufklärung die Tat Jahre zurückliegt. Wir alle kennen die im Anschluß an besonders scheußliche oder häufige Mordtaten immer erneut wieder erhobene Forderung auf Wiedereinführung der Todesstrafe. Bisher sind ähnliche Stimmen, für die Ahndung der NS-Gewaltverbrechen die Todesstrafe wieder zuzulassen, die zur Zeit ihrer Begehung geltendes Recht war, nicht laut geworden, obwohl gemessen an ihnen die Sittlichkeitsverbrechen oder Taximorde etwa mindestens in der Quantität fast Bagatellereignisse genannt werden müßten.

Warum ist das so? Handelt es sich hier um emotionelle, allenfalls massenpsychologisch erklärbare Erscheinungen oder verbirgt sich dahinter nicht auch ein Kern echter sachlicher Problematik, der der Erörterung bedarf. Ich meine, daß das letztere der Fall ist, und meine auch, daß wir uns dieser Problematik auch und gerade unter Juristen stellen müssen. Denn es wird dabei notwendig überlegt werden müssen, ob sich hieraus Konsequenzen für die Strafverfahren ergeben können oder müssen.

Man kann die Problematik sehr einfach mit folgender Frage umreißen: Sind Tat und Täter eines NS-Gewaltverbrechens anders zu beurteilen als etwa die Taten des Kölner Kindermörders Strack, eines Prostituiertenmörders oder eines Täters ähnlicher scheußlicher Mordtaten?

Man sollte sich diese Frage sehr klar und nüchtern stellen. Denn mir scheint, daß die Fragestellung die Komplexität des hier zu erörternden Sachverhalts besonders deutlich macht.

M. E. kann die Frage nicht ohne Differenzierung beantwort werden.

Die Frage ist hinsichtlich der Tat – man wird hier die einzelne Mordtat zu sehen haben, nicht das strafrechtlich-dogmatisch nicht faßbare NS-Gewaltverbrechen – selbst zu verneinen. Man kann keinen strafrechtlichen, aber auch keinen sonstigen Unterschied zwischen den Taten feststellen. Es handelt sich in allen Fällen um die Tötung unschuldiger und wehrloser Menschen ohne jede auch nur vermeintliche Tatrechtfertigung.

Die Frage ist auch hinsichtlich der Täter zu verneinen, soweit es sich im Einzelfall des Gewaltverbrechens um exzessive Taten gehandelt hat. Der Begriff der exzessiven Tat ist in Rechtsprechung und Literatur zu diesem Bereich entwickelt worden. Die Problematik seiner Abgrenzung ist hier nicht zu berühren. Sie wird als Tat verstanden, bei der der Täter über den ihm erteilten Tötungsauftrag hinausgegangen ist. Das dürfte etwa in den KZ-Prozessen die Regel, in den Euthanasie-Prozessen häufig und, wenn man die bisher bekannten rechtskräftigen Urteile in den Einsatzgruppenprozessen liest, dort ebenfalls häufig sein. Ich vermag nicht einzusehen, daß diese Täter, Leute etwa wie Boger oder Kaduk im Auschwitz-Prozeß, sich in irgendeiner Weise von dem landläufigen Tätertyp des Mordes unterscheiden, allenfalls im negativen Sinne, nämlich in der Quantität und damit besonders der Mordlust.

Zwischen dem landläufigen Mörder und dem nicht exzessiven Täter dagegen möchte ich Unterschiede machen. Sie hier aufzuzeigen halte ich für notwendig. Sie bleiben in der Regel unausgesprochen, schwingen aber dennoch meiner Auffassung nach in vielen Urteilen mit. Sie sind sicher nicht selten sogar die Unwägbarkeiten, die das Strafmaß maßgeblich beeinflussen. Weil sie – aus naheliegenden Gründen – aber nicht oder nur verschwommen erwähnt werden, fordern sie zur Kritik an diesem Strafmaß heraus, einer Kritik, die mir auch trotz der hier anzustellenden Überlegungen oft berechtigt erscheint, weil es an der notwendigen Differenzierung fehlt.

Ich möchte den Unterschied so umreißen: Der Mörder im landläufigen Sinn handelt mit seiner Tat nicht nur gegen die Rechtsordnung, sondern gleichzeitig auch gegen die von ihr getragene staatliche Ordnung und die in dieser verkörperten gesellschaftlichen Vorstellungen, er stellt sich deshalb nicht nur außerhalb des Rechts, sondern auch von Staat und Gesellschaft. Der nicht exzessive Täter von NS-Verbrechen konnte dagegen glauben, in seiner Tat mit Staat und Gesellschaft oder mindestens mit dem Staat konform zu sein; vielleicht muß man für bestimmte Bereiche sogar sagen, er ging mit Staat und Gesellschaft tatsächlich konform. Diese wirkliche oder aber nicht ohne Grund angenommene Konformität von Tat, Staat und Gesellschaft ist das Bestürzende und zutiefst Erschreckende an diesen Geschehnissen. Sie ist erst jüngst wieder in den beiden Referaten von Dr. Gerstenmaier und Professor Golo Mann in Brüssel mit bewegenden Worten angeklungen.

Lassen Sie mich diese These der Konformität mit einigen Tatsachen belegen, die natürlich nicht vollständig sind und vordergründig bleiben müssen, weil sie jene Aktiven und Stillen im Lande übergehen, die dieser Perversion der staatlichen und gesellschaftlichen Ordnungsvorstellungen entgegengestanden haben und ihr nicht selten zum Opfer gefallen sind.

Dabei eines vorweg. Ich spreche hier bewußt von staatlichen und gesellschaftlichen Ordnungsvorstellungen, nicht von der Rechtsordnung. Der Mord kann niemals mit der Rechtsordnung übereinstimmen. Er tat es auch nicht in der Zeit des Nationalsozialismus, gleich ob der Mordbefehl Hitlers zwar erteilt, aber sich in einer konkret faßbaren Anordnung nicht niedergeschlagen hat wie bei den Judentötungen, ob er als schriftlicher Führerbefehl, aber ohne jede förmliche Verkündung vorlag wie bei der Euthanasie, gleich ob er in Gesetzes- oder Erlaßform im Reichsgesetzblatt abgedruckt oder wenigstens sonst mitgeteilt war, wie etwa bei der sogenannten Polenstrafrechtsverordnung oder dem Nacht- und Nebelerlaß. In all diesen Fällen handelt es sich um Mord und sind Anordnungen oder Zusicherungen der Straffreiheit nichtig. *Buchheim* hat in seiner »Anatomie des SS-Staates« die verfassungsrechtlich außerordentlich interessante These aufgestellt, daß der »SS-Staat« als eine ideologisch-normative Ordnung sich bewußt selbständig neben, gegen oder über der staatlichen Ordnung verstanden hat. Diese Unterscheidung zwischen einem staatlich normativen und einem ideologisch normativen Bereich berührt die Frage der Rechtswidrigkeit nicht. Denn die Tötung eines wehrlosen unschuldigen Menschen bleibt auch dann Mord, wenn eine überlagernde ideologisch-normative Ordnung sie zu gestatten scheint, da keine Norm von dem Tötungsverbot freistellen kann.

Man sollte aber nicht verkennen, daß dies alles zwar uns heute selbstverständlich erscheint, daß zur damaligen Zeit aber die geäußerten und praktizierten staatlichen und gesellschaftlichen Ordnungsvorstellungen diese Grundsätze der Rechtsordnung in einer Weise verdunkelt haben, die auch aus der Distanz von zwei Jahrzehnten ganz unbegreiflich erscheint und deshalb kaum erklärbar ist.

Wir haben zunächst die Tatsache, daß die Morde von Hitler befohlen worden sind. Hitler war aber nicht nur Führer einer neben dem Staat stehenden oder ihn beherrschenden ideologisch verbundenen Machthierarchie. Er war auch das parlamentarisch zur Macht gekommene und in zahlreichen Plebisziten vom Volk gewählte und bestätigte Staatsoberhaupt. Gerade durch die Verklammerung von staatlich-gesellschaftlicher und ideologischer Ordnung in seiner Person haben Staat und Gesellschaft auf die Dauer der Identifikation beider Ordnungen kaum widerstehen können.

Der Weg zur sogenannten Endlösung, der Ermordnung aller greifbaren Juden, konnte deshalb über weite Strecken, man kann sagen bis unmittelbar vor die Tötung selbst in voller Offenheit vor dem ganzen Volk zurückgelegt werden. Der jüdische Mitbürger wurde Stück für Stück seiner Persönlichkeitsrechte beraubt. Es begann mit dem Gesetz zur sogenannten Wiederherstellung des Berufsbeamtentums. Im großen Stil setzte es mit dem Reichsbürgergesetz und dem Blutschutzgesetz vom 15. 9. 1935 ein und setzte sich immer mehr überstürzend mit zahllosen

Verordnungen bis zur 13. VO vom 1. 7. 1943 fort, die diese Mitbürger mehr oder weniger vogelfrei machten, indem sie ihnen jeglichen Rechtsschutz nahm und sie kraft gesetzlicher Regelung der Willkür der SS und Polizei überließ. Dazwischen liegen so unfaßbare gesetzliche Regelungen wie etwa das Verbot, jüdische Zeugen zu vereidigen, weil sie eidesunwürdig seien, verbunden aber mit der Bestimmung, daß dennoch ein nicht vereidigter jüdischer Zeuge bei falscher Aussage wegen Meineids zu bestrafen sei, Verordnung vom 4. 12. 1941 (RGBl. I, S. 759). Alle diese Verordnungen konnten im RGBl. nachgelesen werden. Das höchste deutsche Gericht, das Reichsgericht, legte die Bestimmungen vielfach auch noch extensiv zum Nachteil der Juden aus. Die Gesetze wurden generell in Staat und Wirtschaft angewandt, sie wurden auch im gesellschaftlichen Bereich zunehmend respektiert. Der Jurastudent konnte etwa in den führenden juristischen Zeitschriften 1936 lesen, daß in Berlin am 3. und 4. Oktober 1936 auf einer Tagung der Fachgruppe Rechts- und Wirtschaftswissenschaften unter Leitung von Professor Carl Schmitt vor weit über 100 Hochschullehrern eine Reihe von Professoren, darunter keinesfalls nur wilde Nazis, den schädlichen und zum Teil sogar kriminellen Einfluß der jüdischen Rechtswissenschaftler auf allen Gebieten des Rechts nachgewiesen hätten. Dieser Einfluß müsse ausgemerzt werden. Es ist das Verdienst von Göppinger, in seiner Schrift »Der Nationalsozialismus und die jüdischen Juristen« diese Konferenz der Vergessenheit entrissen zu haben. Man kann nur mit Erschrecken lesen, wie hier große Meister der deutschen Rechtswissenschaft, meist sicher noch Lehrer der Redner, ihrer wissenschaftlichen Bedeutung und damit ihres besonderen Pesönlichkeitswertes beraubt werden sollten. Sprachen sich hier nicht neben den staatlichen auch gesellschaftliche Vorstellungen aus, die die Grundlage der Rechtsordnung, die Anerkennung der Persönlichkeit des jüdischen Mitmenschen mindestens bei demjenigen verdunkeln konnten, der sich ihnen willig hingab.

Die zunächst an den staatlichen Organen vorbeigehende Aktion zur Vernichtung des sogenannten lebensunwerten Lebens war Staatsanwaltschaften und Gerichten, ebenso auch dem Reichsjustizministerium verhältnismäßig schnell bekannt geworden, da sie durch Strafanzeigen und vormundschaftsgerichtliche Nachfragen hiermit befaßt waren. Mit welchen Methoden diese Aktion, die immerhin rund 100 000 Menschen das Leben kostete, durchgeführt wurde, kann ich hier als bekannt voraussetzen. Daß es sich um Mord gehandelt hat, ist in der Rechtsprechung nach dem Krieg einhellig anerkannt worden. Das Reichsjustizministerium, sicher keine sich durch NS-Fanatismus auszeichnende Behörde, wußte zunächst nur die Antwort, von Hitler eine förmliche gesetzliche Grundlage zu verlangen. Später gab es auch diese Forderung auf. Der mit der Wahrung der Geschäfte des Ministeriums beauftragte Staatssekretär, vermutlich kein Nationalsozialist, auf jeden Fall Professor und Staatssekretär bereits vor 1933, bezeichnete im April 1941 in voller Kenntnis aller Umstände der Tötungsaktion – die Tarnformulare waren ihm, wie die Geheimakte des Reichsjustizministeriums ausweist, unmittelbar vorher von der Kanzlei des Führers vertraulich übergeben worden – in einer Konferenz der OLG-Präsidenten und Generalstaatsanwälte die Tötung als legal, weil sie dem Willen des Führers entspreche. Keiner der Anwesenden, vom Reichsgerichtspräsidenten Bumke angefangen, widersprach. Umgekehrt erschien es notwendig, die Aktionen möglichst geheim zu halten, und man entwickelte ein ganzes System von Maßnahmen, um diese Geheimhaltung im Justizbereich zu sichern. Einzelne Generalstaatsanwälte berichteten im Anschluß an die Konferenz stolz, daß sie noch bessere Wege der Tarnung und Verschleierung gefunden hätten. Alle entsprechenden Akten wurden zu Berichtssachen bei den OLG-Präsidenten erklärt mit dem einzigen Ziel, die Akten dort verschwinden zu lassen.

Was ist hier von der staatlichen Rechtsordnung noch geblieben? Wo waren die berufenen Hüter dieser Rechtsordnung, als die wir Juristen uns anzusehen haben? Wäre es wirklich lebensgefährlich gewesen, die Akten nicht zu beseitigen, ein Verfahren durchzuführen und Anklage erheben zu lassen? Für den Arzt oder Helfer aber, damals wie heute rechtlich Beteiligter an einer Mordaktion, war diese Mordbeteiligung in die Konformität mit der staatlichen Ordnung gehüllt. Sie führten ihr Handeln auf einen Befehl des Führers zurück, den immer wieder vom Volk anerkannten und umjubelten Staatschef. Sie konnten, wenn sie sich darum bemühten, in manchen Lehrbüchern des Staatsrechts, und zwar nicht nur solchen rechtsblinder NS-Fanatiker nachlesen, daß der Führerbefehl immer verbindlich sei, Zweifel an der Vereinbarkeit zwischen Führerbefehl und Recht sich überhaupt nicht stellen könnten. Es wurde ihnen zutreffend gesagt, daß die Justiz gegen ihr Handeln Einwendungen nicht erheben werde.

Hier freilich haben sich Widerstände in den gesellschaftlichen Vorstellungen gezeigt und offen geäußert. Die Gesellschaft hat sich durch die Kirchenführer Kardinal Faulhaber, Bischof Graf Galen, Bischof Wurm und Pastor Bodelschwingh öffentlich gewehrt und die Mordtaten im wesentlichen zum Einhalt gebracht, übrigens ohne daß den Kirchenführern trotz ihrer öffentlichen Äußerungen etwas geschehen wäre.

Oder: War der Wert des Menschenlebens nicht bereits relativiert worden, als die Mordaktion vom 30. 6. 1934 für recht erklärt wurde, obwohl bekannt war, daß mindestens dabei zahlreiche Personen umgebracht worden waren, die mit den angeblichen Aufstandsversuchen der SA nichts zu tun haben konnten? Wurde er aber nicht immer mehr relativiert, als Sondergerichte und Volksgerichtshof dazu übergingen, für die geringfügigsten Zweifel an dem Endsieg, an der Legitimation des Führers, für die bloße Erwähnung von Judenmorden usw. die Todesstrafe auszusprechen? Zu dem Kreis der NS-Gewaltverbrechen gehört sicher auch diese sogenannte Rechtsprechung. Im Vergleich zu allen anderen in der Quantität gering, in der Qualität aber besonders schwerwiegend, weil, wie es schon im Nürnberger Juristenurteil heißt, der Mord im Gewande des Rechtsspruches besonders abscheulich ist. Wer einmal die zum Teil noch vorhandenen Akten des Volksgerichtshofes im Document Center in Berlin durchgesehen hat, wird nicht wieder vergessen, wie hier angeblich im Namen des Rechts mit Menschenleben umgegangen worden ist.

Sicher werden die meisten Beteiligten der NS-Gewaltverbrechen die hier beispielhaft angeführten Vorgänge in ihren Einzelheiten kaum gekannt haben. Aber sie bildeten doch den staatlichen und gesellschaftlichen Hintergrund ihrer Taten, einen Hintergrund, der dazu noch unablässig in Propagandatiraden, darunter erstmals zentralgesteuerter Ausnutzung der modernen Massenkommunikationsmittel ihnen nahegebracht und eingehämmert wurde, wenn sie nicht als Angehörige der besonderen SS-Einheiten überhaupt geneigt waren, ihr Unrechtsbewußtsein partiell zu suspendieren, wie dies Buchheim dargestellt hat.

Es steht außer Zweifel, daß vor dem Befehl der Tötung eines unschuldigen Menschen stehend das Gewissen des Einzelnen in Übereinstimmung mit Recht und Ethik trotz dieser staatlichen und gesellschaftlichen Vorstellungen nein zu sagen hatte. Die Grundlagen jeder Rechtsordnung würden aufgehoben, wenn auf diese Forderung verzichtet werden würde. Ist es aber nicht doch mindestens graduell eine andere Forderung an das Gewissen als sie an denjenigen gestellt wird, der weiß, daß seine Mordtaten nicht nur von der Rechtsordnung, sondern auch von Staat und Gesellschaft mißbilligt werden? Manipulation und Manipulierbarkeit von Gewissen unter staatlichem Terror und Ausnutzung der Massenmedien unserer Zeit sind noch weithin unerforschte Gebiete. Die Strafrechtwissenschaft beginnt, sich ihrer unter dem Begriff des »Ideologie-Täters« – nicht zu verwechseln mit dem Überzeugungstäter – anzunehmen.

Goldschmidt hat sich in dem Buch von Henkys »Die NS-Gewaltverbrechen«, das eigentlich jeder Jurist lesen sollte, mit dieser Frage unter der Überschrift »Ein Volk und seine Mörder« befaßt. Ich glaube, daß diese Überschrift mit dem entscheidenden Wort »und« den Tatbestand richtig wiedergibt. Auch die Urteile in den NS-Gewaltverbrechen-Prozessen ergehen im Namen des Volkes. Muß man nicht, wenn man diese Worte ernst nimmt, fragen, ob ein Volk, das als ganzes erst den Nährboden für diese Taten geschaffen hat, ob eine Justiz, die als ganzes – die vielen einzelnen Juristen aktiven oder wenigstens passiven Widerstandes sollen nicht übersehen werden – den damaligen staatlichen Vorstellungen mehr oder weniger willig gedient hat, überhaupt berufen sein kann, über Taten, die ohne diese staatlichen Vorstellungen und ohne die mittelbare Mitwirkung unzähliger Personen der gesamten Bereiche von Staat und Wirtschaft überhaupt nicht denkbar sind, zu urteilen? Mir scheint z. T. in dieser Frage die Zwiespältigkeit begründet zu sein, mit der die Allgemeinheit diesem Gesamtkomplex gegenübersteht.

Die Frage ist sicher zu bejahen. Das gesicherte rechtsstaatlich geordnete Verfahren der Gegenwart bietet Gewähr, daß in größtmöglichem Umfang allen Umständen von Tat und Tätern Rechnung getragen wird. Über diese formelle Sachlegitimation hinaus scheint mir aber eine echte innere Legitimation nur dann gegeben zu sein, wenn alles Judizieren in diesem Bereich von der Einsicht in die Mitverantwortung von Staat und Gesellschaft getragen ist, von der Solidarität der Schuld, wie es der Rat der EKD 1945 in Stuttgart formuliert hat und wie es auch mehr als 20 Jahre später noch heute unverändert fortgilt. Nur dann können Verfahren und Urteile über den juristischen Gehalt hinaus, der sich in der hier doch nur ganz unvollkommenen Sühne erschöpft, reinigend und erziehend wirken. Golo Mann hat in Brüssel pessimistisch von dem »immer wieder möglich« gesprochen. Ich sehe es als eine wesentliche Aufgabe der Prozesse an, mit dazu beizutragen, daß Ähnliches in Deutschland nicht wieder möglich sein sollte.

Schlußwort

von Professor Dr. Dr. h. c. *Ernst Friesenhahn*

Obwohl das Königsteiner Gespräch nicht zu Ende geführt werden konnte, und obwohl die dort gefaßte Entschließung ein Kompromiß war, und der eine dies und der andere das noch gern hineingeschrieben oder lieber anders formuliert gesehen hätte, so waren sich doch am Schluß der Tagung alle Beteiligten darüber einig, daß dieses Gespräch nötig war. Ich hoffe, meine Damen und Herren, daß auch Sie wenigstens in Ihrer Mehrzahl die Überzeugung gewonnen haben, daß unsere heutige Veranstaltung nötig war, und daß diejenigen, die Bedenken dagegen hatten, wenigstens zugeben, daß ihr Gegenstand nicht eine oberflächliche, unwissenschaftliche und nichtfundierte pauschale Schelte der deutschen Strafjustiz war. Bei aller Anerkennung der Leistungen und der Gewissensnöte der Staatsanwälte und Richter muß es erlaubt sein, auch einmal auf bedenkliche Tendenzen der Rechtsprechung hinzuweisen. In den Ihnen erstatteten Referaten sind zudem auch durchaus unterschiedliche Grundhaltungen sichtbar geworden.

Das Interesse, das diese Rechtsprechung im Ausland findet, wird bei uns vielfach als unerheblich beiseite geschoben; und es wird beinahe als national würdelos angesehen, darauf bei unseren Maßnahmen Rücksicht zu nehmen. Aber, meine Damen und Herren, wir werden uns einer neuen großen Auseinandersetzung nicht entschlagen können, die auf uns zukommt, und von der die deutsche Öffentlichkeit bisher kaum Notiz genommen hat. Ich meine die Bestrebungen im Europarat und in den Vereinten Nationen, die sich vielleicht in Kürze zu einer Resolution der Generalversammlung der Vereinten Nationen oder gar zu einem Konventionsentwurf verdichten werden, durch die die Unverjährbarkeit von Kriegsverbrechen und Verbrechen gegen die Menschlichkeit – zu denen ja der Völkermord gehört – als allgemeiner Satz des Völkerrechts festgestellt werden soll. Sie wissen, daß allgemeine Regeln des Völkerrechts nach Art. 25 GG Bestandteile des Bundesrechts sind und den Gesetzen vorgehen, und daß sich die Auffassung durchgesetzt hat, daß auch die Behandlung, die ein Staat seinen eigenen Staatsangehörigen angedeihen läßt, nicht mehr unbedingt zur domaine réservé gehört. Ich will auf die schwierigen völker- und strafrechtlichen Probleme, die sich hier ergeben, nicht weiter eingehen, möchte nur nachdrücklich Ihre Aufmerksamkeit auf diesen Sachverhalt hinlenken.

Meine Damen und Herren! Diese Veranstaltung entspringt nicht einem selbstgerechten Pharisäertum, weder im Blick auf die Angeklagten, noch im Blick auf die Richter und Staatsanwälte, auf denen eine Aufgabe lastet, deren Schwere heute nachmittag immer wieder hervorgehoben worden ist. Herr *Redeker* hat in eindrucksvollen Worten die Mitverantwortung von Staat und Gesellschaft dargestellt, die uns aber trotzdem nicht hindern darf, mit den immer unzulänglichen Mitteln irdischer Justiz Verbrechen zu strafen. Herr *Lackner* hat geschlossen mit dem Hinweis darauf, daß die Aufgabe der Strafrechtspflege nur ein Ausschnitt aus der Gesamtaufgabe der sachlichen Auseinandersetzung mit der geschichtlichen Wirklichkeit sei, die letztlich unser Volk als Ganzes bewältigen muß. Die Justiz hat aber zu diesem Selbstreinigungsprozeß des deutschen Volkes einen wesentlichen Beitrag zu leisten.

Die Auseinandersetzung mit den Greueltaten des *Hitler*-Regimes berührt uns aber nicht nur als Juristen. Lassen Sie mich darum in dieser Stunde auch eines Mannes gedenken, der aus dieser Mitverantwortung aller heraus sich aufopferungsvoll um die seelsorgliche Betreuung der Angeklagten und ihrer Familien bemüht, des evangelischen Theologen Professor *Hermann Schlingensiepen* in Barmen, dessen Bitte, die Zuchthauszelle mit einem der Verurteilten teilen zu dürfen, im vergangenen Jahre den Evangelischen Kirchentag in Köln bewegt hat. Dieser Theologe bejaht die Notwendigkeit der Prozesse, weil alle Verharmlosungen und Rechtfertigungsversuche nur neues Unrecht an den Opfern und ihren überlebenden Angehörigen sein würde, aber er bemüht sich darum, den Verurteilten die Erkenntnis ihrer Schuld zu erleichtern und sie nach

Möglichkeit zu vertiefen, was eben nur möglich ist, wenn man sich in jene große Mitverantwortung hineinstellt. *Schlingensiepen* ringt um die Seelen der Angeklagten und Verurteilten, und er schreibt und spricht mit ihnen, wie es von einem Theologen nicht anders zu erwarten ist, von unser aller letzter Verantwortung vor Gott.

Das Überraschende aber ist nun, daß das Buch *Otto Kirchheimers* über die Politische Justiz, das ich zu Beginn meines Referats erwähnt habe, dieses Meisters der soziologischen Methoden der Jurisprudenz, eines Relativisten, der sein ganzes Leben lang dazu hinneigte, mit marxistischen Methoden politische Probleme zu analysieren, mit einem Hinweis auf das letzte Gericht endet. *Otto Kirchheimer,* der noch am Karlsruher Juristentag teilgenommen hatte, ist im November vergangenen Jahres in Washington verstorben. Der jüdische Emigrant, der Bitteres erdulden mußte und auch Angehörige durch die »Endlösung« verloren hat, liebte trotz allem seine Heimat so sehr, daß er letztwillig die Überführung seiner Asche in die deutsche Heimaterde verfügte. Er schließt sein Werk mit drei Strophen aus dem »Dies irae«, dem gewaltigen Gesang des *Thomas von Celano,* der als Sequenz in die Totenmesse eingegangen ist und mit dessen letzter Zeile: »Huic ergo parce, Deus.« Kirchheimer handelt von den wirklichen politischen Prozessen, in denen es um die Frage der Staatssicherheit, vor allem um Fragen des Hochverrates geht und er meint zum Schluß seines inhaltsreichen Buches: »Klio, die Mitfühlende, mag dem Angeklagten wie dem Richter verhehlen, wessen Vorhaben und wessen Anspruch am Ende das Mißgeschick erleiden wird, widerlegt zu werden. Vielleicht wird der Richter zu guter Letzt bekennen müssen, er habe einem unwürdigen System gedient; vielleicht wird der Angeklagte zugeben müssen, daß sich seine Sache, gemessen an den Verheißungen, an die er geglaubt, als wenig erstrebenswert erwiesen habe.«

Ich bin nicht der Meinung, daß unsere Strafrichter, die die Angeklagten wegen der Mordtaten unter *Hitlers* Diktatur verurteilen, die Befürchtung haben könnten, sie würden einem unwürdigen System dienen. Aber Herr *Lackner* hat in seinem Referat zwei extreme Gegenpositionen aufgezeigt, und er war der Meinung, die ich nicht teile, daß sie mit demselben Anspruch auf Richtigkeit aufzutreten befugt seien. Und wenn er meint, daß über ihre objektive Berechtigung erst eine spätere Geschichtsschreibung abschließend werde urteilen können, so liegt eine Parallele zu jener eben zitierten Stelle aus dem Buch von *Kirchheimer* vor. *Kirchheimer* hält es für möglich, »daß Klio eine unmißverständliche Antwort verweigert und beide als Narren hinstellt, weil ihre Anstrengungen für die, denen sie hätten zugute kommen sollen, weder vonnöten noch heilsam waren«. Und wenn er nun meint, »Überraschend wäre es nicht, wenn beide der Fürbitte in der Sprache der Totenmesse bedürften«, so möchte ich diese Wendung in einem übertragenen Sinne übernehmen.

Wir alle wissen um die Grenzen menschlicher Rechtsprechung, und wir sind uns heute nachmittag der gemeinsamen Verantwortung bewußt geworden, die uns alle umschlingt – Angeklagte, Richter, und alle, die wir damals geschwiegen haben. Aber im Bewußtsein unseres Versagens und unserer solidarischen Verantwortung können wir der schweren Pflicht nicht entrinnen, die Prozesse wegen der NS-Gewaltverbrechen bis zu ihrem bitteren Ende zu führen.

Die Sondersitzung des Juristentages fand in einem überfüllen Saal statt. Sie verlief sehr eindrucksvoll. Am Ende der Sitzung wurde an den Türen des Saales die folgende Erklärung verteilt:

46. Deutscher Juristentag
(27. 9.–30. 9. 1966)
Verfolgung und Ahndung von nationalsozialistischen Gewaltverbrechen

Die Vefolgung und richterliche Ahndung von nationalsozialistischen Gewaltverbrechen ist Gegenstand lebhafter Erörterungen in der Öffentlichkeit. Eine Reihe von Urteilen hat Kritik hervorgerufen und die Besorgnis erweckt, die Ahndung solcher Verbrechen werde ihrem Unrechtsgehalt nicht gerecht. Es wird aber auch auf die großen und zum Teil fast unüberwindlichen Schwierigkeiten hingewiesen, denen sich die Strafjustiz in diesem Komplex gegenübersieht. Die Ständige Deputation des Deutschen Juristentages hatte deshalb einen Kreis von Sachverständigen zu einer Klausurtagung eingeladen und gebeten, die mit der Verfolgung und Ahndung der nationalsozialistischen Gewaltverbrechen zusammenhängenden strafrechtlichen und strafprozessualen Probleme zu erörtern.

Die Tagung hat vom 1. bis 3. 4. 1966 in Königstein/Taunus stattgefunden. An ihr haben unter Leitung von Professor Klug teilgenommen:

Generalstaatsanwalt Dr. Fritz Bauer (Frankfurt/M.)
Professor Dr. Jürgen Baumann (Tübingen)
Dr. Hans Buchheim (München)
Generalstaatsanwalt Dr. Hanns Dünnebier (Bremen)
Rechtsanwalt Dr. Gerhard Hammerstein (Freiburg/Br.)
Professor Dr. Ernst-Walter Hanack (Heidelberg)

Senatspräsident Dr. Hans Hofmeyer (Frankfurt/M.)
Wiss. Assistent Dr. Herbert Jäger (Hamburg)
Professor Dr. Ulrich Klug (Köln)
Professor Dr. Karl Lackner (Heidelberg)
Rechtsanwalt Henry Ormond (Frankfurt/M.)
Rechtsanwalt Dr. Anton Roesen (Düsseldorf)
Ministerialrat Werner Roth (Stuttgart)
Professor Dr. Claus Roxin (Göttingen)
Erster Staatsanwalt Dr. Adalbert Rückerl (Ludwigsburg)
Senatspräsident Professor Dr. h. c. Werner Sarstedt (Berlin)
Rechtsanwalt und Notar Dr. Erich Schmidt-Leichner (Frankfurt/M.)
Professor Dr. Peter Schneider (Mainz)

Die Teilnehmer der Tagung haben einstimmig die unten wiedergegebene Entschließung gefaßt. Weil ihnen nur einstimmige Beschlüsse angemessen erschienen, bezieht sich die Entschließung nur auf einen Teil der in Königstein behandelten Fragen. Diese stellen wiederum nur einen – allerdings sehr wesentlichen – Ausschnitt aus der Fülle der Probleme dar, die das Thema insgesamt aufwirft. Der Tagung lag eine »Übersicht über die strafrechtlichen Probleme der Ahndung nationalsozialistischer Gewaltverbrechen« zugrunde. Die Teilnehmer hatten Referate über die in der Anlage aufgeführten Themen übernommen. Der zur Lösung gestellte Problemkreis konnte jedoch selbst in einem dreitägigen, wohlvorbereiteten und intensiv geführten Gespräch nicht erschöpft werden. Indem die Ständige Deputation die in Königstein gefaßte Entschließung auf dem 46. Deutschen Juristentag unter Hinweis auf deren fragmentarischen Charakter der Öffentlichenkeit zugänglich macht, verbindet sie damit einen durch weitere Referate ergänzten Bericht des Präsidenten des Deutschen Juristentages über die Königsteiner Tagung, um auf diese Weise die schwierigen Probleme einer alle deutschen Juristen angehenden Frage so auszubreiten, daß die Zuhörer eine umfassende Grundlage für ihr eigenes Urteil erhalten.

Die Ständige Deputation veröffentlicht die Entschließung in dem Bewußtsein, daß Richter und Staatsanwälte, die mit nationalsozialistischen Gewaltverbrechen befaßt sind, vor Aufgaben stehen, denen die Strafjustiz nach so langer Zeit in vollem Umfang kaum gewachsen sein kann. Sie ist davon überzeugt, daß die Strafverfolgungsbehörden und die Zentrale Stelle der Landesjustizverwaltungen in Ludwigsburg nach besten Kräften um die Aufklärung der nationalsozialistischen Verbrechen bemüht waren und sind, und daß die Gerichte um die gerechte Strafe ringen.

Die Ständige Deputation möchte durch die Veranstaltung der Königsteiner Tagung, durch den Bericht und die Referate auf dem 46. Deutschen Juristentag und durch wissenschaftliche Arbeiten, die dadurch angeregt werden sollen, dazu beitragen, daß die nationalsozialistischen Gewaltverbrechen gleichmäßige, eine dem Unrecht und der Schuld angemessene gerechte Beurteilung erfahren.

Die von den Teilnehmern der Königsteiner Tagung gefaßte Entschließung hat folgenden Wortlaut:

Die Bewährung der Rechtsordnung und der Schutz des menschlichen Lebens erfordern die Verfolgung und Bestrafung der NS-Gewaltverbrechen. Die Mitverantwortung der Gesellschaft für die geschehenen Verbrechen darf nicht dazu führen, daß gegenüber diesen Taten unangebrachte Milde geübt wird.

1. Die Kommission hat mit Besorgnis von Urteilen Kenntnis genommen, in denen NS-Gewaltverbrechen nach den in den Urteilen getroffenen Feststellungen mit auffallend niedrigen Strafen geahndet worden sind. In einem wesentlichen Teil dieser Fälle beruht das darauf, daß Täter des Mordes als Gehilfen verurteilt worden sind. Unabhängig davon, ob die Kommissionsmitglieder einer subjektiven oder einer materiell objektiven Teilnahmetheorie zuneigen, ist nach ihrer einhelligen Auffassung vielleicht zu Unrecht Beihilfe anstelle von Täterschaft angenommen worden.

Täter ist nach Ansicht der Kommission auf jeden Fall, ohne Rücksicht auf seine Beweggründe im übrigen,

a) wer ohne konkreten Befehl getötet hat;
b) wer mehr getan hat, als ihm befohlen war;
c) wer als Befehlshaber mit selbständiger Entscheidungsgewalt oder eigenem Ermessensspielraum Tötungen befohlen hat.

2. Die Analyse der bisher bekannt gewordenen Taten hat ergeben, daß die Entschuldigungsgründe des Notstandes oder Putativnotstandes, die mindestens die Vorstellung einer aktuellen Bedrohung mit gegenwärtiger Gefahr für Leib oder Leben voraussetzen, nur selten vorgelegen haben. Nach Ansicht der Kommis-

sion spricht manches dafür, daß diese Entschuldigungsgründe bisweilen zu großzügig angenommen worden sind. Dagegen ist anzuerkennen, daß manche Täter ihre Handlungen unter dem Gefühl einer unbestimmten Bedrohung begangen haben. Die Kommission hat nicht verkannt, daß in solchen Fällen der Täterschaft, insbesondere bei Handeln auf Befehl in notstandsähnlicher Konfliktslage, die Strafe lebenslangen Zuchthauses als zu hart erscheinen kann.

Ein Teil der Kommission hat die Meinung vertreten, daß für solche aus einer außergewöhnlichen Lage entsprungenen Fälle ausnahmsweise ein übergesetzlicher Strafmilderungsgrund in Betracht gezogen werden könnte; andere Mitglieder wollen die Lösung dem Gesetzgeber oder der Gnadeninstanz überlassen.

3. NS-Sendungsbewußtsein und Parteiideologie schließen das Unrechtsbewußtsein nicht aus.

4. Bei den als Beihilfe bestraften Taten fällt auf, daß die Strafen oft am unteren Rand der gesetzlichen Mindeststrafe liegen. Das ist nach Ansicht der Kommission auf jeden Fall dann nicht zu vertreten, wenn jemand in gehobener Funktion oder in besonders aktiver Weise mitgewirkt hat oder wenn es sich um zahlreiche Taten gehandelt hat.

5. Bei der Unterscheidung zwischen Mord und Totschlag darf das Merkmal der Mordlust nicht unberücksichtigt bleiben.

6. Die Kommission bittet die zuständigen Stellen, mehr als bisher Entscheidungen sowohl der Schwurgerichte als auch der Rechtsmittelgerichte zu veröffentlichen, und fordert die Wissenschaft dringend auf, die mit den NS-Gewaltverbrechen verbundenen Fragenkreise gründlich zu untersuchen.

Die gründliche Untersuchung sollte sich nach Meinung eines Teils der Kommission insbesondere auf die Irrtumsprobleme und die Frage der Strafzumessung erstrecken. Der Kommission erscheint es notwendig, die rationalen und irrationalen Gründe für eine mitunter zu milde Straf- und Einstellungspraxis aufzuhellen. Entsprechendes gilt für die Aufnahme der Prozesse in der Öffentlichkeit.

7. Die Kommission bittet die Ständige Deputation des Deutschen Juristentages, die Ergebnisse der Tagung in einer ihr geeignet erscheinenden Weise der Öffentlichkeit bekanntzugeben.«

Skandinavische und holländische Juristen bedankten sich für diese Sonderveranstaltung des Juristentages. Sie machte es ihnen leichter, mit den deutschen Kollegen wieder Kontakt aufzunehmen.

Wir bereiteten Professor Friesenhahn darauf vor, daß er nun mit Beschimpfungen in der Nationalzeitung und mit anonymen Mordandrohungen zu rechnen haben werde. Wir hatten das alles schon am eigenen Leibe erfahren...

Oberstaatsanwalt Rückerl überbrachte uns noch auf dem Juristentag Grüße aller Angehörigen der ›Zentralen Stelle‹ in Ludwigsburg, die uns noch kannten. Er erzählte uns, er habe wegen seines Vortrags Komplikationen mit dem Bundesjustizministerium gehabt. Dort habe man ihm bedeutet, es stimme gar nicht, daß über 50 % der seit 1965 verhängten Freiheitsstrafen an der untersten Grenze des Zulässigen lägen. Er habe dies leicht widerlegen können, damit habe er wohl einiges für sich verdorben (seine genaue Ausdrucksweise war erheblich drastischer). Wir erwiderten, daß sich das aber gelohnt habe.

Am 29. 9. 1966, also noch während dieses laufenden 46. Juristentags, schieden einige Mitglieder aus der Ständigen Deputation aus, wie sich aus Bd. II der Sitzungsberichte – ohne Begründung – ergibt.[19] Am 30. 9. 1966 bedankte sich in der Abschlußsitzung der Präsident des österreichischen Juristentags für die Sonderveranstaltung zum NS-Gewaltverbrecher-Problem, wobei er von »unser aller Schuld« sprach.

Am Abend des 30. 9. 1966 bedankte sich beim offiziellen Empfang der Landesregierung Nordrhein-Westfalen Ministerpräsident Meyers in der Villa Hügel für den Mut des Juristentags, dieses »heiße Eisen« (NS-Gewaltverbrechen) angefaßt zu haben. Auf diesem Empfang trafen wir u. a. die Rechtsanwälte Dr. Heinemann und Posser und hatten ein langes Gespräch mit Generalstaatsanwalt Dr. Dünnebier aus Bremen, der damals Mitglied der Ständigen Deputation war. Er hatte, wie er uns berichtete, die ganze Vorgeschichte der Sonderveranstaltung »mitgemacht und miterlitten«. Der Briefwechsel um diese Veranstaltung sei größer gewesen als der Briefwechsel der gesamten strafrechtlichen Abteilung, deren Vorsitz er hatte. Besondere Widerstände seien vom Land Schleswig-Holstein gekommen.

Im Verlauf dieses Abends hatten wir auch Gelegenheit, mit

Professor Dr. Friesenhahn zusammenzukommen. Wir fragten ihn, ob er uns nun nachträglich gram sei wegen des »Kuckuckseis«, das wir ihm in das Nest des Juristentags gelegt hatten, da wir bei einigen seiner Schreiben diesen Eindruck gewonnen hätten. Darauf erwiderte er: »Nein, Sie müssen nur verstehen, daß ich mich absichern wollte. Darum habe ich auch Ihren Namen nie genannt.« Wir verstanden das so, daß Friesenhahn, der uns ja damals gar nicht näher kannte, uns zwar als zuverlässige Informationsquelle ansah, sich aber sichern mußte, indem er alle Gegenargumente anhörte, um festzustellen und zu prüfen, ob das, was wir sagten, auch wirklich stimmte.

Über die Sonderveranstaltung zu den NS-Gewaltverbrechen veröffentlichten wir dann folgenden Bericht in der Zeitschrift Emuna 3/4, 1966:

»Seit Jahren – etwa seit Schaffung der ›Zentralen Stelle‹ in Ludwigsburg – stellen Beobachter der laufenden NS-Prozesse mit ständig wachsender Besorgnis fest, daß Massenmorde aus nationalsozialistischer Zeit vor deutschen Gerichten in nicht mehr zu übersehender Häufung anders behandelt werden als Morde sonst. Täter werden als ›Gehilfen‹ verurteilt und mit Strafen belegt, die in ihrer geringen Höhe in keinem Verhältnis zu dem im Urteil festgestellten Sachverhalt stehen.

Der Landtag von Baden-Württemberg hat sich mit diesem Problem zweimal befaßt, der Rat der Evangelischen Kirche in Deutschland hat in seinem Wort zu den NS-Prozessen warnend seine Stimme erhoben, Reinhard Henkys hat den mißlichen Lauf der Prozesse in seinem Buch ›Nationalsozialistische Gewaltverbrechen‹ eindeutig beim Namen genannt. Hermann Langbein brachte in seinem Buch ›Im Namen des deutschen Volkes‹ eine entsprechend erschreckende Statistik, Juristen bemühten sich, die Fachzeitschriften zur Besprechung dieser Urteile zu bewegen, der Koordinierungsrat der Gesellschaft für christlich-jüdische Zusammenarbeit schrieb am 12. 3. 1963 und am 30. 4. 1965 die Strafrechtslehrer der bundesdeutschen Universitäten an mit der dringenden Bitte, bald und möglichst deutlich wissenschaftlich zu diesen Urteilen Stellung zu nehmen. Alle Appelle jedoch verhallten ohne Wirkung.

Seit etwa 1964 wurde nun die Ständige Deputation des Deutschen Juristentages bedrängt, der großen Tradition dieser Institution zu gedenken und nicht ebenfalls die Augen vor dem teilweise beschämenden Ablauf dieses bedeutenden Strafrechtskomplexes unserer Rechts-Geschichte zu verschließen. Die Ständige Deputation des Juristentages hatte hierauf einen Kreis von Sachverständigen zu einer Klausurtagung nach Königstein im Taunus eingeladen. Dieser Kreis, dem unter anderen namhaften Juristen die Strafrechtsprofessoren Baumann (Tübingen), Roxin (Göttingen), Jäger (Hamburg), Klug (Köln), Senatspräsident Sarstedt (5. Senat des BGH), Oberstaatsanwalt Rückerl (der jetzige Leiter der Zentralen Stelle in Ludwigsburg), Rechtsanwalt Ormond (der bekannte Vertreter der Nebenkläger im Auschwitzprozeß), Dr. Buchheim (Institut für Zeitgeschichte in München) und Senatspräsident Hofmeyer (der Vorsitzende des 1. Auschwitzprozesses) angehörten, tagte vom 1. bis 3. 4. 1966. In dieser Zeit konnten verständlicherweise nicht sämtliche Probleme, die im Zusammenhang mit den NS-Prozessen entstanden sind, diskutiert werden. In dem Teil der Probleme, die jedoch ausreichend und gründlich besprochen werden konnten, wurde am Schluß der Tagung eine einstimmige Entschließung gefaßt. Der gesamte Wortlaut dieser Entschließung, die am Nachmittag des 27. 9. 1966 im Rahmen einer Sonderveranstaltung des 46. Deutschen Juristentags in Essen bekanntgegeben wurde, ist in der Allgemeinen Jüdischen Wochenzeitung abgedruckt worden. Hier sei mitgeteilt, daß Punkt 1 der Entschließung lautet:

›Die Kommission hat mit Besorgnis von Urteilen Kenntnis genommen, in denen NS-Gewaltverbrechen nach den in den Urteilen getroffenen Feststellungen mit auffallend niedrigen Strafen geahndet worden sind. In einem wesentlichen Teil dieser Fälle beruht das darauf, daß Täter des Mordes als Gehilfen verurteilt worden sind. Unabhängig davon, ob die Kommissionsmitglieder einer subjektiven oder einer materiell objektiven Teilnahmetheorie zuneigen, ist nach ihrer einhelligen Auffassung vielfach zu Unrecht Beihilfe an Stelle von Täterschaft angenommen worden. Täter ist nach Ansicht der Kommission auf jeden Fall, ohne Rücksicht auf seine Beweggründe im übrigen,

a) wer ohne konkreten Befehl getötet hat,
b) wer mehr getan hat, als ihm befohlen war,

c) wer als Befehlsgeber mit selbständiger Entscheidungsgewalt oder eigenem Ermessensspielraum Tötungen befohlen hat.‹

Und in Punkt 4 der Entschließung heißt es:

›Bei den als Beihilfe bestraften Taten fällt auf, daß die Strafen oft am unteren Rande der gesetzlichen Mindeststrafe liegen. Das ist nach Ansicht der Kommission auf jeden Fall dann nicht zu vertreten, wenn jemand in gehobener Funktion oder in besonders aktiver Weise mitgewirkt hat oder wenn es sich um zahlreiche Taten gehandelt hat.‹

Die Entschließung des Königsteiner Kreises wurde am 27. 9. während des Juristentags vor etwa 800 Juristen bekanntgegeben. Der Präsident des Juristentags, Prof. Friesenhahn, hielt sie für so wichtig, daß er selbst eine einstündige Erklärung dazu abgab, die von 5 weiteren Teilnehmern der Königsteiner Tagung (den Heidelberger Professoren Lackner und Hanack, Oberstaatsanwalt Rückerl, Senatspräsident Hofmeyer und Rechtsanwalt Redeker) ergänzt wurde. Insbesondere die Beiträge von Friesenhahn und Redeker waren hierbei von eindrucksvoller Eindringlichkeit. Redeker sprach in Ergänzung zur Erklärung Friesenhahns über »Individualschuld und Mitverantwortung von Staat und Gesellschaft«. Dabei deckte er in eindeutig schonungsloser Weise die Schuld der deutschen Juristen während der NS-Zeit auf, vom jüngsten Amtsrichter, der nichts dabei fand, wenn etwa jüdische Zeugen nicht vereidigt werden durften, weil man sie für »eidesunwürdig« erklärte, bis hin zum Reichsgericht, das die antijüdischen Gesetze häufig noch extensiv zum Nachteil der Juden auslegte. Die Mitverantwortung von uns allen für das, was geschehen war, stand im Mittelpunkt der Veranstaltung, und das Erfreuliche war, daß der Kreis der in Essen versammelten und der Sonderveranstaltung drei Stunden angespannt zuhörenden Juristen dieses Ansinnen der Mitverantwortung nicht – wie sonst so oft erlebt und schon gewohnt – von sich wies. Dafür war der jeweils langanhaltende und offensichtlich ehrlich gemeinte Applaus ein sichtbares Zeichen.

Im Mittelpunkt der Königsteiner Erklärung aber steht der Satz:

›Die Bewährung der Rechtsordnung und der Schutz des

menschlichen Lebens erfordern die Verfolgung und Bestrafung der NS-Gewaltverbrechen. Die Mitverantwortung der Gesellschaft für die geschehenen Verbrechen darf nicht dazu führen, daß gegenüber diesen Taten unangebrachte Milde geübt wird.‹

Es bleibt zu hoffen, daß der Appell dieser Veranstaltung, mehr als bisher Entscheidungen sowohl der Schwurgerichte als auch der Rechtsmittelgerichte zu veröffentlichen und wissenschaftlich zu besprechen, nicht auch wie alle bisherigen Mahnungen ungehört verhallt.«

Danken möchten wir an dieser Stelle »in memoriam« Professor Friesenhahn, der allen Widerständen zum Trotz diese Sonderveranstaltung durchgezogen und damit dem Juristentag Ehre gebracht hat sowie unseren Freunden, dem Rechtsanwalt Henry Ormond und dem Leitenden Oberstaatsanwalt Dr. Adalbert Rückerl, ohne deren Hilfe und Ermunterung all diese Versuche, die Prozeßgestaltung der NS-Gewaltverbrechen zu ändern, nicht möglich gewesen wären.

UND DANACH . . .

Zur Rechtsprechung

Die juristischen Fachzeitschriften und auch die Presse berichteten in angemessener Weise von der Sonderveranstaltung des Juristentags zu den NS-Verbrechen. Jedoch erschien in den folgenden Jahren nur ein einziger großer Aufsatz zu der Gesamtproblematik (Professor Dr. Hanack in der Juristenzeitung 1967, S. 297 ff. und S. 330 ff.). Hanack äußerte sich skeptisch zu der weiteren Durchführung dieser Prozesse und zu den materialrechtlichen Problemen einschließlich der Strafzumessung.

Änderte sich die Rechtsprechung? Trotz dieses so eindeutigen Votums des Deutschen Juristentags änderte sich jedenfalls an der »Gehilfen«-Rechtsprechung praktisch nichts. Zum Beleg hierfür seien drei Urteile beispielhaft genannt:

a) Das Urteil des Landgerichts/Schwurgericht Darmstadt vom 29. 11. 1968 im Prozeß gegen Angehörige des Sonderkommandos IV a der Einsatzgruppe C, das von Ende Juni 1941 bis Anfang 1942 in der Ukraine in »Aktion« war. Die Angeklagten wurden für schuldig befunden, von Ende Juni 1941 bis Anfang 1942 in Kiew und in Charkow bei Massenerschießungen von etwa 60 000 – zumeist jüdischen Menschen – Männern, Frauen, Kindern – beteiligt gewesen zu sein. Dieses Einsatzkommando stand damals unter Leitung von SS-Standartenführer (Oberst) Blobel (s. auch S. 52 ff.). Der im Darmstädter Verfahren Hauptangeklagte ehemalige SS-Hauptsturmführer (Hauptmann) Callsen wurde ebenso wie andere SS-Offiziere nur wegen *Beihilfe* – wenn auch teilweise zu hohen Zuchthausstrafen, Callsen z. B. zu 15 Jahren – verurteilt.

b) Das Landgericht/Schwurgericht Baden-Baden verurteilte am 30. 6. 1967 den ehemaligen SS-Sturmbannführer (Major) und *Chef der Gestapo in Norwegen* Reinhard wegen *Beihilfe* zum Mord in 4 Fällen zu *fünf* Jahren Zuchthaus (der andere Teil des Urteilsausspruchs ist hier im Zusammenhang mit den »Gehilfen«-Urteilen nicht erheblich). Die insoweit vom Angeklagten eingelegte Revision wurde vom Bundesgerichtshof am 15. 8. 1969 zurückgewiesen.

c) Das Landgericht/Schwurgericht West-Berlin verurteilte am 13. 10. 1969 den ehemaligen Sachbearbeiter im Judenreferat des Reichssicherheitshauptamtes unter Eichmann (von 1941–1945) wegen *Beihilfe* zum Mord in fünf Fällen zu *zwölf* Jahren Zuchthaus und sechs Jahren Ehrverlust, im übrigen wurde er freigesprochen. Wegen eines Falles – der Verschickung der jüdischen Sekretärin Wagner – wurde das Schwurgerichtsurteil vom BGH am 29. 9. 1970 aufgehoben, in der erneuten Verhandlung vor dem Schwurgericht West-Berlin verblieb es jedoch am 6. 4. 1971 bei dem ursprünglichen Urteil.

Diese nur beispielhaft genannten Urteile gegenüber höheren, an der »Endlösung der Judenfrage« beteiligten SS-Offizieren belegen, daß es bei der so merkwürdigen, jedoch maßgebenden »Gehilfen«-Rechtsprechung im wesentlichen blieb. Im Vergleich zu der früheren Rechtsprechung der Schwurgerichte wurde hingegen bei einem gewissen Teil der Urteile das Strafmaß verschärft.

Die Debatte über die Verjährung von NS-Verbrechen

Der Wunsch nach einem »Endlich-Schluß-machen« mit der »Aufarbeitung« unserer entsetzlichen jüngsten Vergangenheit wurde aber immer wieder laut, ehe eine solche »Aufarbeitung« überhaupt gründlich begonnen hatte. Er fand seinen Niederschlag in zahlreichen, zum Teil unwürdigen Debatten beispielsweise zur Frage der Verjährung.

Das Verbrechen des Totschlags verjährte mit Ablauf des 8. 5. 1960. Am 23. 3. 1960 brachte die Bundestagsfraktion der SPD einen Gesetzentwurf ein, wonach die Verjährung bei Verbrechen, die mit einer Freiheitsstrafe von mehr als 10 Jahren oder mit lebenslangem Zuchthaus bedroht waren, erst am 16. 9. 1949 – also nicht am 9. 5. 1945 – beginnen sollte. Zur Begründung wurde darauf verwiesen, daß für deutsche Gerichte eine ungehinderte Strafverfolgung frühestens ab Herbst 1949 möglich gewesen sei. Die Mehrheit des Rechtsausschusses des Bundestags sprach sich gegen den Gesetzentwurf aus. In seiner Sitzung vom 24. 5. 1960 – also zu einem Zeitpunkt, als der Totschlag ohnehin schon verjährt war – lehnte der Bundestag eine Verschiebung des Beginns der Verjährung ab. Es wurde u. a. darauf verwiesen, daß ein solches Gesetz gegen das in Artikel 103 Abs. 2 GG enthaltene Rückwirkungsverbot verstoßen würde.[20]

Im Jahre 1964 wurde zunehmend das Problem der Verjährung von Mord, die nach dem damals geltenden Gesetz am 9. 5. 1965 hätte eintreten sollen, diskutiert.[21]

Bei einer Tagung der Arbeitsgemeinschaft »Juden und Christen« beim Deutschen Evangelischen Kirchentag in Arnoldshain Anfang Januar 1965 hatte ich ein Gespräch mit Professor Dr. Dietrich Goldschmidt zur Frage der Verjährung von Mord. Goldschmidt teilte dabei mit, daß sich die Kammer für öffentliche Verantwortung beim Rat der EKD im Februar 1965 mit der Verjährungsfrage befassen werde. Aus diesem Grund schrieb ich am 6. 1. 1965 einen Brief an Goldschmidt, in dem es u. a. hieß:

»1. Die *Rechtsprechung* seit 1945 hat sich fast einhellig auf den Standpunkt gestellt – und zwar unter Anlehnung an die zuletzt ergangene Rechtsprechung des Reichsgerichts (RGSt 76, 64; RGSt 76, 159; RGSt 77, 201) –, daß die Verfolgungsverjährung lediglich verfahrensrechtlicher Art sei, also nur ein Verfahrenshindernis bilde: so ausdrücklich BGHSt 2, 300 ff. (305 ff.) in dem Urteil gegen Ilse Koch; BGHSt 4, 379 ff. (384); 11,393 ff. (395). In der Entscheidung 2, 300 ff. führt der BGH u. a. aus: ›Das STGB läßt bei der Verfolgungsverjährung ohne Rücksicht auf die Beweislage, die Tatschwere, die Tatfolgen und das sachliche Sühnebedürfnis allein den Zeitablauf entscheiden. Obwohl diese Gesichtspunkte, sachlichrechtlich betrachtet, jeweils das verschiedenste Gewicht haben können, berücksichtigt das STGB sie nur durch eine Abstufung der Verjährungsfristen. Schon daraus folgt, daß das STGB ... die Verfolgungsverjährung als bloßes Verfahrenshindernis auffaßt ... Auch die Doppelbetrachtung‹ (d. i. die Behandlung der Verfolgungsverjährung als gemischtrechtlicher, also verfahrens- wie sachlichrechtlicher Natur) ›kommt zu demselben Ergebnis. Denn es ist in der Regel praktisch sinnlos, *neben* dem Verfahrenshindernis ... noch Erwägungen darüber zu pflegen, ob ein sachlichrechtliches, in keiner Weise mehr zu verwirklichendes Bestrafungsrecht des Staates dennoch fortbestehe ... Die Länge der gesetzlichen Verjährungsfrist ist nichts, worauf der Täter, der das Strafgesetz verletzt hat, einen unabänderlichen, verfechtbaren Anspruch gegen den Staat besäße; ihre spätere gesetzliche Verlängerung verletzt das Verbot rückwirkender Bestrafung nicht ... die verfahrensrechtliche Bestrafung (hat) selbst nach der gemischten Lehre stets den Vorrang ...‹ (S. 307).

Das Bundesverfassungsgericht (B Verf. G. E 1, 418 ff.) hat in einem Verfahren wegen Landfriedensbruchs – begangen im März 1933 – entschieden, daß das hessische NS-Ahndungsgesetz vom 29. 5. 1946 nicht gegen Artikel 3 Abs. 1 Grundgesetz (GG) verstößt. In den Entscheidungsgründen heißt es u. a.:

›Landfriedensbruch, um dessentwillen der Beschwerdeführer verurteilt worden ist, war vor der Begehung der Tat ebenso strafbar wie heute. Nur darauf aber kommt es in diesem Zusammenhang an. Art. 103 Abs. 2 GG‹ (nulla poena sine lege) ›steht daher einem Gesetz, das die Bestimmungen über die Hemmung der Strafverfolgungsverjährung mit Wirkung auch für bereits begangene Taten ergänzt, nicht entgegen (S. 423)... So enthalten die §§ 68 und 69 StGB – über Unterbrechung und Hemmung der Verjährung – Sonder- und Ausnahmeregeln gegenüber der allgemeinen Verjährungsregel des § 67 StGB, und das Ahndungsgesetz fügt ... lediglich dem § 69 StGB eine neue Regel für die Hemmung der Verjährungsfristen an. Daß diese Regel sachlich in höchstem Maße gerechtfertigt ist, wurde bereits dargetan; daß sie allgemein gefaßt ist und auf eine unbestimmte Zahl von Fällen angewendet werden kann, bedarf keiner Begründung...‹ (S. 427)

Nun hat der BGH in einer Entscheidung vom 19. 2. 1963 (BGSt 18, 274 ff.) entschieden, daß, wenn nicht feststellbar ist, wann die Tat begangen ist, der Zweifel, ob sie verjährt ist, zugunsten des Angeklagten ausschlägt. In diesem Falle, dem ein Betrugsversuch zugrunde lag, konnte die genaue Tatzeit nicht festgestellt werden. Es wurde die Frage untersucht, wie weit der Satz ›Im Zweifel für den Angeklagten‹ geht. Dabei führte der BGH u. a. (S. 277) – nach Darstellung der Rechtsprechung hierzu – aus, daß man in den Rechtsprechungsergebnissen ›den Ausdruck fortschreitender Entwicklung rechtsstaatlichen Denkens erkennen‹ kann. ›Führt man den Gedanken weiter, so erscheint es nicht folgegerecht, ihn zwar für ein Rechtsgebiet, das Strafrecht, gelten zu lassen, ein anderes aber, das Strafverfahrensrecht, schlechthin von ihm auszunehmen. Rechtsstaatlichkeit ist eine Forderung an die ganze Strafrechtspflege, zumal unter der Geltung des Grundgesetzes. Legt man solche Maßstäbe an, zieht man die Grenzen für den Anwendungsbereich des Satzes ›Im Zweifel für den Angeklagten‹ nach der Gerechtigkeit und der Rechtssicherheit, Wesensmerkmalen der Rechtsstaatlichkeit (B Verf. GE 7, 89, 92), so ist es für die Vorlegungsfrage unerheblich, ob die Strafverfolgungsverjährung ein Verfahrenshindernis ..., ein sachlichrechtlicher Strafaufhebungsgrund ... oder ob sie gemischtrechtlicher Natur ist (EStGB 1962, Begr. zu § 127). Ferner hat es dann für die Entscheidung keine maßgebliche Bedeutung, wie andere ähnliche Fälle tatsächlichen Zweifels über einen rechtserheblichen Sachverhalt zu beurteilen wären, zugunsten oder zum Nachteil des Angeklagten. Die Grundsätze der Gerechtigkeit und der Rechtssicherheit verbieten eine schablonenhafte Antwort, die einheitlich gelten könnte, etwa für alle Verfahrensvoraussetzungen oder Verfahrenshindernisse ... Sie verlangen vielmehr eine den besonderen Umständen der Einzelfrage zugemessene Entscheidung ...‹

Und auf S. 278 f. fährt der BGH fort. ›Die Verjährung ist eine Einrichtung im Grenzbereich zwischen Gerechtigkeit und Rechtssicherheit‹ (wird dort dann näher ausgeführt). ›Ein Verdacht ungesetzlichen Strafens schadet dem Vertrauen in die Rechtsstaatlichkeit der Strafrechtspflege mehr, als es die Gerechtigkeit befriedigt, wenn der Täter – nach langer Zeit – doch noch zur Rechenschaft gezogen wird. Der öfters angeführte Gegengrund, es sei schlechterdings eine Forderung der Gerechtigkeit, daß der Schuldige verdienter Strafe nicht entkomme, hat keine Beweiskraft, denn durch die Verjährung entgeht er von Rechts wegen der Strafe. Zweifel, ob die Verjährungsfrist abgelaufen ist, werden auch verhältnismäßig selten auftreten ... Die Gerechtigkeit verlangt nicht, Schuldige um solchen Preis der Strafe zu überliefern. Im Gegenteil: es widerspricht ihr zu strafen, wenn möglicherweise – wegen Verjährung der Strafverfolgung – gar nicht gestraft werden darf. In solchem Falle die Tat unverfolgt zu lassen, beschwert dagegen nicht das Rechtsgewissen ...‹

Diese BGH-Entscheidung vom 19. 2. 1963 habe ich deshalb relativ ausführlich zitiert, weil sie erhebliche Bedeutung für das Bundesjustizministerium gewonnen hat. M. E. steht sie einer Verlängerung der Verjährung aber nicht entgegen. Einmal betrug die zu entscheidende Frage einen ganz anderen Gegenstand als den Problemkreis der Verlängerung der Verjährung. Denn hier ging es allein darum, ob bei nicht feststellbarer Tatzeit, wohl aber feststehender Verjährungsfrist ein Zweifel über die Tatzeit zugunsten des Angeklagten wirkt. Ferner ist die Frage, ob die Verjährungsvorschriften verfahrensrechtlich oder gemischtrechtlicher Natur sind, in dieser Entscheidung ausdrücklich offen gelassen worden, also von der bisherigen – oben wiedergegebenen – Rechtsprechung nicht abgewichen worden. Ich persönlich glaube auch nicht, daß das Bundesverfassungsgericht von den in seiner oben angeführten Entscheidung niedergelegten Grundsätzen abweichen wird, wenn die Verjährung verlängert wird.

2. Der *Strafgesetzbuch-Entwurf 1962* (EStGB 1962) sieht für Mord die *30*jährige Verjährungsfrist vor. In seiner Begründung zu § 127 vertritt er die gemischtrechtliche Auffassung. Es heißt dort

dann weiter: ›Auf der anderen Seite eröffnet die Ausgestaltung der Verjährung als reines Verfahrenshindernis die Möglichkeit, bei der Verlängerung von Verjährungsfristen durch ein Gesetz auch solche Zuwiderhandlungen zu verfolgen, bei denen die Verjährung nach bisherigem Recht im Zeitpunkt des Inkrafttretens des Gesetzes *bereits* eingetreten *war.* Gegen eine solche Möglichkeit wendet sich der Entwurf, da sie zur Rechtsunsicherheit führt und mit rechtsstaatlichen Grundsätzen nicht vereinbar ist ...‹

In Übereinstimmung mit Schueler (er ist bzw. war Rechtsanwalt) ›Mord ohne Sühne‹ (Sonntagsblatt von Lilje v. 20. 12. 1964) bin ich der Auffassung, daß aus dieser Begründung im Wege des Umkehrschlusses zwingend hervorgeht, daß für beim Inkrafttreten des Entwurfs noch nicht verjährte Taten nunmehr die neuen Verjährungsfristen gelten.

Dies besagt das Wort *war.* Daß gegen eine Verlängerung der Verjährung *vor* ihrem Eintritt keine *verfassungsrechtlichen* Bedenken bestehen, besagt die oben unter 1 wiedergegebene Entscheidung des Bundesverfassungsgerichts außerdem ganz eindeutig.

Eine Vorwegnahme der Bestimmung des § G 127 EStGB 1962 erscheint m. E. dringend geboten, um zu verhindern, daß schwerste Verbrecher aus der NS-Zeit, soweit mangels Kenntnis der Sachverhalte gegen sie noch keine Verfolgung eingeleitet wurde, nicht mehr verfolgt werden können, während nach Inkrafttreten des Entwurfs für dann anderweitig noch nicht verjährte Morde die 30jährige Verjährungsfrist gültig wäre. Ein unerträglicher Zustand! Derartige Vorwegnahmen sind übrigens sonst (z. B. im Verkehrsstrafrecht) durchaus üblich.

3. *Inwieweit* alles *Material* aus der NS-Zeit – sei es, wo es sei – vollständig *ausgewertet* wurde, um alle in Betracht kommenden Täter zu erfassen, vermag m. E. kein Mensch mit ausreichender Sicherheit zu sagen. Sehr nachdenklich hat mich in dieser Hinsicht ein Bericht in der Allgemeinen Jüdischen Wochenzeitung vom 25. 12. 1964 gestimmt, wonach bei der dafür maßgebenden Abteilung des polnischen Justizministeriums erst etwa *ein Drittel* des dort vorhandenen Materials von der Ludwigsburger Zentralstelle ausgewertet wurde. Natürlich können innerhalb der noch nicht ausgewerteten zwei Drittel durchaus Komplexe und Täter

vorhanden sein, die in Ludwigsburg bereits anderweitig bekannt sind. Aber: in welchem Umfang trifft dies zu? Dies kann man doch erst *nach* einer Auswertung feststellen. Ob eine solche in wenigen Wochen möglich ist, erscheint mir zweifelhaft. Zu bedenken ist ferner, daß Ludwigsburg bis ca. Ende November 1964 nur für Auslands-, nicht aber für Inlandstaaten der NS-Zeit zuständig war. Zwar ist Ludwigsburg jetzt (ab 1. 1. 1965) personal verstärkt worden; ob aber auch hier die Zeit bis 8. 5. 1965 (4 Monate) ausreichend ist, um gewichtige Komplexe (bestimmte Reichsministerien, inländische frühere Gestapo-Keller) zu ›durchforsten‹, ist mir mehr als zweifelhaft. Hinzu kommt, daß ganz sicher etliches Material in der DDR ist. Dies hat der Besuch der Berliner Staatsanwälte zum Komplex des RSHA bewiesen. Die Auswertung steht ja noch völlig offen: fährt man hinüber? (Woran offenbar – anders als im Fall Warschau – nicht gedacht ist).

Oder wie kommt man sonst an das Material heran?

Kurzum: All das bedarf noch etlicher Zeit, wofür mir die Zeit bis 8. 5. einfach unzureichend erscheint.

4. Bei der öffentlichen Erörterung der Verjährung wird immer wieder auf den Rechtsfrieden, den heilenden Faktor Zeit und das nachlassende Sühnebedürfnis abgehoben. Ist das aber auch für die NS-Verbrechen zutreffend? Ich verneine das. Einmal sind zu viele Betroffene da. Ihre Erregung darüber, in Zukunft in vollem Frieden mit nicht bestraften Mördern dieser Art zusammenleben zu müssen, ist vorhanden und nur zu verständlich. Damit sind die drei zuvor erwähnten Momente bereits gegenstandslos. Sodann kann nicht unbeachtet bleiben, daß es sich bei dem gerade noch offenen Komplex um Völkermord (genocid) gehandelt hat. Es ist daher m. E. ausgeschlossen, die Frage des Friedens der Rechtsgemeinschaft nur vom inländischen Gesichtspunkt her zu sehen. Vielmehr müssen auch die Anschauungen der ausländischen Betroffenen mit berücksichtigt werden. Denn sie gehörten damals – zur NS-Zeit – in den »rechtlichen« Wirkungsbereich des NS. Eine nur inländische Betrachtungsweise, die sonst in vielem (nicht: allem, siehe z. B. die Menschenrechtskonvention u. a.) angebracht sein mag, ist daher unzulässig ...«

Diesen Brief haben wir dann noch an etliche Persönlichkeiten des kirchlichen und politischen Lebens verschickt, und unser Schriftwechsel hierzu wurde anschließend »enorm«.

Im Januar 1965 gab es dann verschiedene Anträge vom Abgeordneten der CDU Benda mit weiteren Abgeordneten der CDU und der SPD-Fraktion zur Frage der Verlängerung der Verjährung.[21] Nach mehrfachen Debatten kam es schließlich zu einem Kompromiß, daß bei der Berechnung der Verjährungsfrist für die Verfolgung von Verbrechen, die mit lebenslangem Zuchthaus bedroht sind, die Zeit vom 8. 5. 1945 bis zum 31. 12. 1949 außer Ansatz bleibt.

Durch diese Entscheidung war sichergestellt, daß die Verjährungsfrist für die NS-Morde wenigstens vor dem 31. 12. 1969 nicht ablaufen konnte. Man hatte zwar selbst diesen winzigen Kompromiß bis vor das Bundesverfassungsgericht getrieben, aber dort war er am 26. 2. 1969 als verfassungskonform bestätigt worden.

Die Lösung selbst aber war völlig unbefriedigend, denn es war von vornherein absehbar, daß der immer noch in unüberschaubarem Dunkel liegende Verbrechenskomplex auch bis Ende 1969 nicht würde aufgeklärt werden können. Die erneut notwendig werdende Diskussion der Verjährung lag handgreiflich nahe.

So kam es dann auch. Am 25. 4. 1969 brachte die Bundesregierung einen Gesetzentwurf ein, der die Aufhebung der Verjährung bei Mord und Völkermord vorsah. Dieser Entwurf wurde im Verlauf der – heftigen – parlamentarischen Debatte abgeändert, und am 26. 6. 1969 beschloß der Bundestag ein Gesetz, wonach u. a. die Strafverfolgung von Verbrechen, die mit einer lebenslangen Freiheitsstrafe bedroht sind, nach 30 Jahren verjähren sollte.

Die Verjährung für Mord (im allgemeinen) sollte nun für die NS-Verbrechen also am 1. 1. 1980 eintreten. Der Bundestag hatte sich nicht entschließen können, für den grauenhaftesten Mordkomplex der Weltgeschichte – und nur für diesen – die Verjährung überhaupt aufzuheben.

Der Eintritt der Verjährung am 1. 1. 1980 – zu einem Zeitpunkt, als die Ermittlungen der ›Zentralen Stelle‹ in Ludwigsburg noch längst nicht abgeschlossen waren – konnte verhindert werden. Eine erbitterte öffentliche Diskussion hierzu setzte im Jahr 1979 ein, und auch wir beteiligten uns im Rahmen unserer Möglichkeiten an den Auseinandersetzungen. Dabei bemühten wir uns redlich, *alle* Argumente zu sammeln, sie einander gegenüberzustellen, auf sie einzugehen und dann selbst Stellung zu beziehen. Ein Beispiel möge unsere Ansicht wiedergeben:

Ich (Helmut Just) hielt am 17. 3. 1979 in der Evangelischen Akademie Arnoldshain ein Referat zum Thema »Verjährung«. Wir hatten uns damals zum Grundsatz gemacht, *vor jedem Referat zum NS-Mordkomplex* unmißverständlich zu klären, »wovon« wir eigentlich reden. So stellte ich diesmal meinem Referat den sogenannten *Gerstein-Bericht* voran:

»Zur Person: *Kurt Gerstein*, Bergassessor außer Dienst, Diplom-Ingenieur, am 27. September 1936 wegen staatsfeindlicher Betätigung aus dem Höheren Preußischen Bergdienst entfernt.

Geboren am 11. August 1905 zu Münster/Westfalen. Teilhaber der Maschinenfabrik De Limon Fluhme & Co. zu Düsseldorf, Industriestraße 1–17, Spezialfabrik für automatische Schmieranlagen für Lokomotiven, Knorr- und Westinghouse-Bremsen.

Lebenslauf: 1905–1910 in Münster/Westfalen, 1910–1919 Saarbrükken. 1919–1921 Halberstadt, 1921–1925 Neuruppin bei Berlin. Dort 1925 Abitur am humanistischen Gymnasium. Studien: Universität Marburg/Lahn 1925 bis 1927, Berlin 1927–1931, Technische Hochschule Aachen 1927. Diplom-Ingenieurexamen 1931 in Berlin-Charlottenburg. Seit 1925 aktives Mitglied der organisierten evangelischen Jugend (CVJM – YMCA) und der Bibelkreise an Höheren Schulen. –

Politische Betätigung: Aktiver Anhänger von Brüning und Stresemann. – Seit Juni 1933 von der Gestapo verfolgt wegen christlicher Betätigung gegen den Nazi-Staat. – Am 2. Mai 1933 Eintritt in die NSDAP, im Oktober 1936 Ausschluß aus der NSDAP wegen staatsfeindlicher (religiöser) Betätigung für die Bekenntniskirche. Gleichzeitig Ausschluß als Beamter aus dem Staatsdienst. – Am 30. Januar 1935 wegen Störung einer Partei-Weihefeier im Stadttheater Hagen/Westfalen – Aufführung des Dramas Wittekind – öffentlich verprügelt und verletzt. Am 27. November 1935 Bergassessorenexamen vor dem Wirtschaftsminister in Berlin, sämtliche Examen mit Prädikat. Bis zur Verhaftung am 27. September 1936 Staatsbeamter der Saargrubenverwaltung in Saarbrücken. Diese erste Verhaftung erfolgte wegen Versendung von 8 500 staats-(nazi-)feindlichen Broschüren an sämtliche Ministerialdirektoren und hohe Justizbeamte in Deutschland. – Einem Lieblingswunsch entsprechend studierte ich alsdann in Tübingen am Deutschen Institut für Ärztliche Mission Medizin. Dies wurde mir durch meine wirtschaftliche Unabhängigkeit ermöglicht. Als Teilhaber der Firma De Limon Fluhme & Co. in Düsseldorf bezog ich ein durchschnittliches Einkommen von jährlich 18 000 Reichsmark. Etwa ein Drittel dieses Einkommens pflegte ich für meine religiösen Ideale auszugeben. Insbesondere habe ich rund 230 000 religiöse und nazifeindliche Broschüren drucken lassen und dieselben auf meine Kosten an Interessenten versandt.

Am 14. Juli 1938 erfolgte meine zweite Verhaftung und Einlieferung in das Konzentrationslager Welzheim wegen staatsfeindlicher Betätigung. Ich wurde vorher häufig von der Gestapo verwarnt und verhört und bin mit einem Redeverbot für das ganze Reichsgebiet belegt worden.

Als ich von der beginnenden Umbringung der Geisteskranken in Grafeneck und Hadamar und andernorts hörte, beschloß ich, auf jeden Fall den Versuch zu machen, in diese Öfen und Kammern hineinzuschauen, um zu wissen, was dort geschieht. Dies um so mehr, als eine angeheiratete Schwägerin – Bertha Ebeling – in Hadamar zwangsgetötet wurde. Mit zwei Referenzen der Gestapobeamten, die meine Sache bearbeiteten, gelang es mir unschwer, in die SS einzutreten. Die Herren waren der Ansicht, daß mein Idealismus, den sie wohl bewunderten, der Nazisache zugute kommen müßte. Am 10. März 1941 trat ich in die SS ein. Ich erhielt eine Grundausbildung in Hamburg-Langehoorn, in Arnhem-Holland und Oranienburg. In Holland nahm ich sofort Fühlung mit der holländischen Widerstandsbewegung auf (Diplomingenieur Ubbink, Doesburg). Wegen meines Doppelstudiums wurde ich bald in den technisch-ärztlichen Dienst übernommen und dem SS-Führungshauptamt Amtsgruppe D, Sanitätswesen der Waffen-SS, Abteilung Hygiene, zugeteilt. Die Ausbildung machte ich mit einem Ärztekurs von 40 Ärzten. – Beim Hygienedienst konnte ich mir meine Tätigkeit selbst bestimmen. Ich konstruierte fahrbare und ortsfeste Desinfektionsanlagen für die Truppe, für Gefangenenlager und Konzentrationslager. Hiermit hatte ich unverdientermaßen große Erfolge und wurde von da ab für eine Art technisches Genie gehalten. In der Tat gelang es wenigstens, die schreckliche Fleckfieberwelle von 1941 in den Lagern einigermaßen einzudämmen. Wegen meiner Erfolge wurde ich bald Leutnant und Oberleutnant.

Weihnachten 1941 erhielt das Gericht, das meinen Ausschluß aus der NSDAP verfügt hatte, Kenntnis von meinem Eintritt in die SS an führender Stelle. Es folgte ein starkes Kesseltreiben gegen mich. Aber wegen meiner großen Erfolge und wegen meiner Persönlichkeit wurde ich von meiner Dienststelle geschützt und gehalten. Im Januar 1942 wurde ich Abteilungsleiter der Abteilung Gesundheitstechnik und gleichzeitig in Doppelstellung für den gleichen Sektor vom Reichsarzt SS und Polizei übernommen. Ich übernahm in dieser Eigenschaft den ganzen technischen Desinfektionsdienst einschließlich der Desinfektion mit hochgiftigen Gasen.

In dieser Eigenschaft erhielt ich am 8. Juni 1942 Besuch von dem mir bis dahin unbekannten SS-Sturmbannführer Günther vom Reichssicherheitshauptamt, Berlin W, Kurfürstenstraße. Günther kam in Zivil. Er gab mir den Auftrag, sofort für einen äußerst geheimen Reichsauftrag 100 kg Blausäure zu beschaffen und mit dieser mit einem Auto zu einem unbekannten Ort zu fahren, der nur dem Fahrer des Wagens bekannt sei. Wir fuhren alsdann einige Wochen später nach Prag. Ich konnte mir ungefähr die Art des Auftrags denken, übernahm ihn aber, weil mir hier durch Zufall sich eine von mir seit langem ersehnte Gelegenheit ergab, in diese Dinge hineinzuschauen. Auch war ich als Sachverständiger für Blausäure so autoritär und kompetent, daß es mir auf jeden Fall ein leichtes sein mußte, die Blausäure unter irgendeinem Vorwand als untauglich – weil zersetzt oder dergleichen – zu bezeichnen und ihre Anwendung für den eigentlichen Tötungszweck zu verhindern. Mit uns fuhr noch – mehr zufällig – der Professor Dr. med. Pfannenstiel, SS-Obersturmbannführer, Ordinarius ›der Hygiene an der Universität Marburg/Lahn‹.

Wir fuhren alsdann mit dem Wagen nach Lublin, wo uns der SS-Gruppenführer Globocnek erwartete. In der Fabrik in Colin hatte ich absichtlich durchblicken lassen, daß die Säure für die Tötung von Menschen bestimmt sei. Prompt erschien denn auch nachmittags ein Mensch, der sich sehr stark für das Fahrzeug interessierte und, als er bemerkt wurde, in rasender Fahrt floh. Globocnek sagte: Diese ganze Angelegenheit ist eine der geheimsten Sachen, die es zur Zeit überhaupt gibt, man kann sagen, die geheimste. Wer darüber spricht, wird auf der Stelle erschossen. Erst gestern seien zwei Schwätzer erschossen worden. Dann erklärte er uns:

Im Augenblick – das war am 17. August 1942 – haben wir drei Anstalten in Betrieb, nämlich

1. Belsec, an der Chaussee und Bahnstrecke Lublin-Lemberg, an der Schnittlinie mit der Demarkationslinie mit Rußland. Höchstleistung pro Tag 15 000 Personen.

2. Tréblinka, 120 km nordöstlich von Warschau, Höchstleistung 25 000 Personen pro Tag.

3. Sobibór, auch in Polen, ich weiß nicht genau wo. Höchstleistung 20 000 Personen pro Tag.

4. Damals in Vorbereitung – Majdanek bei Lublin.

Belsec, Tréblinka und Majdanek habe ich persönlich eingehend mit dem Leiter dieser Anstalten, dem Polizeihauptmann Wirth, zusammen besichtigt.

Globocnek wendete sich ausschließlich an mich und sagte: Es ist Ihre Aufgabe, insbesondere die Desinfektion des sehr umfangreichen Textilgutes durchzuführen. Die ganze Spinnstoffsammlung ist doch nur durchgeführt worden, um die Herkunft des Bekleidungsmaterials für die Ostarbeiter usw. zu erklären und als ein Ergebnis des Opfers des deutschen Volkes darzustellen. In Wirklichkeit ist das Aufkommen unserer Anstalten das 10- bis 20fache der ganzen Spinnstoffsammlung.

(Ich habe alsdann mit den leistungsfähigen Firmen die Möglichkeit, solche Textilmengen – es handelte sich allein um einen aufgelaufenen Vorrat von etwa 40 Millionen kg = 60 komplette Güterzüge voll – in den vorhandenen Wäschereien und Desinfektionsanstalten zu desinfizieren, durchgesprochen. Es war aber völlig unmöglich, so große Aufträge unterzubringen. Ich benutzte alle diese Verhandlungen, um die Tatsache der Judentötung in geschickter Weise bekanntzumachen oder durchblikken zu lassen. Es genügte Globocnek alsdann, daß das ganze Zeug mit etwas Detenolin (?) übersprüht wurde, damit es wenigstens nach Desinfektion röche. Das ist dann auch geschehen.)

Ihre andere noch weit wichtigere Aufgabe ist die Umstellung unserer Gaskammern, die jetzt mit Dieselauspuffgasen arbeiten, auf eine bessere und schnellere Sache. Ich denke da vor allem an Blausäure. Vorgestern waren der Führer und Himmler hier. Auf ihre Anweisung muß ich Sie persönlich dorthin bringen, ich soll niemand schriftliche Bescheinigungen und Einlaßkarten ausstellen.

Daraufhin fragte Pfannenstiel: ›Was hat denn der Führer gesagt?‹ Globocnek: ›Schneller, schneller die ganze Aktion durchführen.‹ Sein Begleiter, der Ministerialrat Dr. Herbert Lindner, hat dann gefragt: ›Herr Globocnek, halten Sie es für gut und richtig, die ganzen Leichen zu vergraben, anstatt sie zu verbrennen? Nach uns könnte eine Generation kommen, die das Ganze nicht versteht!‹

Darauf Globocnek: ›Meine Herren, wenn je nach uns eine Generation kommen sollte, die so schlapp und so knochenweich ist, daß sie unsere große Aufgabe nicht versteht, dann allerdings ist der ganze Nationalsozialismus umsonst gewesen. Ich bin im Gegenteil der Ansicht, daß man Bronzetafeln versenken sollte, auf denen festgehalten ist, daß wir den Mut gehabt haben, dieses große und so notwendige Werk durchzuführen.‹

Darauf der Führer: ›Gut, Globocnek, das ist allerdings auch meine Ansicht!‹

Später hat sich die andere Ansicht durchgesetzt. Die Leichen sind dann auf großen Rosten, die aus Eisenbahnschienen improvisiert wurden, verbrannt worden unter Zuhilfenahme von Benzin und Dieselöl.

Am anderen Tag fuhren wir nach Belsec. Ein kleiner Spezialbahnhof war zu diesem Zweck an einem Hügel nördlich der Chaussee Lublin-Lemberg im linken Winkel der Demarkationslinie geschaffen worden. Südlich der Chaussee einige Häuser mit der Inschrift »Sonderkommando

Belsec der Waffen-SS«. Da der eigentliche Chef der gesamten Tötungsanlagen, der Polizeihauptmann Wirth, noch nicht da war, stellte Globocnek mich dem SS-Hauptsturmführer Obermeyer (aus Pirmasens) vor. Dieser ließ mich an jenem Nachmittag nur das sehen, was er mir zeigen mußte. Ich sah an diesem Tag keine Toten, nur der Geruch der ganzen Gegend im heißen August war pestilenzartig, und Millionen von Fliegen waren überall zugegen. Dicht bei dem kleinen zweigleisigen Bahnhof war eine große Baracke, die sogenannte Garderobe, mit einem großen Wertsachenschalter. Dann folgte ein Zimmer mit etwa 100 Stühlen, der Friseurraum. Dann eine kleine Allee im Freien unter Birken, rechts und links von doppeltem Stacheldraht umsäumt, mit Inschriften: Zu den Inhalier- und Baderäumen! Vor uns eine Art Badehaus mit Geranien, dann ein Treppchen, und dann rechts und links je drei Räume 5 × 5 Meter, 1,90 hoch, mit Holztüren wie Garagen. An der Rückwand, in der Dunkelheit nicht recht sichtbar, große hölzerne Rampentüren. Auf dem Dach als »sinniger kleiner Scherz« der Davidstern! Vor dem Bauwerk eine Inschrift: Heckenholt-Stiftung! Mehr habe ich an jenem Nachmittag nicht sehen können.

Am anderen Morgen um kurz vor sieben Uhr kündigt man mir an: In zehn Minuten kommt der erste Transport! – Tatsächlich kam nach einigen Minuten der erste Zug von Lemberg aus an. 45 Waggons mit 6 700 Menschen, von denen 1 450 schon tot waren bei ihrer Ankunft. Hinter den vergitterten Luken schauten, entsetzlich bleich und ängstlich, Kinder durch, die Augen voll Todesangst, ferner Männer und Frauen. Der Zug fährt ein: 200 Ukrainer reißen die Türen auf und peitschen die Leute mit ihren Lederpeitschen aus den Waggons heraus. Ein großer Lautsprecher gibt die weiteren Anweisungen: Sich ganz ausziehen, auch Prothesen, Brillen usw. Die Wertsachen am Schalter abgeben, ohne Bons oder Quittung. Die Schuhe sorgfältig zusammenbinden (wegen der Spinnstoffsammlung), denn in dem Haufen von reichlich 25 Meter Höhe hätte sonst niemand die zugehörigen Schuhe wieder zusammenfinden können. Dann die Frauen und Mädchen zum Friseur, der mit zwei, drei Scherenschlägen die ganzen Haare abschneidet und sie in Kartoffelsäcken verschwinden läßt. »Das ist für irgendwelche Spezialzwecke für die U-Boote bestimmt, für Dichtungen oder dergleichen!« sagt mir der SS-Unterscharführer, der dort Dienst tut.

Dann setzt sich der Zug in Bewegung. Voran ein bildhübsches junges Mädchen, so gehen sie die Allee entlang, alle nackt, Männer, Frauen, ohne Prothesen. Ich selbst stehe mit dem Hauptmann Wirth oben auf der Rampe zwischen den Kammern. Mütter mit ihren Säuglingen an der Brust, sie kommen herauf, zögern, treten ein in die Todeskammern! An der Ecke steht ein starker SS-Mann, der mit pastoraler Stimme zu den Armen sagt: ›Es passiert euch nicht das geringste! Ihr müßt nur in den

Kammern tief Atem holen, das weitet die Lungen, diese Inhalation ist notwendig wegen der Krankheiten und Seuchen.‹ Auf die Frage, was mit ihnen geschehen würde, antwortet er: ›Ja, natürlich, die Männer müssen arbeiten, Häuser und Chausseen bauen, aber die Frauen brauchen nicht zu arbeiten. Nur wenn sie wollen, können sie im Haushalt oder in der Küche mithelfen.‹ Für einige von diesen Armen ein kleiner Hoffnungsschimmer, der ausreicht, daß sie ohne Widerstand die paar Schritte zu den Kammern gehen – die Mehrzahl weiß Bescheid, der Geruch kündet ihnen ihr Los!

So steigen sie die kleine Treppe herauf, und dann sehen sie alles. Mütter mit Kindern an der Brust, kleine nackte Kinder, Erwachsene, Männer und Frauen, alle nackt – sie zögern, aber sie treten in die Todeskammern, von den anderen hinter ihnen vorgetrieben oder von Lederpeitschen der SS getrieben. Die Mehrzahl, ohne ein Wort zu sagen. Eine Jüdin von etwa 40 Jahren mit flammenden Augen ruft das Blut, das hier vergossen wird, über die Mörder. Sie erhält 5 oder 6 Schläge mit der Reitpeitsche ins Gesicht, von Hauptmann Wirth persönlich, dann verschwindet auch sie in der Kammer.

Viele Menschen beten. Ich bete mit ihnen, ich drücke mich in eine Ecke und schreie laut zu meinem und ihrem Gott. Wie gern wäre ich mit ihnen in die Kammern gegangen, wie gern wäre ich ihren Tod mitgestorben. Sie hätten dann einen uniformierten SS-Offizier in ihren Kammern gefunden – die Sache wäre als Unglücksfall aufgefaßt und behandelt worden und sang- und klanglos verschollen. Noch also darf ich nicht, ich muß noch zuvor künden, was ich hier erlebte!

Die Kammern füllen sich. Gut vollpacken – so hat es der Hauptmann Wirth befohlen. Die Menschen stehen einander auf den Füßen. 700–800 auf 25 Quadratmetern, in 45 Kubikmetern! Die SS zwängt sie physisch zusammen, soweit es überhaupt geht. – Die Türen schließen sich. Währenddessen warten die anderen draußen im Freien, nackt. Man sagt mir: ›Auch im Winter genauso!‹ ›Ja, aber sie können sich ja den Tod holen!‹ sage ich. ›Ja, grad for das sinn se ja doh!‹ sagt mir ein SS-Mann in seinem Platt. – Jetzt endlich verstehe ich auch, warum die ganze Einrichtung Heckenholt-Stiftung heißt. Heckenholt ist der Chauffeur dieses Dieselmotors, ein kleiner Techniker, gleichzeitig der Erbauer der Anlage. Mit den Dieselauspuffgasen sollen die Menschen zu Tode gebracht werden.

Aber der Diesel funktioniert nicht. Der Hauptmann Wirth kommt. Man sieht, es ist ihm peinlich, daß das gerade heute passieren muß, wo ich hier bin. Jawohl, ich sehe alles! Und ich warte. Meine Stoppuhr hat alles brav registriert. 50 Minuten, 70 Minuten – der Diesel springt nicht an. Die Menschen warten in ihren Gaskammern. Vergeblich. Man hört sie weinen, schluchzen ... Der Hauptmann Wirth schlägt mit seiner Reitpeitsche dem Ukrainer, der dem Unterscharführer Heckenholt beim

Diesel helfen soll, 12-, 13mal ins Gesicht. Nach 2 Stunden 49 Minuten – die Stoppuhr hat alles wohl registriert – springt der Diesel an. Bis zu diesem Augenblick leben die Menschen in diesen vier Kammern, viermal 750 Menschen in viermal 45 Kubikmetern! Von neuem verstreichen 25 Minuten. Richtig, viele sind jetzt tot. Man sieht das durch das kleine Fensterchen, in dem das elektrische Licht die Kammer einen Augenblick beleuchtet. Nach 28 Minuten leben nur noch wenige. Endlich, nach 32 Minuten, ist alles tot! –

Von der anderen Seite öffnen Männer vom Arbeitskommando die Holztüren. Man hat ihnen – selbst Juden – die Freiheit versprochen und einen gewissen Promillesatz von allen gefundenen Werten für ihren schrecklichen Dienst. Wie Basaltsäulen stehen die Toten aufrecht aneinandergepreßt in den Kammern. Es wäre auch kein Platz, hinzufallen oder auch nur sich vornüber zu neigen, selbst im Tode noch kennt man die Familien. Sie drücken sich, im Tode verkrampft, noch die Hände, so daß man Mühe hat, sie auseinanderzureißen, um die Kammern für die nächste Charge freizumachen. Man wirft die Leichen – naß von Schweiß und Urin, kotbeschmutzt, Menstruationsblut an den Beinen, heraus. Kinderleichen fliegen durch die Luft. Man hat keine Zeit, die Reitpeitschen der Ukrainer sausen auf die Arbeitskommandos. Zwei Dutzend Zahnärzte öffnen mit Haken den Mund und sehen nach Gold. Gold links, ohne Gold rechts. Andere Zahnärzte brechen mit Zangen und Hämmern die Goldzähne und Kronen aus den Kiefern.

Unter allen springt der Hauptmann Wirth herum. Er ist in seinem Element. Einige Arbeiter kontrollieren Genitalien und After nach Gold, Brillanten und Wertsachen. Wirth ruft mich heran: »Heben Sie mal diese Konservenbüchse mit Goldzähnen, das ist nur von gestern und vorgestern!« In einer unglaublich gewöhnlichen und falschen Sprechweise sagte er zu mir: »Sie glauben gar nicht, was wir jeden Tag finden an Gold und Brillanten – er sprach es mit zwei L – und Dollar. Aber schauen Sie selbst!« Und nun führte er mich zu einem Juwelier, der alle diese Schätze zu verwalten hatte, und ließ mich dies alles sehen. Man zeigte mir dann noch einen früheren Chef des Kaufhauses des Westens in Berlin und einen Geiger: »Das ist ein Hauptmann von der alten kaiserlich-königlich österreichischen Armee, Ritter des Eisernen Kreuzes I. Klasse, der jetzt Lagerältester beim jüdischen Arbeitskommando ist!«

Die nackten Leichen wurden auf Holztragen nur wenige Meter weit in Gruben von 100 × 20 × 12 m geschleppt. Nach einigen Tagen gärten dann die Leichen hoch und fielen alsdann kurze Zeit später stark zusammen, daß man eine neue Schicht auf dieselben draufwerfen konnte. Dann wurden 10 cm Sand darübergestreut, so daß nur noch vereinzelte Köpfe und Arme herausragten. Ich sah an einer solchen Stelle Juden in den Gräbern auf den Leichen herumklettern und arbeiten. Man sagte mir, daß versehentlich die tot Angekommenen eines Transportes nicht entkleidet worden seien. Dies müsse natürlich wegen der Spinnstoffe und Wertsachen, die sie sonst mit ins Grab nähmen, nachgeholt werden.

Weder in Belsec noch in Tréblinka hat man sich irgendeine Mühe gegeben, die Getöteten zu registrieren oder zu zählen. Die Zählungen waren nur Schätzungen nach dem Waggoninhalt ... Der Hauptmann Wirth bat mich, in Berlin keine Änderungen seiner Anlagen vorzuschlagen und alles so zu lassen, wie es wäre und sich bestens eingespielt und bewährt habe. Die Blausäure habe ich unter meiner Aufsicht vergraben lassen, da sie angeblich in Zersetzung geraten sei.

Am anderen Tag – dem 19. August 1942 – fuhren wir mit dem Auto des Hauptmanns Wirth nach Tréblinka, 120 km NNO von Warschau. Die Einrichtung war etwa dieselbe, nur viel größer als in Belzec. Acht Gaskammern und wahre Gebirge von Koffern, Textilien und Wäsche. Zu unseren Ehren wurde im Gemeinschaftssaal im typisch Himmlerschen altdeutschen Stil ein Bankett gegeben. Das Essen war einfach, aber es stand alles in jeder Menge zur Verfügung. Himmler hatte selbst angeordnet, daß die Männer dieser Kommandos soviel Fleisch, Butter und sonstiges erhielten, insbesondere Alkohol, wie sie wollten ...

Wir fuhren dann mit dem Auto nach Warschau. Dort traf ich, als ich vergeblich ein Schlafwagenbett zu erhalten versuchte, im Zuge den Sekretär der schwedischen Gesandtschaft in Berlin, Baron von Otter. Ich habe noch unter dem frischen Eindruck der entsetzlichen Erlebnisse diesem alles erzählt mit der Bitte, dies seiner Regierung und den Alliierten sofort zu berichten, da jeder Tag Verzögerung weiteren Tausenden und Zehntausenden das Leben kosten müsse. Er bat mich um eine Referenz, als welche ich ihm Herrn Generalsuperintendenten Dr. Otto Dibelius, Berlin, Brüderweg 2, Lichterfelde-West – angab, einen vertrauten Freund des Pfarrers Martin Niemöller und Mitglied der kirchlichen Widerstandsbewegung gegen den Nazismus. Ich traf dann Herrn von Otter noch zweimal in der schwedischen Gesandtschaft. Er hatte inzwischen nach Stockholm berichtet und teilte mir mit, daß dieser Bericht erheblichen Einfluß auf die schwedisch-deutschen Beziehungen gehabt habe. Ich versuchte, in gleicher Sache dem Päpstlichen Nuntius in Berlin Bericht zu erstatten. Dort wurde ich gefragt, ob ich Soldat sei. Daraufhin wurde jede weitere Unterhaltung mit mir abgelehnt, und ich wurde zum Verlassen der Botschaft seiner Heiligkeit aufgefordert. Beim Verlassen der Päpstlichen Botschaft wurde ich von einem Polizisten mit dem Rade verfolgt, der kurz an mir vorbeifuhr, abstieg, mich dann aber völlig unbegreiflicherweise laufen ließ. Ich habe dann alles dies Hunderten von Persönlichkeiten berichtet, u. a. dem Syndikus des katholischen Bischofs von Berlin, Herrn Dr. Winter, mit der ausdrücklichen Bitte um Weitergabe an den Päpstlichen Stuhl.

Ich muß noch hinzufügen, daß der SS-Sturmbannführer Günther vom Reichssicherheitsamt – ich glaube, er ist der Sohn des Rassen-Günthers – Anfang 1944 nochmals große Mengen Blausäure von mir verlangte für einen sehr dunklen Zweck. Er zeigte mir in der Kurfürstenstraße in Berlin einen Schuppen, in dem er die Blausäure zu lagern gedachte. Ich erklärte ihm darauf, daß ich dafür ausgeschlossenerweise (sic) die Verantwortung übernehmen könne. Es handelte sich um mehrere Waggons, um viele Millionen Menschen damit umzubringen. Er sagte mir, daß er selbst noch nicht wisse, ob das Gift gebraucht würde, wann, für wen, auf welche Weise usw. Aber es müsse ständig verfügbar gehalten werden. Ich habe später oft an die Worte Goebbels' denken müssen. Ich kann mir denken, daß sie einen großen Teil des deutschen Volkes töten wollten, sicher einschließlich der Pfarrerschaft oder der mißliebigen Offiziere. Das sollte in einer Art Lesesäle oder Klubräume geschehen, soviel entnahm ich den Fragen der technischen Durchführung, die Günther an mich richtete. Es kann auch sein, daß er die Fremdarbeiter umbringen sollte oder Kriegsgefangene – ich weiß es nicht. Auf jeden Fall richtete ich es so ein, daß die Blausäure sofort nach ihrer Ankunft in den beiden Konzentrationslagern Oranienburg und Auschwitz für irgendwelche Zwecke der Desinfektion verschwand. Das war etwas gefährlich für mich, aber ich hätte einfach sagen können, daß das Gift sich bereits in einer gefährlichen Zersetzung befunden habe. Ich bin sicher, daß Günther das Gift beschaffen wollte, um Millionen Menschen eventuell umzubringen. Es reichte für etwa 8 Millionen Menschen, 8 500 kg. Über 2 175 kg habe ich die Rechnungen eingereicht. Die Rechnung ließ ich stets auf meinen Namen ausstellen, angeblich wegen der Diskretion, in Wahrheit, um in meiner Verfügung freier zu sein und um das Gift verschwinden lassen zu können. Vor allem vermied ich es, durch Vorlage von Rechnungen die Sache immer wieder in Erinnerung zu bringen, sondern ließ die Rechnungen lieber völlig unbezahlt, unter Vertröstung der Firma ...

Ich habe es im übrigen vermieden, allzuoft in Konzentrationslagern zu erscheinen, denn es war manchmal üblich, zu Ehren der Besucher Leute aufzuhängen oder Exekutionen vorzunehmen.

Alle meine Angaben sind wörtlich wahr. Ich bin mir der außerordentlichen Tragweite dieser meiner Aufzeichnungen vor Gott und der gesamten Menschheit voll bewußt und nehme es auf meinen Eid, daß nichts von allem, was ich registriert habe, erdichtet oder erfunden ist, sondern sich genau so verhält ...«

Anschließend führte ich (hier verkürzt wiedergegeben) aus: »Sie hörten soeben einen der erschütterndsten Berichte aus dem Komplex der NS-Mordmaschinerie ... Der Gerstein-Bericht vermittelt eine kleine Ahnung, worum es bei der jetzigen Debatte um die Verjährung der NS-Verbrechen geht (...)

Im folgenden möchte ich zunächst eine Aufreihung der Argumente vornehmen, die pro und contra Verjährung vorgebracht werden.

Für die Verjährung wird vorgetragen:
1. Die Rechtsstaatlichkeit.
2. Man solle die Dinge endlich einmal ruhen lassen.
3. Schon immer in der Geschichte habe es Kriegsverbrechen gegeben.
4. Auch ›die anderen‹ hätten Kriegsverbrechen begangen.
5. Die Sachverhalte, die den etwaigen Anklagen zugrunde liegen, seien nicht mehr aufklärbar ...
6. Eine generelle Abschaffung der Verjährung bei Mord widerspreche dem Sozialstaatsprinzip.

Gegen eine Verjährung werden folgende Argumente vorgebracht:
1. Die Einzigartigkeit der NS-Verbrechen.
2. Völkermord sei bereits nach der UN-Konvention generell nicht verjährbar.
3. Es handle sich bei den Morden im NS nicht um individuellen Mord, sondern um staatlich verordneten, also eine Art ›strukturellen‹ Mord.
4. Das Empfinden der überlebenden Opfer
5. Das Ausland

Es gibt demnach vier Lösungsmöglichkeiten:

1. Verjährung
2. Verlängerung der Verjährungsfrist auf 40 Jahre
3. Keine Verjährung für Völkermord
4. Keine Verjährung von Mord generell

Zu den einzelnen Argumenten:
I. *Für* die Verjährung

1. Der Grundsatz der Rechtsstaatlichkeit erlaube nicht, die Verjährung aufzuheben. Dies ist sicherlich ein gewichtiges Argument. Man soll Gesetze nicht ständig aus ›opportunistischen‹ Gründen

ändern, denn zur Rechtsstaatlichkeit gehört – im Gegensatz zur Diktatur oder zu autoritären Regimen – Verläßlichkeit. Auch würde, so wird argumentiert, wenn man im Hinblick auf die NS-Verbrechen die Verjährung aufhebe, dies letztlich ein ›Sondergesetz‹ sein. Sondergesetze seien aber nur in Diktaturen üblich, nicht jedoch in Demokratien. Dieser Argumentation ist entgegenzuhalten, daß es sich hier um ganz ungewöhnliche Verbrechen in einem kaum vorstellbaren Ausmaß gehandelt hat, was ein außergewöhnliches Gesetz rechtfertigen kann.

Es wird weiter argumentiert, hier werde eine Ungleichbehandlung gegenüber nicht mehr verfolgbaren Tätern vorgenommen.

Es trifft zu, daß unerfreuliche Dinge geschehen sind, d. h. die Westalliierten haben soundsoviele Personen nach ihrer Verurteilung nach einiger Zeit wieder freigelassen mit der ausdrücklichen Auflage an die deutsche Regierung, daß diese Leute nicht mehr erneut verfolgt werden dürfen. Insoweit wäre eine gewisse Ungleichbehandlung zweifelsohne vorhanden, aber sie ist letztlich nicht von uns Deutschen zu verantworten, und unangemessenes Verhalten der Alliierten gegenüber einem bestimmten Täterkreis rechtfertigt nicht die Fortsetzung solchen Verhaltens durch uns. Vor allem aber ist der entsprechenden Argumentation entgegenzuhalten, daß der kriminelle Unrechtsgehalt dieser bereits abgeurteilten Taten ja bleibt; es entfällt – bedauerlicherweise – nur die Verfolgbarkeit. (...)

Außerdem ist auf folgendes hinzuweisen: Das Institut der Verjährung stellt eine bloße Verfahrensvorschrift dar. Dies ist ständige Rechtsprechung schon des Reichsgerichts, die vom Bundesgerichtshof fortgesetzt und vom Bundesverfassungsgericht mit aller Deutlichkeit in einem Beschluß vom 26. 2. 1969 in BVerfGE Band 25, Seite 269 ff. bestätigt worden ist. Für Verfahrensvorschriften gilt aber nicht das sogenannte Rückwirkungsverbot des Artikel 103 Grundgesetz, wonach keine Bestrafung ohne vorhergehendes Gesetz – also rückwirkend – eingeführt werden darf. Die Verjährungsfrage tangiert die Frage nach der Rechtsstaatlichkeit somit überhaupt nicht, und was die Furcht vor der Schaffung eines Sondergesetzes betrifft, ist diese Furcht unberechtigt. Professor Maihofer weist zu Recht darauf hin, daß wir seit dem Jahre 1955 den Tatbestand des Völkermordes, also eines qualifizierten Mordes, im Strafgesetzbuch in § 220 a haben. Dieser lautet:

›Wer in der Absicht, eine nationale, rassische, religiöse oder durch ihr Volkstum bestimmte Gruppe als solche ganz oder teilweise zu zerstören, Mitglieder der Gruppe tötet, ... wird mit lebenslanger Freiheitsstrafe bestraft.‹

Diese Bestimmung beruht auf der UN-Konvention aus dem Jahre 1948. Es ist richtig, daß die Bestimmung des § 220 a StGB wegen Völkermordes materiellrechtlich nicht *rückwirkend* anwendbar ist. Nach dieser Bestimmung kann eine Person für Völkermord erst bestraft werden, wenn sie die Tat nach 1955 begangen hat. Für NS-Verbrechen ist diese Bestimmung direkt also nicht anwendbar. Dieses Gesetz zeigt aber, daß der Gesetzgeber schon 1955 durchaus erkannt hat, daß es verschiedene Arten von Mord gibt.

2. Zu dem Argument, *die Dinge endlich ruhen zu lassen,* zumal die Täter inzwischen ›anders‹ geworden seien und ein Strafzweck, nämlich der der Resozialisierung, nicht mehr in Betracht komme, ist folgendes zu sagen:

Wenn bei uns ein Kinderschänder – und Mörder nach Jahrzehnten gefaßt wird, führt niemand eine inzwischen eingetretene Sozialisierung gegen eine Strafverfolgung ins Gewicht. Man verlangt nach ›Sühne‹, die Schlagzeilen überschlagen sich in zufriedener Unbarmherzigkeit ...

Hier aber sieht niemand die Einzigartigkeit dieser Verbrechen. Das Empfinden der überlebenden Opfer oder der Angehörigen der Opfer steht doch »im Raum«. Es wäre für sie unerträglich zu wissen, daß ihre Peiniger frei herumlaufen, nur, weil nach 1945 deren Verfolgung so nachlässig betrieben worden ist.

3. Zu dem Argument: ›*Schon immer in der Geschichte ...*‹ möchte ich ganz deutlich sagen: So etwas wie diese Verbrechen im NS hat es in der Geschichte noch *nicht* gegeben. Es kann doch bei der Dimension dieser Verbrechen nicht übersehen werden, daß hier die gesamte Technokratie des 20. Jahrhunderts nach dem Erkenntnisstand der 40er Jahre in Verbindung mit dem gesamten staatlichen Apparat zur – vorher beschlossenen – Vernichtung von Menschengruppen – ja, eines ganzen, des jüdischen Volkes – eingesetzt worden ist.

4. Zu dem weiteren Argument: ›*Auch die anderen haben Kriegsverbrechen begangen*‹ ist zu sagen: Was hier geschehen ist, haben nicht ›die anderen‹ getan ... Im übrigen waren die Verbrechen, um die es bei den nationalsozialistischen Tätern geht, keine Kriegsverbrechen, sondern gemeine Verbrechen des Mordes besonderer Art.

5. Zu der *Frage der Nicht-mehr-Aufklärbarkeit* der NS-Verfahren: Die Frage der Aufklärbarkeit von Verbrechen soll der Gesetzgeber den Staatsanwaltschaften und Gerichten überlassen. Es wird sich zeigen, was noch aufklärbar ist und was nicht. Noch nie wurde der Erlaß von Strafgesetzen davon abhängig gemacht, wie mehr oder minder schwierig die Aufklärung der Straftaten sein werde. Derartige »Sorgen« tauchen *nur* bei NS-Morden auf. Und wenn einmal »Beweisnot« eintreten sollte, wird es – rechtsstaatlich geurteilt – Freisprüche geben. Aber nach meiner Überzeugung ist das kein Argument für eine Verjährung. Auch Freisprüche gehören zu einem rechtsstaatlich geführten Gerichtsverfahren. Wir wissen doch gar nicht, welche Komplexe uns möglicherweise nur noch nicht bekannt sind und welche Täter im einzelnen bei schon bekannten oder auch bei noch nicht bekannten Komplexen noch auftauchen.

Wieso wollen wir also jetzt schon Unaufklärbarkeit behaupten?

6. Gegen die Abschaffung der Verjährbarkeit wird ferner hervorgebracht, daß die *Unverjährbarkeit dem Sozialstaatsprinzip widerspreche.* Demgegenüber ist zu sagen, daß dies nicht so unbedingt gilt, wie behauptet wird. Dies zeigt die Unverjährbarkeit bei Taten, die mit lebenslanger Strafe oder mit dem Tode bedroht sind in einzelnen Staaten der USA und teilweise in Ostblock-Staaten.

II. Gegen die Verjährung:

1. Zur Einzigartigkeit dieser Verbrechen: Kann man nach dem Gerstein-Bericht darüber noch mehr sagen? Der Bericht sollte jedem Bundestagsabgeordneten als Materialunterlage zur Verfügung gestellt werden.

2. Zu dem Argument *der Völkermord ist nicht verjährbar*: Die Frage der Verjährbarkeit oder der Nichtverjährbarkeit ist – wie schon ausgeführt – allein eine Verfahrensfrage und daher auch rückwirkend zu regeln möglich. Das besagt die Entscheidung des Bundesverfassungsgerichts aus dem Jahre 1969, die in ihrem vollen Wortlaut bei der Verjährungsdebatte 1969 so noch nicht bekannt war.

3. Es darf der Qualitätsunterschied zwischen einem ›gewöhnlichen‹ Mord und dem *staatlich verordneten Massenmord*, der seiner Natur nach qualitativ nicht weniger oder mehr schrecklich und grauenhaft, aber etwas ganz anderes ist, nicht übersehen werden. Es gibt in der Regel bei ›normalem‹ Mord eine Art ›Beziehung‹ zwischen Täter und Opfer, während bei diesem Massenmord der NS-Verbrechen sozusagen ›fabrikmäßig‹ eine beziehungslose ›Abfertigung‹ erfolgte. Aus diesem Grund halte ich es durchaus für möglich, das Strafgesetz zur Frage der Verjährung zu ändern. Ich werde bei meinen Lösungsvorschlägen noch darauf zu sprechen kommen. Der gelegentliche besorgte Hinweis, daß die Gerichte bei nicht verjährbarem Massenmord in außerordentliche Schwierigkeiten kämen, weil sie dann möglicherweise im Einzelfall nicht unterscheiden könnten, ob ein »normaler« Mord oder ob das Tatgeschehen des Völkermordes Gegenstand ihrer Hauptverhandlung sei, ist im übrigen an den Haaren herbeigezogen. Ich habe hier keine Bedenken. Solche Bedenken wurden zwar vom Bundesjustizministerium geltend gemacht, sie sind nach meiner Auffassung jedoch nicht berechtigt.

Außerdem: Wenn mit dem Ablauf des 31. 12. 1979 die Verjährung auch für Morde bei NS-Verbrechen eintreten würde, liefe dies letztlich auf eine staatliche Sanktion dieses Mordgeschehens und somit auf eine Art Amnestie oder eine Art Selbstvergebung hinaus. Das halte ich für einen Staat, der wie der unsere zu Recht behauptet, sich wirklich vom NS abgewandt zu haben, für ganz unerträglich. Es muß also die andersartige Staatlichkeit unseres Staates auch dadurch deutlich werden, daß diese Art der Verbrechen weiterhin verfolgbar bleibt.

4. Auf *das Empfinden der überlebenden Opfer* bin ich vorhin schon zu sprechen gekommen. Wir wissen, daß sie sich in ihrer

Existenz bedroht fühlen, wenn derartige Täter frei und nicht mehr verfolgbar sind. Die Frage ist doch auch, ob es nicht ein unumgängliches Gebot der Gerechtigkeit ist, Täter derartiger Taten auch zu überführen. Und – last not least – man sollte auch das Ausland nicht übersehen.

Wenn man den Lauf der NS-Prozesse im Ausland beobachtet, so ist das nicht ein »Hereinreden« von außen in innerstaatliche Angelegenheiten der Bundesrepublik Deutschland. Viele der überlebenden Opfer und Angehörige von ihnen leben inzwischen im Ausland. Es ist für diese alle ganz unerträglich, daß ein neuer deutscher Rechtsstaat hier eine Verjährung eintreten lassen könnte, wo noch so viel unaufgeklärt im Dunkeln liegt.

III. Zu den Lösungsmöglichkeiten

Nach meiner Überzeugung sollte eine Lösung gefunden werden, aufgrund derer das Einzigartige dieses Geschehens nicht verjährt, und zwar aus folgenden Gründen:

1. Bei einer Lösung, die die *generelle* Verjährung von Mord vorsieht, muß festgestellt werden, daß für eine Änderung der normalen Verjährung bei einem ›normalen‹ Mord nicht der geringste Anlaß besteht. Es geht zur Zeit doch einzig und allein um die Frage der Verjährung der NS-Verbrechen, nicht jeden sonstigen Mordes. Eine Verjährung der NS-Verbrechen aber ist schlechterdings unvorstellbar, eine Fristverlängerung etwa um 10 Jahre schiebt das Problem nur wieder hinaus. Professor Maihofer hat schon 1965, als es zur Fristerstreckung kam, in einem Aufsatz darauf hingewiesen, daß eine Verlängerung der Verjährung um 10 Jahre nicht zu befriedigen vermag, weil dann die Bundesrepublik in 10 Jahren erneut vor dieselbe Verjährungsfrage gestellt wird.

2. Es bleiben deshalb zwei Möglichkeiten einer Lösung dafür, daß das ›Einzigartige‹ – nämlich die NS-Verbrechen – unverjährbar wird:

a) Professor Maihofer hat folgenden Vorschlag gemacht: Im Grundgesetz Artikel 103 Abs. 2 soll ein Satz eingefügt werden. Artikel 103 Absatz 2 lautet jetzt:

›Eine Tat kann nur bestraft werden, wenn die Strafbarkeit gesetzlich bestimmt war, bevor die Tat begangen wurde.‹
Professor Maihofer schlägt vor, hier einen Satz anzufügen:
›Durch Mord begangene Verbrechen gegen die Menschlichkeit und des Völkermordes sind unverjährbar.‹
Er möchte ferner in den § 220 a StGB, in dem die verschiedenen Gruppen, um die es geht – nämlich nationale, sogenannte rassische, religiöse oder durch ihr Volkstum bestimmte Gruppen – genannt werden, noch die Worte einfügen: ›politische Gruppe‹.
Diese ›politische Gruppe‹ war in der UN-Konvention bei der Verabschiedung nicht durchgekommen, und zwar deshalb nicht, weil Rußland seinerzeit dagegen gestimmt hat. Über diese Vorschläge von Professor Maihofer ließe sich an sich reden, aber sie sind derzeit meines Erachtens nicht durchsetzbar, weil für eine Verfassungsänderung eine 2/3 Mehrheit erforderlich ist.

b) Die andere Möglichkeit stellt ein Vorschlag von Professor Dr. jur. Lange in Köln dar, den § 78 Abs. 2 zu der Verjährungsfrist zu ergänzen. Dieser Absatz lautet bislang:
›Verbrechen nach § 220 a (Völkermord) verjähren nicht.‹
Er möchte einfügen und damit den Text so formuliert wissen:
›Völkermord und Mord im Zusammenhang mit Völkermord verjähren nicht.‹
Diesem Vorschlag schließe ich mich an. Die Annahme dieses Vorschlags würde bewirken, daß das Einzigartige – nämlich die NS-Verbrechen – unverjährbar würden.«[24]

Im Bundestag waren inzwischen von mehreren Abgeordneten der CDU und von Abgeordneten der SPD und FDP mehrere Anträge eingebracht worden, die eine Aufhebung der Verjährung für Verbrechen des Mordes vorsahen. Das Für und Wider fand in heftigen Debatten seinen Niederschlag.[25]

Uns war es inzwischen mit einer eingehenden Begründung über unseren Landesverband Baden der Evangelischen Akademikerschaft in Deutschland gelungen, die Vertreterversammlung der Evangelischen Akademikerschaft in Deutschland im April 1979 zu einer eindeutigen Stellungnahme zu der Frage der Verjährung zu bewegen:

»Die Vertreterversammlung der Evangelischen Akademikerschaft in Deutschland bittet die Mitglieder des Deutschen Bundestages, *die Verjährung von Mordtaten, die im Zusammenhang mit NS-Gewaltverbrechen stehen, aufzuheben.*

I

Anlaß der erneuten Diskussion um die Verjährung ist die Sorge, daß bei der gegenwärtigen Rechtslage NS-Gewaltverbrecher, gegen die bis zum 1. 1. 1980 kein Ermittlungsverfahren eingeleitet worden ist, nicht mehr verfolgbar wären.

Wir sind uns bewußt, daß die Auseinandersetzung mit der NS-Vergangenheit auch nach einer Aufhebung der Verjährung und mit der Durchführung von NS-Verbrechenprozessen für uns Deutsche nicht beendet sein kann, da wir alle in unsere Geschichte eingebunden sind und damit auch in der Verantwortung stehen für das, was damals geschah.

Eine Aufhebung der Verjährung erscheint uns aus folgenden Gründen unverzichtbar:

1. Die unter dem NS-Regime begangenen Massenverbrechen an ›mißliebigen Gruppen‹ – insbesondere an den Juden – sind als staatlich angeordneter Massenmord so ungeheuerlich und einzigartig, daß sich diese Verbrechen von ›gewöhnlichen‹ Mordtaten qualitativ unterscheiden. Deshalb ist für eine weitere Verfolgung dieser Taten eine besondere gesetzliche Regelung erforderlich.
2. Mit der Aufhebung der Verjährung für NS-Gewaltverbrechen kann ein Zeichen unserer Betroffenheit und Glaubwürdigkeit als Deutsche gesetzt werden.
   Damit wäre auch das Empfinden der überlebenden Opfer berücksichtigt. Unter ihnen herrscht vielfach nackte Daseinsangst, solange es möglich ist, daß einer jener Täter gerichtlich nicht mehr verfolgbar ist – auch wenn diese Angst angesichts unserer jetzigen staatlichen Verhältnisse unbegründet erscheint.
3. Unsere Verfassungsordnung steht einer derartigen Regelung nicht entgegen. Dies ergibt sich insbesondere aus der Entscheidung des Bundesverfassungsgerichts vom 26. 2. 1969 (BVerfGE Bd. 25 S. 269 ff./286 ff.). Eine Änderung der Verjährungsbestimmung verstößt also nicht gegen den in Art. 103

Abs. 2 Grundgesetz niedergelegten Grundsatz: Keine *Strafe* ohne vorheriges Gesetz. Denn die Verjährung betrifft die Verfolgbarkeit und nicht die Strafbarkeit, die hier seit jeher gegeben war.

4. Die Unverjährbarkeit wird der Justiz eine weitere Last auferlegen. Auch können mit wachsendem zeitlichen Abstand zu den Taten Freisprüche zunehmen, die vor allem für die Opfer des NS-Regimes, aber auch für nicht unerhebliche Teile unserer Bevölkerung, insbesondere für die jüngere Generation, unbegreiflich sind. Diese Folge unseres rechtsstaatlichen Gerichtsverfahrens haben wir zu tragen.

II

Wir bitten deshalb den Deutschen Bundestag,
die Verfjährung von Mordtaten im Zusammenhang mit NS-Gewaltverbrechen aufzuheben.

Die vorstehenden Erwägungen ergeben, daß die Verjährung bei ›gewöhnlichem Mord‹ Bestandteil unserer Rechtsordnung bleiben kann. Nur dann, wenn die NS-Gewaltverbrechen als solche im Gesetz nicht hinreichend eingrenzbar sein sollten, müßte die Verjährung von Mord generell aufgehoben werden.

III

Wir werden zugleich die Mitglieder unseres Verbandes und die evangelischen Kirchen in unserem Lande auffordern, sich vorbehaltlos den Fragen zu stellen, die diejenigen Opfer, die diese Hölle überlebt haben, und unsere jüngere Generation an uns richten. Die verstärkte aktive Auseinandersetzung mit unserer Geschichte könnte darüber hinaus den zunehmend zu beobachtenden neonazistischen Tendenzen entgegenwirken.

. . .

(beschlossen mit 62 Ja-Stimmen
4 Nein-Stimmen
6 Enthaltungen)«

Am 18. 6. 1979 wurde in der Frankfurter Allgemeinen Zeitung ein Artikel des uns befreundeten Gideon Hausner aus Israel, des früheren Generalstaatsanwalts im Prozeß gegen Eichmann, veröffentlicht, der u. a. wie folgt lautete:

»... In seiner Rede in der Kölner Synagoge anläßlich der vierzigjährigen Wiederkehr der ›Kristallnacht‹ am 9. November 1978 und noch einmal am 29. März 1979 vor dem Bundestag lud Bundeskanzler Schmidt auch maßgebende Israelis ein, dem deutschen Gesetzgeber zu raten, wie in der Frage der Verjährung der Nazi-Verbrechen zu verfahren sei.

Gemäß dieser Bitte des Bundeskanzlers gestatte ich mir, meine Meinung und meinen Rat hören zu lassen: Die Bundesrepublik darf nicht beschließen, die Nazi-Freveltaten zu behandeln, wie alle anderen Verbrechen. Die Grundsätze des Vergessens und Darüberhinweggehens, die für gewöhnliche Verbrechen gelten, dürfen hier nicht angewendet werden.

Die Beratungen im Bundestag haben gezeigt, daß Anhänger wie Gegner der Verjährung die nationalsozialistischen Gewaltverbrechen in gleichem Maße verabscheuten. Es gab keinen Diskussionsteilnehmer, der nicht seine tiefe Erschütterung über diese zwölf Jahre deutscher Geschichte zum Ausdruck gebracht hätte. Manche meinten, die Verjährungsfrist sollte aus formaljuristischen oder praktischen Gründen nicht verlängert werden. Demgegenüber verlangten andere, die Verjährung von Mordtaten überhaupt abzuschaffen wegen der immer wachsenden Mißachtung des menschlichen Lebens auf der ganzen Welt.

Ich nehme an, daß ehrenhafte Motive sowohl die eine wie die andere Seite in ihrer Argumentation bestimmen. Wenn ich mich trotzdem zu Wort melde, so um die Stimme der Opfer noch einmal zu Gehör zu bringen. Ich erinnere: Jahrelang wurden Menschen gequält, gemartert, erwürgt, erschossen, lebendig begraben, wurden Kinder lebendig verbrannt. Ein und eine halbe Million jüdischer Kinder wurden ermordet – in vielen Fällen, indem sie auf Bajonettspitzen geworfen wurden oder indem ihre kleinen Köpfe aufs Straßenpflaster geschmettert wurden. All dies geschah im Herzen Europas, nicht im verborgenen Winkel eines Dschungels. All dies führte der Apparat eines Staates aus, nicht eine Gruppe anormaler Sadisten. All dies geschah mitten im 20. Jahrhundert, nicht im ›finsteren Mittelalter‹.

Ich rufe dies in Erinnerung, denn Völkermord ist einzigartig, sowohl in seinem Wesen, als auch in seinen Ausmaßen. Für die überlebenden Opfer kann Völkermord nicht im Zusammenhang mit dem Wort ›Verjährung‹ gedacht werden. Der Begriff ›Verjährung‹ ist eine Verhöhnung der überlebenden Opfer; kann sich denn für sie etwas verjähren? Sie tragen die Bilder der Verbrechen mit sich und erwachen in der Nacht von ihren eigenen Entsetzensschreien – bis zu ihrem letzten Tag.

In Israel leben zehntausend solcher Menschen. Es leben unter uns auch einige Hunderte von Frauen, die aus Griechenland nach Auschwitz verschleppt wurden und an denen Ärzte Sterilisierungs-Experimente durchführten. Diese Frauen brachten keine Kinder zur Welt und werden es nie tun können. Wird irgend jemand in der Welt alle diese Opfer überzeugen können, es sei an der Zeit, einen Schlußstrich unter die Vergangenheit zu ziehen, eine Vergangenheit, die ihr Leben für immer zerstört hat?«[26]

Am 3. Juli 1979 beschloß der Bundestag mit 255 gegen 222 Stimmen die Unverjährbarkeit für Mord.[27]

Die NS-Verbrechen, soweit sie Mord betreffen, sind damit nicht mehr verjährbar. Wir aber hätten uns dringend gewünscht, den allgemeinen Mord von den NS-Morden angemessen dadurch zu unterscheiden, daß man die Frage der Verjährbarkeit des (allgemeinen) Mordes gar nicht behandelt hätte. Dazu bestand an sich gar kein Anlaß. Anlaß bestand allein, die Verjährbarkeit für die einmalig-grauenhaften NS-Massenmorde aufzuheben, um dadurch ihre Besonderheit an Verwerflichkeit hervorzuheben. Dazu aber konnten sich unsere Volksvertreter denn doch nicht entschließen – leider.

Der Mord der NS-Verbrechen wurde damit in den allgemeinen Mord »hineinnivelliert«. Vielleicht wurde er dadurch »erträglicher«? Die Einzigartigkeit der NS-Verbrechen – der Shoah, des Holocaust – aber wurde so heruntergestuft. Ein merkwürdiges gesetzgeberisches Geschehen, dessen »Kern« 1986/87 in einer eigenartigen historischen Debatte erneut auftaucht.

Wider die Auschwitz-Lüge

Schon seit den 50er Jahren liefen bestimmte sehr nationalistische oder rechtsextreme Kreise dagegen Sturm, daß die Deutschen derartige Verbrechen überhaupt begangen hätten.

Zumindest bei der Zahl der Opfer – besonders der Juden – versuchte man, auf erheblich geringere Zahlen zu kommen. Man dachte, wenn es ein paar Millionen weniger sind, sehe es »gar nicht so schlimm aus«, zumal dies alles während des Krieges geschehen sei. Außerdem »entlarve« die – angeblich falsche – hohe Zahl der Opfer die »Lügen« um das Geschehen des Holocaust. Daß *jedes* Opfer ein ganzer Mensch war, wurde bei dieser entsetzlichen Argumentation übergangen. Es war schließlich leichter, die »restlichen« Opfer als Opfer von »Kriegsverbrechen« anzusehen, die ja überall geschehen seien. Die schlimmste, immer wieder auftauchende Lüge war, Gaskammern habe es überhaupt nicht gegeben. Als wenn es die Aussagen der Opfer und der Täter – wir erinnern nur an die Erklärungen von Rudolf Höß – nicht gegeben hätte!

Bei einem Besuch bei Gideon Hausner in seinem Ministerium in Jerusalem am 24. 3. 1977 – er war damals Minister und Vorsitzender einer liberalen Partei in Israel – berichtete er uns u. a., wie er bei Besuchen in Asien und Afrika immer wieder auf die Ansicht gestoßen sei, die Juden hätten »Auschwitz« erfunden, damit der Staat Israel zu Geld komme. Mit Auschwitz waren insgesamt die NS-Verbrechen gemeint. Das Erschreckende daran ist, daß die Behauptung von der »Auschwitz-Lüge« nicht nur in Deutschland und in Teilen Europas, sondern auch außerhalb Europas verbreitet wurde und heute weiterhin verbreitet wird.

Wie kam und kommt es dazu?

Wir haben hierüber lange Zeit mit Hausner gesprochen. Wir konnten und können uns diese Infamie letztendlich nur so erklären, daß man prinzipiell etwas »gegen die Juden hat«. Warum? Mit menschlichem Verstand läßt sich das nicht begreifen. Allenfalls gibt es hierfür eine theologische Deutung dahin, daß man etwas gegen Gott hat und dafür die Juden als Gottes Volk büßen läßt. Aber auch dies ist eine problematische Sicht, berufen sich

doch viele Gegner der Juden – seien es Christen, seien es Muslime – gerade auf Gott zu ihrer Rechtfertigung, wie es die Geschichte des christlichen Glaubens auch noch in der Gegenwart beweist.
Nach nicht unerheblichen Vorbereitungen brachte im Herbst 1982 – zwei Tage vor dem Sturz der Regierung Schmidt – die damalige Bundesregierung einen Gesetzentwurf ein, wonach die Auschwitz-Lüge unter Strafe gestellt werden sollte. Die neue Regierung Kohl übernahm den Gesetzentwurf. Im Bundesrat taten sich jedoch – wieder einmal, wie immer bei diesem Komplex – nicht unerhebliche Schwierigkeiten auf. So brodelte dieser Gesetzentwurf vor sich hin. Wir nahmen diese politische Bewegungslosigkeit zur Kenntnis und bewogen den Vorstand der Evangelischen Akademikerschaft in Deutschland, deren Erster (männlicher) Vorsitzender ich damals war, die Vertreterversammlung der Evangelischen Akademikerschaft in Deutschland (EAiD) erneut zu einem eindeutigen Votum zu veranlassen. Nach ausführlicher Debatte beschloß diese Vertreterversammlung folgendes Wort:

»Die Vertreterversammlung der Evangelischen Akademikerschaft in Deutschland (EAiD) hat auf ihrer Sitzung vom 29. 4. 1984 die gesetzliche Einführung eines Straftatbestandes wider die Leugnung von NS-Verbrechen (›Auschwitz-Lüge‹) bejaht und gefordert.

Begründung:
Die nationalsozialistischen (NS-)Verbrechen mit dem *staatlich* angeordneten und mit den technischen Mitteln der ersten Hälfte des 20. Jahrhunderts –Zyklon B, Gaswagen und anderem – durchgeführten *Mord* an etwa 6 Millionen Juden, an Zigeunern und an politisch wie sonstigen Mißliebigen sind geschehen. Diese Verbrechen sind den sonstigen Kriegsverbrechen nicht gleichzustellen, weil die NS-Verbrechen nichts mit dem unmittelbaren Kriegsgeschehen als solchem etwas zu tun hatten, sondern nur unter Ausnützung der Kriegssituation – insbesondere im Osten (Polen, Rußland) – ausgeführt wurden. Dieses wird in schrecklich eindrucksvoller Weise vor allem durch die Tätigkeit der Zentralstelle der Landesjustizverwaltungen zur Aufklärung national-

sozialistischer Gewaltverbrechen in Ludwigsburg und durch das historische Dokumentationszentrum in Yad Vashem in Jerusalem belegt. Gleichwohl geistert seit Ende der 40er Jahre in der Bundesrepublik Deutschland und seit den 70er Jahren zunehmend sogar im Ausland das Wort von der Auschwitz-Lüge herum. Alle Bemühungen um Aufklärung werden schwieriger, da die Opfer, die Zeugen und die Täter zunehmend sterben.

Die in dieser Art und Gestalt einmaligen Verbrechen in der Geschichte der Menschheit dürfen daher nicht dadurch verharmlost, ja unkenntlich gemacht werden, daß man strafrechtlich sanktionslos die Behauptung aufstellen darf, diese Verbrechen hätten gar nicht stattgefunden. Eine derartige Behauptung liefe in zynischer Weise auf eine nunmehr nochmalige, dann geistige Ermordung dieser Opfer – nämlich ihr Vergessen als Ermordete –, auf eine Verhöhnung ihrer zu Recht immer noch entsetzten, tief betroffenen Angehörigen und damit auch auf eine Verletzung des öffentlichen Friedens hinaus. Letzteres gilt um so mehr, als auch ein nicht unerheblicher Teil der Nichtopfer über die NS-Verbrechen sehr erschüttert ist.

Angesichts der Besonderheit der NS-Verbrechen sollte nun ein besonderer Tatbestand der »Leugnung von NS-Verbrechen« geschaffen werden, mithin von gleichzeitigen strafrechtlichen Sanktionen gegenüber der Leugnung von Untaten anderer Willkürherrschaft abgesehen werden. Denn bei den NS-Verbrechen geht es allein um im deutschen Namen begangene, besonders einmalige Verbrechen. Eine Verknüpfung mit anderen Geschehnissen darf daher keinesfalls erfolgen.

Unter diesen Umständen geht es nicht an, sogenannte Biertischgespräche über die ›Auschwitz-Lüge‹ prinzipiell nicht für strafbar zu halten. Denn gerade bei derartigen Gesprächen pflegt sich der Bodensatz zu bilden, aus dem in historisch bekannter Weise zwar nicht nur, aber auch der Antijudaismus – in welcher Form auch immer – entsteht. Durch einen entsprechenden Strafrahmen kann hier dem Einzelfall erforderlichenfalls angemessen Rechnung getragen werden.

Die entsprechende Strafsanktion ist ferner deshalb erforderlich, damit nicht die überlebenden oder inzwischen geborenen Angehörigen der Opfer Anzeigen erstatten oder Unterlassungsklagen erheben müssen. Dies ist unzumutbar für sie.

Wir Deutschen stehen bei diesem Geschehen in einer historischen Verantwortung, die die Leugnung dieser besonderen deutschen Verbrechen nicht nur als bloße ›geistige Auseinandersetzung‹ ansehen läßt, sondern hier ein Einstehen, ein Sich-Stellen des demokratischen Staates der Bundesrepublik Deutschland auch in seinen dafür vorgesehenen Institutionen – hier dem offizialen Strafrecht – erfordert.«

Sowohl die Bundesregierung als auch Bundestagsfraktionen und Bundestagsabgeordnete haben hierauf in umfangreicher Weise reagiert – mit allerdings sehr unterschiedlichen Stellungnahmen. Nur des historischen Interesses wegen sei erwähnt, daß diese Entschließung, die knapp eine Woche später der Öffentlichkeit übergeben wurde, leider kaum Beachtung fand, weil die Medien mit den inzwischen bekanntgewordenen Amnestieplänen für Parteispenden voll beschäftigt waren. Jeder hat eben seine Prioritäten ... Als Delegierter der Mitgliederversammlung des Deutschen Koordinierungsrates der Christlich-Jüdischen Gesellschaften in Bad Orb konnte ich jedoch am 3. 6. 1984 diese Mitgliederversammlung dazu bewegen, sich der Entschließung der Vertreterversammlung der EAiD zur Auschwitz-Lüge einschränkungslos anzuschließen. Auch diese Entschließung wurde den politischen Organen übersandt, die auch wieder – wenigstens – reagierten. Aber ein anderes Ereignis kam dazwischen, der Drucker-Streik, der die Medien teilweise ausfallen ließ. So wurde auch diese Entschließung praktisch nicht veröffentlicht. Es erfolgte dann längere Zeit nichts. Im Rechtsausschuß des Bundestags kam man zu keiner klaren Meinungsbildung. Verschiedene politische Gruppierungen – insbesondere die CSU und Teile der CDU – wandten sich gegen den ursprünglich vorgesehenen Gesetzentwurf, und dies trotz zahlreicher jüdischer Proteste, insbesondere des Vorsitzenden der Jüdischen Gemeinde in Berlin, Galinski, einem Überlebenden von Auschwitz, der dort seine ganze Familie verloren hatte.

Es näherte sich der 8. 5. – der Tag der Kapitulation und der Befreiung Deutschlands –, ein besonderes Datum der deutschen Geschichte also, das sich am 8. 5. 1985 zum 40. Mal wiederholte. Die Zahl 40 hat übrigens eine eigenartige Bedeutung in der biblischen Tradition: 40 Jahre war das jüdische Volk im Sinai, 40 Fastentage legte Jesus ein usw. – der Vorstand der EAiD wurde deshalb erneut aktiv. Der Generalsekretär schrieb auf einen eigenartigen Artikel der F. A. Z vom 1. 3. 1985 einen Leserbrief, der allerdings nicht veröffentlicht wurde. Der Vorstand schrieb dann durch seine beiden Vorsitzenden – mithin auch durch mich – und den Generalsekretär am 8. 3. 1985 einen offenen Brief an den Bundeskanzler, den Bundesminister der Justiz und die Fraktionsvorsitzenden der im Bundestag vertretenen Parteien zu der Frage eines Gesetzes wider die Auschwitz-Lüge, der im Sinne des Beschlusses der Vertreterversammlung vom Frühjahr 1984 votierte. Wir waren erschrocken, wie hier mit dem Geschehen der NS-Verbrechen umgegangen wurde. Das offenbart auch die Diskussion um den 8. Mai des Jahres 1985, den Tag, an dem Bundespräsident von Weizsäcker seine bedeutsame Rede hielt, die in aller Welt – auch in Israel – hohe Anerkennung fand. In der Bundesrepublik aber fehlte es nicht an Kritik ...

Am Ende wurde jedoch zur Frage der Auschwitz-Lüge aufgrund eines ausgehandelten Kompromisses am 13. 6. 1985 nur nachfolgendes Gesetz beschlossen:

»§ 194 Abs. 1 und 2 wird wie folgt gefaßt:

(1) Die Beleidigung wird nur auf Antrag verfolgt. Ist die Tat durch Verbreiten oder öffentliches Zugänglichmachen einer Schrift (§ 11 Abs. 3), in einer Versammlung oder durch eine Darbietung im Rundfunk begangen, so ist ein Antrag nicht erforderlich, wenn der Verletzte als Angehöriger einer Gruppe unter der nationalsozialistischen oder einer anderen Gewalt- und Willkürherrschaft verfolgt wurde, diese Gruppe Teil der Bevölkerung ist und die Beleidigung mit dieser Verfolgung zusammenhängt. Die Tat kann jedoch nicht von Amts wegen verfolgt werden, wenn der Verletzte widerspricht. Der Widerspruch kann nicht zurückgenommen werden. Stirbt der Verletzte, so gehen das Antragsrecht und das Widerspruchsrecht auf die in § 77 Abs. 2 bezeichneten Angehörigen über.

(2) Ist das Andenken eines Verstorbenen verunglimpft, so steht das Antragsrecht den in § 77 Abs. 2 bezeichneten Angehörigen zu. Ist die Tat durch Verbreiten oder öffentliches Zugänglichmachen einer Schrift (§ 11 Abs. 3) in einer Versammlung

oder durch eine Darbietung im Rundfunk begangen, so ist ein Antrag nicht erforderlich, wenn der Verstorbene sein Leben als Opfer der nationalsozialistischen oder einer anderen Gewalt – und Willkürherrschaft verloren hat und die Verunglimpfung damit zusammenhängt. Die Tat kann jedoch nicht von Amts wegen verfolgt werden, wenn ein Antragsberechtigter der Verfolgung widerspricht. Der Widerspruch kann nicht zurückgenommen werden ...«[28]

Aus dem Gesetzeswortlaut sieht man, welcher Kompromiß zwischen den verschiedenen politischen Strömungen hier eingegangen wurde. Um es noch einmal zu verdeutlichen: Wir wollten, daß es einen besonderen Straftatbestand »wider die Auschwitz-Lüge« geben möge, der prinzipiell von Amts wegen zu verfolgen sein sollte.

Ein derartiger Straftatbestand aber kam nicht zustande. Statt dessen wurde die Auschwitz-Lüge unter den – der Sache nach völlig unangemessenen – Strafgesetzabschnitt »Beleidigung« eingefügt. Vor allem wurde die Einzigartigkeit/Einmaligkeit des Geschehens des Holocaust, der Shoah, insofern – wieder einmal – ausdrücklich nicht berücksichtigt, als auch Gruppen anderer »Gewalt- und Willkürherrschaft« in diesen gesetzlichen Tatbestand aufgenommen wurden. Gedacht wurde dabei vom Gesetzgeber an die Vertreibungsverbrechen gegenüber Deutschen am Ende des Krieges und danach, obwohl doch in der Bundesrepublik Deutschland niemand diese Verbrechen leugnet, eine Parallele zur »Auschwitz-Lüge« und eine Notwendigkeit für Bestrafung also gar nicht besteht. Auch hier zeigt sich erneut, daß die Einmaligkeit dieser NS-Verbrechen nicht anerkannt wird. Im Gegenteil: man »verkleinert« sie durch inadäquate Gleichsetzungen. Und wenn ein PKW-Fahrer einem anderen PKW-Fahrer jetzt »den Vogel zeigt«, so fällt dies unter den gleichen Strafabschnitt der »Beleidigung« wie die »Auschwitz-Lüge«.

Schlußbetrachtungen

Nun sind wir pensioniert und fragen uns rückblickend: Was erreichten eigentlich alle in dieser Sache Engagierten in den Jahren des Ringens um die Folgen des Holocaust?

Und wir kommen zu dem Ergebnis: viel zu wenig, aber jedenfalls eines: Die einzuleitenden Verfahren wurden, soweit sie Mord betrafen, nicht durch Verjährung erledigt, es wurde »um die Sache gerungen« und auf diese Weise denen, die am liebsten alles totgeschwiegen hätten, wenigstens ihr »gutes Gewissen« genommen.

Was aber wurde nicht erreicht?

Die meisten Täter der NS-Verbrechen wurden nur als Gehilfen verurteilt.

Die Strafzumessung blieb in vielen Fällen – angesichts des Geschehens und verglichen mit den sonstigen Urteilen unserer Strafjustiz – unverständlich gering und unangemessen.

Die angemessene Bestrafung einer Verbreitung der Ungeheuerlichkeit der sogenannten Auschwitz-Lüge wurde als *besonderer* gesetzlicher Tatbestand nicht eingeführt.

Es gäbe noch viel »Unglaubliches« aufzuführen. Aber wir beschränken uns in diesem Zusammenhang auf die Mitteilung von einem Beispiel:

Am 1. 10. 1968 wurde im »Einführungsgesetz zum Gesetz über Ordnungswidrigkeiten« (!) eine Neufassung des § 50 Abs. 2 Strafgesetzbuch bekannt gemacht, die wie folgt lautete:

»Fehlen besondere persönliche Eigenschaften, Verhältnisse oder Umstände (besondere persönliche Merkmale), welche die Strafbarkeit des Täters begründen, beim Teilnehmer, so ist dessen Strafe nach den Vorschriften über die Bestrafung des Versuchs zu mildern.«[29]

In der bisherigen Fassung hieß es:

»Bestimmt das Gesetz, daß besondere persönliche Eigenschaften oder Verhältnisse die Strafe schärfen, mildern oder ausschließen, so gilt dies nur für den Täter oder Teilnehmer, bei dem sie vorliegen.«

Diese Veränderung des *Strafgesetzbuches* an einer so versteckten Stelle wie einem »Einführungsgesetz« (!) zum Gesetz über Ordnungswidrigkeiten (!), das als Einführungsgesetz leider sehr häufig auch von vielen Juristen gar nicht oder nicht sorgfältig gelesen wird, bewirkte, daß unter bestimmten Voraussetzungen Beihilfehandlungen zu den aus nationalsozialistischer Gesinnung begangenen Mordtaten als verjährt zu gelten hatten! So »still und leise« und »hintenherum« an nicht zu erwartender Stelle ...

In einem Urteil vom 20. 5. 1969 entschied der Bundesgerichtshof, daß, wenn dem an einem aus Rassenhaß begangenen Mord beteiligten Tatgehilfen nicht nachzuweisen war, daß auch das Motiv seines persönlichen Handelns Rassenhaß war, eine Strafmilderung für ihn nunmehr zwingend vorgeschrieben war. Das hatte nach dieser Entscheidung zur Folge, daß wegen der eingetretenen Änderung des § 50 Abs. 2 StGB rückwirkend zum 8. 5. 1960 die Verjährung eingetreten war, sofern nicht zuvor die Verjährung durch richterliche Handlung unterbrochen worden war.[30]

Diese so eigenartige Gesetzesänderung eines Strafgesetzbuches, vorgenommen durch ein Einführungsgesetz zum Gesetz über Ordnungswidrigkeiten (!), bewirkte u. a., daß die von der Staatsanwaltschaft beim Kammergericht in Berlin verfolgten Angehörigen des Reichssicherheitshauptamtes wie anderer Reichsbehörden nicht mehr verfolgt wurden, wenn und soweit sie als Gehilfen angesehen wurden.[31]

In einem Artikel der ZEIT vom 10. 7. 1981 wurde Adalbert Rückerl nach dem Abschluß des Majdanek-Urteils wie folgt interviewt:

ZEIT: Haben die großen Nazi-Prozesse eigentlich zur ›Bewältigung‹ der Vergangenheit beigetragen?
ADALBERT RÜCKERL: Die deutsche Justiz sah sich und sieht sich noch heute einer Aufgabe gegenübergestellt, wie sie Rechtspflegeorgane eigentlich nie und nirgends zu lösen hatten. Ich bin der Meinung, daß die deutsche Justiz das Mögliche geleistet hat. Zwischen den Jahren 1950 und etwa 1957/58 gab es sicherlich eine Lücke in der Verfolgung der NS-Verbrechen. Erst 1958 wurden mit der Einrichtung der Zentralstelle in Ludwigsburg die Mittel für eine systematische Aufklärung der NS-Verfahren geschaffen;

seit dieser Zeit hat die deutsche Justiz tatsächlich alles getan, um diese Verbrechen aufzuklären.

ZEIT: Und die Vergangenheitsbewältigung?
RÜCKERL: Die Justiz ist ja weitgehend mit dieser ›Bewältigung‹ allein gelassen worden. Die Historiker haben sich zwar auch bemüht, aber die wissenschaftlichen Veröffentlichungen standen sprachlich und ausdrucksmäßig nicht gerade auf einem der Allgemeinheit verständlichen Niveau. Damit wurde die Justiz überfordert, denn sie hat ja keine historischen Sachverhalte aufzuklären, sondern individuelle Schuld zu klären.

ZEIT: Kann die Justiz angesichts der Enormität der Verbrechen überhaupt mit dem Problem Schuld und Sühne fertig werden?
RÜCKERL: Ich glaube nicht, denn wie soll man für einen tausendfachen Mord je eine entsprechende Sühne finden? Ich kann nicht jemanden tausendfach zu lebenslang verurteilen. Solche Strafen können zwangsläufig immer nur eine Art Symbolcharakter haben. Den verlieren die Strafen natürlich, wenn sie zu gering sind.

ZEIT: Wie beurteilen Sie insgesamt die Rolle der deutschen Justiz bei der Verfolgung von NS-Verbrechen? Hat sie versagt?
RÜCKERL: Die deutsche Justiz hat den Versuch gemacht, mit rechtsstaatlichen Mitteln zu arbeiten. Im Endergebnis können wir nicht davon abweichen, die rechtsstaatlichen Kriterien – vor allem auch das Prinzip in dubio pro reo – anzuwenden.

ZEIT: Warum hat der Majdanek-Prozeß dann so spät begonnen?
RÜCKERL: Bis 1950 durften aufgrund der alliierten Gesetzgebung deutsche Gerichte und Strafverfolgungsbehörden nur solche Fälle aufgreifen, bei denen es um Verbrechen von Deutschen an Deutschen ging, und bei den Opfern von Majdanek handelte es sich im wesentlichen um Polen und Russen, also Ausländer. Nach 1950 hätte man deutscherseits in die Sache einsteigen können, doch da beginnt die bereits erwähnte Lücke. Das ist sicherlich ein Versäumnis, und das kann man nicht wegdiskutieren. Andererseits muß man sich auch die damalige Situation vor Augen halten. Da herrschte in der Bundesrepublik die weitverbreitete Meinung, daß die »Bewältigung« der Vergangenheit weitgehend erledigt sei

– durch die Prozesse der Alliierten und die Entnazifizierungsverfahren. Die anderen, die es besser wußten, haben wohlweislich geschwiegen. 1958 wurde die Stelle hier in Ludwigsburg gegründet, und wir waren nach einem Jahr und drei Monaten so weit, daß wir den Sachverhalt von Majdanek im wesentlichen darstellen konnten. Wir haben im Januar 1962 das Verfahren an die Staatsanwaltschaft Düsseldorf abgegeben. Allerdings hatten wir erst 1965 zum erstenmal die Möglichkeit, in das Archiv in Majdanek zu kommen, denn erst 1964 hat die Bundesregierung der Dienststelle den Auftrag erteilt, alles Material aus den östlichen Staaten heranzuziehen. In diesem Archiv fanden wir Personallisten mit etwa 1 000 Namen, da tauchte zum erstenmal auch der Name der Hermine Braunsteiner auf. Wir gaben diese Dokumente an die Staatsanwaltschaft weiter. Die saß nun auf all diesen Namen und fing an mit Aufenthaltsermittlungen. Es ist also keineswegs so, daß in der Zwischenzeit gar nichts geschehen sei. Man hat versucht, möglichst viele Leute heranzuziehen, und es ergaben sich immer wieder neue Personen und immer wieder neue Einzeltaten.

ZEIT: Verblüffend ist aber dennoch, daß einer der jetzt Verurteilten, Arnold Strippel, doch schon 1962 weit genug eingekreist war, um ein Verfahren gegen ihn zu eröffnen.
RÜCKERL: Man weiß zwar, daß im Lager Majdanek Hunderttausende umgebracht worden sind. Und man weiß, da war ein Lagerführer wie Strippel. Der ist zwar tatverdächtig aufgrund seiner Funktion, aber ich muß ihm trotzdem nachweisen, was er dort getan hat. Die Funktion allein ergibt noch keine Verurteilung, sondern nur der Nachweis des schuldhaften persönlichen Handelns.

ZEIT: Dennoch ist es verwunderlich, daß 13 Jahre bis zur Eröffnung der Verhandlung gegen Strippel vergehen mußten.
RÜCKERL: Man hätte natürlich einige Verfahren abtrennen und die anderen später anklagen können. Nur: Wenn derselbe Tatkomplex in verschiedenen Prozessen verhandelt wird, wenn dann in nebensächlichen Details scheinbar abweichende Aussagen gemacht werden, dann entstehen da Schwierigkeiten, die Wiederaufnahmeverfahren nach sich ziehen können. Alle belasteten Personen gleichzeitig auf die Anklagebank zu setzen, hat durchaus Vorteile.

ZEIT: Da beißt sich die Katze in den Schwanz, weil jetzt die niedrigen Strafmaße damit begründet werden, daß der Zeugenbeweis nach 35 Jahren unzuverlässig geworden ist.
RÜCKERL: Ja, sicher – das ist ein Problem, da gibt's gar keine Zweifel. Ich will auch hier nichts entschuldigen, sondern nur die Schwierigkeiten darstellen.

ZEIT: Läßt sich die lange Dauer der Verhandlungen und der späte Beginn auf juristischen Perfektionismus zurückführen?
RÜCKERL: Ja, so würde ich das in diesem Fall auch sehen; der Perfektionismus hat sich hier negativ ausgewirkt.

ZEIT: Wie viele NS-Täter sind rechtskräftig verurteilt worden; wie viele mußten ihre Strafe überhaupt absitzen?
RÜCKERL: Laut Statistik vom 1. Januar 1981 sind von den Staatsanwaltschaften seit dem 8. Mai 1945 gegen 87 305 Tatverdächtige Verfahren eingeleitet worden. Rechtskräftig verurteilt wurden insgesamt 6 440, davon vor Abschaffung der Todesstrafe 12 zum Tode und danach 157 zu lebenslanger Freiheitsstrafe. 6. 400 von 87 000 – das ist eine erhebliche Diskrepanz. Ein großer Teil dieser Personen, also Tausende, waren nicht mehr auffindbar. In vielen Fällen mußte eingestellt werden, weil nicht mehr nachgewiesen werden konnte, daß die Leute tatsächlich an der Tat beteiligt waren.

ZEIT: Wie viele Tatverdächtige laufen in der Bundesrepublik noch frei herum?
RÜCKERL: Ich kann Ihnen nur sagen, gegen wieviele Personen zur Zeit Verfahren anhängig sind: gegen etwa 2 250.

ZEIT: Nach mehr als zwanzigjähriger Ermittlungstätigkeit: Welchen Sinn hat das ganze Unternehmen überhaupt gehabt?
RÜCKERL: Durch die Prozesse wird jedem einzelnen vor Augen geführt, daß er damit rechnen muß, für seine Handlungen, die gegen das geltende Recht verstoßen, individuell zur Verantwortung gezogen zu werden und zwar auch dann, wenn diese Straftaten mit Billigung oder auf Anordnung einer pervertierten Staatsführung begangen worden sind. Diese Verfahren haben, so meine ich, einen generalpräventiven Effekt, weil der Staat zu erkennen gibt, daß er auch solche Taten ahnden läßt, die in seinem eigenen Auftrag – allerdings unter anderen Vorzeichen – began-

gen worden sind. Wenn wir das erreichen, dann werden wir die Leute tatsächlich zum Nachdenken bringen und von einer Begehung ähnlicher Straftaten abhalten. Das heißt mit anderen Worten: Der Rechtsstaat hat nicht kapituliert – auch nicht angesichts der Ungeheuerlichkeit der Verbrechen.«

Das Schrecklichste von allem aber – und das haben wir miterlebt – war die entsetzliche Gleichgültigkeit, die Elie Wiesel, der Friedensnobelpreisträger des Jahres 1986, in einer Vortragsveranstaltung der Evangelischen Akademie Loccum vom 28./29. Mai 1986 u. a. wie folgt beschrieb:

»... Ich habe mir einmal in einem meiner Romane eine Szene vorgestellt, daß in einer bestimmten osteuropäischen Stadt die gesamte Bevölkerung vom Feind in den Wald gebracht wurde, um erschossen zu werden; und sie wurden umgebracht. Es ist wie ein Alptraum; denn wir wissen jetzt aus Zeugenberichten und Geschichtsbüchern, was geschehen ist, wie die Opfer zu den Gräbern gegangen sind, Eltern und Kinder – in Babijar, in Minsk usw. Sie zogen zu den Gräbern, und sie wußten, wohin sie gingen; sie hörten das Schießen und doch gingen sie, schweigend, vielleicht betend, vielleicht träumend. Ich beschrieb diese Szene, weil ich fühlte, daß ich es tun mußte. Schließlich war da ein letzter junger Mann, ein Talmud-Schüler, der noch lebte. Und der Feind schoß auf ihn – aber der junge Mann fiel nicht. Und sie feuerten weiter – aber er fiel nicht. Da näherte sich ihm der Offizier und fragte ihn. Warum stirbst Du nicht? Und er sagte: Ich kann nicht sterben, ich bin der letzte; ich bin der letzte Überlebende. Und der Offizier sagte in einem Anfall von Zorn und Grausamkeit: Du Idiot, glaubst du, weil du jetzt die Wahrheit weißt, werden auch die Leute die Wahrheit wissen? Die Leute wollen die Wahrheit gar nicht wissen; sie werden dir nicht glauben. Du meinst, daß du nun die Wahrheit besitzt? Deine Wahrheit wird als die Wahrheit eines Irren betrachtet werden. Sie werden sagen: Er ist verrückt. Niemand wird dir glauben. (...)

Es ist die Wahrheit eines Irren. Normale Menschen können sie nicht verstehen: und ich verstehe, warum normale Menschen sie nicht verstehen können. Es gibt nichts in jener Zeit, was ich verstehen kann. Es gibt kein Gebiet, sei es Psychologie, sei es Philosophie, sei es Theologie, das nicht jenseits meines Verstehens wäre. Ich kann den Mörder nicht verstehen – ich habe es gestern schon kurz gesagt. Wie ist das möglich, wie kann ein Mensch Kinder töten? Ich weiß es nicht. Kinder, das wissen wir, sprechen die besten Seiten im Menschen an. Wir kennen das aus der Literatur und sogar aus Filmen, daß ein Mörder, wenn er einem Kind gegenübersteht, nicht töten kann. Und hier waren Mörder, die Kinder töteten! Wenn ich heute Kinder sehe, glauben Sie mir, jüdische oder nicht jüdische, ich könnte weinen: denn irgendwie sehe ich etwas anderes: Was ist geschehen, wie konnten sie Kinder töten? Und die Weise, wie sie sie getötet haben!

Die Beschreibungen, die ich lese – und ich lese und lese und lese, es gibt kein Buch, das ich nicht lese, weil ich immer hoffe, irgendetwas zu finden, das ich nicht gewußt habe, das mir erklärt, was dort geschehen ist. War es ein göttlicher Wahnsinn oder ein menschlicher Wahnsinn, oder ist die Geschichte wahnsinnig geworden? Was ist geschehen? Ich kann den Mörder nicht verstehen. Ich kann die Zuschauer nicht verstehen, die unbeteiligten, passiven Zuschauer. Wie kommt es, daß es so wenige gab, die den Mut hatten, sich darum zu kümmern? Oh ich weiß, daß es gefährlich war; aber der Krieg ist gefährlich, der Krieg ist das übelste Abenteuer, das in der Geschichte geschaffen wurde. Wie ist es möglich, daß nicht mehr Leute, Männer oder Frauen, Bauern oder Arbeiter oder Kaufleute, die Tür geöffnet haben und gesagt: Bitte, kommt herein! Natürlich waren sie in Gefahr, wenn sie versuchen wollten zu helfen.«[32]

Und wie wir in vollem Umfang erst 1986/87 mit Entsetzen aus dem kürzlich veröffentlichten Buch von David S. Wyman erfuhren, war der gesamten Welt am 24. November 1942 bekannt, was mit den Juden geschah.[33]

Elie Wiesel sagte hierzu im Rahmen von Diskussionsbeiträgen in der Veranstaltung der Evangelischen Akademie Ende Mai 1986 u. a. folgendes:

»Und später stellten wir fest, daß schon 1943 alles bekannt war, in Washington, in London, in Stockholm, in der Schweiz und im Vatikan. Es war bekannt. Als wir die Namen Auschwitz und Treblinka noch nie gehört hatten, da kannte Washington die Namen Auschwitz und Treblinka. Und ich fragte dann den Präsidenten: Erklären Sie mir, warum nichts getan wurde. Er war ehrlich, die Frage nicht zu beantworten: Ich weiß es nicht, sagte er. Ich fragte die amerikanischen Kommandeure, Generäle. Warum änderten Sie nicht einen einzigen Plan, um ein Lager einen Tag früher zu befreien? Genau was Sie gesagt haben: Wenn sie Buchenwald am 10. April befreit hätten, weitere Zehntausend wären gerettet worden. Ich habe dieselbe Frage den russischen Generälen gestellt; ich war in Moskau. Ich habe die russischen Generäle gefragt, die Auschwitz befreit haben. Wir haben in Auschwitz auf die Befreiung gewartet; die Russen waren ein paar Meilen entfernt. Warum haben Sie den Sprung nicht früher gemacht? Sie hätten den ganzen Auschwitz-Komplex retten können, mit den russischen Kriegsgefangenen darin. Und sie gaben mir keine Antwort, außer Vorwänden. Die Wahrheit ist, und es ist schrecklich, das zu sagen: Niemand kümmerte sich darum. Die Russen hätten die Eisenbahnlinien bombardieren können, die nach Auschwitz führten, sehr leicht, sie waren 120 Kilometer entfernt. Auch die Amerikaner hätten sie bombardieren können, und auch, wenn es ihnen nicht gelungen wäre, sie hätten wenigstens Hitler gezeigt, das sie sich darum kümmerten. Das Problem, das mir wehtut, ist, daß Hitler in seiner wahnsinnigen Phantasie, die ihre Logik hatte, bis zum Ende glauben konnte, daß er alles, was er den Juden antat, mit Zustimmung der Welt tat – der Welt! Was für ein Recht hatte die Welt, Hitler nicht zu sagen: Was du tust, ist schamlos. Die Welt tat es nicht. Das tut mir furchtbar weh. Und ich habe keine Antwort ...«[34]

Warum wir dies alles berichten? Wir tun es, weil wir noch einmal die totale Einzigartigkeit der Shoah deutlich machen wollen, wie wir sie als Juristen, als Menschen, als Zeugen der Zeitgeschichte erfahren und erkannt haben. Außerdem erscheint es uns wichtig, auf die teilweise unheimliche Verstrickung und Befangenheit vieler Politiker und – mit Ausnahmen, das sei ausdrücklich hervorgehoben – der Justiz nach dem Jahre 1949 aufmerksam zu machen.[35] Wenn die Zeugen der Zeitgeschichte gestorben sein werden, wird niemand mehr aus eigenem Erleben berichten können.

Sozusagen als Vermächtnis wollen wir zum Schluß aus einem Brief von Adalbert Rückerl an uns vom 14. 5. 1986 zitieren, der auf eine Anfrage wegen des Wannsee-Protokolls erwiderte:

»... Ich habe mich sehr gefreut, wieder von Ihnen zu hören und dabei zu erfahren, daß Sie auf dem Gebiet der deutsch-israelischen Verständigung weiterhin aktiv sind. Dies scheint mir heute – trotz aller gutgemeinten und vielleicht sogar ernstgemeinten Absichtserklärungen unserer Politiker – notwendiger denn je ... Gesundheitlich geht es mir leider nicht so besonders. Ich mußte deshalb auch schweren Herzens eine Einladung zu Vorträgen an der Universität Tokio und vor Angehörigen der japanischen Militärjustiz absagen. Der Vertreter der Uni Tokio, ein Strafrechtsprofessor, der zur Besprechung der Modalitäten eigens nach Ludwigsburg gekommen war, hatte die Einladung einschließlich sämtlicher Reise- und Aufenthaltskosten auf eine zweite Person meiner Wahl ausgedehnt, um die Sache sicherzustellen. Mein Arzt hat mir jedoch dringend abgeraten. Sie werden sicher verstehen, wie sehr ich bedauere, daß ich diese Reise nicht mehr machen kann. Ich habe nunmehr empfohlen, meinen Amtsnachfolger LOStA Streim einzuladen. Es scheint so, als wollte man dies auch tun.

Ich bin sicher, auch Sie, liebe Frau Just-Dahlmann, und Ihr Mann werden, solange es der Gesundheitszustand zuläßt, auf unserem gemeinsamen Interessengebiet weitermachen. Und das ist gut so.«

Es hat aber auch Staatsanwälte und Richter gegeben, die über dieser Materie frühzeitig gealtert sind. Sie haben es verdient, hier erwähnt zu werden. Dr. Rückerl hat zu ihnen gehört, sein strapaziertes Herz brachte ihm im Alter von 61 Jahren den Tod. Justizminister Dr. Eyrich sagte am 10. Juli 1986 am Grab von Dr. Rükkerl:

»... Er war befaßt mit dem Äußersten an Verbrechen, das der Mensch dem Menschen je zugefügt hat, und trotzdem hat Dr. Rückerl niemals den Glauben an die Menschheit verloren. Neben seiner starken Persönlichkeit war es sein unerschütterlicher christlicher Glaube, der ihm die Gewißheit gab, daß die Verdammnis nicht das letzte Wort sein kann, das über uns Menschen auf dieser Welt gesprochen ist.

Der Name von Dr. Rückerl ist untrennbar verbunden mit der Zentralen Stelle der Aufklärung nationalsozialistischer Verbrechen, die hier in Ludwigsburg eingerichtet ist. Dr. Rückerl hat ihr

23 Jahre angehört, 18 Jahre hat er sie geleitet. Die Leistung, die er in diesen mehr als zwei Jahrzehnten im Dienste des Rechts, der Sühne, der Wiedergutmachung und – ich möchte dies ausdrücklich hinzufügen – im Dienste der historischen Wahrheit erbracht hat, ist einzigartig. Dr. Rückerl hat sich in diesem Amt nicht geschont, weder seine Arbeitskraft noch seine Gesundheit. Dabei war ihm, und dies möchte ich besonders hervorheben, jeglicher Eifer einer Verfolgung um der Verfolgung willen oder gar aus ideologisch verbrämten Zielen völlig fremd.

Die Sache der Wahrheit und des Rechts, die Aufklärung des Unrechts und die Ermittlung der Schuldigen, das war sein Anliegen.

Und er hatte noch ein weiteres Anliegen: Unermüdlich ist er den Vorwürfen entgegengetreten, die deutsche Justiz habe angesichts des dunkelsten Kapitels unserer Geschichte nicht das ihrige getan, die Schuldigen festzustellen und einer Bestrafung zuzuführen.

Er hat keine Mühe gescheut, die aus der Ermittlungsarbeit gewonnenen strafrechtlichen, historischen und politischen Erkenntnisse einer breiten Öffentlichkeit bekannt zu machen, um dadurch – auch an dieser Stelle darf es nicht verschwiegen werden – Verleumdungen aus den verschiedensten Lagern sachlich und entschlossen entgegenzutreten.

In diesem Zusammenhang möchte ich seine wissenschaftlichen Veröffentlichungen ebenso erwähnen wie seine zahlreichen Vorträge im In- und Ausland. Welche Wertschätzung Dr. Rückerl beispielsweise in Israel entgegengebracht wurde, durfte ich in vielen Gesprächen persönlich erfahren.

... Es war eine gute Fügung, nicht nur für die Justiz, sondern für das mit Schuld und Verantwortung beladene deutsche Volk überhaupt, mit Dr. Rückerl einen Mann zu haben, der juristische Sachkenntnis und persönliche Integrität, wissenschaftlichen Erkenntnisdrang und menschliches Einfühlungsvermögen in so vollkommener Weise verband, daß es ihm gelingen konnte, das dunkelste Kapitel deutscher Geschichte in doppelter Hinsicht aufzuhellen:

Durch rückhaltlose Aufdeckung der schrecklichen Wahrheit und durch glaubhaftes Bemühen um Sühne ...«

Durch rückhaltlose Aufdeckung der schrecklichen Wahrheit – nicht im Sinn einer »Selbstzerfleischung«, sondern um wieder einen aufrechten Gang zu bekommen! Das sind wir den Opfern und uns selbst schuldig. Deshalb schreiben wir.

Unsere Aktivitäten hörten mit dem hier beschriebenen Zeitraum selbstverständlich nicht auf. Sehr waches Beobachten unserer öffentlichen Publikationsmittel – was und wie sie berichten –, Beschäftigung mit der Frage nach der »Justiz im Dritten Reich«, Sammeln von Dokumenten über wiedererwachenden Antisemitismus, Antijudaismus im Mantel des Antizionismus, über Perversionen wie die sogenannte Auschwitz-Lüge füllen bereits Dutzende von Leitz-Ordnern. Reisen nach Israel schlossen sich an und werden fortgesetzt, solange die Kräfte reichen.

Und ein Aufenthalt in Auschwitz/Birkenau im August 1987 bestätigte einmal mehr das, was in der Gedenkstätte Yad Vashem in Jerusalem geschrieben steht:

»Verdrängen hält die Erlösung auf,
Erinnern bringt sie näher.«

Quellen und Anmerkungen

1 Dokumente und Material aus der Zeit deutscher Besetzung Polens I, Lager S. 263 ff.
2 *Kommandant in Auschwitz, Autobiographische Aufzeichnungen von Rudolf Höß,* herausgegeben vom Institut für Zeitgeschichte, Stuttgart, Deutsche Verlagsanstalt, 3. Aufl. 1961, S. 153, 155–157.
3 Raul Hilberg *Die Vernichtung der europäischen Juden,* Berlin, Olle und Wolter, 1961, 1982, S. 229, und Krausnick, Wilhelm, *Die Truppe des Weltanschauungskrieges,* Stuttgart, Deutsche Verlagsanstalt, 1981, S. 189 ff.
4 Reinhard Henkys, *Die nationalsozialistischen Gewaltverbrechen,* Stuttgart, Kreuz Verlag, 1964, S. 116 und 124.
5 Hans Jochen Gamm, *Judentumskunde, eine Einführung,* Frankfurt, Ner-Tamid-Verlag, 4. erw. Aufl. 1962.
6 Niederschrift der Sitzung des Landtags Baden-Württemberg vom 15. März 1962.
7 Verhandlungen des Landtags von Baden-Württemberg 3. Wahlperiode, 62. Sitzung, Stuttgart, Freitag, den 20. Juli 1962, Haus des Landtags.
8 Landtag von Baden-Württemberg Beilage 3226 vom 11. Juli 1963.
9 Verhandlungen des Landtags Baden-Württemberg, 3. Wahlperiode, 89. Sitzung 11. Juli 1963, Haus des Landtags mit der Beilage 32 36 vom 11. Juli 1963, den Antrag der 4 Fraktionen des Landtags enthaltend.
10 Siehe Anm. 3 (R. Hilberg).
11 Die hier wie unter Abschnitt 3 wiedergegebenen Zitate stammen aus Briefen an den Koordinierungsrat, von denen er uns Abschriften oder Fotokopien übersandte.
12 BGH St. 18, S. 87 ff.
13 NJW 63, S. 561 ff.
14 Im einzelnen dargelegt bei Ingo Müller *Furchtbare Juristen – die unbewältigte Vergangenheit unserer Justiz,* München, Kindler Verlag 1987, S. 254 f. mit Anmerkung 49, 50 (dort Rüter: Justiz und NS-Verbrechen; Sammlung deutscher Strafurteile wegen nationalsozialistischer Tötungsverbrechen 1945–1966). Siehe hierzu in diesem Buch S. 174.
15 Siehe hierzu im einzelnen Baumann in NJW 64, 1398 ff.
16 BGH in MDR 63, 691.
17 Gotthard Jasper, *Der Schutz der Republik – Studien zur Sicherung der Demokratie in der Weimarer Republik 1922–1930,* Tübingen,

Mohr/Siebeck, 1963; Emil J. Gumbel, *Vom Fememord zur Reichskanzlei,* Heidelberg, Lambert Schneider, 1962; Karl Dietrich Bracher, *Die Auflösung der Weimarer Republik,* Dillingen, Ring Verlag, 4. Aufl. 1964; Richard Schmid, Einwände, Stuttgart, Goverts, 1965.

18 Verhandlungen des 46. Deutschen Juristentags Essen 1966, Band II (Sitzungsberichte), Beck Verlag, 1967, S. C 12 ff.

19 Verhandlungen des 46. Deutschen Juristentags, siehe Anm. 18, S. 2 (= C 2); siehe auch Rückerl, *NS-Verbrechen vor Gericht,* Heidelberg, C. F. Müller Verlag, 1982, S. 189 (Anm. 156).

20 a. a. O. (siehe Anm. 19), S. 154.

21 im einzelnen siehe Rückerl a. a. O., S. 176 ff.

22 BGBl. 1965 I, S. 315.

23 Siehe BGBl. 1969 I, S. 1065 ff.; im einzelnen siehe Rückerl a. a. O., S. 194 ff.

24 Veröffentlicht in Freiburger Rundbrief – Beiträge zur christlich-jüdischen Begegnung Jahrgang XXX 1978, S. 129 ff.; Wiedergabe der Aufzeichnung anhand einer Tonbandaufnahme von Helmut Just (leicht gekürzt).

25 Siehe hierzu Rückerl a. a. O., S. 204 ff.

26 FAZ vom 18. 6. 1979, S. 11.

27 BGBl. I, 1979, S. 1040; Rückerl a. a. O., S. 207.

28 BGBl. 1985 I, S. 965.

29 BGBl. 1968 I, S. 503 ff. (506).

30 BGHSt 22, S. 375 ff.

31 Siehe im einzelnen Rückerl a. a. O. (Anm. 19), S. 190 ff.

32 Olaf Schwencke (Hrsg.), *Erinnerung als Gegenwart. Elie Wiesel in Loccum.* Loccumer Protokolle 25/1986, S. 109 f.

33 David S. Wyman, *Das unerwünschte Volk* (englische Originalfassung: »The Abandonment of the Jews«, was richtig heißt: Die Preisgabe der Juden) München, Max Hueber Verlag, 1986, insbesondere hierzu S. 77 ff.

34 Elie Wiesel auf der Veranstaltung in Loccum (s. Anm. 32, S. 85 ff.) in einem Diskussionsbeitrag am 29. 5. 1986.

35 Siehe hierzu auch Ingo Müller, a. a. O. (Anm. 14), 3. Teil, S. 203 ff.

Personenregister